臺灣歷史與文化 研究輯刊

二 六 編

第 3 冊

日治時期臺灣漢文的質變與衍變
——以胡殿鵬、洪以南、謝汝銓、魏清德為研究對象

卓 佳 賢 著

花木蘭文化事業有限公司

國家圖書館出版品預行編目資料

日治時期臺灣漢文的質變與衍變——以胡殿鵬、洪以南、謝
汝銓、魏清德為研究對象／卓佳賢 著 -- 初版 -- 新北市：花
木蘭文化事業有限公司，2024〔民 113〕
目 4+280 面；19×26 公分
（臺灣歷史與文化研究輯刊　二六編；第 3 冊）
ISBN 978-626-344-895-7（精裝）
1.CST：漢語 2.CST：臺灣文學 3.CST：日據時期
733.08　　　　　　　　　　　　　　　　　　113009626

ISBN-978-626-344-895-7

9 786263 448957

臺灣歷史與文化研究輯刊
二六編　第三冊　　　　　　　ISBN：978-626-344-895-7

日治時期臺灣漢文的質變與衍變
——以胡殿鵬、洪以南、謝汝銓、魏清德為研究對象

作　　者　卓佳賢
總 編 輯　杜潔祥
副總編輯　楊嘉樂
編輯主任　許郁翎
編　　輯　潘玟靜、蔡正宣　美術編輯　陳逸婷
出　　版　花木蘭文化事業有限公司
發 行 人　高小娟
聯絡地址　235　新北市中和區中安街七二號十三樓
　　　　　　電話：02-2923-1455 ／傳真：02-2923-1452
網　　址　http://www.huamulan.tw 信箱 service@huamulans.com
印　　刷　普羅文化出版廣告事業
初　　版　2024 年 9 月
定　　價　二六編 6 冊（精裝）新台幣 18,000 元

日治時期臺灣漢文的質變與衍變
──以胡殿鵬、洪以南、謝汝銓、魏清德為研究對象

卓佳賢　著

作者簡介

卓佳賢，國立彰化師範大學國文學系博士，國立中正大學臺灣文學研究所碩士。研究領域為日治時期臺灣新文學、臺灣歷史與文化、民俗與文化資產等等。

提　要

清朝統治臺灣 212 年後（1683～1895），於 1895 年成為日本領地，這之中異族及其異文化所帶來的各種衝擊，以及現代文明知識的滲入，使得臺灣漢文發展出新的變化，當傳統文人無法以科舉晉身於仕宦之路時，傳統漢文及其價值觀也受到動搖。不過進入日治時期，漢文並沒有因此衰微，傳統文人在繼承傳統文化的同時，也發展出新的漢文風貌。因此漢文人在面對新時代與新政權，是如何適應以及轉化漢文乃為本論文關注的議題。

本論文擬以胡殿鵬、洪以南、謝汝銓與魏清德等四位文人為觀察對象，探討日治時期臺灣傳統文人在面對時代變局之時，是否藉由日人之力來振興漢文發展。因此以胡殿鵬「明治體」為出發，進而關照洪以南、謝汝銓與魏清德的漢文主張及其漢文書寫，從中探討日治時期臺灣漢文的發展，為何迥異於清領時代的漢文文學知識？接著，漢文人在適應於當世之時，同時維繫與傳承漢文，因此從中研究漢文出現何種的質變與衍變。是故，本論文藉此討論此四位臺灣文人如何在新時代與新政權的影響與框架之下，既能容身於日本漢文框架之中，又能保有與延續臺灣既有的漢學命脈，此種漢文便為本論文之研究重點。

目

次

第一章 緒 論

第一節 研究動機與問題意識

　　十九世紀以後西風東漸，西方國家的船艦出現在亞洲各國的岸邊，憑藉著船堅砲利向東方古老國家步步進逼。面對西方國家的叩關，東亞王朝受到各種衝擊，使得知識分子開始思索圖強之路。由古老的王朝逐步轉變為現代的新興國家，產生根本性的變革。

　　西化之路對具有悠久歷史傳統的東方王朝而言，不僅是衝擊也是兩難；對東亞人民乃至於知識分子來說，西方知識、器物和思想的傳入，意謂著固有的傳統文化受到挑戰，導致傳承百年以上的知識體系必須革新。換言之，從王朝（dynasty）到民族國家（nation-state）的轉變過程中，必然出現各種斷裂與接合，這之間的罅隙產生出各種關於國家與民族發展的論述。

　　東亞的知識體系消化西方的國家概念時，首先面臨到的是自己傳統文化觀念。在漢字文化圈中，受華夏文化影響，對於華夷之防是以「文化」來作為區隔。簡言之，以中原的華夏文化來區隔四周的蠻夷戎狄，這種文化觀念影響著日後面對西方國家的涉外態度。

　　臺灣在清廷統治 212 年後（1683～1895），於 1895 年成為日本的領地，異族及其異文化帶來的各種衝擊，新文明觀的滲入使得臺灣漢文出現新的變化，當傳統文人無法以科舉晉身走上仕宦之路，傳統漢文及其價值受到動搖。接著，當臺灣新文學的發軔，進而引發新舊文學論戰，帶有謀臺灣文化向上的使命，新文學躍為臺灣文壇新興勢力，漢文雖面對新文學與日文的夾擊，但傳統

詩社仍蓬勃發展直至戰後。

　　平面媒體——報紙的發行，象徵著臺灣進入文化消費的年代，文學以平面傳播媒體為媒介，因而出現通俗文學，漢文也搭上這波潮流，作家創作漢文通俗小說利用報紙雜誌廣為傳播，帶動一波漢文通俗的潮流。其後，臺灣進入戰爭期，雖說平面媒體僅能使用日文，但臺灣總督府基於南進之需求，傳統漢文作為聯絡與拉攏華南、南洋華人的平臺，以功能性方式存在，使傳統漢文仍持續流傳。

　　綜觀日治時期臺灣文學的發展，可以發現雖然換了另一個統治政權，進入新／西化的文明，出現新文學觀及其寫作，但是漢文並沒有因此疲弊，在繼承傳統文化的同時，也發展出新的漢文風貌。漢文人在面對新時代與新政權，是如何肆應以及轉化漢文，此為筆者所好奇及探索之處。漢文人所處的環境面臨到時代與文化的衝擊。以往清廷統治下，文人十年寒窗，唯有讀書經由科舉方能班齒宦途。但滿清割臺之後，臺灣本地文人的仕途受到阻礙，新式學校教育取代了私塾教育、社學與書院，國語（日文）與科學取代了漢學教育，文人已經無法透過科舉來晉身北京朝廷的政治體系。接著乙未割臺之後，臺灣人的統治者從清廷轉變為日本，這種轉變不單單只是朝代更迭，對臺灣人最大的衝擊是從滿清的王朝變成為日本的現代國家，從原本的滿清臣民變成日本國民。新的國家（state）與新的民族（nation）之概念進入到漢文人的思想之中，這些都衝擊到傳統漢文人的華夷之防與中外之辨，因此漢文人有著漢族意識與漢文傳承斷裂的危機感，但也因為此種危機感，而使得漢文出現量變與質變，以迥異以往的方式，為漢文尋得出口，以能「維繫斯文於一線」。

　　雖說為了維繫斯文於一線，但臺灣傳統文人對於日本統治有著複雜情感，對於漢文的傳承也各有面向。乙未割臺之後，臺灣人無法力挽狂瀾，只能眼看日本人統治全臺灣。當日本總督府開始穩定統治基礎時，並且爭取臺灣文人、仕紳的民心，以籠絡或安撫等手段，逐步贏得文人的支持或認可。但是也有臺灣文人反抗日本統治，廖振富以櫟社文人為例，探討臺灣文人是如何從消極吟詠走向積極抗日。廖振富指出櫟社文人一開始自認為是遺民團體，有著濃厚的故國懷念、堅持操守與亡國哀音等遺民意識。可是其後遺民意識卻出現變化，乃是因為臺灣是被割讓出去，但祖國並未滅亡，加上 1912年中華民國肇建後，遺民意識因而有著本質性的變化，其中廖振富便以林癡

仙（1875～1915）為例，指出遺民心態已趨向淡化。其次，1920年代之後民族自決思潮引入臺灣，林獻堂、林幼春與蔡惠如等文人加入臺灣文化協會之後，櫟社便不再以遺民性格自限。因此櫟社早期具有濃厚的遺民性格，即對日本的抗拒到對祖國的緬懷。但中華民國成立與大正民主思潮的影響，櫟社轉為致力於文化啟蒙而投入抗日民族運動。〔註1〕總的來說，廖振富所關照的櫟社是傳統文人從起初的遺民，而後轉型為具有現代知識分子性格，以文化啟蒙等議會路線向日本反抗。

相較於櫟社的遺民性格而走向文化啟蒙，江寶釵則是關注到其他遺民性格的文人如何在當世有所作為，以保存漢文價值。江寶釵以連橫（1878～1936）為關照對象，她指出連橫原先具有遺民意識，因而縱情詩酒、隱逸山林，藉此保有個人主體性的逍遙自由。但有著消極的遺民性格之時，卻進行著結交同志、發表報刊與出版圖籍等積極行徑。因此日後連橫積極於漢文化傳播之經營，而於《臺澎日報》、《臺南新報》與《臺灣新聞》等各報社任職。連橫透過辦報以及經營書局，均是透過印刷媒體來振興漢文，可惜最終卻失敗。江寶釵指出印刷資本主義必須有雄厚資本作為支持，但連橫沒有豐厚家產，也並非地主階級，加上其經營手法無法獲得市場回饋，導致事業失敗。其次則是連橫雖有文才，但僅為一介文士，並無「世家族望」以及雄厚的經濟資本，以至於連橫難以晉身新建的社會領導階層，更遑論支持其漢學事業。整體而言，江寶釵導出若傳統文人要在新時代安身立命，以及晉身於社會新領導階層，若不被統治階層收編，就是具有專業技藝（如醫師）或經濟資本（如實業家），方能獲得社會地位。接著江寶釵又言，櫟社、臺灣文社以及臺灣文化協會的成功，與霧峰林家的家世族望與經濟實力不無關係。〔註2〕

若傳統文人既不願依附統治者，也不想與之對抗，如吳德功（1850～1924）以明哲保身的方式，在配合總督府之時，從中維護傳統道德與維繫漢文。吳德功為彰化地方仕紳，總督府聘請擔任地方公職與教職，之後受日本總督府邀請前往臺北參加揚文會。吳德功雖欲隱居，但在總督府的聘請，因

〔註1〕關於櫟社文人從遺民性格到文化啟蒙的道義結盟，詳見廖振富：《臺灣古典文學的時代刻痕：從晚清到二二八》（臺北：國立編譯館，2007年7月），頁57～92。

〔註2〕關於連橫從遺民性格到積極於殖民地政權中尋找新的位置，詳見江寶釵：〈日治時期臺灣傳統文人對世務之肆應——以連橫的漢學傳播事業為觀察核心〉，《成大中文學報》26期（2009年10月），頁81～117。

而擔任所安排的職務。這也看出吳德功不想開罪於當局，而持謹慎的姿態。林淑慧關照吳德功有著儒家經世濟民的理念，可是又面對日本總督府，這之中的拿捏反映出吳德功的處世之道。加上吳德功以維繫漢學為終生職志，並對傳承漢文有著使命感，與彰化地區的傳統文人於 1917 年創辦崇文社。因此林淑慧所言，吳德功雖在殖民制度上有所屈服順應，藉以明哲保身，這同時對維護傳統道德有所堅持，保有儒者的使命感。〔註 3〕不過在臺中師範學校任教之時，結交三屋大五郎（三屋清陰，1857～1945）與中村忠誠（中村櫻溪，1852～1921），在詩文上多有交流。吳德功雖為明哲保身而不得不接受總督府的職務，但從中發現到與日本官員唱和，建立社交關係時，能為彰化地方爭取到社會福利措施。〔註 4〕

　　若爬梳日治時期臺灣漢文的質變及其衍變，可以看出臺灣文人若走自己的道路，不與官方唱和，而以臺灣主體性向日本官方爭取臺人自己的位置，便是以本身雄厚的資本來支撐文化運動，使維繫斯文逐漸轉型為抗日民族路線。此外，若以純粹文人的身分以一己之力來保存漢文傳統，本身若無家產支撐，又不接受日本官方的支援，則容易欲振乏力。因此筆者注意到與統治階層契合的臺灣文人，是因為本身的利益而親近統治者，還是藉由官方之力量而別有所圖？

　　本論文擬以胡殿鵬、洪以南、謝汝銓與魏清德等四位文人為觀察對象〔註 5〕，探討日治時期臺灣文人在面對時代變局之時，是否藉由日人之力來振興漢文發展。這其中筆者以為胡殿鵬的「明治體」文學主張具有代表性以及劃時代之意義。首先，就文人身分而言，臺灣這塊島嶼的改朝換代，使得出現「遺民」此種身分的漢文人，緬懷大清朝時期的榮光，因而拒絕現狀的改變，連帶地也抗拒新文明的進入。然而胡殿鵬的「明治體」卻看出雖然有故國之哀思，但在漢文的最大公約數之下，似有將臺灣漢文接合日本漢文之企圖，以藉此達到維繫斯文於一線之目的。

〔註 3〕關於吳德功從遺民性格到於殖民地政權中明哲保身，以延續漢文傳統，詳見林淑慧：〈世變下的書寫——吳德功散文之文化論述〉，《臺灣文學研究學報》4 期（2007 年 4 月），頁 9～40。

〔註 4〕余怡儒：〈吳德功的歷史書寫與時代關懷〉（南投：國立暨南國際大學歷史系碩士論文，2010 年），頁 135～136。

〔註 5〕按：本論文於第二章之後提及謝汝銓，均以「謝雪漁」指稱；提及胡殿鵬，均以「胡南溟」稱之，之後就不另行說明。

　　胡殿鵬於《漢文臺灣日日新報》自 1909 年開始連載〈大冶一爐〉，距離日本領有臺灣才十餘年，便在〈大冶一爐〉之中揭櫫「明治體」主張，這頗耐人尋味。明治乃為日本帝國睦仁天皇之年號，胡殿鵬於 1909 年發表〈大冶一爐〉，當時為明治 42 年，以此為名稱。再者，推敲時間點及其名稱，對照當時的時代背景來看，臺灣仍處於武裝抗日時期，為何胡殿鵬創造「明治體」來接合日本的新文明與臺灣的傳統漢學，來打造出新興的文體？這一方面，或許從明治 33 年（1900）的「揚文會」此一大事件來窺探臺灣傳統文人的心態與意識。日本總督兒玉源太郎於 1900 年在臺北府城西門內的淡水館舉辦揚文會，邀請前清文人與會，藉此緩和抗日情緒以及籠絡文人。雖然當時臺灣仍有抗日運動，但揚文會是官方展現善意以讓臺灣文人改變對日本的觀感。當然揚文會並非只是總督府用來展現文化實力的場合，而是透過「漢文」此種最大公約數意圖來贏得臺灣文人之認可，並減低對異族之抗拒感。這方面許時嘉以吳德功為案例說明傳統文人對揚文會抱持肯定，指出吳德功將重視文教的執政者的身影與播種者的姿態交互重疊，將揚文會的召開視為儒學存續的重要活動。〔註6〕川路祥代總結「揚文會」的舉辦得到臺灣文人相當不錯的回應。〔註7〕易言之，日本總督府在文治上的確收到一定的效果，不僅讓臺灣文人的抵抗意識不再那麼強烈，而且臺、日雙方至少在漢文上有個對話的空間，也因為有這對話空間，使得有些漢文人逐步接收新的思想。這也管窺出日本漢文人進入臺灣之後，無論公或私領域的影響，讓臺灣漢文出現變化，出現異於前清時代的漢文發展，而胡殿鵬的「明治體」便一例。

　　清朝時期的傳統漢文主要作為科考用途之工具，當進入日治時代之後，漢文已無法讓文人鯉躍龍門，因此轉而思考並賦予文學新的意義。黃美娥評論胡殿鵬的「明治體」便提出，過去臺灣人對於文學與詩人並不注重，且認為文學不可取，而胡殿鵬企圖為詩人重塑現代角色意義，並指出臺灣詩人的

〔註6〕 許時嘉：〈揚文策略下「文」與「文明」的交錯——以 1900 年揚文會為例〉，收入於梅家玲編：《臺灣研究新視界：青年學者觀點》（臺北：麥田，2012 年 1 月），頁 135。

〔註7〕 川路祥代指出，兒玉政權透過「揚文會」這件「大事（event）」呼籲基於「格物致知」之「文明化」，來企圖創造臺灣傳統領導階層對現代「文明」社會之認同而獲得對日本政權領導臺灣「文明化」之正當性，得到相當不錯的「回應」。參見川路祥代：〈殖民地臺灣文化統合與臺灣傳統儒學社會（1895～1919）〉（臺南：國立成功大學中國文學系博士論文，2002 年 6 月），頁 109。

創作宜有新的方向。〔註8〕這種自揚文會之後的影響,使漢文產生出文學知識新秩序,讓漢文能適應新時代的生存。雖然 1920 年代爆發新舊文學論戰,可是漢文也沒因此消逝,能自成一格流傳至戰後。

本論文以胡殿鵬、洪以南、謝汝銓與魏清德等四位文人為觀察對象,乃是因為這四位文人其文學成就與產出以傳統漢文為主,在文學主張與工作環境又較為接近,而且政治光譜上較為傾向於統治者。

首先,這四人均於 1895 年之前出生與成長,尤其是胡殿鵬、洪以南、謝汝銓在清領時期便取得生員功名,其學識養成自然是以傳統儒家教育為主;魏清德雖在清領時期出生,但青少年階段則是受公學校和國語學校等臺灣總督府所設立的新式教育體系,可是由於童蒙時期受私塾教育,加上家學淵源,因而具有漢文根基。因此,這四位文人其文學成就與產出以傳統漢文為主。

其次,這四人均與日人資本的「臺灣日日新報社」有所關聯,且其文學作品也發表於《臺灣日日新報》或《漢文臺灣日日新報》。其中胡殿鵬、謝汝銓與魏清德等三人任職於臺灣日日新報社,胡殿鵬於 1898 年擔任臺南通信記者;謝雪漁於 1905 年任職記者職務;魏清德於 1910 年擔任編輯員,其後擔任記者、漢文部編輯主任等職位;洪以南雖未任職於臺灣日日新報社,但其文學作品多刊登於《臺灣日日新報》。

第三,洪以南、謝汝銓與魏清德為日治時代臺灣三大詩社之一——瀛社之要角,此三人為創始社員,並且均擔任過社長。首任社長為洪以南,副社長為謝汝銓;洪以南逝世之後,謝汝銓接替為第二任社長,而副社長為魏清德。

第四,這四位文人雖為傳統文人,對傳承漢文有其使命感,但又不會守舊封建,而能吸收現代文明知識;此外,雖吸收現代文明知識,可是又不會全盤西化而揚棄傳統漢文。因此,此四人既能保存漢文的同時又能吸收新學,藉由新知來使漢文能夠適應新的時代。

綜上所述,這四位文人為傳統漢文人身分,雖秉持漢文傳承的立場,但對於統治者與西方新學並不排斥,而且也因為與《臺灣日日新報》有深厚關聯,所以文學作品也刊登於此報。加上與日人關係良好,且活動足跡在臺北,因此

〔註8〕 參見黃美娥:〈從「詩歌」到「小說」:日治初期臺灣文學知識新秩序的生成〉,收入國立成功大學臺灣文學系編:《跨領域的臺灣文學研究學術研討會論文集》(臺南:國家臺灣文學館,2006 年 3 月),頁 53。

與日人官吏與文人多有互動往來，以及共同吟詠酬唱。因此這四位文人有其共通點，從漢文主張及書寫切入，更能關照出他們對於漢文的傳承做何種的努力，以及努力將漢文帶往何種方向。本論文擬以胡殿鵬「明治體」為出發，進而關照洪以南、謝雪漁與魏清德的漢文主張及其漢文書寫，從中探討日治時期臺灣漢文的變化，為何迥異於前清時代的漢文文學知識？並且出現何種的質變與衍變，使漢文人得以肆應於當世，又能維繫與傳承漢文？本論文藉此討論一種新的文學知識及其文學系譜的出現，如何在新時代與新政權的影響與框架之下，既能容身於日本漢文框架之中，又能保有漢學命脈之延續，此種漢文便為本文之研究重點。

表1：胡殿鵬、洪以南、謝汝銓與魏清德等四位文人之比較一覽表

	胡殿鵬	洪以南	謝汝銓	魏清德
名	松、官章殿鵬	以南、文成	汝銓	清德
字	子程	逸雅	雪漁	—
號	南溟	墨樵 無量痴者 達觀樓主	奎府樓主 奎府樓老人	潤庵
筆名	—	—	—	雲、潤菴生、佁儗子
生卒年	1863～1933	1871～1927	1871～1953	1887～1964
出生地	臺南府城	臺北艋舺	臺南府城	新竹
參與詩社	浪吟吟社 南社	瀛社	瀛社	瀛社
學歷	補博士弟子員	生員	生員 國語傳習所 國語學校語學部 國語學科	公學校 國語學校師範部
經歷	臺灣日日新報臺南通信記者； 臺南新報記者； 福建日日新聞編輯。	臺北縣臺北辦務署參事； 臺北廳總務課參事； 臺北廳庶務課參事； 臺北廳淡水區區長； 臺北州州協議會員；	總督府學務課； 臺南廳總務課囑託； 臺灣總督府警察官； 司獄官練習所囑託； 臺灣日日新報記者； 臺北州州協議會	中港公學校訓導； 新竹公學校訓導； 文官普通試驗合格； 臺灣日日新報編輯員； 臺灣日日新報記者； 臺日報漢文部主任；

		淡水郡役所淡水街街長。	員； 公理報主編（菲律賓馬尼拉）；昭和新報主編； 風月報主編。	臺北州臺北市協議會員； 臺北州州協議會員； 臺北州州參事會員； 臺北州州會議員。
附註	1898 年入臺灣日日新報社	—	1905 年 3 月入臺灣日日新報社	1910 年 1 月入臺灣日日新報社

圖 1　胡殿鵬、洪以南、謝汝銓與魏清德等四位文人之學經歷比較

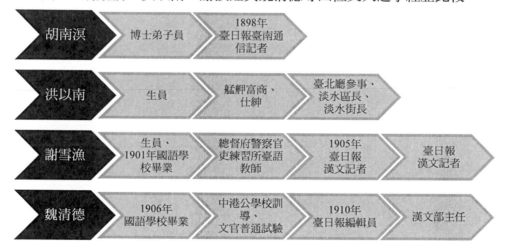

第二節　概念釐清

　　本論文旨在探索乙未割臺之後，臺灣傳統文人面對變局，如何影響他們對於漢文的認知與應用，並以胡殿鵬、洪以南、謝汝銓、魏清德等四人為例，從中探討如何與之對應。此四人的論述主要發表於《臺灣日日新報》，當時的《臺灣日日新報》為臺灣第一大報，位於臺北且官方色彩濃厚。若關照此四位文人，得以管窺出官方力量是否有影響臺灣漢文知識系譜的建構。

　　1895 年日本領有臺灣之後，建立起近代報業之產業與體系，於是在明治 29 年（1896）民間資本便創辦《臺灣新報》。隔年《臺灣日報》也隨即創刊。1898 年守屋善兵衛買下這二間報社，合併為《臺灣日日新報》。雖然《臺灣日日新報》為民間資本，但卻具有濃厚之官方色彩，常刊登「府令」此種總督府之政令。不僅是臺灣發行量最大之報紙，也是發行時間最為悠久，直至戰後。這些近代報業對臺灣最大的影響，就是吸引一批臺灣漢文人前往就職，

擔任漢文版記者，提供臺灣文人固定的收入來源，以及發表詩文的園地。藍士博注意到這些臺灣傳統士紳與背後的地主階層，一直以來就是日本殖民統治所必須合作的對象，而他們所使用的漢文，都在日本統治之下產生相當明顯的變遷，也就是殖民地漢文的浮現，進而提供臺灣印刷媒體世代形成的基礎條件。〔註9〕也就是說，日人與臺人在漢文這個「同文」之下進行溝通與唱和，同時在這漢文的基礎上，逐步融合日本漢文及其傳播進來的新知識、概念與詞彙，發展出臺灣特有的殖民地漢文。應用殖民地漢文者為臺灣傳統士紳與文人，實踐的場域則在印刷媒體，也就是新興的報紙。報紙本為傳達新聞訊息，但漢文記者在不斷書寫與刊登之中，逐漸摸索出殖民地漢文的用法。是故，日本引進近代報業之後，使得漢文質變為迥異於前清的傳統漢文。關於殖民地漢文的內涵，陳培豐定義如下：

> 這種新文體是在日本統治臺灣的時代背景下，由統治者發起，而為統治者、被統治者（新、舊文人）與不同政治立場的臺灣人所共有；功能上承載現代啟蒙及「同化」意識形態；以臺灣為流通空間；在形態上涵蓋古典漢文、通俗漢文或和式漢文，同時摻雜現代化語彙。這種具有中性或中介色彩的混合文體，我稱為「殖民地漢文」。〔註10〕

就陳培豐的觀點來說，進入日本統治時期之後，日本人在「漢文」這基礎上與臺灣傳統士紳、文人進行交流唱和，日本漢文與臺灣傳統漢文接觸並激盪，加上現代思想與知識的接受，使得臺灣漢文出現變化，與前清時代的漢文已有所別。因此這種具有混雜色彩的漢文便是殖民地漢文，是具有時間（日治時期）與空間（臺灣島嶼）雙重限定之特有種（endemism）。

　　日治時期引進現代化的報刊媒體，導致漢文產生變化，也連帶讓漢文人漸漸習慣將作品投稿至平面媒體，打破空間限制在版面上與其他文人進行多方面的交流。謝崇耀觀察漢詩文化空間時，也注意到媒體所來的影響，他指出漢詩社群利用想像空間而不再只侷限於實體交流，漢詩的參與者能得以有更多運用的空間。〔註11〕若探究胡殿鵬「明治體」與其他漢文演變，透過平面傳播

〔註9〕參見藍士博：〈日治時期臺灣印刷媒體「世代」的誕生：暨陳逢源個案研究〉（臺北：國立政治大學臺灣文學研究所碩士論文，2011年9月），頁51。

〔註10〕陳培豐：《想像和界限：臺灣語言文體的混生》（臺北：群學，2013年7月），頁69。

〔註11〕謝崇耀：《日治時期臺北州漢詩空間之發展與研究》（新北：稻鄉，2012年12月），頁232。

媒體的文章，管窺出胡殿鵬的思想與理念，並觀察不同漢文人的訊息交換是如何加深漢文的多異／義。

　　從胡殿鵬「明治體」可以探究漢文文學知識的發展，雖然在〈大冶一爐〉詩話提起明治體，但並不代表限定在詩歌上面，而是視為一種新型態的概念，胡殿鵬審時度勢後革新文體的內容，進而影響漢文文學知識的重構。在黃美娥的研究中便提起到日治時期文學知識的演變。

> 從明、清之際非文學主流的小道，在日治時期最終得以一躍而為與詩、散文正宗文類並肩的創作文類，臺人對於小說的重新認識，具有再發現的文化／文學政治意義。〔註12〕

黃美娥此段言論揭櫫日治時期臺灣漢文與前清時代最大不同，在於時代的變換連帶影響文學、文類內容的轉變，這種從傳統過渡到現代的轉化，使得文學知識也出現新的意涵與指涉。此外，對於文學知識最大的變化，以詩歌與小說為最，這也是為什麼胡殿鵬會高喊明治體之因，因為嗅到新的時代帶動新的文學知識。胡殿鵬身為傳統文人，又是遺民身分，使用著傳統漢文，對於日本政權的觀感反應在思想與書寫上。其中文學知識的變換或者流變，更是本論文之所以討論明治體的原因。職是之故，以上述研究方法為構想，將對以下詞義作界定，以作為本論文進行後續討論之錨定。

一、漢文、漢學與漢文人

　　在探討日治時期臺灣漢文知識的發展與流變，首先得定義漢文以及書寫者的身分界定，畢竟日治時期是個新舊知識、思想過渡與夾雜的年代，而且臺灣人民又面臨到從清王朝與日本國家的交會，以及經歷新舊文學論戰等。從時代背景的變化可以看出漢文的發展如何受到影響，導致內容的質變，因此從書寫者及其文類，也就是漢文人與漢文的界定，可以幫助釐清漢文為何會受到變化，以及漢文背後所反映的意識形態與對時局的反應。

　　晚清以前，文人受儒家思想以科舉及第為畢生職志，其定義單一明確。然則，臺灣受日本統治之後，在日本治理之下的新式學校教育取代私塾、社學與書院，以實業、專業為導向來訓練人才。漢文人除了接受書房教育外，也會接受日本的學校教育，受漢文薰陶的同時，也會吸收西方的知識與思想。因此，

〔註12〕黃美娥：〈從「詩歌」到「小說」：日治初期臺灣文學知識新秩序的生成〉，收入國立成功大學臺灣文學系編：《跨領域的臺灣文學研究學術研討會論文集》，頁48。

如何評斷是否為傳統文人，便是首要定義之標的。

　　就清領時期來說，誰是漢文人是個比較簡單且明確的問題，也顯而易見地容易區別漢文人與一般平民百姓。在清光緒 31 年（1905）結束科舉考試之前，朝廷進用人才依靠科舉，而科舉也影響讀書士子的所學取向與終生職志。由於考科內容以及志於仕途的思想，使得讀書人的目標以科舉及第為畢生職志，同時也影響讀書士子的文學與文化觀念，乃至於背後一整套的家國、華夷與中外思維的意識形態。在余育婷的研究中就認為臺灣文人的文學觀與漢文化傳承就受到科舉考試很大的影響，她指出：

> 　就詩歌而言，臺灣雅正詩風的開端，與書院教育重視科舉的方針息息相關。正因臺灣學校及書院教育是以「舉業」為終極目標，故臺灣文人致力於科考的同時，漢文化的移植，與詩歌知識的生產、傳播，也在此場域中完成，而官方欣賞的美學標準——雅正，也就此深植臺灣文人心中。〔註13〕

清廷在臺灣推行科舉，於各地興建學校與書院推動文教，並培養文化風氣。使臺灣學子為求科考金榜題名而浸淫於官方教育所傳播的文學知識與漢文化。

　　因為要在科考上金榜題名，無形之中接受官方教育所宣揚的文學知識與漢文化。簡言之，判別文人的簡要條件在於有無得到功名。畢竟在清朝以前的傳統社會，通過鄉試得到生員資格才是進入士大夫階層的最低門檻，也因為必須受到科考的淬鍊，方能顯現出扎實的漢文底子。

　　乙未割臺後，臺灣為日本之領土，臺灣總督府曾給臺人二年的時間自由選擇國籍，若選擇留在臺灣，則為日本國籍，成為日本統治之下的國民。這之中若留在臺灣，也意味著從此斷絕科舉仕途之路。因為日本是現代民族國家，採取西方新式教育，並沒有中國傳統的科舉。那麼要如何判別是否為漢文人呢？首先，以出生年代劃分，在 1895 年乙未割臺之前出生且受過漢學教育的文人，多半經由科舉而取得舉人或生員的資格，此種漢文根基厚實，且具有強烈的漢族意識。當然 1895 年並非一刀兩斷來切割清領與日治兩種年代的漢文人，而是以受到漢文教育養成的多寡與時間長短來區分。其中若以出生年代劃分，正如柳書琴的研究把漢文人分為祖代、第一衍生世代（父代）與第二衍生世代

〔註13〕余育婷：《想像的系譜：清代臺灣古典詩歌知識論的建構》（臺北：稻鄉出版社，2012 年 11 月），頁 300〜301。

（孫代）等三種。以祖代為真正的漢文人，出生於 1860 年至 1880 年代後期，受過完整的漢學教育且預備或已經參加科舉考試。父代文人雖出生於 1880 年後期至 1910 年之間，在童蒙階段受過漢學教育，但隨即面臨乙未割臺，之後便受漢書房與新式學校雙軌的教育。至於孫代文人，生長背景完全在日本統治時期，成長階段是受日本總督府的正規教育，其漢學能力是依靠家庭教育或詩社教學與漢文雜誌等。〔註14〕若關照柳書琴對於漢文人的身分認定，可以看出至少在青少年階段便接受到完整的漢文教導，此種漢文能力最為扎實以及漢族意識也最為強烈。

至於為什麼 1860 年至 1880 年代後期出生的文人會被認為是真正的漢文人？其實可以從漢文養成背景來觀看便能得知。在曾蕙雯的研究提到清代私塾教育中有修業年限，以學習目的來說，若只是讀書寫字，修業時間約略二至八年；若為了準備科舉考試，則可讀到十年。〔註15〕也就是說，漢文人是指準備參加或已參加清朝的科舉考試，因為要參加科考，使得修業時間較長而能受到完整且扎實的漢文教育。所以 1895 年乙未割臺之後，1860 年至 1880 年代後期出生的文人均已是青、少年，乃至於壯年階段，所學的漢文業已完備，甚至已取得秀才或舉人資歷。接著受過私塾教育之後，往上進入到書院教育，而書院教育的教學內容大抵上與科舉應試息息相關。潘豐慶的研究中便指出，清代的書院教育足以凌駕官學甚至擁有可以取代官學的地位，並且也跟科舉相結合，以培養國家人才為主。然而科舉的考試內容與形式決定了書院的教本與教學內容，雖說科舉內容傳習了以往儒學經典，但各個書院仍然會因為學派不同或是山長的自我意識，而產生各自的教材或是學習歷程。〔註16〕書院不僅培育士子知書達禮之外，更重要的是要讓士子透過科考而能更上一層樓，因此書院的教學內容勢必配合科考應試的科目。李兵在《書院教育與

〔註14〕柳書琴指出漢文人是有其世代差異，祖代文人漢族意識與儒學根基極為穩固扎實；而父代文人因成長階段便接受傳統漢學與日本國語等雙軌教育，因此而後會出現兩套不同價值體系的矛盾與混雜；孫代文人的漢學學識並非以往透過正規體系養成，導致其漢學程度並不如祖、父代，但相對的，對於新思想接受度最高且沒有祖、父代那種家國淪亡及漢文傳承的包袱。詳見柳書琴：〈傳統文人及其衍生世代：臺灣漢文通俗文藝的發展與延異（1930～1941）〉，《臺灣史研究》14 卷 2 期（2007 年 6 月），頁 41～88。

〔註15〕參見曾蕙雯：〈清代臺灣啟蒙教育研究（1684～1895）〉（臺北：國立臺灣師範大學教育學系碩士論文，2000 年 6 月），頁 311。

〔註16〕關於各書院的教材內容，請詳見潘豐慶：〈清代臺灣書院的儒學教育及其影響之研究〉（高雄：國立高雄師範大學國文學系碩士論文，2010 年），頁 100。

科舉關係研究》一書之中便提到書院與科舉之間的關聯：

> 清代鄉會試的考試內容主要是《四書》、《五經》和程朱集注等，考
> 試的文體有八股文、試帖詩和策、表和判等。清代鄉、會試第一場
> 四書制義三、五言八韻詩題一，第二場五經制義題各一，第三場策
> 問五。其中《四書》義和經義要求以八股文作答。而清代統治者十
> 分重視八股文，認為它能發聖賢之義蘊。八股文不僅能反映統治者
> 的意圖，而且為通過科舉考試選拔人才提供了一種有效的測驗文
> 體。鄉、會試閱卷過程中普遍形成專重頭場的風氣，而頭場的考試
> 文體試八股文，八股文也因此成為了明清士人進入上層社會的敲門
> 磚。正因為如此，書院的科舉教學必然是以訓練生徒寫作八股文為
> 核心。〔註17〕

士子接受教育是為了學而優則仕，因此進入書院階段之時，每間書院雖有各
自的教材與教法，但都是培養讀書人科舉應試的知識和能力，這也表示書院
教育內容配合著科舉考試。是故，筆者闡述私塾、書院的修業時間與教學內
容，並非是在討論清代漢文教育的發展，而是透過回顧清代臺灣的官方與私
人的教育體系，可以看出讀書人若有心想要走上科舉之路，必須花費不少的
時間與精神，從中也能看出唯有受到嚴謹的漢文學習與訓練，方能闖過一關
又一關的鄉試、會試，乃至於殿試。所以回過頭來看日治時期的臺灣漢文人，
這也是為什麼 1860 年至 1880 年代後期出生的文人會被認為是真正的漢文人
之原因，在成長階段便受到整套且完整的漢文教育，以能金榜題名取得秀才
或舉人的資格。

　　當然，除了身分界定之外，再來就是文人自己的主觀認定。柳書琴雖以
出生年代的遠近來區分漢文人的世代，但也以創作所採用的文體與自我認定
來判別誰是漢文人。此外，黃美娥也以文人的自我意識來判別漢文人，她指
出所謂的「傳統文人」、「古典文人」，或「舊文人」，係用以指稱其畢生文學
創作主要表現在諸如文言文、漢詩、文言小說等傳統文學寫作上的文人。這
些人的文學成績，儘管不乏維新思想的言論而與新文學家近似，但在目前仍
以其舊文學的成果作為一生評斷所繫。〔註18〕這也意謂著漢文人的界定並非

〔註17〕李兵：《書院教育與科舉關係研究》（臺北：臺灣大學出版中心，2005 年 4 年），
　　　　頁 283。

〔註18〕詳見黃美娥：《重層現代性鏡像：日治時代臺灣傳統文人的文化視域與文學想
　　　　像》（臺北：麥田，2004 年 12 月），頁 14。

只是嚴格限定為 1860 年至 1880 年代後期出生的文人或者考過科舉的文人。
進入日本統治之後所出現的文人，在其文學成就與自我主觀認定上為漢文
人，那麼即是漢文人。雖然進入日本統治，但傳統文化與漢文學並沒有立即
消失，而是一直延續著。謝崇耀便指出，傳統文化不只被成功過渡的舊仕紳
所保留，也為新世代所接受，其中最主要的表現即在於詩文能力的繼承，進
一步也對舊有的道德價值觀多所承接。〔註 19〕進入日治時期，文人開始接收
新知識與新思想，以及受新式教育，對於傳統漢詩文仍保留且持續創作，雖
然 1895 年之後出現的文人，其詩文能力落後於科舉世代，但在主觀意識上
仍自認為傳統漢文人。

　　職是之故，對於漢文人之定義，本著上述的研究基礎，以廣義之認定，
也就是文學成就與自我認定。同時也採同心圓的方式認定之，核心為科舉世
代，即出生於 1860 年至 1880 年代後期；第二層則為 1885 年後出生，幼年
面臨割臺變局或割臺後出生；第三層則為 1910 年後出生，自小便受臺灣總
督府的新式正規教育，對於漢文教育來源，除了家學淵源之外，就是基於興
趣而參加詩社或閱讀漢文雜誌所學習之。此外，漢文則是以漢字所書寫之詩、
詞、小說、散文等傳統文言文文體，而漢學乃為背後之儒家傳統思維與道德
禮義體系。

二、文學知識

　　知識（knowledge），是人類對於探索與認知世界之後的資訊累積及其集
合體，也是人類理解與學習的結果。然而，知識的出現或產生，往往受到客
觀事實與主觀環境的影響。如哈樂薇（Donna Haraway）認為知識是行動者，
必須深究社會關係脈絡下所產生的知識，方能了解與批判藏身於知識體系建
構背後的支配權力關係。〔註 20〕傅柯（Michel Foucault）則是認為所有的知
識都必須擁有一特殊的話語運作，而且任何的話語運作都可由它所形成的知
識來定義。〔註 21〕易言之，知識不只是單純為人類思想的結晶而已，而是有

〔註 19〕謝崇耀：《日治時期臺北州漢詩空間之發展與研究》（新北：稻鄉，2012 年 12
　　　　月），頁 63。
〔註 20〕廖炳惠：《關鍵詞 200：文學與批評研究的通用辭彙編》（臺北：麥田，2003 年
　　　　11 月），頁 148。
〔註 21〕Michel Foucault 著，王德威譯：《知識的考掘》（臺北：麥田，2001 年 1 月），
　　　　頁 324。

著一套權力運作的刻痕。其中，傅柯提到話語（discourse）在社會體系乃至
於思想、知識中存有著有形或無形的權力結構，每個領域都有其特定話語的
存在。這種透過話語關係來認識知識，並受到無形之中權力網絡的牽制。如
傅柯所言：

> 「話語關係」並非是話語之內在的表現：它們將觀念或文字一一串
> 連起來，它們在句子與命題間也不企圖建立一演繹的或是修辭的結
> 構。但它們不存在於話語之外；它們形成一個可以限制話語的範圍，
> 給予話語一特別形式，或甚至在某些狀況下，迫使話語表明一些事
> 情的關係結構。〔註22〕

其實就「明治體」而言，並非天外飛來一筆冒出此種文學主張，當然這也並
非胡殿鵬向日本總督府的忠誠表態。若以傅柯的話語結構來論，知識的生產
受到話語權力的影響，而在進入日治時期之後，無論是私領域的官員交遊、
唱和，還是公領域教育、傳媒等軟體建設，無非都影響到原本臺灣文人與文
壇的話語結構及其知識產出，日人在公私領域全面影響，甚至滲透至臺灣各
個層面。以文學而言，在前行研究中便提到進入日治之後，文學知識有所轉
變主要聚焦在小說與詩歌層面上，無論是朱惠足提到「臺灣初期現代小說是
傳統與現代、本土與外來、文藝與政治、真實與虛構的重層疊寫（palimpsest）」
〔註23〕；還是黃美娥所言「舊文人與舊文學本身內部潛藏著既『迎新』卻又
『抗新』的矛盾性文學結構。」〔註24〕以及江寶釵研究中所指出的「臺灣古
典詩的馴化現象」〔註25〕等等。這些都指向文學主流以及文學知識的遞變不

〔註22〕 Michel Foucault 著，王德威譯：《知識的考掘》，頁127。
〔註23〕 朱惠足提到臺灣現代小說帶有政治寓言之性質，除了避開日本總督府的檢閱
制度之外，也是一種關心臺灣政治現況與前途的方式，而臺灣原本就有自己
在地的傳統敘事，在結合外來小說形式之後，而開展出文藝的現代化。參見朱
惠足：《現代的移植與翻譯：日治時期臺灣小說的後殖民思考》（臺北：麥田，
2009年8月），頁84。
〔註24〕 日本領臺之後並沒有罷黜臺灣漢文，卻反而以漢文與臺灣傳統文人交遊，雖
說如此，在異族統治下，也激起臺灣文人保存漢文的危機感，這種維繫斯文是
帶有文學傳統的擁護、文化命脈的延續與國族認同。參見黃美娥：《重層現代
性鏡像：日治時代臺灣傳統文人的文化視域與文學想像》（臺北：麥田，2004
年12月），頁73。
〔註25〕 江寶釵指出進入日治之後，古典詩一躍成為臺灣漢學的主流，原因在於漢書
房被政府取締，詩社成為保存與傳播漢學之場所，加上詩社成員不限於士紳，
而各階層與各方人士都能參與，使得詩社活動以社集唱酬為主。參見江寶釵：
《臺灣古典詩面面觀》（臺北：巨流，1999年12月），頁63～67。

單單只是因為時代變化使然，而是政府的政策、政令推動或限制，以及新思潮新思想的引入，此種多方話語的匯入，使文學知識改變甚至朝向某種方向發展，更能顯現出知識與權力之間的密切性。透過對於胡殿鵬「明治體」乃至於任職平面媒體記者等相關文人的爬梳與研究，可以探索出文學知識的變化以及如何帶動知識板塊的位移。

第三節　研究方法

　　本文探討日治時期臺灣漢文的質變與衍變，以胡殿鵬、洪以南、謝汝銓、魏清德等四人為討論對象，從中觀察出 1895 年之後的臺灣漢文發展出現何種的變化。以時空環境為整體漢文的背景，並從中探討出此四位文人的文學作品與活動。因此，本論文嘗試以三個向度來勾勒出臺灣漢文出現何種變化，分別為時空背景、文人生命歷程與文學作品。

　　歷史研究法探究時空背景如何影響當時臺灣社會與文人。1895 年乙未割臺與 1900 年揚文會為本論文觀察的重要節點，因為新舊政權的轉換以及政府重要的施政均影響著臺灣人的各種層面，也連帶地影響文人如何觀看當時的時局發展，以及反映出何種的文學主張和文學創作。因此先從四位文人的學識養成、就業環境、文人社群與文學活動足跡切入，筆者擬以探究生長過程中受到何種的教育體系，以及接受何種的學識養成，接著瞭解文人本身的學識是否能對應到時下的就業狀況，其就業職位能否學以致用，以及在職場之中發展出何種的關係網絡，同時也考察所參與的文學社群活動。

　　文獻分析法探究文人本身所創作的各種文學作品，以《臺灣日日新報》與《漢文臺灣日日新報》為軸心，蒐集此四位文人的書寫作品。藉由分析這四位文人的作品，從中歸納出對於臺灣漢文有何理想主張，並且對應有何種的文學活動，其中小說、社論、詩詞等作品能管窺出文人所主張的漢文面貌。因此筆者細讀這四位文人的文學作品，從中探討對於漢文主張是什麼，以及這些文人如何看待時下的漢文現況，並對照文學活動，進而探索這些文人如何延續斯文。

　　於此，本論文透過歷史研究法與文獻分析法進行內、外緣研究，先以關照時空背景與大時代的變遷如何影響文人的思維，接著再以文人的文學書寫著手，進一部探析此四位文人的思維是如何反應時局的變化，進而考察出日治時期臺灣漢文出現何種的質變與衍變。

第四節　文獻回顧

本論文探討的主軸乃是聚焦於日治初期臺灣傳統漢文的文學系譜之產生，也就是 1895 年乙未割臺之後的文學發展，這之間的傳統漢文既是承襲前清時期的漢文傳統，又面臨大時代的巨變，而產生質變以能適應於當世。

謝崇耀的研究中提到進入日治時期之後有所謂的「新科舉」，意思是臺灣人對於仕途的新詮釋，從清廷時代透過科舉考試獲得功名與官職，日治時期則是考進學校就讀，例如生員謝汝銓最早考入國語學校，畢業之後便能獲得較為優渥之工作。〔註26〕黃美娥也指出，臺灣的大報記者乃為具有漢學素養的文人所出任，其中不乏擅長古典詩文創作而聞名的傳統文人，如《臺灣日日新報》聘任謝雪漁、魏清德、李逸濤等傳統文人為記者，致力於啟蒙大眾為要務。〔註27〕

以上述論點觀之，此二位研究者都注意到日本統治臺灣之後，傳統文人勢必得進入新時代與新政權的社會邏輯之中，至少有一批文人願意就讀日本人所設立的新式學校，以取得未來謀生出路的跳板。同時，新時代也出現新產業——平面媒體，而這些傳統文人覓得能發揮所長之職務——文字記者，這些傳統文人記者就職於日本資本之報社，其中以臺灣日日新報報社最為重要。原因在於《臺灣日日新報》為當時臺灣第一大報，且為最早發行之報紙。這些臺灣傳統文人進入《臺灣日日新報》除了經濟上的考量之外，在意識形態層面是否認為日本人是可以合作之對象，而非拒之門外的異族，頗值得推敲。臺灣文人所認知的漢文知識是否能接合日本漢文，以及受到日本文學知識的影響，傳統文人是否能在其框架之中從而發展出臺灣自己的漢文文學知識觀。這些在前行研究之中均可看出任職於《臺灣日日新報》記者的傳統文人群，他們的文學書寫內容與風格受到日本的影響。因此藉由爬梳這些前行研究，來勾勒出胡殿鵬「明治體」以降的臺灣漢文人，他們的文學知識與系譜有何不同的變化。

本論文為討論胡殿鵬「明治體」及其日治時期文學知識的重塑，以日治時期報紙等平面媒體為主要研究場域，且因胡殿鵬所書寫〈大冶一爐〉連載於《漢文臺灣日日新報》，所以亦旁及任職該報記者之臺灣漢文人。於此，本

〔註26〕謝崇耀：《日治時期臺北州漢詩空間之發展與研究》，頁 45。
〔註27〕詳見黃美娥：《重層現代性鏡像：日治時代臺灣傳統文人的文化視域與文學想像》，頁 184。

節文獻回顧首先針對胡殿鵬及其明治體，其次爬梳曾在《漢文臺灣日日新報》刊登作品之臺灣漢文人，主要以謝雪漁、魏清德、洪以南等人為核心。透過前行研究的梳理，得以勾勒出本論文研究推導的方向與空間。

一、漢文典範轉移的明治體

1997 年真理大學成立臺灣文學系，臺灣文學研究正式進入大專院校之中，這也意謂著臺灣文學成為一種學科，讓眾多研究者進行作家作品的鑽探與開發，因而出現愈來愈多的研究議題。臺灣文學的斷代粗略分成明清古典文學、日治時期新文學與戰後現代文學。其中古典文學部份又分成明鄭時期流寓文學、清領時期宦遊文學，接著在前行研究者的努力之下，擴大古典文學的範疇，關注到日治時期古典文學，並以此討論臺灣漢文人〔註28〕與在臺的日本漢文人，豐厚日治時期的臺灣文學研究。也因研究者不斷挖掘史料，拓展研究空間以及開發新的研究議題，讓許多的傳統文人不斷地呈現在國人眼前，這些成果使得臺灣文學館於 2013 年出版「臺灣古典作家精選集」38 冊。〔註29〕雖說如此，仍有作家仍未被深入研究，胡南溟便是一例，迄今為止，仍未有胡南溟及其明治體為主題之相關學位論文，目前僅有單篇論文，更顯得本論文撰寫之難度。

〔註28〕 施懿琳從海東文獻初祖沈光文開始至賴和，討論明鄭時期至日治時期古典文學的發展，參見施懿琳：《從沈光文到賴和：臺灣古典文學的發展與特色》（高雄：春暉，2001 年 4 月）。江寶釵從漢詩文之中探討文人如何面對時代變化，其中觀察到乙未割臺之後臺灣文人的遺民心境、故國情懷與對異族的批判，同時也注意到進入日治之後，作者階層的轉變以及詩社的「馴化」現象，參見江寶釵：《臺灣古典詩面面觀》（臺北：巨流，1999 年 12 月）。同樣地，討論日治時期出現詩社林立的現象，也處理到臺灣第一大詩社──瀛社，還有關照到林仲衡、王松與吳濁流筆下的古典詩文，參見黃美娥：《古典臺灣：文學史、詩社、作家論》（臺北：國立編譯館，2007 年 7 月），頁 191。黃美娥除了處理詩社議題之外，也探討進入日治時代之後，全臺灣社會各領域均開始現代化，在此潮流之中的漢文人及其詩壇受到何種衝擊，漢文人並不盡然全為秉持著抗拒姿態，而是有著轉折與接受，參見黃美娥：《重層現代性鏡像：日治時代臺灣傳統文人的文化視域與文學想像》（臺北：麥田，2004 年 12 月）。

〔註29〕 在《臺灣古典作家精選集》所收錄橫跨乙未割臺時期以及 1895 年之後出生的古典文學創作者有：李望洋、吳德功、許南英、施士洁、丘逢甲、洪棄生、王松、胡南溟、林癡仙、連橫、林幼春、魏清德、石中英、張李德和、林景仁、賴和、駱香林、陳虛谷‧莊遂性、周定山、蔡旨禪、吳濁流、葉榮鐘、黃金川等 24 位。參見文化部之文化新聞：https://www.moc.gov.tw/information_250_30572.html，2018 年 4 月 26 日。

謝崇耀〈「明治體」論之意義初探〉〔註30〕此篇論文以胡南溟的「明治
體」作為研究對象，探究「明治體」與文學知識之關聯。該篇先從大環境影
響著手，謝崇耀指出日本領臺之後雖然辦理揚文會等來籠絡臺灣文人，可是
臺灣文人並非完全接受日本的話語，而意識到這只是統治者的兩手策略。在
異族的統治以及西方知識的傳入，漢文出現了危機，臺灣文人意識到要維繫
斯文於一線。經歷過乙未割臺之文人有著遺民心態，對統治者避而遠之地消
極抗日，但胡南溟對於日本政權卻持正向態度而積極響應，可見得胡南溟對
於新政權與新思想的接受度頗高。胡南溟身為傳統文人對傳統漢學有著使命
感，但卻認為傳統漢學與新政權所帶來的西學並非互斥，此種折衷調和新、
舊學的認知，為書寫〈大冶一爐〉詩話的先決條件。胡南溟面臨整個大環境
改變，又得保持漢學的延續，避免被西方文明所淘汰，因而提出「明治體」。
是故，謝崇耀認為「明治體」乃為文學進化觀，建立新時代的文學知識，以
延續漢學的命脈。不過在文末謝崇耀批判胡南溟無法認清日本統治者之企
圖，以為日人暢談漢詩文是展現臺灣國民性，實則為懷柔與籠絡的手段，導
致最後胡南溟的「明治體」理念無疾而終。

黃美娥〈從「詩歌」到「小說」：日治初期臺灣文學知識新秩序的生成〉
〔註31〕此篇論文以「詩歌」與「小說」切入，論及日治時期文學知識版圖的重
塑。黃美娥提及此二種文類原先在明清時代被文人視為非主流之小道，然而在進
入日治時期之後，一躍成為維繫漢文以及文明進步之象徵。其中黃美娥以明治體
為例，提出胡南溟認識到現代化已經是持續發展之事實，所以詩人本身必須改變
以適應這個新的時代，於是提出「明治體」主張。一方面能具有宏觀的視野來認
識這個世界及其西方文明，另一方面則保有自己傳統的漢學與漢文化。

吳東晟〈洪棄生《寄鶴齋詩話》研究〉〔註32〕雖然是以洪棄生《寄鶴齋
詩話》為討論對象，但卻也爬梳日治時期臺灣文人所書寫的詩話，因而處理
到胡南溟《大冶一爐詩話》與明治體。此論文提出胡南溟接受日本統治之事

〔註30〕謝崇耀：〈「明治體」論之意義初探〉，《百年風華新視野：日治時期臺灣漢文學
及文化論集》（臺南：臺南市立圖書館，2009 年 12 月），頁 188～201。
〔註31〕黃美娥：〈從「詩歌」到「小說」：日治初期臺灣文學知識新秩序的生成〉，收
入國立成功大學臺灣文學系編：《跨領域的臺灣文學研究學術研討會論文集》
（臺南：國家臺灣文學館，2006 年 3 月），頁 45～79。
〔註32〕吳東晟：〈洪棄生《寄鶴齋詩話》研究〉（臺南：國立成功大學臺灣文學系碩士
論文，2004 年 6 月）。

實，也願意認同日本總督府的政權，可是在另一方面卻有著身為傳統漢文人之矜持，而以中國人自居。接著吳東晟提到為何會接受日本統治之事實，這與他的價值觀有很大關聯。胡南溟相信「當世之名」，因為與自己詩作視為傳家寶的「傳後之名」相比，若自己的文學作品能在當世出名，在文壇上流傳，這反而比傳後之名更有影響力且更具歷史價值，有了歷史價值更能顯揚於後世。因此，胡南溟務實地認為現世的文學成就才是真正能在歷史上留名。也因為如此，胡南溟才會積極尋求當政者之認同，傾向肯定日本人的統治。這種思想也就不難看出為何胡南溟會提出「明治體」之主張。

綜上所述，謝崇耀認為「明治體」是文學進化觀，黃美娥認為「明治體」是詩人自我改變以適應新時代的文體，吳東晟認為「明治體」是謀求「當世之名」之文學。此三位研究者均指向胡南溟能為了因應時代變化而讓漢文彈性發展，同時也應用新興的平面傳播媒體，將自己的詩作與文學主張迅速傳播出去，在詩社與詩人群體之中提高知名度和影響力。以此觀之，筆者以為「明治體」是胡南溟有意於日治時期所打造的新漢文，並成為代表此段時期的漢文。

二、文人社群與人脈關係網絡

洪以南於乙未割臺之時赴閩避禍，這期間取得生員身分，之後返回艋舺接掌祖父所傳之事業。洪以南與胡南溟、謝雪漁一樣均有著秀才功名，但其際遇又與後二者不同，主要在於洪以南除了傳統文人身分之外，是艋舺的地主富商，而後受日本總督府之邀請而擔任辦務署參事、艋舺保甲局副局長、臺北廳參事、淡水區長、淡水街長等基層公職。因此進入日治時期後，洪以南不純然過著文人生活，而是平常忙著事業的經營和公職的政治事務。也因為必須與日本人打交道，外在西化的裝扮或者內在西學的吸收，成為前行研究者的討論對象。

卞鳳奎〈洪以南對新思潮受容之探討〉〔註33〕此篇論文便是討論洪以南雖為傳統文人，但對新思潮卻不排斥，甚至送兩位兒子赴日本留學。此外，卞鳳奎也探究出洪以南在官場中有其官方人脈關聯，而影響到洪以南對新學的開放態度與接收程度。

吳盈盈〈日治時期社會領導階層：洪以南——對現代文明之接受態度——

〔註33〕卞鳳奎：〈洪以南對新思潮受容之探討〉，《臺北文獻（直字）》168期（2009年6月），頁239〜258。

以其「外顯」行為為觀察重心〉〔註34〕，此篇論文便是以洪以南的外在穿著打扮與有無斷髮來討論文明接受程度，從外在的生活改變來討論洪以南內在的新思想接受程度。

　　賴俊雄〈從洪以南蘭石帖題詠集一窺日治初期臺灣的書法風貌〉〔註35〕，此篇論文探究洪以南喜愛蘭石因而繪製成圖，並請文友題詠酬唱且以書法寫成，最後結集成《洪以南蘭石帖題詠集》。賴俊雄從中探討日治初期各家臺、日文人的書法，同時也旁及洪以南的交遊網絡。

　　綜上所述，筆者認為不應僅是探討洪以南的外在表徵和內在思維對於新文明的接收度而已，而是討論洪以南對於漢文有何影響力。洪以南帶有公職身分並與日人官吏建立交情，在民間方面則為北臺灣最大之詩社——瀛社的重要頭人。洪以南除了在北部文壇有著重要的影響力與人脈關係網絡之外，甚至與外地之詩社進行互訪酬唱。所以就日治時期的臺灣漢文知識方面，洪以南有其舉足輕重之地位，因而以上述之前行研究為基礎，進一步勾勒出洪以南在臺灣漢文系譜中的角色。

三、東亞論之下的漢文通俗小說

　　《臺灣日日新報》漢文記者之中，謝雪漁為改隸之後首位以生員身分就讀臺灣總督府國語學校，日後進入《臺灣日日新報》任職漢文記者，並且與洪以南創建「瀛社」。因此，謝雪漁便為日治傳統文人研究的重點，而且自《臺灣日日新報》至《風月報》，謝雪漁創作多篇小說，這種以傳統漢文書寫新議題與新風格的小說，引起研究者的好奇及其深入探討。

　　若論及臺灣漢文通俗小說的創作者，諸如：謝雪漁、魏清德、李逸濤、白玉簪、黃植亭、李漢如、鄭坤五等，唯獨謝雪漁創作時間長且作品豐富。不僅如此，謝雪漁又是第一位創作漢文小說〔註36〕，因此也就受到研究者的

〔註34〕吳盈盈：〈日治時期社會領導階層：洪以南——對現代文明之接受態度——以其「外顯」行為為觀察重心〉，《東海大學圖書館館訊》新 118 期（2011 年 7 月），頁 28～29。

〔註35〕賴俊雄：〈從洪以南蘭石帖題詠集一窺日治初期臺灣的書法風貌〉，《中華書道》90 期（2015 年 12 月），頁 18～25。

〔註36〕黃美娥指出，《漢文臺灣日日新報》發行之初，便明確開闢「小說」專欄，首日刊登的是被冠上「最新小說」的謝雪漁〈陣中奇緣〉，此文也是目前所見臺灣本土文人所寫的第一篇漢文小說。參見黃美娥：〈「文體」與「國體」——日本文學在日治時期臺灣漢語文言小說中的跨界行旅、文化翻譯與書寫錯置〉，《漢學研究》28 卷 2 期（2010 年 6 月），頁 372。

重視。不過在前行研究之中，將聚焦於文體與國體之間的糾葛與鍊接。因為青年時期的謝雪漁在時局仍然不穩之時勇於北上，首位以秀才之姿進入總督府國語學校就讀第二回國語部的傳統文人〔註37〕，之後就職於官方立場濃厚的《臺灣日日新報》，而所活動的詩社「瀛社」也是與官員唱和交遊，筆下的小說充斥著各種隱含國策的話語，同時認同也向官方傾斜。是故，就謝雪漁本身的工作背景、生活環境與創作內容來推敲，均指向其漢文小說帶有著與「國體」結合的情況。

於此，在前行研究之中探討謝雪漁漢文書寫以及通俗小說，並側重於國族寓言與認同敘事者，惟王韶君〈謝雪漁漢文小說中的文化演繹與身分編寫——以《三世英雄傳》、《櫻花夢》、《日華英雌傳》為中心〉。〔註38〕此篇論文著重於中日臺三者之間的關聯性與親近性，王韶君認為謝雪漁發展出同文同種的漢文論述，是在配合國家戰略政策來倡導日華親善與東亞和平。王韶君接著也指出臺灣處在中國與日本之間，謝雪漁只是作為發言的媒介，因而缺乏自己的身分與位置。

薛建蓉〈烽火下的理想家國造象——從謝雪漁戰爭小說看東亞論下理想家國形塑及其認同問題探討〉〔註39〕，則是在謝雪漁的小說之中，從而發現到東亞論的實踐。薛建蓉認為這是謝雪漁在自我認同形構時，接受了對他的文化、種族延續有利的東亞論，並從他改寫的小說將東亞論傳遞給讀者的證明，也是身為輿論製造者的他對日本文化協力的證明。

〔註37〕在蔡佩玲的研究中便提到：謝雪漁觀其師蔡國琳與日籍官員相互友好親近，生活無虞，亦享社會聲譽；故隨後也勇於接受臺南知事推薦，先以甲科生資格北上就讀國語傳習所，再至總督府國語學校就學，積極學習日本統治者的語言，體驗日人治臺舉措。師徒二人，算是較早與日籍官員、漢學家有接觸、交遊的臺灣傳統文人。另外，因改隸之後，科舉之路斷絕，而為求改變困境，「應時急策」，獨自離鄉，北上就學，身分卑微，滿懷憂悶愁緒。日本治臺後，雖看似時局漸趨平穩，但各地仍有部份「亂星」閃爍。即便如此，謝氏懷抱著歷經戰火焚燒的臺灣，還是有春草再生發的可能。詳見蔡佩玲：〈「同文」的想像與實踐：日治時期臺灣傳統文人謝雪漁的漢文書寫〉，前揭文，頁29～31。

〔註38〕參見王韶君：〈謝雪漁漢文小說中的文化演繹與身分編寫——以《三世英雄傳》、《櫻花夢》、《日華英雌傳》為中心〉，「第十二屆國際青年學者漢學會議：華語語系文學與影像」論文（國立中興大學臺灣文學與跨國文化研究所主辦，2013年7月），頁332～350。

〔註39〕參見薛建蓉：〈烽火下的理想家國造象——從謝雪漁戰爭小說看東亞論下理想家國形塑及其認同問題探討〉，《臺灣文學研究學報》14期（2012年4月），頁39～78。

林淑慧〈女體與國體：論謝雪漁之〈日華英雌傳〉〉〔註40〕，此篇論文是從自他者凝視與自我想像角度出發，來探討謝雪漁的新女體書寫如何雜揉了國體隱喻，甚至積極介入國家話語的建構，從中探討其在皇民化運動時期所扮演的角色及其文本意義。

學位論文部分，蔡佩玲〈「同文」的想像與實踐：日治時期臺灣傳統文人謝雪漁的漢文書寫〉〔註41〕討論謝雪漁的小說與散文中關於漢文的書寫是否與日本同文政策有所關聯。其中，蔡佩玲提到謝雪漁原以為進入日本時代之後的漢文是無用，但就讀國語學校卻發現漢文並非無用，反而有吟誦風雅與同文的功用，接著進入臺灣日日新報社成為漢文記者，認識到漢文的書寫也具有啟迪民智、傳播文明之功用，加上身為記者，更應該傳達文明思想予臺人。接著，蔡佩玲從日本官方的同化政策切入，認為謝雪漁以漢文與官方人物進行唱和、交遊，此時謝雪漁筆下的漢文從以往維繫斯文於一線，逐漸轉變為與日人應酬唱和，以呼應官方殖民話語。同時也因為同文，使得謝雪漁原本透過漢文來傳播文明知識，轉變為強調日本官方所建構的「國民性」論述。

相較於以國族或國體論述來討論謝雪漁，林芳玫〈謝雪漁通俗書寫的跨文化身分編輯：探討〈日華英雌傳〉的性別與國族寓言〉〔註42〕則是以「跨文化性」與「身分編輯」來討論之。林芳玫論及女性身體往往被等同於殖民者的國體或者是弱小的臺灣，這種女性連接到國族與民族，因而提出質疑，認為小說〈日華英雌傳〉是多聲複調，對主角李麗君的刻劃，是日華親善政治實踐的逃避，也是讓代表中國人的李麗君保持獨立，不被吸附進日本之中。

綜合這些前行研究，均可看出傳統的漢文通俗敘事遇上國家政策的變化，使得傳統漢文朝向國策傾斜，也就是興亞與南進，配合國策而宣傳。尤其是 1937 年之後複雜的時間與局勢，身為前清秀才的謝雪漁，卻能在活躍在 1930 年代晚期的《風月報》，也可見得其適應局勢的能力。然而也因為如此，使得謝雪漁的創作面向被研究者朝向國族與政治隱喻來解讀，雖然現已跳出親日／抗日或者文化／國族認同的框架，但仍不脫於在東亞論之下，殖

〔註40〕 詳見林淑慧：〈女體與國體：論謝雪漁之〈日華英雌傳〉〉，《中國文學研究》24期（2007 年 6 月），頁 119～152。

〔註41〕 蔡佩玲：〈「同文」的想像與實踐：日治時期臺灣傳統文人謝雪漁的漢文書寫〉（臺北：國立政治大學中國文學系碩士論文，2009 年 7 月）。

〔註42〕 林芳玫：〈謝雪漁通俗書寫的跨文化身分編輯：探討〈日華英雌傳〉的性別與國族寓言〉，《臺灣文學學報》23 期（2013 年 12 月），頁 29～62。

民地的漢文如何反映出自己的尷尬位置，以及傳統漢文在局勢變化中，依違日本政策的控制。

四、東亞文脈的漢文論述

黃美娥主編《魏清德全集》〔註43〕後，魏清德其一生所有的書寫均被收錄於全集之內，幫助研究者全面掌握所需的相關資料，而不會出現掛一漏萬的情形。2003 年黃美娥便注意到魏清德，進而發表研究論文，後收錄在《重層現代性鏡像：日治時代臺灣傳統文人的文化視域與文學想像》之中。該書所收錄〈另類現代性——《臺灣日日新報》記者魏清德的文明啟蒙論述〉〔註44〕此篇論文，黃美娥提及在舊有認知中的新舊文人是二元劃分，新文人代表西學與進步思想，而舊文人就是抱持落後的傳統文學。黃美娥發現到魏清德雖為傳統文人，卻建構文明論述來啟蒙臺灣人民，打破新舊文人二元對立的刻板印象。接著，魏清德的文明論述卻與日本統治者的論述息息相關，這種的文明啟蒙論述是以日本的東洋文明維基礎，這也隱含魏清德之論述與日本官方的主流論述愈來愈接近。

簡明玉〈日本殖民統治的探索與反思：以魏清德散文作品為觀察中心〉〔註45〕，此篇論文以《魏清德全集》中的兩卷《文卷》作為研究素材，簡明玉提及魏清德通曉日文與漢文兩種語言，因此認同日本乃為漢學／漢文的復興者，甚至認為日本能負擔起振興漢文的重責大任，日本推動同化政策，而魏清德站在同文的立場，持贊同官方的態度。

謝世英〈從追逐現代化到反思文化現代性：日治文人魏清德的文化認同與對臺灣美術的期許〉。〔註46〕此篇論文從臺灣美術切入，謝世英認為魏清德強調文化的獨特性，以及主張臺灣發展出屬於自己特色的鄉土藝術。謝世英接著指出，魏清德了解在文化上，洋化／西化只能作為引介現代性的工具，魏氏理解到文化上只有發展東方特有的感情，臺灣美術具有獨特性，才是建構亞細亞

〔註43〕黃美娥主編：《魏清德全集》（臺南：國立臺灣文學館，2013 年 12 月）。

〔註44〕黃美娥：〈另類現代性——《臺灣日日新報》記者魏清德的文明啟蒙論述〉，《重層現代性鏡像：日治時代臺灣傳統文人的文化視域與文學想像》，頁 183～235。

〔註45〕簡明玉：〈日本殖民統治的探索與反思：以魏清德散文作品為觀察中心〉（新竹：國立清華大學臺灣研究教師在職進修碩士學位班碩士論文，2018 年 1 月）。

〔註46〕謝世英：〈從追逐現代化到反思文化現代性：日治文人魏清德的文化認同與對臺灣美術的期許〉，《藝術學研究》8 期（2011 年 5 月），頁 127～204。

獨特面貌，才能達成與歐洲並列的「還我亞細亞」的最終目的。

　　綜上所述，可以看到魏清德無論現代性啟蒙抑或是漢學的傳承，都與日本官方的論述相當接近，甚至是站在官方的立場而發聲。但臺灣漢文的延續是否與日本官方連動，而讓魏清德的漢文論述傾向於日本統治者，這部份從魏清德的文化認同能看出端倪。魏清德的文化認同是站在東方主體來看待東西方交流，這種東方是整體的東亞，在這樣的論述而讓魏清德逐漸貼近日本官方的主流論述。

第五節　章節架構

第一章　緒論

　　　　第一節　研究動機與問題意識
　　　　第二節　概念釐清
　　　　第三節　研究方法
　　　　第四節　文獻回顧
　　　　第五節　章節架構

　　第一章為本論文之緒論，闡述筆者對於本論文的研究構想與討論重點，並且從中使讀者瞭解筆者論述的思維邏輯，而能對本論文有深刻的理解。

　　第一節為研究動機與問題意識，從 1895 年乙未割臺此種重大事件，臺灣及其文人遭逢巨變，而欲觀察臺灣漢文出現何種的質變與衍變，同時比較胡殿鵬、洪以南、謝汝銓、魏清德等四位臺灣漢文人之共通點與差異點，藉此說明此四位文人為本論文的討論對象。

　　第二節為概念釐清，本論文主軸是討論臺灣漢文、漢學系譜的質變與衍變，並以上述四位漢文人為研究對象，因此說明「漢文、漢學與漢文人」與「文學知識」的概念內容與定義。

　　第三節為研究方法，筆者採用歷史研究法和文獻分析法作為本論文的研究方法，以進行內、外緣研究。先以關照時空背景與大時代的變遷如何影響文人的思維，接著再以文人的文學書寫著手，進一部探析此四位文人的思維是如何反應時局的變化，進而考察出日治時期臺灣漢文出現何種的質變與衍變。

　　第四節為文獻回顧，回顧與本論文相關之重要前行研究，諸如明治體、臺灣漢文人社群、漢文通俗小說與以東方主體的漢文論述等，透過前人的研究而有助於筆者掌握相關議題。

第五節為章節架構，分別簡介第一章至第六章的安排架構，並說明章節內容概要。

第二章　臺灣漢文人的華夷之防

第一節　抵抗與游移：臺灣傳統文人的華夷新秩序觀
第二節　遺民與順民：臺灣文人的兩種對應
第三節　揚文與同文：臺灣漢文的位移與重層

小　結

第二章主要處理傳統文人面對日本政府領有臺灣後，而出現抗拒及接受的兩種心裡層面，這些臺灣文人本著中外之辨與華夷之防，如何看待改朝換代後的新秩序觀。

第一節處理臺灣傳統文人面對改隸之後的局面。相較於前現代的清朝舊式王朝（dynasty），此時的日本帝國乃是君主立憲之現代民族國家（nation state），挾帶著現代化的新知識與新思想進入臺灣，臺灣漢文人以舊有率土之濱式的臣民思維如何應對新政府，以及接受既定事實後，如何逐漸改變效忠模式，進而重塑自己的華夷秩序觀。

第二節處理臺灣進入文治的時代之後，臺灣漢文人面對新政權的兩種心境及其所反應出來的肆應態度。面對改朝換代的動盪，臺灣文人在本著自己的華夷思想、家族與個人利益，以及當下環境變化等天秤中擺盪，在這困局中尋求出最佳解，以能在這變局中安身立命。然而其中有一批文人，諸如謝雪漁等人，進入日本資本報社的臺灣文人，他們的文學觀及其漢文知識系譜是否因而受到日本的影響以及受其框架，所以這部份先從臺灣文人對日本的肆應態度談起，方能理解其文學創作是如何改變臺灣漢文。

第三節處理臺、日漢文的交流。在華夷新秩序的建立之後，日本搭建以漢文為橋樑的溝通管道來進一步強化此種秩序觀，臺灣總督府不乏具有漢文背景的官吏，因此日本官吏與臺灣文人在漢文這個同文的基礎上進行交流，無論是籠絡抑或是增進交流，都是在漢文的這個共有基礎進行。然而，雖然對雙方而言是共有的基礎，但卻是同床異夢，日本官吏目的在於減少敵意以利政務推動，臺灣文人則是維繫斯文於一線，因而雙方對於漢文有著不同想像。於此，從中討論臺灣漢文人的漢文面對日本漢文的進入與交流後，出現何種的質變。

第三章　後揚文會之影響：漢文系譜再建構

第一節　帝國強大與漢文盛世之再現

第二節　文化延續與政治現實之兼善

小　結

乙未割臺之後，前清遺民本著己身的民族立場，雖不願意接受日本統治，但看到日本總督府的建設所帶來的「盛世」，以及對漢文的支持，因而出現在文化意識上捍衛漢族本位，可是在政治意識上卻逐漸向日本政府傾斜的情況。不過捍衛漢學本位與接受日本統治並非為互斥之概念，因為日本本身就是漢學的捍衛者與傳播者。總督府舉辦揚文會之後，塑造出日本官吏與臺灣人一樣都是深受漢學學養的薰陶，具有厚實的漢文根基。再加上日本戰勝沙俄，東方文明並非羸弱不堪，相較於清廷的積弱不振，日本儼然成為強盛之帝國，以及東方文明的繼承／保存者。在這樣的環境條件下，使得胡南溟注意到帝國的強大方能維持與發揚漢學，同時漢文的興盛而能襯托出帝國厚實的軟實力，而能對外輸出文化影響力。使得臺灣傳統文人對於臺灣出現漢文盛況更具信心，也因而相信「治世」的到來。這種「治世」的認知，使得他們的漢文是否向日本統治者靠攏，折衷或依附政治現實的框架之下的文學知識？因此，第一節便是探討胡南溟是如何調整漢文的姿態，以及心目中所謂「治世」的文學是什麼，而如何提出「明治體」此種這種治世的文學主張。

相較胡南溟僅為《臺灣日日新報》記者，洪以南雖並非為記者身分，但卻是艋舺在地富商，以及具有基層公職等身分，不僅為總督府籠絡懷柔的對象，也是臺灣漢文壇之中的領袖人物，使得在官方與民間所舉辦的文學盛會皆是重要人士。洪以南雖為傳統秀才，卻有新知與新視野。使得主事瀛社期間搭配《臺灣日日新報》刊登同人詩作，同時與外地臺灣文人團體進行互相交流，帶動全島漢文的蓬勃發展，又參與總督府高層舉辦的詩會，與其他臺、日文人結盟交友，向外拓展漢文邊界，向日人展現臺灣文人的漢文實力。因此第二節主要探討洪以南展現人脈關係網絡之時，如何振興漢文活動與擴展漢文人的文化空間，在政治現實與漢文延續取得一個平衡點。

第四章　漢文系譜的載道與轉型

第一節　知識體系的轉變帶動漢文質變

第二節　傳媒空間的增加帶動文體變化

第三節　華夷秩序的位移帶動漢文轉型

小　結

相較第三章討論洪以南此種具有仕紳身分的傳統文人，在新時代不僅受

到政府重視而且也具有一定的文學聲望。本章節的主軸則是探討不具有仕紳身分的傳統文人如何透過轉型而得以適應於新時代。也就是說，大時代的變化帶動知識體系的轉變，推動傳統文人吸收新學並利用新時代的傳媒利器，不僅能安身立命，也連帶地帶動漢文的變化。官方宣揚新學，設置新式教育，而產業活動也隨之更迭，導致臺灣文人面臨到眼前民生問題卻無以為繼，在新時代難以立足，更遑論能夠透過文學來飛黃騰達，況且此時已無法透過科舉一舉成名天下知。文人除了在民間私塾、書房禮聘為西席，煮字療飢以糊口度日，要不就是進入公家體系擔任通譯或漢語、臺語教師。在無法透過科考獲得仕途的文人，若仍要發揮所學以立足於世，除了在民間漢書房或公立學校執教之外，就是擔任報社記者。其中後者的工作性質與內容更能讓傳統文人發揮所長，以及開拓新視野，甚至影響到日後臺灣漢文的發展。

時代的巨變引發知識體系與產業活動的重組，雖說傳統文人面臨出路與生計雙重問題，但也促使文人導向漢文記者此一新興職業發展。傳統文人的身分擔任記者，在接收新學之時，也認識臺灣以外的文學作家作品，不僅開啟了眼界，也成為日後創作通俗小說的養分。在如此的背景，使得諸如謝雪漁、魏清德等傳統文人在《臺灣日日新報》連載漢文通俗小說，這也顯現出臺灣漢文記者的重要性，秉著主場優勢而較有發表的空間，進而刊登自己之作品。

謝雪漁的漢文系譜相較於胡南溟與洪以南，更清楚勾勒出漢文在西方與日本雙重衝擊之下的自我定位和運用策略，除了使用報紙來擴大漢文的傳播力道，又藉由國策來深化漢文的工具性，使漢文成為當代應用的知識體系。不過，謝雪漁相較於上述二位文人又明顯帶有「同文」的刻痕，似有受日本政府所引導與影響，而讓臺灣漢文受制於日本漢文的框架。

接著，謝雪漁所認為的漢文是具有傳統道德與新知文明兼備的文體，乃為文以載道的文學，這種「道」是適應於當世。當國家強盛，文學就會興旺，文人應更積極入世，文學報國就能興國，興國便能文學興盛，此種漢文才能重回知識領導的地位。

第五章　漢文系譜的推移與共構

第一節　知識轉型中的漢文系譜
第二節　文化轉型中的漢文系譜
第三節　東亞文脈共有的漢文系譜

小　結

本章以魏清德為主要探討對象，魏清德與謝雪漁同為《臺灣日日新報》漢文記者，也同為瀛社同人，但魏清德而後被拔擢擔任漢文部主任與擔任瀛社副社長，這可見得魏清德在媒體的影響力以及文壇上的重要性。從魏清德發表在報刊的言論與小說，從而探討臺灣漢文如何面對新時代轉型問題以及如何面對帝國漢文的同文，進而勾勒出轉型成功的傳統文人，他們心目中所理想的漢文知識系譜。

首先以魏清德年輕就讀國語學校來論及，從出身背景來探討對於漢文的認知。可以發現到魏清德雖是就讀國語學校，但日後進入臺灣日日新報社，影響他的日後發展走向以及文學成就。魏清德雖是國語學校學歷，畢業後分發至公學校擔任教師職務，本身童蒙是受漢學教育，學識橫跨西學與漢學。也因為同時掌握西學與漢學，深知兩者不可偏廢，西學能開啟臺人視野，了解國際脈動，而漢學則是臺灣文化的根本，禮義道德是臺人各安其位的憑藉。在魏清德的論述文章中可以看到西學不可不學，但不可因為捍衛傳統而拒斥西方文明。可是反過來說，隨著時間推進，魏清德見到時人完全崇尚西學而屏棄漢學，加上社會風氣敗壞，既勢利又虛榮，因而疾呼漢學不可廢，而要振興漢文。

因為西方各種學說已斲傷到東方的傳統禮義道德，導致文化秩序的崩解。魏清德提倡漢學，藉由儒家傳統的倫理道德穩定東方的社會與人心。這種非一己之力所能達成，而是透過國家的力量來推動漢學的發揚。於此，漢文、漢學與國家是個正向關聯，漢文及其漢學興盛，則國家也就壯大。

第六章　結論

本文以胡南溟、洪以南、謝雪漁、魏清德等四位傳統文人作為探討對象，藉以勾勒出乙未割臺之後臺灣漢文發展的面貌。本文先從日治初期臺灣漢文人的華夷之防切入，探討漢文化繼承與東洋文明中心的議題，是否影響臺灣文人如何回應與肆應於日本政府的文化政策。接著從胡南溟的「明治體」主張，到洪以南的政經人脈網絡與瀛社社群互動，再到謝雪漁與魏清德的《臺灣日日新報》漢記者身分，探討他們心目中的漢文該如何發展，以及悠久歷史傳統的漢文如何面對西方文明及其主義學說的衝擊。臺灣文人在新時代應該具有積極的面向，呼應國家之時，也是在延續漢文的發展，認為國家壯大之時，漢文及其漢學就能興盛，方能建構日治之後新時代的漢文風貌，重回知識領導的地位。

第二章　臺灣漢文人的華夷之防

　　討論日治時期臺灣漢文人的文學知識系譜之前，先梳理臺灣漢文人的華夷觀。理由無他，自道光三年（1823年）臺灣出現開臺進士以降，臺灣本地培養出不少文人，且文風鼎盛，乃逐漸進入漢文化圈之中。然而乙未之後進入日治時期，異族日本統治臺灣，這時華夷觀已衝擊臺灣文人。究竟，誰是華？誰又是夷？所謂「華夷」正如孟子所言：「吾聞用夏變夷者，未聞變於夷者也。」〔註1〕為核心文化觀的認同與判別，也就是中原文化與四方邊疆文化之間的辨別，中原文明乃為當時主流文化，影響周遭被視為次等的蠻夷戎狄，以利於王朝的統治基礎。接著，「楚有王者則後服，無王者則先叛，夷狄也，而亟病中國。南夷與北狄交，中國不絕若綫。桓公救中國，而攘夷狄，卒帖荊，以此為王者之事也。」〔註2〕則是捍衛中原固有之文化，必要時以武力排除外族夷狄的入侵，解救中原文化滅絕之危機，此為王者之事。因此此種華夏是能同化／教化蠻貊，而夷狄就逐漸脫離茹毛飲血的文化型態，進入華夏的大家庭之中，成為禮義邦國之一員。同時中原諸國必須防範異族侵犯，以讓華夏文化成為中原地區的核心，持續向外輸出文化影響力。簡言之，無論是「用夏變夷」或是「尊王攘夷」都是為了強調華夷之防，讓華夏政權維持於不墜，並確保華夏文化能持續對外輸出，而能遠人不服，則修文德以來之。所以華夷之防的判別標準並非疆域或種族，而是具有漢文化

〔註1〕〔清〕焦循撰，沈文倬點校：《孟子正義卷十一・滕文公上》（北京：中華書局，1987年10月），頁393。

〔註2〕劉尚慈譯注：〈僖公四年〉，《春秋公羊傳譯注》上冊（北京：中華書局，2010年5月），頁203。

與否。〔註3〕

　　然而日本雖非漢族，可是卻也在漢字文化圈之內，來臺日人也不是白丁俗客，而是深受漢學薰陶的飽學之士。對於臺灣漢文人而言，若以傳統儒家的華夷之防來看待日本統治者，那麼日本是邊緣文化的蠻貊夷狄嗎？韓愈在〈原道〉中曾言：「孔子之作春秋也，諸侯用夷禮則夷之，進於中國則中國之。」〔註4〕外族若受到中原的教化且有著華夏禮儀，那麼就是華夏的一員。以此觀之，日本為漢字文化圈之中，有著漢文化的底蘊，這樣一來臺灣漢文人就算將日本人視為異族而心存芥蒂，但至少在漢文這種共通平臺上，願意與之對話。耐人尋味的是，此種華夷之防可以說是儒家漢學者內建的 DNA，既然日本是共通漢文化的華夏一員，那麼在歷經慘烈的乙未割臺戰役之後，便能看出為何有些漢文人除了接受日本統治之外，還接受臺灣總督府所頒發的紳章，以及參與日本官方所辦理的活動，甚至與日本人合作等。職是之故，透過梳理臺灣漢文人的華夷秩序觀，來探討臺灣漢文人面對日本漢文人的進入並與之交流後，心態上出現何種的變化，並反應在文學理念及其創作上，藉此勾勒出臺灣漢文人心目中的漢文系譜。

第一節　抵抗與游移：傳統文人的華夷秩序觀

　　乙未割臺戰役雖然清廷已放棄臺灣，在臺灣毫無正規軍的局面之時，傳統文人無論是積極地出錢出力抵禦日軍，或者消極地內渡至福建避禍，都能看出臺灣文人對於日本人的統治是帶有疑慮甚至抗拒的心裡。當全臺底定之後，日本統治者隨即開展各項軟硬體建設，為了維持治安，並強化統治性，因而安撫與籠絡本地仕紳。然而，為什麼日本統治者要一面鎮壓各地遍地烽火的反日勢力，另一方面卻要安撫與籠絡各地的仕紳？因為當時清廷所留下的行政機能已經癱瘓，唯有透過地方上的仕紳體系著手，才能盡速安穩局勢與安撫居民。

　　　仕紳的產生是用來填補早期官僚政府與中國社會之間的真空。……

〔註3〕林鎮國舉例孔子推重管仲團結中國以拒蠻夷，以及子罕篇：「子欲居九夷。或曰陋，如之何。子曰：君子居之，何陋之有。」認為孔子是從文化的立場來區分夷夏。參見林鎮國：〈華夷之辨〉，《鵝湖月刊》9 期（1976 年 3 月），頁 35。
〔註4〕〔唐〕韓愈：〈原道〉，《韓昌黎集》第一卷（臺北：河洛圖書出版社，1975 年 3 月），頁 10。

　　帝制政府仍然是個上層結構，並不直接進入村莊，因它是以仕紳為
　　基礎的。當地仕紳的許多公務形成了帝制官僚統治下的一個政壇，
　　使官員能夠以極大的流動性和表面上不依賴於地方根基的方式經常
　　調動。實際上，皇帝任命的任何縣官只有獲得當地仕紳的合作才能
　　治理。〔註5〕

在清朝的行政體系之中，最基層的行政體系只有到「縣」，而縣府所管轄的區
域如此廣大〔註6〕，官府與百姓的距離實在遙遠，因此需要中介者來作為官
府與人民之間的橋樑與溝通管道，此種中介者便是地方仕紳。〔註7〕所謂「仕
紳」則是在鄉之離職官員或者有功名之讀書人。〔註8〕易言之，讀書人透過
科舉取得功名之後便是「仕」，有著功名而進入官僚體系就為「官」，當致仕
返鄉之後成為「紳」。〔註9〕這些仕紳在地方上不僅具有學識也為地方領導人
物〔註10〕，這也是為什麼日本統治者在鎮壓抗日勢力之時，仍需要安撫地方
上的仕紳，其目的在於穩定地方局勢，並且能迅速填補地方權力真空。因此
總督府一方面鎮壓「土匪」的武裝抗日行動之外，得先籠絡與安撫地方仕紳，
讓他們知道政府並不會屠戮鄉民。臺灣總督府為穩定地方社會和人民，因而
發布諭告：

〔註5〕 費正清（John King Fairbank）：〈仕紳階級〉，《美國與中國》（*The United States and China*）（臺北縣：左岸文化，2003 年 11 月），頁 31～32。

〔註6〕 臺灣的地方行政區域比其他各省來得大，如連橫便提到：「臺省治理視內地為難，而各縣幅員反較多於內地。如彰化、嘉義、鳳山、新竹、淡水等縣，縱橫二百餘里、三百里不等，倉卒有事，鞭長莫及。」詳見連橫：〈疆域志〉，《臺灣通史‧卷五》上冊（臺北：大通書局，1995 年），頁 105～106。

〔註7〕 地方官員與紳士共治地方，紳權由官權的合作而相得益彰。參見吳辰伯：〈論紳權〉，收入費孝通等著：《皇權與紳權》（上海：觀察社，1948 年 12 月），頁 50。

〔註8〕 就傳統定義而言，「士大夫居鄉者為紳」，專指那些有官職科第功名居鄉而能得到鄉里敬重的人士。參見史靖：〈紳權的本質〉，收入費孝通等著：《皇權與紳權》，頁 156～157。

〔註9〕 張淵聖：《飄零‧詩歌‧醉草園：跨政權臺灣末代傳統文人的應世之路》（高雄：麗文文化，2016 年 7 月），頁 85。

〔註10〕 中國的政權、紳權和族權同是維護和鞏固舊社會秩序的三駕馬車。紳權和族權歷來是政權的輔助力量。仕紳一不佔政府編制，二不支用國庫薪餉，三不佔闊綽公堂，卻能替政府做大量工作，甚至起到政府官員起不到的作用。在野的紳權和在朝的政權，縱橫結合，相互配合，相互制約，而且仕紳又是政府人材的儲蓄庫，進可以入朝當官，退可以在野為紳。參見周小華：〈晚清政府職能與鄉村仕紳權力之關係初探〉，《荊楚理工學院學報》第 25 卷第 12 期（2010 年 12 月），頁 49。

明治二十九年九月，桂總督策劃頒發紳章予本島人並發布諭告。其
發佈宗旨稱：

本島民現今之境遇，不分其賢愚良窳，一概未獲其應得之待遇。尤
其有識之士或為富而有德望之地方名流，仍與愚夫愚民同列殊感
不忍。此實有悖待良民之道，且深切影響爾後島民撫育之政。茲特
制定辦法優遇有識而德高之士，使之得沐皇化之恩典，誠屬當務之
最。〔註11〕

乙未割臺的隔年，臺灣總督府立即制定紳章辦法，並授與臺灣仕紳。當時臺灣
有識之士與富而有德望之士就是仕紳階層，這也是為什麼總督府要特別區別
仕紳與平民並加以綏撫之因，藉由安撫並籠絡仕紳階層，以穩定地方治安，而
且也有利於總督府的行政運作能深入到地方上。只是這些仕紳是地方領袖，為
了地方與家族的安穩、利益考量，多會配合總督府運作。但仕紳另一面即為文
人身分，就心裡層面而言，面對時代巨變是要如何與之對應。

對於這些文人來說，受儒家的傳統漢文教育，並且在清朝的統治下成長，
如今遭逢巨變，其本身的學識學養面對外來的日本人所帶來的一切，無論是
抗拒、依違，抑或是迎合，這個從傳統文人最根深蒂固的華夷秩序觀來論及，
方能理解他們是怎麼看待日本。

一、傳統夷夏論

《詩經·小雅·谷風之什·北山》：「溥天之下，莫非王土，率土之濱，
莫非王臣。」〔註12〕此文意思是這天下都是天子所統治之領地，這領地上之
人民皆為天子的子民。這也反映出傳統華夏〔註13〕的秩序觀，天子所統治的
九州及其子民乃為高等文化，藉此區隔出四方的蠻夷戎狄。接著，中原九州
具有高度文明以及高等文化，乃是因為統治者為上天所指派，也如《春秋繁

〔註11〕 臺灣總督府警務局編，蔡伯壎譯：《臺灣總督府警察沿革誌·第二編　領臺以
　　　　後的治安狀況（上卷）III》（臺南：國立臺灣歷史博物館，2008 年 11 月），頁
　　　　76～77。
〔註12〕 屈萬里：〈小雅·谷風之什·北山〉，《詩經釋義》（臺北：中國文化學院出版部，
　　　　1980 年 9 月），頁 276。
〔註13〕 所謂華夏（或者「諸夏」「諸華」、「夏」、「華」等）是政治集團的自稱，這種
　　　　詞彙的使用，是面對或涉及到華夏以外的政治體或人群，也就是外人，是相對
　　　　於「外人」的自我稱呼，是一種我群概念。參見張其賢：〈「中國」與「天下」
　　　　概念探源〉，《東吳政治學報》27 期（2009 年 9 月），頁 195～196。

露》所言：「唯天子受命於天，天下受命於天子，一國則受命於君。」〔註14〕
是故，華夏的天下觀〔註15〕與君權神授觀的結合，使得中原九州的人民優越
於四周的異族，中原九州要向外輸出文化影響力，以同化異族，溶入華夏的
大家族之中。這個可說是傳統文人內在的 DNA，也是他們用來看待外界的唯
一視角。

　　自工業革命之後，歐陸各國的科技突飛猛進，脫離手工業生產模式，進入
工廠大量製造的時代，大量生產商品就需要大量的市場來銷售，因而必須向外
尋求殖民地來取得工業生產所需要的原料與大量商品傾銷的市場。因此歐陸
各國以船堅砲利強行打開東亞的大門，當時清廷無力抵抗，僅能割地賠款以
自保。然而清朝此種東亞家天下的王朝，卻無法與現代民族國家進行正常外
交，更遑論回應各項交流。歐陸自西發里亞和約（Peace of Westphalia）之後
開啟民族國家的濫觴，並確立各國主權平等，主權平等便能在同一位階上進
行外交互動。不過東亞的清朝此種天朝夷夏觀，卻無法理解歐陸各國的對等
交流與平等互惠，導致引發晚清一連串的動盪不安。除了上層的皇帝與行政
體系無法因應時代變化之外，位於基層的文人洪棄生（1866～1928）也仍以
傳統的夷夏觀來看待時代變局，就曾撰寫〈天與夷狄論〉來論及：

> 天與中國，以宏教化，天與夷狄，以闢荊榛；與之者人，所以與之
> 者天也。天之生賴地以載之，地之載人以開之，其未開也，草木蓝
> 薛處其中，鳥獸猶狌處其中，黑齒毛民處其中，以至魑魅蝄蜽寋𥖨
> 欽鴞亦莫不處其中，人不可得而過問也。而中國之人，文明既久，
> 自不狃於衣草茹毛之間，啖蛇飲腥之類，雖有其地，不可以居，惟
> 夷狄之人，習於鳥獸鬼獸鬼魅之風，樂其物而不以為厭，得其土而
> 輒以為安，故中國之所鄙夷，皆夷狄之所豔羨，中國之所棄置，即
> 夷狄之所攘爭，然夷狄之所欲取，非中國之所欲與，而天下之人生

〔註14〕　〔漢〕董仲舒著，朱永嘉、王知常注譯：〈為人者天第四十一〉，《新譯春秋繁
　　　　　露》（下）（臺北：三民書局，2007 年 2 月），頁 858。
〔註15〕　張其賢探源天下觀的源由時分成狹義與廣義，他指出：「狹義的天下是指戰國
　　　　　時代周天子底下的諸侯國所成的世界，融化成一個沒有國界、只有州界、同屬
　　　　　「天下」的世界，並且把這個世界當作一個整體「天下」來加以想像，這是「九
　　　　　州」概念的最重要特徵。」易言之，此種狹義天下，是周朝王畿與封建諸侯國
　　　　　的領地範圍，這也是排除四方蠻夷戎狄等非華夏集團的人民。參見張其賢：
　　　　　〈「中國」與「天下」概念探源〉，《東吳政治學報》27 期（2009 年 9 月），頁
　　　　　205～206。

齒日繁，不能不藉於深山遠島，以為尾閭之洩，中國既不能開，復
禁夷狄以開之，則土滿人滿，而天地之澤必竭，故天有時而弱中國
以興夷狄周之興也四百載，教養既深，民物日博，而中季之君，必
不能胼手胝足，以廣土益民，故天不能不變而列國。〔註16〕

在此文之中，洪棄生看到西方列強進逼中原，仍以傳統夷夏觀看來解釋這種新
時代的變局。其中，諸夏位居於中央，而蠻夷戎狄則是四周的不毛之地，這些
配置自有其道理，華夏子民已發展高度文明與高等文化，以優勢的文明向外輸
出文化影響力。因此中國教化蠻夷戎狄是其責任，而夷狄的責任是在於開闢中
原以外的瘴癘之地。華夏的子民由於已發展高度文明，自然不能定居在不毛之
地，也無法過著飲血茹毛此種未開化的生活。不過，夷狄卻能適應其中。洪棄
生這樣書寫，用意在於華夏子民與夷狄野蠻人的文明水準不一樣，連帶地生活
環境也不同，也因為生活環境不同，所以開闢鴻荒就是上天賦予蠻夷戎狄的責
任，而華夏則是持續發展文明，來對外輸出文化影響力以化及蠻貊。因此洪棄
生認為西方列強四處廣開殖民地，乃是在於開闢蠻荒之地，這些並非華夏所無
法企及，而是天降的責任不同。接著，天降責任的區別在於華夏具有高度文化
使然，自然就有別於蠻夷戎狄的以闢荊榛。

　　從洪棄生的論點能看出傳統的夷夏論在面對新帝國主義（New
Imperialism）以軍事力量向外拓展殖民地之時，仍是抱著以往中國各朝代面對
異族入侵的歷史經驗，認為中原土地被異族所進佔，但終究能得以教化／同化
異族溶入華夏的大家庭之中。這在〈歐折入亞說〉便可看出洪棄生持傳統夷夏
的觀點：

今亞洲猶有巍然大國，雖勢處乎極弱，而歐洲各國窺其弱而據其
地，遂因據其地而習其俗，通其語言，學其文字，慕其教化，則歐
洲之人不旋踵而變於亞洲；變於亞，則不啻折入於亞，蓋其兆有由
徵矣。〔註17〕

洪棄生認為此時的清朝為亞洲之大國，也是長久以來的文化輸出國，可是現
今卻衰弱，使得西方列強佔據清朝的土地。在新帝國主義盛行的年代，西方
列強搶佔亞非各國的土地作為殖民地，而傳統守舊的清朝無力應對此一變

〔註16〕洪繻：〈天與夷狄論〉，《寄鶴齋古文集》（南投：臺灣省文獻委員會，1993 年
　　　　5 月），頁 37。
〔註17〕洪繻：〈歐折入亞說〉，《寄鶴齋古文集》，頁 59。

局，因而只能割地賠款因應。可是就洪棄生的〈歐折入亞說〉論點，認為這只是歷史上的循環：

> 今之清國滅亡有兆，歐之列邦皆為吳、楚、金、元之續；彼天下之意不可知，而歐之人皆以清國為可冀矣。然天即如其意以與之，而中國車書文物之化，即藉是以達於歐洲，中國仍不過六朝、兩宋之繼；失者其名，得者其實。吾故曰：歐折入於亞也。〔註18〕

夷狄等異族雖會侵入華夏地區，但華夏的高等文化反而教化／同化，將異族移風易俗融入華夏的文化之中。洪棄生就以往歷史朝代更迭的經驗，認為此時清朝積弱不振，只是一種歷史循環，就如同古代面對外族入侵一樣，雖然受到欺凌，但終究會復興，而這些外族雖以武力強盛進佔中原，最後則會漢化，成為華夏文化的一分子。是故，洪棄生看到當下的列強入侵中國，則是認為這只是短暫的陣痛過程，西方列強憑著船堅砲利侵入清朝的土地，但華夏文化則會反向輸出至歐陸各國，而使這些洋人能沐浴在華夏文化之中，就如同過去的異族一樣最後漢化。雖然晚清顯現出衰亡的徵象時，出現數千年未有之大變局，洪棄生反而卻樂觀地說「歐折入於亞」，因為仍是抱著傳統的華夷秩序觀來看待當時的「萬國」。〔註19〕

除了洪棄生將侵擾清朝的列強視為「夷狄」之外，在乙未抗日之時也有文人將日本視為「夷狄」。如施士洁（1853～1922）〈瀛南軍次再疊前韻示同事諸子〉詩作就提到清朝為華夏，日本為夷狄：

> 茫茫大海此同舟，
> 滿目腥塵幻蜃樓。
> 華夏難消夷狄禍，
> 薊遼空□□□州。〔註20〕

〔註18〕洪繻：〈歐折入亞說〉，《寄鶴齋古文集》，頁60。

〔註19〕「萬國」此一概念來自於《萬國公法》（Elements of International Law），為總理各國事務衙門支持美國傳教士丁韙良所翻譯，於1864年位於北京的崇實館刊行，定中文譯名為《萬國公法》。是當時東方舊王朝認識西方的一本著作，日本的勝海舟與坂本龍馬受此書影響，而開啟認識這世界的視野，也學習到西方的遊戲規則，並知道該如何與之打交道，從而維護日本利益。林學忠：《從萬國公法到公法外交：晚清國際法的傳入、詮釋與應用》（上海：上海古籍出版社，2009年12月）。

〔註20〕施士洁：〈瀛南軍次再疊前韻示同事諸子〉，《後蘇龕合集》（南投：臺灣省文獻委員會，1993年9月），頁72。

甲午戰爭之後，日本依據馬關條約從清廷手中獲得臺灣，因而派兵進佔。然而臺人不願受到異族統治，便起兵抗拒日本軍隊。施士洁此詩作書寫於乙未割臺之時，當時已爆發抗日戰爭。在此詩中，施士洁認為清朝政權為華夏，而日本政府則為夷狄，臺灣雖為清朝海外之蕞爾小島，但在施士洁眼中是屬於中原的華夏，至於日本則是華夏外圍的蠻夷戎狄。換言之，臺灣和日本雖同為亞洲大陸外海之島嶼，但臺灣的土地遠比日本小，可是由於臺灣原為清朝之領地，故施士洁便將身處於臺灣的漢族人民視為華夏，而佔領的日本軍隊為夷狄。

除了施士洁之外，目睹乙未兵燹的臺灣漢文人也是如此，王松（1866～1930）因而書寫〈書憤〉表達出悲憤心情：

> 生逢割地亦徒憂，烽火連天尚不休。
>
> 家有兩姑難作婦，國無一士覓封侯。
>
> 安危於我何輕重，得失勞人問去留。
>
> 大局不禁長太息，華夷從此是春秋。〔註21〕

王松悲憤臺灣被清廷割讓，除了憂心臺灣成為棄子之外，也痛心臺灣烽火不絕，埃塵連天，更是痛悲竟無中流砥柱之人力挽狂瀾。此詩最後「華夷從此是春秋」帶出王松的總結。孔子曾言：「微管仲，吾其被髮左衽矣。」〔註22〕昔日春秋時期山戎、北狄攻打燕國、邢國，齊桓公舉兵相救並討伐戎狄；楚國北上進逼宋國，晉文公於城濮之戰中擊退之。從管仲輔佐齊桓公一匡天下，到之後晉國接續攘夷，可看出中原諸侯國均有著中流砥柱的君臣以抵禦異族侵襲，得以維護華夏文化與確立華夷之防，避免中原禮樂被異族消滅。這也呼應孔子：「夷狄之有君，不如諸夏之亡也。」〔註23〕華夷之辨在於中原各諸侯國保持著周公傳承下來的禮樂制度，這也是諸夏的文化程度高過於四方蠻夷戎狄之因，而孔子稱讚管仲維護住周室，其理由便是源自於此。然而，王松面對著日本攻佔家園，悲憤之餘卻又無可奈何，因而哀嘆從此華夷秩序已然翻轉。因為王松並非認為日本佔領臺灣的結果會是「用夏變夷」，也非洪棄生所說的「歐折入於亞」，而是周文疲弊、禮樂崩毀此種悲觀想法，此後日本此種夷狄異族不僅佔領臺灣土地，同時臺灣的華夏文化也將崩解，到時被日

〔註21〕王松：〈書憤〉，《滄海遺民賸稿》（南投：臺灣省文獻委員會，1994 年 5 月），頁 22。

〔註22〕錢穆：〈憲問篇第十四〉，《論語新解》（臺北：素書樓文教基金會、蘭臺網路出版商務股份有限公司，2000 年），頁 417。

〔註23〕錢穆：〈八佾篇第三〉，《論語·八佾》，頁 63。

本取而代之。接著，也有春秋筆法之意味，對王松而言認為此時已進入亂世，應以春秋筆法使亂臣賊子懼，以匡正世道。

職是之故，從上述臺灣傳統文人的觀點來論及，可以發現到他們面對時代的巨變，仍以傳統舊有的夷夏觀來看這些西方列強，無論是憂心清廷戰敗而將導致周文崩毀，抑或是認為這純為歷史的循環，危機就是轉機，能用夏變夷，這些西方列強最後如古代外患一樣，終究會漢化為具有華夏禮樂制度的內涵。然則，新帝國主義的西方列強不同於古代冷兵器時代的蠻夷戎狄外患，而是具有科學知識技術及其相對應武力支撐的現代民族國家，此時已經無法用「內其國而外諸夏，內諸夏而外夷狄」同心圓的觀點來與這些列強互動。再者，這些列強是訴諸對等互惠的外交對話與互動，若無法對等互惠，則講求社會達爾文主義（Social Darwinism）對落後文明國家恃強凌弱。因此，臺灣傳統文人的傳統夷夏觀面臨強烈衝擊，再也無法以「華夏中心──四方蠻夷戎狄」來認識清朝以外的各個國家，隨著日本在臺灣開始進行實質統治之後，臺灣傳統文人的觀點開始轉變，進而逐漸認識到何為「國家」。

不過，在認識何為「國家」之前，他們的傳統夷夏觀已經逐漸鬆動，而影響到對於日本的看法。正如前面所提到華夷秩序是一種文化主義式，並沒有明確的邊界，而且「華夏──蠻夷戎狄」並非是固定的而是動態的，誰遵行禮義道德誰就是華夏，也因此華夏與蠻夷戎狄的相對位置並不是地理的，也不是政治的，而是人文、文化的價值觀。易言之，華夏中心從春秋時代孔子所認為的魯國，隨著時代演進，長安、洛陽、開封、杭州、南京、北京等都是華夏中心。是故，「華夏」是一種符號（sign），而不是地理概念。接著，中國曾面臨異族入侵，導致漢人政權滅亡，建立元、清朝，因而出現「宋亡之後無中國，明亡之後無華夏」此話語，這並非是指涉政治，而是悲嘆傳統禮義道德已經淪喪。那麼，華夏到底在哪？歷經乙未割臺之後的臺灣文人，他們心目中的華夏又在哪？

清朝末年積弱不振、喪權辱國，英法俄蠶食鯨吞邊境土地與周圍藩國，加上甲午戰爭戰敗而割讓臺灣與賠款億萬兩白銀，作為華夏秩序的中心已漸漸鬆動。日本作為漢文化的輸入國竟然打敗清朝，使得翻轉華夏秩序的聲音開始出現。內藤湖南曾提出「文化中心移動說」，他認為每個時代都會因地勢與時勢產生的文化中心，這文化中心並非固定不變，有著華夏文化的日本就是東洋文化的中心。〔註24〕不過，值得注意的是，華夷秩序須有國力／武

〔註24〕內藤湖南曾言：「日本，今天將成為東洋文化的中心，……日本與支那在政治

力作為後盾，也就是國力強大方能確保成為華夏中心，當初若無齊桓公稱霸，何來的「微管仲，吾其被髮左衽矣」？回到清朝末年的情境，清廷戰敗輸給日本，意謂著明治維新是有成效，然而明治維新卻是西化／現代化，也就是說日本是向西方汲取思想、知識與軍工業器具等軟硬體，因而邊陲的日本逐漸茁壯進而擊敗中原的清朝。這樣一來，華夷秩序不僅翻轉，而且重新定義。

在工業革命之後，歐陸的科技飛躍地提昇，憑著船堅砲利轟開東亞各國閉鎖的大門，使得東亞各國為了救亡圖存不得不向西方學習，向西方學習代表著西方是高等與進步，東方低等與落後。日本置換華夷秩序的意涵並以此理解西方，華是西方，夷則是東方，西方成了東方效仿的對象與對照標準，這就是福澤諭吉為何會提倡「脫亞入歐」之根源。〔註25〕然則，在華夷秩序的架構之中，中國方面國力強盛，作為華夏中心是穩固的，可是當清朝屢戰屢敗衰弱不堪，日本國力逐漸強盛之後，日本取而代之為華夏中心，也就是所謂的華夷之辨／華夷變態。職是之故，夷，是清朝乃至於其後的中國；夏，則是日本。〔註26〕對於華夷秩序，孫歌曾說：

> 自從中國明清之際改朝換代伊始，日本上層社會便逐漸形成了所謂「華夷變態」看法。所謂「華夷變態」，是指日本人否定清朝中國代表「華」的正統性，它的邏輯結果便是日本取而代之，以「華」自居。……在明治時代，日本人坦然地將西方文明視之為「中華」，認為更正統的中華不是自己，而是比自己更先進的西方，這就把「華夷變態」又推進了一步，使它世界化了。〔註27〕

上成了一個統一個國家的話，文化中心移至日本，那麼，日本人在支那的政治、社會上再活躍，支那人也不會看得特別的不可思議」。關於「文化中心移動說」的概念，筆者是參閱李圭之：《近代日本的東洋概念——以中國與歐美為經緯》（臺北：國立臺灣大學政治學系中國大陸暨兩岸關係教學與研究中心，2008年3月），頁66～68。

〔註25〕其實福澤諭吉很了解中國的博大精深，可是中國積弱不振而感到失望，甚至批判中國的不作為，因而轉向西方學習文明。參見黃佳宥、石之瑜：《不是東方：日本中國認識中的自我與歐洲性》（臺北：國立臺灣大學政治學系中國大陸暨兩岸關係教學與研究中心，2009年11月），頁83。

〔註26〕關於華夷之變之內容，參見吳珮瑩：《從中國反譯日本？：竹內好抗拒西方的策略》（臺北：國立臺灣大學政治學系中國大陸暨兩岸關係教學與研究中心，2007年6月），頁109～110。

〔註27〕參見黃佳宥、石之瑜：《不是東方：日本中國認識中的自我與歐洲性》，頁83～84。

此文呼應「宋亡之後無中國，明亡之後無華夏」，明朝滅亡不僅讓李氏朝鮮自稱為小華之外，日本也萌生出取而代之的想法。當然，清朝入關之後並沒有滅絕漢文化，加上清朝強盛，帝王又熟悉漢文，因此清朝雖為異族卻反倒是個華夏承繼者。〔註28〕不過，此想法真正落實是要等到滿清末年甲午戰爭之後，清朝戰敗因而確立了日本成為華夏／東洋文明中心，之後日俄戰爭中日本又戰勝，更是強化華夷之辨的正當性。既是如此，華夏中心的日本領有臺灣之後，從總督以降等官吏具有深厚漢學根基，與臺灣文人交遊唱和，這都影響著臺灣傳統文人的觀感，也影響臺灣的漢文發展，這就待下文論之。

二、近代國家論

　　明治維新之後的日本與當時的清朝，最大的不同在於前者為民族國家（nation state），而後者為王朝（dynasty）。清朝作為專制王朝的本質，乃以家天下的形式維繫臣民效忠，並以華夏夷狄觀區隔出中原與四方的秩序。然而，日本作為近代民族國家，其要點有二，分別為「治權獨立」與「民族統一」。〔註29〕簡言之，政府有著行政官僚體系運轉著國家機器，以及依照科層體制來分工負責依法行事；接著，國家需要人民的支持，得塑造出我們是同一民族而共同建立這個國家之感，這種就會出現民族邊界進而形成顯明的國家邊界〔註30〕，這與傳統中國王朝以文化禮儀作為區別的夷夏觀不同〔註31〕，講

〔註28〕黃仁宇以滿清入主中國為例，認為是滿人逐漸漢化，而不是漢人承接滿習，甚至滿清帝王符合中國傳統更甚於前朝之帝王，而且滿清無意將中國傳統大規模更動，漢人也未曾覺得他們的文物制度整個被威脅。黃仁宇：《中國大歷史》（臺北：聯經，1993年10月），頁258～260。

〔註29〕狹義的國家定義，則是用來形容近代以後才出現的「民族國家」（nation state）。當國家意旨「民族國家」之時，它同時表達了「治權獨立」的政治性格以及「民族統一」的族群文化意涵。參見江宜樺：《自由主義、民族主義與國家認同》（臺北：揚智，1998年5月），頁6。

〔註30〕國家邊界也意謂著國家力量及控制所能達到的最遠之處，邊界在何處就等於行政控制範圍就達到何處。紀登斯曾言，只有現代民族──國家的國家機器才能成功地實現壟斷暴力工具的要求，而且也只有在現代民族──國家中，國家機器的行政控制範圍才能與這種要求所需的領土邊界直接對應起來。佔有壟斷暴力工具的權利以及使這種壟斷與某種領土觀結合起來，這都是一般意義上國家的特徵。參見安東尼·紀登斯（Anthony Giddens）著，胡宗澤、趙力濤譯：《民族──國家與暴力》（臺北縣：左岸文化，2002年3月），頁20。

〔註31〕傳統的夷夏觀的區分在於是否具有文化禮儀，「微管仲，吾其被髮左衽矣。」便是很好的案例，在這基礎上發展出「內其國而外諸夏，內諸夏而外夷狄」同心圓式內外遠近的文化禮儀層次，這種並非是指地理或者政權的疆界，而是

求的是認同（identity）與想像社群（imagined community）〔註32〕，以區別本國與他國。

　　然而，1895年日本開始統治臺灣之後，就臺灣人民來說，傳統王朝的君臣意識與近代國家的國民觀此二種迥異觀念並非是兩塊直接鍛接而成，而是經過傳統君臣觀念逐漸過渡至近代國家的認識。此外就臺灣總督府而言，除了以武力強力鎮壓各地蜂起的抗日勢力之外，也以文學方式懷柔與籠絡臺灣傳統文人，正如上述提到，傳統文人多半也是地方仕紳或者意見領袖，具有學識涵養，在清領時期是作為官府與底層人民之間的中介者。若要贏得傳統文人的好感甚至支持，除了以實質的利益條件之外，更重要的是，讓他們知道臺灣已經改朝換代。其中結合傳統的君臣觀念來包裝國家觀以進行懷柔，讓他們得以「尊王」，藉此接受已成為日本帝國國民之事實。

　　《臺灣日日新報》之〈承天意論〉論議文章，旨在合理化日本總督府的統治正當性：

　　　　人生得一產業猶有天數存焉，況國家之得土地何一關夫天意乎，是故五德有遞壇之機，一姓無再興之局，土地之得與喪悉視天意為推移，我而莫承天意也，即其土地為我國民人之所開，亦難求而復之，我而莫承天意也，即其土地為他人祖先之所開，亦可受而撫之，此

一種華夏中原——蠻夷戎狄，也就是中心（core）與邊陲（periphery）之間的關聯。正如紀登斯所言，在現代民族——國家產生以前，國家的行政力量很少能與業已劃定的疆界保持一致。參見 Anthony Giddens 著，胡宗澤、趙力濤譯：《民族——國家與暴力》，頁54。

〔註32〕 在安德森的研究中認為民族是一種「想像的共同體」，也就是社群（community），這塊土地上的民族無法認識或相遇其他大多數的人民，可是卻能透過共有的語言與印刷媒體來想像出我們是同一群體。也因為如此，nation 並非奠基於血緣，而是透過想像而型塑出我們是同一民族，因此進而建立國家（state）。於此，班納迪克·安德森曾為民族下定義：「它是想像的，因為即使是最小的民族的成員，也不可能認識他們大多數的同胞，和他們相遇，或者甚是聽說過他們，然而，他們相互連結的意象卻活在每一位成員的心中。」詳見班納迪克·安德森（Benedict Anderson）：《想像的共同體：民族主義的起源與散布》（臺北：時報文化，2005年9月），頁10。此外，吳叡人也指出，nation 指涉的是一種理想化的「人民全體」或「公民全體」的概念。在此意義上，它和「國家」是非常不同的東西：nation 是（理想化的）人民群體，而「國家」是這個人民群體自我實現的目標或工具。參見吳叡人：〈認同的重量：《想像的共同體》導讀〉，收錄於班納迪克·安德森（Benedict Anderson）：《想像的共同體：民族主義的起源與散布》，頁 xviii。

> 非如物有定主，亦非如貨可偶盜者，國家獲承天意以得土地，固不
> 必附會其說，稽夫開此疆域之人與我有瓜葛緣否也，茲如臺灣歸我
> 帝國。天意實足顯徵。方兵戎之有事在遼陽不在瀛島，操勝算者何
> 嘗料將來結和必以臺灣相授受哉，乃自清人計之舍讓臺別無善策。
> 帝國雖不垂涎乎臺灣，而既欲從合約亦不便舍此他求。〔註33〕

在此文中提到「天意」，國家取得土地並非豪奪巧取，而是天意使然。再者，
一塊土地上的擁有者並非自始自終都會是同一人或同一國，而是會有不少的
經手者，就算為他人祖先之所開闢，並不代表其後代就永遠主張主權，土地會
隨著時空環境變化而會易手他人。既是如此，雖然臺灣並非日本自古以來所擁
有之土地，但因為天意使然，現階段便成為日本之領地。值得推敲的是，文中
提到五德之說，在中國的國祚深受五德終始說之影響，舊王朝的滅亡與新王朝
的興起是在五德之中周而復始的循環運轉，這些王朝的更迭是受天命而為正
統。所以日本治理臺灣，乃是奉天命，依照著五德運行規律因而在這時間成為
臺灣的主人。這些都為中國傳統的思想，臺灣傳統文人深受其影響。此文如此
刻意帶入天命與五德，無非是塑造出日本領臺的正當性，同時隱含著君權神授
的潛臺詞，以及又隱晦傳達出清朝氣數已盡之意涵，就如同水德的清朝取代火
德的明朝一樣，進入新時代的文人就應審度時勢為新政權效命，這樣的弦外之
音頗令臺灣文人們細細思量。

　　接著，除了以天命與五德之說來積極強化日本統治的正當性之外，更以戰
場是在遼陽而非臺灣之由，來帶出日本從來沒有侵吞臺灣之意圖，也沒有預料
會有一天治理臺灣，而是純為清朝戰敗割讓臺灣之故，日本只是被動地依照和
約來接收臺灣。此種說法是將責任歸咎於清朝，藉此美化日本的合理性。簡言
之，因馬關條約的簽訂而擁有臺灣，這種是不可預料性的，也因為是不可預料
性的，更能顯現出這純為天命，是上天將臺灣從清朝手中交與日本統治。既然
是天命，便能消極地化解抗日的情緒之外，同時也更積極地讓臺灣傳統文人轉
而認可或效忠日本帝國及其臺灣總督府的治理。

　　除了天命與朝代興衰循環論來讓臺灣人民認識日本這個國家之外，也以
國家國人榮辱與共的觀點，使臺人效忠新政權。梯雲樓主〔註34〕〈忠愛說〉便

〔註33〕不著撰人：〈承天意論〉，《臺灣日日新報》209 號，1899 年（明治 32 年）1 月
　　　　14 日，3 版。
〔註34〕粘舜音（1857～1904），名冠文，號伯山，筆名梯雲樓主。

能看出此一論點：

> 本島割讓之初，故主之紀綱乍撤，新朝之威命未加，大軍方至海邊而
> 郡城內外銃炮亂鳴，刀矛競試，強凌弱，眾虐寡，貧圖富，卑侮尊，
> 擾攘紛爭幾難遏抑，幸不久軍遂逮臨，街衢始靜。若是則人民之賴有
> 君國從可知矣，其君與國而光榮備至也，斯人民之品位亦賴之而光
> 榮。其君與國而羞辱苟安也，斯人民之品位亦因之而羞辱。〔註35〕

此文發表於1899年，對乙未改隸之際的兵馬倥傯仍記憶猶深，而臺人也體會
到無政府狀態的暴亂危機。〔註36〕而梯雲樓主提醒讀者，是日本軍隊進入臺灣
之後，才能穩定局勢，而穩定局勢便使社稷安定，社稷安定之後士農工商就各
司其職。因此傳達出國家才能讓百姓安居樂業的訊息。這也開始灌輸臺人一個

〔註35〕梯雲樓主（粘舜音）：〈忠愛說〉，《臺灣日日新報》413號，1899年（明治32
　　　年）9月28日，3版。

〔註36〕乙未年間，由於清廷放棄臺灣，導致地方行政體系已然崩潰，加上日軍登陸臺
　　　灣，抗日義勇軍與之爆發武裝衝突。以平民百姓而言，就算沒有入陣與日軍戰
　　　鬥中陣亡，但也會因為行政體系崩潰，導致社會各種生活機能喪失，使得在四
　　　處逃難避禍之中，而容易出現家破人亡之情形。其中，吳德功在逃難之時便紀
　　　錄到底層人民的苦難。吳德功：「出城已半載，束裝回故里。十室九無人，存者
　　　惟婦女。兵燹兼疫癘，輾轉溝壑死。婦分哭其夫，母分哭其子。霜風添悲酸，
　　　草木為萎靡。門巷甚蕭條，垣墉都傾圮。衣冠非舊製，第宅易新主。滿目覯悽
　　　涼，瘡痍何時起。生者不得歸，死者長已矣。四野多哀鴻，嗷嗷嘆靡止。」此
　　　時八卦山之役已經結束，日軍控制彰化城，也表示局勢稍微穩定，吳德功便返
　　　鄉察看，便看到男性不是陣亡，就是逃難之中死於疾病，因而婦女悲傷自己失
　　　去丈夫、兒子。此外，昔日人聲鼎沸的彰化城陷入蕭條，滿目瘡痍，可看出戰
　　　火造成嚴重的傷害。參見吳德功：〈乙未之冬合家寄遇甘井外甥林水生家因入城
　　　一行爰賦五古十韻〉，收入李知灝選注：《吳德功集》（臺南：國立臺灣文學館，
　　　2013年11月），頁80。又及，除了吳德功觀察到底層百姓因戰火的顛沛流離之
　　　外，對於吳德功的家庭也造成不可逆之傷害。「……我家老幼出城避，初住甘井
　　　後擺塘。闔家染疫多熱症，大兒誤藥遂暴亡。伊時我亦抱采薪，寡妻力疾強支
　　　牀。慇懃勸我勿憂慟，君悲慟分妾斷腸。大兒無祿雖即世，承家還望有二郎。
　　　越日寡妻疾愈篤，比翼鶼鳥忽分翔。凶信叠至咸驚愕，急奉雙親回甘鄉。四處
　　　延醫急療治，永冀宣悼復安康。問卜求神胥無靈，昊天不弔喪我娘。哀哀生我
　　　實劬勞，誦詩廢讀蓼莪章。七弟哀毀病不起，莫佩茱萸避災凶。平時讀書廿餘
　　　載，文字精通名早揚。吾為弟費盡心力，吾為弟受盡蚊瘡。吾兒往分無後累，
　　　吾弟逝分婦寡孀。更有一般並痛處，四弟與我同悲傷（四弟亦喪妻子）。……」
　　　吳德功舉家避亂隱居，雖未直接受到戰火波及，但也在逃難過程中因家人感染
　　　疾病，而於短時間內失去長子、妻子、母親、七弟與四弟媳等，吳德功便作此
　　　詩無語問蒼天，這也看出戰亂期間人民如草芥，死亡陰影如影隨形。參見吳德
　　　功：〈搔首問天歌〉，收入李知灝選注：《吳德功集》，頁86～87。

觀念，就是國家及其國民乃為一體，與舊王朝時代的「天高皇帝遠」此種上下疏離的情勢不同，國民為國家的一分子，也意味著代表著國家。所以國家光榮而人民就光榮，國家羞辱而人民也就羞辱。這乃是在強化臺灣文人的參與感，進而能接受日本總督府所頒發的紳章以及所派與之職務。

由於臺灣已入日本版圖，梯雲樓主〈忠愛說〉提及臺人應該奉此一君依此一國：

> 臺地人民舊原受治於清，業已奉朝廷之命，改歸帝國版圖，其不願入籍者，曾聽徙遷，於始其既欣入籍者，自宜知所忠愛，乃從定籍以來，星霜五易，賊氛雖已多熄，陋俗猶未盡移，新政頒行以及時事傳播，且不免有謠言妄逞而疑謗交乘者，是殆於忠愛之理尚未明歟。夫人民既奉此一君依此一國，斯忠愛之捆忱，舍此應別無他屬，苟或存疑貳之念，蓄反側之思，即為弗定所尊親者，尊親靡定，能無憝為人民手，蒙故作忠愛之說。〔註37〕

上述提到國家與國民休戚與共，這是國民的榮耀，同時也是維護國家的義務。接著，提到臺灣從清朝轉讓至日本，日本政府曾給予二年時間，讓臺灣人民自由選擇國籍，既然選擇待在臺灣便成為日本之子民，既是如此就必須忠愛於日本政府。這樣說法意思是臺人並非被迫成為日本國民，而是經由「選擇」而來，既然是自己選擇，那麼就應該愛護自己的國家——日本。再者日本為君主立憲國家，有著天皇制度，所以忠其君愛其國。是故，作者從傳統儒家的「尊王」代換為近代國家的「忠愛」，之所以要忠愛，乃是因為已是具有日本國籍。

以情感上召喚出「忠愛」來認可新政權之外，也以理性的思維來傳達出國民的強大方能映襯出強大的國家，其論點讓臺人認識到並非被動接受日本統治而已，而是臺人有著能動性（agency）積極回應日本政權的一切政令措施。社論文章〈同胞聽者〉便論述臺灣人也是日本國民，應該呈現出身為國民的價值：

> 何則。日本既一躍而躋于世界之強大國。即臺人亦即為強大國之國民。夫強大國民。有強大國民之價值。有強大國民之資格。亦即有強大國民之目的。本報甚願同胞拓開眼簾。擴充腦筋。矯捷腕力。

〔註37〕梯雲樓主（粘舜音）：〈忠愛說〉，《臺灣日日新報》，1899年（明治32年）9月28日，3版。

以達強大國民之目的。以成強大國民之資格。以無負強大國民之價
值也。……方今天□々。物競炎々。優勝劣敗。適者斯存。我同胞
既有此強大國民之資格。負此強大國民之價值。為今時適當之計。
則凡壯心人。宜脫櫪下之羈絆。絕紲而馳。萬里遠舉。以雄飛于世
界。占極樂之一隅。而後不失為紳士。彼大腹賈。宜作騎鶴之豪遊
操養可獲。滿載而歸。以競爭于外洋。博商戰之勝利。而後不失為
紳商,目的各達。位置自高。聲價十倍。以與本報之獨立。特樹幟。
放大光彩。輝映于臺山瀛水間也。此則本報之所期許。而大有希冀
于我同胞者耳。企予望之。同胞勉旃。〔註38〕

此時的日本具有強大的自信心,原因在於日本先前在甲午戰爭中擊敗清朝,卻
事後受到三國干涉還遼,當時的日本雖嶄露頭角,但力量仍不夠強大而受制於
歐陸列強。可是這當下在日俄戰爭中已經取得豐厚戰果,不僅代表著明治維新
的成功,也意味著東亞黃種人能擊敗歐陸白人,日本已然躋身於世界列強之中。
日本既然是強大的國家,那麼其國民的知識、技術等能力必須與之相符,方能成
就強大的國家。不過值得注意的是,此文是發表在《漢文臺灣日日新報》的「論
議」,也就是說此文的讀者是設定為臺灣漢文人。這雖為是《漢文臺灣日日新報》
的宣傳策略,也就是獲取進步知識就得閱讀此份報紙,便可開拓視野增廣見聞,
最後能成為強大國民,也成為強大國家的基石。不過這也折射出文案之所以這樣
撰寫,乃是藉由日俄戰爭的勝利,讓臺人認識到相較於清朝的積弱不振,日
本已經是富國強兵的列強,臺人選擇留在臺灣入日本籍是正確的決定,因為
時下是盛行物競天擇且弱肉強食的社會達爾文主義時代〔註39〕,唯有強國才

〔註38〕 不著撰人:〈同胞聽者〉,《漢文臺灣日日新報》,1905 年(明治 38 年)7 月 1 日,
2 版。

〔註39〕 社會達爾文主義主軸是物競天擇,適者生存(Nature selects, the fittest
survives.)。若國家一直孱弱,面對列強壓境,那麼連帶地種族(race)也會隨
之滅亡。這個就東方而言,相當重視物競天擇學說,因為在西方列強(白種
人)憑著船堅砲利侵入東方,出現國力的競爭以及滅種的危機──亦即競爭
失敗就只好被天擇,也就是被淘汰。這對晚清以來的文人來說感到相當大的
危機。例如:嚴復認為「競爭」就是「種與種爭,群與群爭,弱者常為弱肉,
愚者常為智役」。「競爭」的價值觀不僅可以說明自然界物種的淘汰,還可以詮
釋人類社會弱肉強食的現象,這正與吻合嚴復心儀的斯賓塞的社會學理論。
此外,嚴復翻譯《天演論》之後,引起讀者對此書的理解與重視,跟當時中國
危急存亡的情勢有著密切的關係。參見王文仁:〈嚴復與《天演論》的接受、
翻譯與轉化〉,《成大中文學報》21 期(2008 年 7 月),頁 153、163。

能保護國民免於被外國欺凌〔註40〕，甚是也能航向外洋與各國競爭，謀取最大的利益。

　　易言之，國家此種觀念不單單只是國籍選擇而已，還隱含著種族（race）的優劣與存滅。國家的強大，就能確保國民能夠受其保護，免於被外人所欺侮。當然，國家的強大並非單靠政府高層的運籌帷幄而已，而是依賴擁有進步知識的國民來支撐起國家的富強。日俄戰爭的勝利，激勵了日本的民族自信心，對臺人來說，不僅見證到國家富強所帶來的成果，也了解到黃種人是能與西方白人平起平坐，而且也認識到現代文明知識的重要性，身為詩人的洪以南認為應該要跟上時代，方能建設國家，國富就能民強，堯天舜日的榮景便指日可待。於此，洪以南〈恭讀戊申詔勅〉提及詩人也應負國家責：

中興王氣壯河山，四一年來宵旰艱。

激勵國民純國粹，洋洋聖訓詔書頒。

如綍如綸馳尺一，黜其尊分崇其實。

強俄戰後大經營，勤儉千秋誠莫匹。

驕奢取敗古人箴，相誡毋荒毋怠心。

況復白黃爭競世，大和魂豈信沉沉。

大陸風潮喧廿紀，文明日進勢難已。

我不自強人人強，急把國魂重喚起。

鑒否亞歐多辱國，宴安甚至絕其域。

何如奮發鼓精神，協翼恢弘皇建極。

民強國富樂堯天，鞏固邦基億萬年。

光輝史冊昭日月，嘉言奚當禹謨編。

遙拜天章服八荒，誠惶誠恐□心香。

〔註40〕承上，社會達爾文主義也關係到人種優劣，因為人種低劣導致國家積弱不振，國家弱小被其他強國吞併，劣等之國及其人種將被淘汰，這也是為什麼西方白人較為高等之原因。梁啟超鄙夷有色人種，卻對黃種人深具信心，不僅突顯黃種人與白種人的同質性，也認為黃、白能夠對抗。梁啟超之所以對黃種人深具信心，認為黃不輸於白，是因為黃種人的日本擊敗過白種人的俄羅斯帝國。這反映出梁啟超等晚清有志之士要改革清朝與強化中國人之企圖，可是卻也透露出害怕在優勝劣敗的自然法則下，黃種人會如有色人種一樣，成為白種人宰制的犧牲品，終究亡國滅種。詳見楊瑞松：《病夫、黃禍與睡獅：「西方」視野的中國形象與近代中國國族論述想像》（臺北：政大出版社，2010年9月），頁88～89。

　　詩人也負國家責，旗樹騷壇代草堂。〔註41〕

在日俄戰爭之後，洪以南曾詠嘆政府的國勢鼎盛，當然這不能簡單就以為洪以南的政治認同是日本政權，而是說整個東亞只有日本能夠躋身於列強之林以抗拒西方帝國主義的侵擾，這說明了黃種人不遜於白種人，能與之抗衡。可是在東亞兩大國──清朝與日本兩方對比之下，唯有日本較能保護黃種人的利益，挽救滅種危機。而且如本章第一節提到夷夏之辨，深受漢文化影響的日本抵禦西方白人的入侵，宛如維護華夏文化而抵禦蠻夷戎狄，這不也是另一種「救中國而攘夷狄」嗎？在臺灣文人心中，日本並不是異族政權，而應該視為「保種」以及維繫漢文化的華夏之國。〔註42〕簡言之，與其以二分法判斷政治認同，倒不如從文化精神與價值來論及會比較精確。畢竟，若綜觀古中國王朝的歷史發展，朝代更迭乃是天道循環，實為正常之事，但孔孟以降之數千年的禮義道德可不能崩毀，尤其在晚清這種國運衰微的情況，一旦禮失就無法求諸野，聖人恐人之入夷狄也。〔註43〕

　　日本兼具漢文化與西方現代科技，使得對內能維繫斯文，對外又能維護東亞利益，否則日後也不會出現日華親善以及興亞主義等思維，強調日華共榮且共同抗拒西方帝國主義與駁斥白人優越主義。〔註44〕總的來說，洪以南看到日

〔註41〕洪以南：〈恭讀戊申詔勅〉，《漢文臺灣日日新報》，1909 年（明治 42 年）6 月 29 日，4 版。

〔註42〕這部份洪鐵濤也持類似看法，認為真正的漢文化是在日本而非中國，他說：「儒教，自古興於中華，政教一致之教也。昔傳來我國，異常發達，及至德川時代，各學者之儒者，簇然輩出。是時也，有儒教之黃金時代，現出於日本之偉觀焉，現今之真解儒教者，敢謂不在中華人，而在日本人。日本之文化，涵養於儒教之精神，實非鮮少。」詳見洪鐵濤：〈日本人之「儒教觀」〉，收錄於陳曉怡編：《洪鐵濤文集》（臺南：臺南市政府文化局，2017 年 2 月），頁 57。又見於刀水（洪鐵濤）：〈日本人之「儒教觀」〉，《三六九小報》339 號，「開心文苑」欄，1934 年 5 月 9 日，2 版。

〔註43〕在清末民初也有類似情況，中國文人尚能接受清帝遜位與民國肇建的事實，但卻憂心數千來以來的禮義道德廉恥因而淪喪。以章鈺為例，曾言：「一姓興廢，本天道之適然。獨恨立國五千年，凡夫制度，文為聲名。文物所以殊異夫遐裔，而自別於禽獸者，無不顛倒摧毀，隨之而盡。」因此，林志宏的論著提到，政治上歷經改朝換代，這不足為據，最令文人憂心的是面對「數千年綱常之大變」。參見林志宏：《民國乃敵國也：政治文化轉型下的清遺民》（臺北：聯經，2010 年 10 月），頁 186。

〔註44〕日本自幕府末年到明治維新，雖然成功改造國家，但是面對西洋列強的大軍壓境，仍存有不安感，而日本與中國同文同種，且為亞洲最有勢力的兩國，所以日本追求中日提攜、日華親善，共同合作來整合、提攜與振興亞洲，以凝聚

本國運蒸蒸日上，而此時的清朝已有日薄西山之徵象，王道已然衰微，無法承擔捍衛兆民的安定與福祉。更重要的是，傳統的禮教、道德與綱常在西力東漸後已有斲喪危機。然則，至少在保種與維繫斯文方面，洪以南是認可日本的統治，這樣的意識影響到他會願意參與許多總督府的各種活動，以及影響日治時期漢文系譜的發展。

　　當國家的概念已經深植入臺灣文人之內心，而欲貢獻己力為國家的發展進一份心力。而且正如上面所提到，國富民強，民強則國富，國民有著現代化知識在每個位置上發揮所長，便能成為國家強大的基石。如〈文人無足觀〉此篇文章之中，李逸濤（1876～1922）就認為文人也是國民，文人能以筆為刀以舌為劍為國效力：

> 今人動謂一為文人。便無足觀。其意蓋本于班定遠之投筆封侯。與史宏肇之安用毛錐子也。然必才如班史。而後可以薄視乎文人。苟其碌碌無所短長。轉不若片言隻字。足以增人群之幸福。猶得盡國民一分子之天職也。蓋以一身而供國民之犧牲。則以舌以筆之功。與以槍以劍之功。皆可為平等也。不然。盧梭之著民約。吉田松陰之唱尊王。皆能使其國為一等之國。其民為一等之民。尤何一非文人乎。彼以鐵血從事者。其能有以逾之乎。〔註45〕

李逸濤此文揭櫫文人有其使命，雖不能為國家開疆闢土，但能透過筆觸來為國家宣傳與政戰，藉此來駁斥文人無用。當時日本與俄國在遼東鏖戰方酣，軍人在前線為國家衝鋒陷陣、犧牲奉獻。但李逸濤卻認為文人與武人均為國家的一分子，為國貢獻不分你我，文人在後方以文筆書寫也能為國盡心力，而且李逸濤舉盧梭和吉田松陰為例，此二人均非摧堅折銳的軍人，但卻能以思想化為著作影響一國甚至一整個世代，其影響力卻遠勝於軍隊的武力。不過若推敲李逸濤此段文論，可以注意到臺灣文人知道國民的概念是什麼以及什麼是國民的天職，同時又結合文人的價值命題——立德、立功、立言，隻字片語的言論卻也能樹立振聾發聵的思想，讓國家與國民得以革新茁壯。換

其他亞洲各國，來抗拒西方列強的侵擾，進而迎頭趕上歐洲。簡言之，興亞主義是日本面對西方列強的壓力所應運而生的產物，在惶惶不安之餘，希望聯合亞洲各國尤其是中國，共同復興與合作來追趕上先進的歐洲。參見黃佳甯、石之瑜：《不是東方：日本中國認識中的自我與歐洲性》，頁57～59。

〔註45〕逸濤（李逸濤）：〈文人無足觀〉，《漢文臺灣日日新報》，1905年（明治38年）9月1日，4版。

言之,李逸濤認為文人不該抱著遺民心態而消極應世,而是應該積極地透過書寫來創造更大的價值,然而這種價值的前提是以國家大義為優先,處於國家的語境(context)之中。這並不是說臺灣文人就應該為國家而服務,而是說李逸濤自覺身為文人的責任與價值,卻無法擺脫國家的框架,這或許與李逸濤身為《臺灣日日新報》記者的身分有關,因而影響他對於文人讀聖賢書所為何事的看法。〔註46〕

　　當臺灣文人開始接受自己是日本帝國國民之時,勢必得接觸到「同化」的議題。原因無他,既然已入日本國籍,那麼就是成為日本國民,既是日本國民,是否就與日本本土的百姓一樣擁有相同的權力與義務?林佛國(1885～1969)〈同化論〉就論及臺人與日人同是日本國民:

> 而謂國家。治一勝國之民。不十數年之間。欲以大成其功者。又不吾信也。王者以民為天。得民為本。天下有待勝國之民。若慈母之於赤子。惟恐有所不至。而民亦已欣然奉其正朔。用其服飾。樂從其政教。而猶謂不可以同化者。又不吾信也。嗚乎。天下有可治之民。得其道而治。雖文種不同。亦可得而化之。亦可得而吾有之。如滿蒙之入主支那。墺大利之併匈牙利。又何異乎。然則吾國之於臺灣。宵有優焉者。吾國之與臺灣。蓋同文種者也。世之迂者。乃倫於一己之管見。而謂臺人。終不可以同化。此豈情理之常也。臺人漢民族也。人文原稱發達□以為政之人。生聚教訓。咸得其宜。故自改隸于茲。百般庶政。歲臻于隆。中外之遊植民者。莫不足跡而至。說植民事者。亦莫不首屈而言。臺灣之名以彰。臺灣之吏以譽。此尤為臺人者。所當引以為幸。為國民者。當引以為榮矣。臺人名為植民。而其實豈真以外國之待者待之。〔註47〕

〔註46〕報刊及其記者是由日本人所引進臺灣,無論對於記者身分的想像或是自覺,自然無法擺脫日本所帶來的影響,雖說如此,臺灣文人卻也能從「記者」的概念中發現新的想像。如王俐茹的研究中指出,即便接收現代性的背後總具有殖民者的陰影,卻無損於記者作為一項新職業所帶給臺灣傳統文人的想像。不論是文章經世的士大夫觀念、引介「文明」的角色、藉由與日人的漢文交游保存漢文命脈等等,皆能藉由報刊達成其目的,這種想像使得臺灣記者與中國、日本記者話語的形成產生區別。參見王俐茹:〈臺灣文人的記者初體驗及其創作實踐——以李逸濤為例的探討〉(臺北:國立臺灣師範大學臺灣文化及語言文學研究所碩士論文,2010年8月),頁28～29。

〔註47〕石崖(林佛國):〈同化論〉,《漢文臺灣日日新報》4000號,1911年(明治44年)7月13日,3版。

國家治理人民，如慈母照顧赤子無微不至，而人民認同國家，為國家貢獻己力，服從一切政令措施。臺灣人民雖是新附民，但與日本同文同種，既是如此怎會無法同化。而且林佛國認為臺人是漢民族，又為人文薈萃，豈能如歐陸列強治理非洲一樣差別待遇，應該將臺人以日本本國人視之，不能視為外人對待。若從該篇〈同化論〉觀察，可以看出林佛國認為國民除了為國家盡心盡力奉獻之外，而國家更應照顧人民，這也表示其心境從入籍與遺民的抉擇，而過渡到爭取現代國民所應有的權利。再者，人民有著進步知識而使國家強大，相對地國家若強大則應照顧人民，臺人認為既已入籍，何必區分你我打壓剝奪臺人，因而欲爭取應有之權益。

　　有趣的是，林佛國此文能管窺出其政治傾向是接受日本統治，已接受朝代更替的事實，可是卻以「同化」為議題，希望能獲得平等對待，這種弦外之音是臺人去適應與融入日本的文明與文化，欲以臺人與日人相同。這與以前蒙古或滿清等外族進入中國卻逐漸漢化（同化）大相逕庭，此時卻反倒是臺人同化入日本之中，可是臺人的文化水準可不低於日本，因為臺人是漢民族，文化本就發達。既然如此，為何林佛國會疾呼日本政府應接受臺人的同化？其實，這與「文明」有很大的關聯。陳培豐的研究中便指出日本提出同化政策，卻又不一視同仁的原因：

> 國體與臺灣統治的矛盾和破綻所以產生，乃因日本政府在理念、精神
> 上企圖用擬血緣國家制原理來包攝異民族，實際政治運作上卻又一直
> 將臺灣視為日本異域而排除在「一視同仁」之實施範疇外。〔註48〕

日本初領臺灣這個島嶼是其第一個殖民地，但是臺灣這種殖民地又與歐陸列強所擁有的亞非殖民地不同。主因在於臺人與日人是黃種人，又與日本同為漢字文化圈之內，有著共有的漢學及其漢文化，所以臺灣人與日本人「很像」，在種族與文化上有著類同性，因此日本政府才會一視同仁地來同化臺灣人。然而，再怎麼像也頂多是類似，而不是「一樣」。當日本喊出一視同仁之時就已經露出破綻，因為「不一樣」才要喊出一視同仁。〔註49〕因此，當林佛國認為臺人是漢民

〔註48〕陳培豐：《「同化」の同床異夢：日治時期臺灣的語言政策、近代化與認同》（臺北：麥田，2006 年 11 月），頁 59。

〔註49〕荊子馨提及，日本人與殖民地人民之間的文化與種族類同性，是靠著「同文同種」與「一視同仁」的口號召喚而來的，其實一點也不「自然」。荊子馨（Leo T. S. Ching）著，鄭力軒譯：《成為「日本人」：殖民地臺灣與認同政治》（臺北：麥田，2007 年 6 月），頁 48。

族，人文素質本就發達，是夠格能與日本人平起平坐，可是實際上日本政府卻不這麼認為，就總督府而言一視同仁的基準是在現代文明而非漢文化。〔註50〕

綜觀上述臺灣文人的言論可以發現到，他們是接受日本統治的事實，因為與其說擔憂山河破碎風飄絮，倒不如說他們是憂心漢文化消失，道德禮義摧毀。日本也是深受漢文化影響，漢文卻沒有因此禁絕，反倒從總督以降等官吏提倡漢文，與臺灣文人交遊唱和，這大大降低他們的憂慮與戒心。此外，日本是現代民族國家，臺灣文人認識到國家與國民的概念，民強方能國富，國民有著進步知識便能讓國家強大，國家強大就能免於受到西方列強的侵擾。因此文人欲為國家貢獻己力，可是國家卻不一視同仁。就臺灣文人的心態來說，臺灣雖是蕞爾小島，卻是住著有著深厚華夏文化的漢人，日本則是化夷為華，所以論及漢文化素養，自認不輸給日本人，在這樣的基礎上，臺灣文人不解為何日本此種外族來治理臺灣，不但沒有出現洪棄生所說的「歐折入於亞」之情形，反而似有貶抑臺人之意。後來臺灣文人才意識到傳統禮義道德來區分中原與夷狄，如今已不適用，而是以西方文明與否來決定進步與落後、文明與野蠻，而這正好是日本人不肯一視同仁的原因。這種也影響到之後臺灣文人在構築漢文系譜時，多少受到日本的影響與干擾，原因無他，因為以往區分文化高低的夷夏之辯已經翻轉。

第二節　遺民與順民：臺灣文人的兩種對應

乙未戰役之後，當日軍底定全臺，進入文治的新時代。然則，對於臺灣漢文人而言則出現兩種的心境及其所反應出來的肆應態度。畢竟日本是異族又是侵略者，從清朝手中奪取臺灣，在乙未割臺之役又殺戮臺灣人，文人自然不會對日本有好感。在這樣之下，臺灣漢文人便成為「遺民」，遺民乃為心繫前朝，不願作貳臣而拒絕出仕，除了不願為虎作倀之外，就是不想在青史上留下罵名。〔註51〕但，另外有一批臺灣文人則願意配合或者呼應日本總督

〔註50〕陳培豐指出，日本政府願意臺人與日人一視同仁，前提卻是臺人文明的進步須達到日本本土人民的相同程度。參見陳培豐：《「同化」の同床異夢：日治時期臺灣的語言政策、近代化與認同》，頁127～128。

〔註51〕最顯著的案例便是洪棄生，吳東晟的研究中指出，洪棄生頗為注重自己的名節，認為改朝換代之際變節降敵，出任新朝的官員是有虧於名節。因而曾寫信勉勵當時虛歲19的林幼春，殷殷告誡不可以一身之潔白去染上時俗的髒污，藉此面對日本的籠絡時，千萬不可鬆懈對日本的敵意。從中便能看出洪棄生堅守自己

府的各項政令施政，這類型的文人又分為消極應對的保守派與積極合作的調和派等二種。〔註52〕易言之，面對改朝換代的動盪，臺灣文人在本著自己的華夷思想、家族與個人利益，以及當下環境變化等天秤中擺盪，在這困局中尋求出最佳解，以能在這變局中安身立命。

此外筆者好奇的是，這些與官方配合甚至進入日本資本報社的臺灣文人，他們的文學觀及其漢文知識系譜是否因而受到日本的影響以及受其框架，所以這部份先從臺灣文人對時局變化的態度談起，方能理解其文學創作是如何改變臺灣漢文，並且從中關照他們心目中希望建構的「日治時期臺灣漢文系譜」是何種的樣貌。

一、孤臣、遺民與棄地

臺灣自從進入日本統治時代之後，一批臺灣文人便認為自己是遺民，原因在於國破家亡，不僅人民被外族所宰制，土地被異族所佔領、而頂頭上天換成侵略者，使得文人不如歸去而避秦。

所謂的「遺」，有亡失之意，指失去國家之人，不服從新政權的治理而殘存之人。〔註53〕這裡是指舊王朝之子民被新王朝所統治，新舊王朝的子民是不同的族群。

> 武王已克殷紂，平天下，封功臣昆弟。於是封叔鮮於管，封叔度於
> 蔡：二人相紂子武庚祿父，治殷遺民。〔註54〕

周武王分封管叔與蔡叔，目的是要監視殷商的子民以防作亂，避免星星之火可以燎原。這也看出此種的「遺民」意涵是指涉一群滅亡王朝的人民、族群、宗族族親等，並非單指一人或者用來自稱。

然而，本文所使用的「遺民」概念則是指文人的氣節或者文人的自矜。最

的氣節，堅持不認可也不效忠日本總督府。參見吳東晟：〈洪棄生《寄鶴齋詩話》研究〉（臺南：國立成功大學臺灣文學研究所碩士論文，2004年6月），頁81。

〔註52〕謝崇耀的研究中指出，留在臺灣的漢學者分為消極應對的保守派與積極合作的調和派，前者雖屈服日本統治，但對殖民者有所戒慎而保持距離，對日人陽奉陰違，如林獻堂便是代表人物；後者則是承認新政府的統治並配合政策以謀取利益，如新學會的推手等人。參見謝崇耀：〈論日治時期新學會之發展與時代意義〉，《百年風華新視野：日治時期臺灣漢文學及文化論集》，頁66。

〔註53〕「遺」：亡也。見〔漢〕許慎著，〔清〕段玉裁注：《說文解字》二篇下（臺北：萬卷樓，2002年8月），頁72。

〔註54〕〔漢〕司馬遷撰，會合三家注：〈管蔡世家‧第五〉，《新校史記三家注》第三冊（臺北：世界書局，2009年4月），頁1564。

知名者為伯夷、叔齊以商遺民自居，不仕周朝不食周粟，在首陽山采薇代食之事：

> 伯夷、叔齊，孤竹君之二子也。父欲立叔齊，及父卒，叔齊讓伯夷。伯夷曰：「父命也。」遂逃去。叔齊亦不肯立而逃之。國人立其中子。於是伯夷、叔齊聞西伯昌善養老，盍往歸焉。及至，西伯卒，武王載木主，號為文王，東伐紂。伯夷、叔齊叩馬而諫曰：「父死不葬，爰及干戈，可謂孝乎？以臣弒君，可謂仁乎？」左右欲兵之。太公曰：「此義人也。」扶而去之。武王已平殷亂，天下宗周，而伯夷、叔齊恥之，義不食周粟，隱於首陽山，采薇而食之。及餓且死，作歌。其辭曰：「登彼西山兮，采其薇矣。以暴易暴兮，不知其非矣。神農、虞、夏忽焉沒兮，我安適歸矣？于嗟徂兮，命之衰矣！」遂餓死於首陽山。〔註55〕

司馬遷書寫伯夷、叔齊事蹟先以兄弟互讓王位，以顯現出此二人具有高風亮節之道德高度。接著進入周武王伐紂，商朝滅亡之後，伯夷、叔齊不願受周朝統治而逃入首陽山內隱居。但，在普天之下莫非王土的思維，首陽山的一草一木也是周朝所有，最後伯夷、叔齊絕食因而身亡。這傳達的概念是所效忠的王朝已經滅亡，天下的所有均為新朝；其次是拒絕新王朝的一切，所以拒絕出仕因而隱居；第三則是強調新朝的不仁不義以突顯出遺民的道德合理化。此外，就儒家而言是反對全身退隱以避世，認為文人有其責任。可是伯夷、叔齊的隱逸及其拒食周粟乃是因為周武王的不孝不仁。〔註56〕因為武王伐紂的另一面其實是「弒君」，小邦周本為大邑商之屬國，周攻打商是以下剋上。如此的遺民概念是指涉文人基於忠君愛國之高雅節操，堅持效忠前朝而恥於侍奉新朝，不願作為貳臣。〔註57〕此外，遺民往往與逸民相關連，因為若不想受朝廷徵辟，唯有隱遁以避秦，洪靜芳歸納出隱、逸之間的互涉關係：

〔註55〕〔漢〕司馬遷撰，會合三家注：〈伯夷列傳・第一〉，《新校史記三家注》第四冊（臺北：世界書局，2009 年 4 月），頁 2123。

〔註56〕關於儒家反對避世的全身之隱，以及強調周武王的不孝不仁，使伯夷、叔齊的隱逸選擇合理化。參見李黛顰：〈《史記・伯夷列傳》典型形象探討〉，《輔大中研所學刊》7 期（1997 年 6 月），頁 110。

〔註57〕洪靜芳指出，遺民的隱性特徵接近儒家忠君愛國的倫理思想，就是所謂的忠臣不事二君，在亡國之後，仍堅持對前朝效忠氣節而不願出仕新朝的人。參見洪靜芳：〈臺灣古典詩的陶淵明現象〉（彰化：國立彰化師範大學國文學系博士論文，2018 年 6 月），頁 73。

強調「失」：遺民（亡國，殘留之人）＝逸民（亡國，脫逃之人）

強調「隱」：遺民（亡國不仕，選擇隱居）＝逸民（隱士）

強調「節操」：遺民（不仕二朝）＝逸民（不求聞達）〔註58〕

換言之，文人「道不同不相為謀」而不願為新王朝任官謀事，並且本著「歲寒，然後知松柏之後凋」和「君子疾沒世而名不稱焉」，使得文人愛惜羽毛，堅守氣節而不願如《貳臣傳》般在青史上留下不光彩的名聲，於是選擇當個隱士，不問世事，以保心中的節操氣度。

　　若綜觀臺灣歷史出現遺民的時間點在於明清之際與乙未割臺。南明王朝屢戰屢敗，鄭成功從荷蘭人手中拿下臺灣，成為反攻復國的基地。明末之寓臺遺臣是遺民也是移民，因為北京與南京均已陷落，宗廟社稷已淪為女真人的囊中物，而南明時期所擁立的帝王宛如曇花一現旋即敗亡。洪靜芳便提到這一批最早來臺的文人，都帶著「明末遺老」的身分，身上背負著國亡家破之痛，又有外族侵逼之恨，到臺灣大抵都是「不得已」。〔註59〕也就是說，明鄭時期來臺之文人是明朝滅亡且土地丟失，這些文人走投無路，只能跟著鄭成功與寧靖王而來到蕞爾小島上生聚教訓，以期能有一天反攻大陸。

　　可是若對照乙未割臺的臺灣遺民，說是遺民卻又顯得尷尬。原因在於當時光緒帝仍在北京紫禁城，而大清領土雖丟失許多土地，但中土之地大致完整，所以清朝沒有傾覆，也非亡於日本之手，單純只是戰敗割地而已。簡言之，國在山河在。更弔詭的是，臺灣是被遺棄的。洪棄生就悲憤清廷甲午戰敗，為何卻是犧牲臺灣：

　　　平壤有若是戰也，高麗蓋可不失；鴨綠江有若是戰也，遼東亦可不失，而何有割遼割臺之事也哉？嗟忽！……臺灣擊七省屏藩，當東海南海之衝，即黃海渤海，亦握其柄，非若奧羅二州介在德法一隅之比。而李傅相等乃夷然漠然，視割臺如唾涕之委地，且要朝廷，飭各省毋隱濟，是尚為有心肝乎？〔註60〕

洪棄生怨懟清朝軍隊若有所作為，就不會在平壤之役與鴨綠江防線潰敗，何以丟失朝鮮、遼東，而丟失朝鮮與遼東的代價則是割讓風馬牛不相及的臺灣。

〔註58〕洪靜芳：〈臺灣古典詩的陶淵明現象〉，頁78。

〔註59〕洪靜芳：〈明鄭時期臺灣遺民詩中的陶淵明隱逸文化——以沈光文、徐孚遠、鄭經為例〉，《弘光人文社會學報》18期（2015年7月），頁76。

〔註60〕洪繻：〈自序〉，《瀛海偕亡記》卷上（南投：臺灣省文獻委員會，1993年5月），頁1～2。

再者，臺灣為清朝東南沿海之屏障，戰略地位極為重要，但是清廷輕易就割讓臺灣，且要各省督撫不可暗中支援臺灣民主國，這種將臺灣棄之如敝屣，令洪棄生感到憤慨。

吳德功（1850～1924）也持與洪棄生類似看法，為保清廷的利益而犧牲臺灣：

> 當和議協約之時，臺民呼天愴地，電奏乞哀。中朝以瀋陽為陵寢重地、京師為宗社攸關答之，是亡一臺灣，可以保全東三省，而京師可高枕而臥，中國金甌微缺而已，無異乎以羊易牛也。上諭云，實缺人員到者仍其官，未曾一語及紳士；是臺人為中朝之棄民，痛癢無關，其去留似可以自便也。矧有草莽效忠，如殷之頑民，背城一戰，或斷將軍之頭，或效睢陽之烈，肝腦塗地，徒委諸白楊衰草之間，中朝未下旌忠之詔，豈不哀哉！〔註61〕

甲午戰爭之後，日本亟欲取得東北，但因三國干涉還遼，西方列強不樂見中國東北變成日本的禁臠，使得日本無法將東北納入勢力範圍。這便能看出東北在地緣政治與農礦產等經濟利益，對日本、俄國乃至於西方列強等，都是大國權力競逐的兵家必爭之地。此外對於清廷而言，東北乃為龍興之地，老祖宗發跡的地方，自然不能丟失，而且東北一失去，便會震動京師，北京天津危矣。職是之故，在兩害相權取其輕，若割讓彈丸之地的臺灣而能保住廣袤千里的東北，那麼臺灣勢必輕易被捨去，而臺人便為朝廷不要的「棄民」。這也是為什麼吳德功會感慨乙未割臺戰役之時，臺灣人忠君愛國，不願作異族的奴隸，於是奮勇抵抗而死傷慘重，家園盡毀於日軍的砲火之下，可是清廷卻不聞不問，著實令人寒心。

對於此，丘逢甲（1864～1912）便寫下《離臺詩》：「宰相有權能割地，孤臣無力可回天」〔註62〕表達出憂憤之情，臺人只能眼睜睜看著清廷將臺灣交割給日本。對臺灣文人來說，他們是孤臣，而臺灣是棄地。話說回來，孤臣就是遺民嗎？以上述丘逢甲為例，孤臣悲憤無力阻擋層峰下達割讓臺灣的決定，但臺灣海峽沒加蓋，孤臣是能搭船返回唐山作忠心的大清子民。丘逢甲雖自號

〔註61〕吳德功：〈讓臺記‧附錄臺灣隨筆（見乙未十月閩報）〉，收入孔昭明主編：《魂南記、割臺三記、臺海思慟錄、瀛海偕亡記、臺戰演義、馬關議和中之伊李問答》合訂本（臺北：大通書局，1987年），頁75。

〔註62〕丘逢甲：〈離臺詩（六首）〉，《嶺雲海日樓詩鈔》第三冊（臺北：臺灣銀行經濟研究室，1960年8月），頁365。

「海東遺民」，但不願作遺民，於是捲款而逃，內渡回潮州。〔註63〕

　　若對照明鄭時期，明末文人是寓臺遺臣，毫無選擇地只能流亡臺灣。但乙未之際的臺人，是有能動性，不願被日本人統治，是能回到唐山。再者，臺灣總督府也給予二年的時間，讓臺灣人自由選擇留下或內渡回中國，以及財產自由轉移。〔註64〕在吳文星的研究中便提及，1895～1896年內渡回中國者以仕紳、富豪等社會中、上階層為主，尤其是仕紳，內渡比率竟多達二分之一。1897年5月定籍期限屆滿前後，臺南府城內外的居民，內渡者多為中等以上的居民，而下等階層因無儲蓄，無法成行。〔註65〕以此觀之，臺灣成為棄地以成事實，孤臣也無法力挽狂瀾，但若不想成為遺民、貳臣，還能內渡回到祖國懷抱。只是說，若不想成為遺民，端看財產是否能負擔。

　　誠如上述所言，可以看出面對乙未割臺的臺灣文人，他們若不願效忠明治天皇，則可以內渡返回唐山效忠光緒皇帝，而且還能延續科舉之路。但，為何

〔註63〕關於丘逢甲倡議成立臺灣民主國，卻未戰先逃，連橫曾紀載：「光緒二十年，朝鮮事起，沿海籌防，景崧署巡撫。二十一年春三月，日軍破澎湖，北洋亦師熸艦降，議割臺灣以和。時臺灣舉人會試在北京，上書都察院，請止。不聽。紳士亦群謀挽救，逢甲為首，函電力爭，皆不報。四月，和議成，各官多奉旨內渡。而景崧尚留，誓與臺灣共存亡。逢甲乃議自主之策，眾和之。五月朔，改臺灣為民主國，建元永清，旗用藍地黃虎，奉景崧為大總統，分電清廷及沿海各省，檄告中外，語甚哀痛。當是時義軍特起，所部或數百人、數千人，各建旗鼓，拮抗一方。而逢甲任團練使，總其事，率所部駐臺北，號稱二萬，月給餉糈十萬兩。十三日，日軍迫獅球嶺，景崧未戰而走，文武多逃。逢甲亦挾款以去，或言近十萬云。」連橫：《臺灣通史》卷三十六。此外，丘逢甲不僅沒有出力，甚至先行逃跑，洪棄生曾書：「丘逢甲者，臺灣粵籍進士也，未第時，受知巡道唐景崧，唐為巡撫，思保舉之，奏章稱其領義勇百二十營，實不滿十營。及是亦不應，赴梧棲港舟先遁潮州。」見洪繻：《瀛海偕亡記》卷上，頁5。

〔註64〕關於臺灣島民國籍歸屬之管理問題，臺灣總督府依據日清議和條約第五條第一項，在批准換文之日起，明文規定臺人在二年內可隨意離開臺灣，依自由意志決定去留。因此，第一任臺灣總督樺山資紀便發布諭告：「大日本皇帝、大清國皇帝，派遣兩國全權大臣，在下關會同議定之議和條約第五條規定『本條約批准換文後，在兩年之內，日本准許在中國讓與地區居住人民，欲遷居讓與地區以外之地者，得自由處分並出售其財產，離去讓與地區。但期限屆滿而未遷居者，認為日本臣民』故本總督特此為希望遷居者，議定臺灣及澎湖列島住民離去條例四條，公告於左。希全民恪守遵法勿視為一篇無用文章耳。」參見臺灣總督府警務局編，蔡伯壎譯：〈諭告〉，《臺灣總督府警察沿革誌‧第二編領臺以後的治安狀況（上卷）III》，頁6～10。

〔註65〕吳文星：《日治時期臺灣的社會領導階層》（臺北：五南，2008年5月），頁26～30。

臺灣文人仍有著遺民情懷？如洪棄生「島嶼于今成糞壤，江山從此署遺民。」
〔註66〕抑或是王松「滄海遺民在，真難定去留」〔註67〕等等，可以發現到此種
遺民乃為情感上的失意、喟歎與無奈等思緒。此種遺民情緒，成為文人吟詠的
源頭。〔註68〕簡言之，臺灣文人的遺民情懷不是客觀上的遭受兵燹與肉體上的
無路可退，而是主觀與精神層面。

　　如果說遺民情懷是基於效忠一家一姓，大清及其光緒帝乃為唯一忠君愛
國的對象，所以抗拒日章旗之下的生活，因而內渡或者在臺隱逸。可是耐人尋
味的是，當 1912 年宣統帝遜位，民國肇建，臺灣文人並不若中國文人般具有
強烈的亡國之感。女真族的清朝覆滅，而中國的漢族文人卻有著強烈的亡國
感，胡平生便提及此種狀況：

> 所謂遜清遺老，絕大多數是漢人，僅有極少數的漢軍旗人。民國初
> 年，他們都深抱亡國之痛，散居於全國各地，……悲憤的程度不下
> 於喪失「祖業」的滿州人，對於清朝眷懷繫念，無以復加。〔註69〕

無論是王國維自沉〔註70〕，或者鄭孝胥「民國乃敵國也」〔註71〕都可以看出
至少有一批中國文人（尤其是漢族文人）對於清朝有著眷戀之情，對於新興
的中華民國則感到抗拒或者疑慮。但是臺灣文人卻不若中國文人那樣無法接
受清帝遜位，甚至還期待著中華民國。林癡仙〈孫逸仙〉詩作乃為慶祝中華
民國成立：

> 共和新國耀寰球，名冠中華四百州。

〔註66〕洪繻：〈臺灣哀辭〉之四，《寄鶴齋詩集》（南投：臺灣省文獻委員會，1993 年
　　　　5 月），頁 224。

〔註67〕王松：〈感述〉，《滄海遺民賸稿》（臺北：臺灣銀行經濟研究室，1959 年 6 月），
　　　　頁 31。

〔註68〕正如梁鈞筌的研究中指出，臺灣遺民之所「遺」，反而是種漂泊、流離意識，
　　　　失家的悲傷、飄零的無奈，整個大時代環境所構築的難以逃脫的流亡命運，成
　　　　為吟詠的源頭。參見梁鈞筌：〈日暮鄉關何處？論許南英的遺民意識〉，《臺灣
　　　　文學研究》7 期（2014 年 12 月），頁 240。

〔註69〕胡平生：《民國初期的復辟派》（臺北：學生書局，1985 年 7 月），頁 53～4。
　　　　轉引自林志宏：《民國乃敵國也：政治文化轉型下的清遺民》（臺北：聯經，
　　　　2009 年 3 月），頁 24。

〔註70〕羅振玉為首的清遺民們將王國維自沉之舉定位為「殉清」。見林志宏：《民國乃
　　　　敵國也：政治文化轉型下的清遺民》，頁 280。

〔註71〕清王朝覆滅並不在鄭孝胥所構想的發展史，對於民國因而積恨，因而有著「余
　　　　與民國乃敵國也」的想法，拒絕承認民國。參見陳仕軒：〈殘夜不須眠——論
　　　　鄭孝胥晚期的政治詩作〉，《中國文學研究》42 期（2016 年 7 月），頁 93。

才學征誅還揖讓，亦為堯舜亦商周。

新君丹穴不須求，一舸迎歸自美洲。

掃盡五千年帝政，佇看黃種出人頭。〔註72〕

林癡仙（1875～1915）經歷過乙未割臺，曾隨家族避亂而內渡泉州，對異族日本統治臺灣而感到不平與憤恨。不過，林癡仙讚嘆孫文的革命以及民國的建立，絲毫沒有對清廷的眷戀之情與遺民思緒，反而期待中華民國成立，能打破滿清積弱不振，長久被西洋列強所宰制的局面。

此外，洪棄生至中國遊歷，對於中華民國也有著正面的看法：

> 余至上海時，適有臺灣人自膠州青島來，述當日中華接收情況，土匪先即蠢聚，及官軍到，擊斃二名始斂跡，接收場所，日軍峙一邊，華軍峙一邊，日官出入，惟日軍行禮，接收既畢，日旗卸下，華旗高舉，而滿街爆竹如雷矣。〔註73〕

洪棄生至中國旅行，看到中華民國的軍隊剛強及其對日軍毫不遜色的表現，展現出軍威和國威，並描繪出當地人民的熱烈慶祝。洪棄生不僅沒有批評民國之軍隊，甚至以滿街爆竹如雷來帶出民國軍隊在日軍面前不卑不亢，讓中國人民揚眉吐氣，折射出洪棄生對於民國是有所期待和讚許之意。

總的來說，走過乙未時代的臺灣遺民，對於清朝有著恨鐵不成鋼之憂憤，以及甲午戰爭的戰場在朝鮮與東北，臺灣卻遭受池魚之殃，而被割讓予日本，因而感到不解、悲憤和怨懟。接著，1912 年中華民國成立，此時的臺灣受日本統治已有 17 年，從明治時代到大正時代。也就是說，在時間與空間上，臺灣對於清朝至民國的變遷是不在場的，也是疏離的，這也是為什麼臺灣遺民不像中國遺民那樣地情緒濃烈且激動，甚至對於民國有所期待，期待漢人奮起，期盼解救臺灣於水火之中。然則，臺灣這種遺民心境以及對於新中國的情感投射，卻是奠基在清廷的無情無義以及對日本殖民統治的不滿。如荊子馨就分析此種狀況：

> 這種對中國「祖國」的渴望，比較不是來自根深蒂固的有機關係或根本的文化關聯，而是基於對殖民情境以及他們無力徹底改變的不

〔註72〕林癡仙：〈孫逸仙〉，收入廖振富選注：《林癡仙集》（臺南：國立臺灣文學館，2011 年 12 月），頁 169。

〔註73〕洪繻：《八州遊記》卷十二（南投：臺灣省文獻委員會，1993 年 5 月），頁256。

滿。中國認同（政治上與文化上）的產生通常是和對殖民現實不滿
有關。

這裡要強調的是，臺灣與中國的關係不是想像的（imagined）共同體
而是幻想（imaginary）的共同體，源自於對「祖國」以及漢民族茫
無頭緒的求助。〔註74〕

誠如荊子馨所言，當時的臺灣遺民甚至之後的新知識分子，對於新中國有著濃
烈情感，當然這不能以一句同文同種來簡單帶過，而是臺灣人內心隱含著深層
的幽微，被遺棄的臺灣及其臺人能夠有一天得到民國的關愛，而不再被日本視
為二等國民，而備受歧視。

二、文明、筆削與記者

臺灣改隸之後，讓臺灣文人產生遺民情懷，外在環境是憂心日本殖民者
會大肆燒殺擄掠，而內在情感則是本著忠於一家一姓，不願作為貳臣。若不
願處在日本統治的空間，則可以內渡回到大清的土地上；文人若無法變賣家
產或者財力不夠者，只能留在臺灣宛如身在曹營卻心在漢，則不願為異族效
力，拒絕總督府的徵辟，退隱在田園不問世事。吳文星的研究中提到，多數
退隱的仕紳均具有小康以上的家境，其經濟條件足以讓其過著閉門讀書、優
遊自適的生活，而退隱的仕紳成為教課親族及鄉里子弟研習漢文的塾師，以
此賴以維生。〔註75〕不過若從洪棄生的案例來看，可以發現到改隸之後，文
人的生計為一大課題。〔註76〕不僅臺灣如此，中國的遺民文人也是如此，易
代之際已不再開辦科舉考試，傳統漢文與書法漸漸不被人重視，但這些卻是
文人的看家本領，因此文人鬻書筆墨，以維持生計。〔註77〕

〔註74〕荊子馨（Leo T.S. Ching）著，鄭力軒譯：《成為「日本人」：殖民地臺灣與認同
政治》（臺北：麥田，2006 年 1 月），頁 113。

〔註75〕吳文星：《日治時期臺灣的社會領導階層》，頁 37。

〔註76〕以洪棄生為例，進入日本時代之後，不願出任總督府所禮聘的職務，也不在公
開場合教授生徒，只教導家族子弟與鹿港在地子弟，不僅能延續漢學，也能有
個收入。但，洪棄生的收入依靠存款利息與開課的學費，實際上經濟著實困窘，
直到晚年家計才好轉，因而能自費出版書籍，甚至攜洪炎秋至中國旅遊。參見
陳光瑩：《臺灣古典詩家洪棄生》（臺中：晨星，2009 年 3 月），頁 27～28。

〔註77〕林志宏指出，文字在傳統社會中是士大夫階層的專利與象徵，同時也具有社
會地位與身分，如今卻淪為生財工具，不可不謂人間慘況。詳見林志宏：《民
國乃敵國也：政治文化轉型下的清遺民》，頁 24。

　　因此，進入新時代之後，文人的傳統路線——學而優則仕已然斷絕，出路問題困擾著文人。這部份，吳德功的議論中能看出端倪：

> 臺灣初入版圖，學制更異，私立學校者多廢止，士人失業，無可營生，仰屋而嗟者，難以枚舉也。……今之衣儒衣、戴儒冠者，既無科舉可望，而國語未諳，欲仍舌耕而有干例禁，欲為訟師而不知法律。欲受飢寒而不忍，欲謀生計而無從，豈不比僧道而較無聊耶！〔註78〕

進入日本時代，導入西方的新式教育，過去的書院書房的漢學教育體系只能轉往民間，但總督府推動新學，因而縮短公學校的漢文課程時數以及取締民間的漢書房，使得書房數與書房生年數量年年下跌。〔註79〕因此，臺灣文人無以為繼，出現斷炊之危機，既無法參加科舉以考取功名，不懂日文無法在政府機關謀職，絳帳授徒會被警察取締，又不懂日本法律而無法成為律師，使得文人的經濟大受影響。

　　不過話說回來，從中國與臺灣的文人生計問題看來，時代的變遷而導致產業出現變化，過去漢文為士大夫階層的地位與身分象徵，也能以此鯉躍龍門進入朝堂。但是在西學的衝擊之下，漢文退守成為古典文藝，而非實用實業之學。使得漢文人意識到不僅漢文延續出現危機，就連漢文人本身也出現危機，因此有論者發表〈論臺士之末路〉討論文人的出路問題：

> 足見殖民為農工商計，而獨不為士計也。（農工商等事業皆有補助獎勵航海補助以數十萬計其尤鉅者）士何辜于新政府哉。政府何薄夫士哉。此必有人而不敢為政府陳著。蓋士之影響人國也。隱而難見。農工商之影響人國也。顯而易見。然顯而易見者猶可知。隱而難見者不可度。臺灣之有農也工也商也。恃有士也。士所以為農工商之首。今之士何如哉。士而隱于農隱于商也。尚可為。獨至士而為工為役為傭為傭。則併士之本來亦亡矣。此專為生計々也。不足深較。然有時亦作不平鳴。是彼之側而為工也役也傭也傭也。非其

〔註78〕吳德功：〈請籌善法處置士人論〉，收入李知灝選注：《吳德功集》（臺南：國立臺灣文學館，2013年11月），頁185。

〔註79〕依據「日據時期公學校學生／書房學生總數暨書房生百分比」可得知1904年公學校和書生的學生數在此一年出現黃金交叉；而在1920年，書房生跌破萬人，與公學校生差距愈拉愈大。參見柳書琴：〈《風月報》到底是誰的所有？書房、漢文讀者階層與女性識字者〉，收錄於邱貴芬、柳書琴編：《臺灣文學與跨文化流動：東亞現代中文文學國際學報》（臺北：文建會，2007年4月），頁156。

本心。得毋為飢驅乎。〔註80〕

傳統農業社會之中士農工商以士大夫階層為首，既有身分地位，也有穩定的收入來源。可是進入新時代之後，農工商等實業之學為政府所重視，也是學校所要培育的人才，因為農工商能帶動國家的產業發展，並累積資本，進而富國強兵。因而政府獎勵農工商業，藏富於民之時，也使整體國力上升。此時的讀書人卻是尷尬的存在，一來無生產力，二來身懷之學問又不被當世所重。雖然此文作者批評農工商業的發展及其所帶來的效果是能迅速讓社會繁榮與國家強大，但文人的立德、立功、立言雖無法一時立竿見影，卻是歷久彌新，影響千萬年千萬人。如今讀書人的價值已不被世人所知。作者感慨文人能從事農業或商業，但出賣勞力為人作工，則斯文有失。是故，從吳德功之言論與〈論臺士之末路〉此文可以得知，文人的生計出現問題之外，更重要的是，文人不能為了餬口而去做有失身分的工作，因此若能找到既能維繫漢學又能兼顧穩定收入來源，自然能持續發揮漢文人的價值，在那時代唯有報社記者此項工作。如謝雪漁就提及「記者」宛如古代之史官，而這職業也符合文人的所學：

> 人有恒言。不能為良吏。當為良史。以布化宣猷。則賴良吏。而扶道翼教。則恃良史。吏與史所處不同。而利國利民則一。今之新聞。今之史也。記者其史官也。史之書法。無妄褒。亦無妄貶。新聞循其例。嚴於筆削。隱操教化之權。又於內政外交。大小事宜。有聞必錄。且民間瑣務。稍涉新奇者。亦悉蒐羅揭載。藉以開人智識。視之正史。誠有過無不及。環顧全球。富強列幫。文明愈盛。則報館愈多。文明未開之國。其人民如聾如盲。善不如彰。惡不知戒。外邦時務。不特不能知。即己國大事。亦如在夢中。支那帝國。陷此弊最深。蓋以儒生徒誇博古。全不通今。而不知廣設報館。重視新聞故也。……予深慨及此。有感於為良史之說。於是乎不揣無文。捨教鞭而揮禿筆。願學焉。以抵於良。為我臺民開樂閱新報之美風，喝破舊時陋習，以漸進於文明之域，庶幾償此素願。〔註81〕

謝雪漁自國語學校畢業之後，曾任警察官吏練習所臺語教師，後於 1905 年進

〔註80〕 不著撰人：〈論臺士之末路（上）〉，《漢文臺灣日日新報》2611 號，1907 年（明治 40 年）1 月 17 日，2 版。

〔註81〕 謝雪漁：〈入報社誌感〉，《臺灣日日新報》2051 號，1905 年（明治 38 年）月 7 日，3 版。

入《臺灣日日新報》擔任漢文記者。謝氏注意到記者職業是穩定收入以及具有社會影響力的工作。因為記者就如同古代史官，忠實紀錄時下的事情，但又能以春秋筆法諷喻時事，而能隱操教化之權。此外，記者的工作內容有助於讓臺灣人文明開化，無論內政外交，抑或是大至朝堂之事，小至鄉野雜談，均記錄下來並通過報紙廣為人知，也因為報紙，讀者能知天下事，幫助臺人開拓視野。易言之，謝雪漁肯定記者的工作內容，不僅能運用自己的漢文所長，而且又能兼顧到傳播文明新知的功用。另外，謝雪漁此文其實也隱含著記者乃為漢文人轉型以適應時代的契機。

對臺灣文人來說，記者傳播文明之外，更能發揮儒家的禮樂核心價值，即為秉持公正客觀的立場，透過文字意含褒貶，宛如春秋筆法來匡正世道人心。魏清德便提到記者的工作內容便是如此：

> 新聞記者又更時時博徵輿論。乃至田父野老之言。亦莫不擷取焉。社會之所抑鬱而不舒者。吾則為之宣暢。彼此之所以間隔而不達者。吾則為之紓解。沈滯腐敗之分子。吾則為之促進而淨化之。驕傲不遜之強權。吾則為之鋤抑而平等之善足以揚。不惜為之華袞。惡足以懲。不憚為之斧鉞。藐爾布衣，無尺寸之權柄。或擁有巨大之財力與夫一夫一卒之兵力。而能如是者。蓋世界之進步也。而或不能如是者。則是社會之進步尚屬幼稚。……固無論要俟新聞記者當人之人格修養。及日新不絕之研究。公平精確之判斷。不如是。則新聞為社會之先驅。反足以導一般讀者於謬誤。或是非混淆。造成莫大之筆孽。慎哉慎哉。為社會蒼生造莫大之覺路者。為新聞記者之論調。誤天下之蒼生者。亦往往不無以脫線之橫議而使之然。賞罰者一人之公。是非者一人之私。今之報紙。其猶古之春秋歟。〔註82〕

魏清德書寫記者的工作內容以及抱負與理想，這種宛如微言大義般褒貶善惡，就如同孔子的春秋筆法，公正秉持為時代所發生的人事物下註腳，這種也是文人的理想。其中，不畏強權，忠實紀錄，並且定褒貶，更能顯現出文人的節操，對魏清德來說，這種禮義道德並非過時，而是作為文人的價值。之所以如此，因為臺灣文人憂心時下年輕人接觸新學之後而不再學習漢文，容易誤解自由、平等、獨立等涵意，將會導致人倫綱常淪喪。其原因在於，

〔註82〕佁儗子（魏清德）：〈新聞記者之生活〉，《臺灣日日新報》8240 號，1923 年（大正 12 年）5 月 2 日，9 版。

漢文及其背後所蘊涵自孔孟以降所傳承的文化價值與精神被認為是舊時與落後，而在新學衝擊之下無人聞問。但，記者工作卻能將這些發揮至最大價值。

除了魏清德之外，洪以南也肯定記者能為這世道守住傳統價值：

> 昔周之衰也。君臣父子。俱失其道。倫常之壞。誠有不堪言者矣。於是孔子起而作春秋。善善。惡惡。筆則筆。削則削。天下靡然。知所懲勸。蓋一字褒貶。榮於華袞。嚴於斧鉞者也。嗚乎。立言之工。亦偉矣哉。後有作者。雖知其意。然以公正筆之者。果有幾人乎。天下後世。又果翕然宗之乎。信矣夫。筆削之難也。然天下之大。人事之變。實不可一日無有筆削者也。十七世紀以降。西人則刊報紙。其範圍廣而大。網羅萬象。涵蓋一切。言無詹炎。事無鉅細。博採兼收。以鼓吹文明。以輔佐政教。合羣言以為言。集羣事以為事。天下耳目之為奇。輿論之所存。筆削之意。寓乎其間。非然者則其報之宗旨不純也。一時代之權力。必有操之者。〔註83〕

以此觀之，文人雖無法通過科舉進入朝堂為國為民，但是在野也能以筆墨針砭時事。從周代之衰而導致三綱五常斲喪，禮失求諸野。日治初期的臺灣也是如此，文人雖然對現代文明持開放態度，但是卻也意識到歐風東漸，會侵蝕儒家道德的禮與仁，失去做人的基本。記者結合西方報紙的概念與中國傳統的春秋筆法，既能反應真實，也能讓亂臣賊子懼。接著，記者的文筆既能傳播文明、啟迪民治，也能捍衛傳統，振興人倫綱常，挽回風氣。

報社記者的工作既兼顧穩定收入，同時又能發揮文人理想與價值，讓傳統文人在新的時代轉型。

> 本島報界之爭雄。於近年來可謂盛矣。自本報漢文獨立而後。中南諸漢文報。亦皆增加頁數擴張記者。開臺南報漢文部。近又計畫獨立。
>
> 大約來春一月初。可以實行。本島文明日進。即此可見一班也。〔註84〕

漢文記者成為文人的理想工作，使得自《臺灣日日新報》設置漢文記者而獲得好評之後，其他各報也開始增加漢文記者，甚至擴大規模，如《臺灣日日新報》分出《漢文臺灣日日新報》。當然，這不僅僅只是讓臺灣文人有個應用所學的

〔註83〕逸園主人（洪以南）：〈春秋與報紙〉，《漢文臺灣日日新報》4000 號，1911 年（明治 44 年）7 月 13 日，3 版。

〔註84〕不著撰人：〈新聞發展〉，《漢文臺灣日日新報》3162 號，1908 年（明治 41 年）11 月 4 日，6 版。

園地而已，更重要的是，文人記者以漢文書寫並運用現代印刷媒體，將言論傳播至同為以漢文為閱讀的臺人〔註85〕，達到文明傳播之目的，同時又能兼顧固守傳統道德。〔註86〕

　　總的來說，自乙未割臺之後乃至於日治初期，臺灣文人面臨到雙重失落，除了面臨到臺灣為清廷輕易割捨之棄地，以及基於君臣大義不願在日章旗之下出仕，這種棄民與遺民的複雜情緒縈繞臺灣文人的內心深處。接著改隸之後，臺人為日本國籍，使得科考之路斷絕，同時新學漸為顯學，除了官方刻意推動新式教育教導新學，這也是時代趨勢，讓文人的漢文學養無用武之地，儼然成為活化石，有著被時代淘汰之危機。如此的雙重失落，如何維繫斯文於一線，讓文人極為憂慮。然而，新興的印刷媒體——報紙，卻讓臺灣文人找到新的方向，甚至因此轉型以適應新的時代。臺灣文人起初對於報紙的認知是宛如史官紀錄各項事情，同時秉持孔子的春秋筆法，微言大義針砭政權與社會，這種以漢學為體西學為用，達到傳播文明的同時，也能持續發揚儒家的禮義道德。

　　筆者關注的是，文人記者的出現讓漢文出現變化，原因在於這些漢文人記者起初以為報紙是刊登國內外大事、政論、社會時事等較為嚴肅的文章，可是其後卻發現到能在報紙刊載詩詞與其他未謀面的文人交流，這也表示文人記者注意到報紙可以成為跨越空間的平臺以進行文學酬唱與讀者互動。接著這些文人記者，如謝雪漁、魏清德、李逸濤等在報紙進行小說連載，開啟漢文通俗小說的新局面。這也意謂著漢文人則是鞏固舊有的漢文學防線之時，同時促進漢文的轉化，導向具有通俗型態的方向前進，而能在新時代之中維繫斯文於一線。職是之故，筆者以此為基礎，深論日治初期的文人如何運用報紙來抒發漢文的理念，同時關照他們希望建構的「日治下漢文系譜」是什麼樣的光景。

〔註85〕在葉高華的研究中指出，1930年臺灣人的日語普及率為12.4%，而這數字包含只能讀假名者，若扣除不能開口對話的人數，臺灣人的日語普及率其實只有8.5%。詳見葉高華：〈臺灣歷次語言普查回顧〉，《臺灣語文研究》13卷2期（2018年10月），頁260。若1930年的臺人的日語普及率近有如此，那麼1920年以前只會更低，這也顯現出報紙刊登漢文版面的重要性。
〔註86〕黃美娥注意到臺灣的大報記者，為具有漢學素養的文人所出任，這是當時共有的情形，且不乏當時以擅長古典詩文創作而聞名的傳統文人，這些文人也致力於啟蒙大眾文明為要務。參見黃美娥：〈另類現代性——《臺灣日日新報》記者魏清德的文明啟蒙論述〉，《重層現代性鏡像：日治時代臺灣傳統文人的文化視域與文學想像》（臺北：麥田，2004年12月），頁184。

第三節　揚文與同文：臺灣漢文的位移與重層

　　日本領臺之後，帶來一批技術官僚與各階層的公務人員，除了進行各式各樣的硬體建設之外，也在政務推動上爭取臺人民心。如第一節所言，日本自認並非落後的夷狄，而是具有西方先進文明的漢學文化中心，日本以文明來化及臺灣，以顯現出日本與臺灣之間的文明落差。倘若日本政府要突顯出高低尊卑的位階，須有宣示性的儀式，以形塑正當性和合法性。因此，1895年 6 月 17 日，日軍攻臺部隊進入臺北城之後，首任臺灣總督樺山資紀於前清之布政使司衙門舉行「始政式」，宣告日本總督府已接手統治臺灣。當然，這純為政治上的宣示意涵，因為政治上的宣示，並不代表臺人就因此順服成為良民，況且當時日軍也尚未底定臺北以南。

　　當日本軍隊大致底定臺灣之後，隔年進入民政治理階段，也意謂著得要爭取臺人民心，緩和抗日情緒，並消解武裝行動，以利日後之施政。因此於1900 年舉行「揚文會」。如果說「始政式」是政治上的儀式，那麼「揚文會」就是日本總督府在文化與文明上宣示已進入新的時代，這也表示日本官方開始塑造出文化領導權（hegemony），藉此統攝臺灣文人。如涂爾幹（Emile Durkheim）所言，儀式是社會群體用以使自己定期地得到重新鞏固的手段。〔註 87〕旨哉斯言，揚文會如同儀式一般，總督府通過此一儀式來召喚（interpellation）出駐足觀望的臺灣文人，如此盛大活動，無非是昭告全臺現已進入文治時期，毋需擔憂戰火蔓延，藉此收攏臺人之民心。這向臺灣文人傳遞改朝換代〔註88〕的訊息之外，更重要的是，化解文人不安定的心境。這種不安定反映出兩種意涵，即為精神與肉體上的不安。〔註89〕換言之，文人除了擔憂身家性命安全的同時，就是憂心漢文傳統是否因而被禁絕。可是對

〔註87〕涂爾幹（Emile Durkheim）著，芮傳明、趙學元譯：《宗教生活的基本形式》（臺北：桂冠，2007 年 4 月），頁 434。

〔註88〕川路祥代的研究中便指出，「揚文會」是兒玉政權針對臺灣鄉紳階層而設計的一種「改朝儀式」。參見川路祥代：〈殖民地臺灣文化統合與臺灣傳統儒學社會（1895～1919）〉（臺南：國立成功大學中國文學系博士論文，2002 年 6 月），頁 104。

〔註89〕其實就武裝抗日來說，文人起事向日人搏命者不多，主要抗日人物多為豪強型地主、事業主及綠林豪。雖說如此，不主動抗日並不代表日人就不會來找麻煩，日人官吏與軍警以殖民統治者姿態對待具有聲望和地位的紳士、紳商，使得多數紳士不堪受辱，而紛紛內渡。詳見吳文星：《日治時期臺灣的社會領導階層》（臺北：五南，2008 年 5 月），頁 18、26。

於總督府的立場來論及，漢文的存續並非關注要點，主要是針對漢文人，藉此安撫文人且爭取好感，並展現維護文教之立場。若以結果論來說，揚文會最終是有得到預期之效果，確實大大消解臺灣文人之疑慮，可是若以傳統夷夏之辨的角度論及，可以發現到臺灣漢文開始出現往蠻夷的光譜移動。從揚文會之後，臺灣文人如何重新審視自己所維護與維繫的漢文，以及又會造成《臺灣日日新報》及其記者群的漢文出現何種質變。

一、揚文：漢文板塊與典範的位移

　　觀看日治前期的歷史，主要就有二種具有宣示意義的大事件，分別是1895 年的「始政式」和 1900 年的「揚文會」，前者在全臺尚未底定便急著舉行，乃是在塑造出統治上的合法性，日本是依據馬關條約而擁有臺灣，也是臺灣的所有者，因此總督府方面是官軍，而抗日義士便是賊軍，意謂著須持續動用武力來平定全臺；到了 1900 年的臺灣，基本上已不具有成建制之抗日武裝力量，於是得贏取臺灣文人的支持，以利後續施政，此時就是以政治與文化等非武力手段來安撫／收服臺灣文人。簡言之，若說「始政式」是代表用武力來制伏臺人之肉體，那麼「揚文會」就是在心靈、思想與意識形態上使臺灣文人臣服，刻意強化日臺之間的文明與文化的落差，這就如同葛蘭西（Antonio Gramsci）提出的文化領導權（hegemony）〔註90〕，也就是以意識型態國家機器（ideological state apparatus）鋪天蓋地逐步影響臺人對於漢文的看法與使用，即是對漢文進行重構。是故，至少就「揚文會」而言可說是臺灣漢文發展上的轉捩點，這也是臺灣漢文人的通過儀式（the rite of passage）。法國人類學家范傑納（A. Van Gennep）指出，個人社會身分轉換時所採取的儀式為「通過儀式」，此種儀式具有三種特性：

〔註90〕義大利的馬克思主義者葛蘭西在他的《獄中書簡》（Prison Letters）提出這個概念，主張支配階級往往會透過非武力和政治的手法，藉由家庭、教育、教會、媒體與種種社會文化機制，形成市民共識，使全民願意接受既有被宰制的現況。「霸權」在這樣的意義下，儼然是社會文化規範和標準的推動者，它不只是一種柔性的說服手段而已，更經常透過複製統治階層所彰顯的社會利益，來使統治的威權暴力合法化和正常化。參見廖炳惠：《關鍵詞200：文學與批評研究的通用辭彙編》（臺北：麥田，2003 年 11 月），頁 130。筆者按：hegemony 的中文譯詞有霸權、王道與文化領導權等，筆者傾向使用「文化領導權」一詞，較能顯現出總督府影響甚至宰制臺人形而上的文化屬性、認同與價值觀等。

1.分離（separation）：乃是分開的儀式，人離開一個群體，並開始從
　一個地方或階層移往另一個地方。

2.轉換（transition）：離開一個地方但未進入下一個地方或階層，是
　一個中間狀態或位置，扮演重要角色。「此時參加儀式的人象徵置
　於『社會之外』，經常必須遵守某些禁忌和限制。」。

3.整合（incorporation）：一個人重返群體、社會，完成了這個儀式。
　「是併入的儀式，以過渡至一新的地位。解除限制，戴用新的標
　誌，共食代表這個階段的儀式。」〔註91〕

臺人的身分從清廷轉換至日本，除了政治性的國籍轉換之外，更重要的是意
識上的轉換，方能認知到已經變天的事情。如果說 1895 年乙未割臺是臺人
的分離（separation），除了依據條約交割臺灣給日本之外，也是臺人情感上
的割裂，因為臺人是被遺棄；1895 至 1897 年則是轉換（transition）狀態，
總督府允許臺人自由選擇國籍，此時是屬於中介狀態；最後則是整合
（incorporation），藉由辦理揚文會，讓臺灣文人意識到已經是日本的國民，
且讓臺人整合入日本構築的漢文系統之中，因為此時提倡漢文是日本總督
府。畢竟就漢人觀點來說，提振漢文向來為朝廷之加恩與責任，正如清廷入
關後於順治二年舉行科舉，目的是「治天下在得民心，士為秀民，士心得則
民心得矣」，藉此籠絡文人並塑造正統性，而揚文會此舉也是藉由大型的文
學儀式（rites），傳遞出日本是文人的效忠正統以及仍會持續發揚與維繫漢文
等此二種訊息，就最根本源頭來影響臺灣文人的意識形態，使其認可日本統
治。更重要的是，是能召喚出臺灣文人對於過去漢文的美好想像，使其認為
新的時代仍舊是漢文盛行。這就如同涂爾幹所言，儀式保證信仰不從記憶中
消退，使集體意識最基本的要素重新生機勃勃。通過舉行儀式，群體定期地
重新煥發集體情感，同時個人也增強了他的社會本性。值得紀念的光榮事蹟
活生生地展現在他們眼前。〔註92〕旨哉斯言，揚文會聚集生員以上的文人，
這些文人記憶深處裡對於沐化文教的期盼終於呈現在眼前，並且引起共鳴，
凝聚了漢文人的集體情感。

〔註91〕范傑納（Arnold van Gennep）：《過渡禮儀》（北京：商務印書館，2012 年 12
　　　　月）。
〔註92〕涂爾幹（Emile Durkheim）著，芮傳明、趙學元譯：《宗教生活的基本形式》，
　　　　頁 424。

　　此外，就臺灣的漢文發展而言，改隸之後當然出現重大的轉折點，不僅大幅度影響臺灣文人進行科考的仕途〔註93〕，也影響日後漢文的發展。〔註94〕使得日人與臺人對於漢文的理解與想像有所落差，而揚文會就是臺、日雙方對漢文理解的交會點，並拉近雙方對於漢文的認知。籾山衣洲發表〈論揚文會〉之文章，便是使臺灣文人了解到總督府並無廢棄與禁絕漢學之意圖，並且鼓勵多接觸新學：

> 然而其興于會者，非復「鄉曲之徒、一介之士，諷《急就》、習甲子」者比，不特其文章著于世，躬候轅門，就伸懷抱，上下議論，酬酢尊俎，於臺之治政有所發明，非同淺鮮。若其旋里而告諸父老，一人傳之十人，十人傳之百人，延及一鄉一郡，樵夫漁叟亦皆體朝廷之深旨。上下之情疏通，而危懼之心始安，「肅清遠墟」，於是乎見，是豈非一舉兩得耶？雖然世態變遷，今異于昔，如列此會者徒挾文章、鬥議論，退而自慰曰吾事畢矣，則古之不容于時者之所為也。士欲立身行道，素不可無百折不磨之心，而況遭此盛事，足伸己之抱負耶！語曰：「智惠不如乘勢，雖有鎡（按：鎡）基，不如待時」。今者，洵學考機熟之秋也，固宜乘此機以進攻新學。督憲之意，料亦在此矣。不然則予所謂風氣一變者，終屬虛願耳。〔註95〕

雖然說揚文會本身是個文學性質的盛大聚會，但其實是個政治性的宣傳場合，除了廣邀文人來一同唱和創作文學之外，也向文人展現總督府的親民作風，以達到安撫與籠絡之目的。同時藉由文人參與此次活動，回去之後能向鄉里廣為宣傳總督府的寬大為懷，希冀能消解對新政權的敵意與疑慮，以利後續各項政令的推動。因此揚文會表面上看來是個大型文學聚會，但實際上

〔註93〕吳文星舉 1897 年春天為例臺人赴福建參加鄉試有二百餘人，僅約過去的四分之一。吳文星：《日治時期臺灣的社會領導階層》，頁 27～28。

〔註94〕江寶釵以漢詩創作為例，認為漢詩創作門檻降低，開放更多的人進入創作領域，不過卻也造成後遺症，便是詩作素質過於浮濫、參差不齊。再加上殖民當局利用漢詩與臺灣漢文人交遊、聯吟等這種手段來懷柔，導致出現有心人士欲向官方趨炎附勢，便會以漢詩作為接近殖民者的工具。大量出現酬酢詩與遊戲詩，失之了以往文人的嶙峋風骨，嚴正的漢詩開始崩解。在上述種種原因之下，日治漢詩出現「馴化」現象。參見江寶釵：《臺灣古典詩面面觀》（臺北：巨流，1999 年 12 月），頁 74～77。

〔註95〕籾山衣洲：〈論揚文會〉，《臺灣日日新報》509 號，1900 年（明治 33 年）1 月 14 日，5 版。

卻是有著濃厚的政戰意味。總督親臨致詞，宛如讓文人面聖〔註96〕而感受處於盛世之氣氛，表示現在已非殺伐的年代，而是文治的承平時期，喚起臺灣文人對於太平盛世的想像。當然，除了是總督府展現軟實力的具體表現之外，更重要的是，總督府透過揚文會是要傳遞出什麼訊息？籾山衣洲（1855～1919）〔註97〕為揚文會宣傳之時，已經顯露出官方對於漢文的態度——提倡新學。〔註98〕雖說官方主要在於提倡新學，但籾山衣洲並沒有否定漢學，反而鼓勵臺灣文人在本著漢學學問之時，能多加接觸西方文明。並以孟子「雖有智慧，不如乘勢；雖有鎡基，不如待時」之語，來鼓吹臺灣文人趁此機會多加接觸西學。這也預告日後總督府的觀點以及未來的施政目標，所以在漢學之外，把握現在總督府推動新學的契機，多增加新學知識，有益於立身行道。

籾山衣洲另一篇論議〈論新學會〉更是強化漢文與新學的關聯，以減緩臺灣文人對新學的拒斥感。

> 揚文之會，何為而起？意非徒使全島文士懷鉛抱槧、援經證史，為誇耀才學之具也。要欲因之以啟新學之端，漸臺島之風氣而已。……

〔註96〕黃美娥指出，臺灣歷任總督邀宴全臺詩人吟唱於官邸，其實對臺灣詩人而言宛如得到進京面聖般的恩寵，瞬間漢詩人地位獲致擢升與肯定，替代了在臺人心中過去唯有獲取科舉功名才能擁有的殊榮，對日後全臺人士全面參與漢詩寫作，實具有強烈暗示與鼓勵的象徵意義。參見黃美娥：〈日治時代臺灣詩社林立的社會考察〉，《古典臺灣：文學史·詩社·作家論》（臺北：國立編譯館，2007年7月），頁189。

〔註97〕籾山衣洲於1898年12月12日抵達臺北，13日開始擔任《臺灣日日新報》編輯，26日編輯會議決議籾山衣洲擔任漢文主任。籾山衣洲曾紀錄此事：「晴。是夕編輯会議を開き、余漢文主任の事ニ決す。」（晴。當晚開編輯會議，決定我任漢文主任。）戊戌年廿六日癸亥（1898年12月26日）。見《籾山衣洲日記》，中央研究院臺灣史研究所臺灣日記資料庫：http://taco.ith.sinica.edu.tw/tdk/%E7%B1%BE%E5%B1%B1%E8%A1%A3%E6%B4%B2%E6%97%A5%E8%A8%98/1898-12-26，2018年10月4日。此外，報紙上也記載《臺灣日日新報》禮聘籾山衣洲之事。見盧山生：〈籾山衣洲君の入社〉，《臺灣日日新報》，1898年（明治31年）12月16日，2版。

〔註98〕因為是兒玉源太郎所禮聘，居住於總督別邸「南菜園」，可見籾山衣洲為兒玉總督之側近，從籾山氏的言論能折射出總督府之思維。「原本社漢文編輯長籾山衣洲翁。在職數年。曾受知于故兒玉總督。為築南菜園別墅以居之。公餘輒相唱和。如杜甫之于嚴武。而翁亦屢開吟宴。與都人士相狎游。故其貢獻于本島詩文界尤大。」參見不著撰人：〈詩人羽化〉，《臺灣日日新報》，1919年（大正8年）5月18日，6版。

風氣一新，不得智者，而後知矣。雖然予窃有復憂者，古人云：「天下熙々，皆為利來；天下攘々，皆為利往。」蓋今之天下甚於古之天下，況如西歐各國學術技藝粲然，具備雖夙以文明稱于世，而其人情率以利為先，是以今就新學者，粗識其人情風俗，則少年血氣未定，唯愛其華□，而不取其實，浸淫之久，遂趨於營利，趨於營利則急於干進，急於干進則傷於浮躁，傷於浮躁則學術技藝並不克窺其奧妙矣。〔註99〕

籾山衣洲闡明歐洲的學術技藝雖值得效法，但仍有其弊病之處，尤其是西方以利益為優先，這並不適合東方社會，藉以警示臺人接觸新學時，而須有所取捨，不可一昧認為西學全為優秀先進的知識。籾山衣洲接著論述新學之效用：

我帝國講西學於今三十餘年，初則稍病此獎，然神州秀靈之氣所鍾，奇偉非常之士接踵而出。今則與西歐各國並駕齊驅，未敢多遜，此雖世運之使然，而未始非據，育材之道，彼此酌行，得其宜也。然則若臺島當如之何？曰以新學益智，以聖教修身，育材之道舍此豈有他哉。臺島二百年來，孔孟之教，家絃戶誦，惟學者或沉潛于訓詁，或涉獵于鼛業，復何暇能砥礪實用？是故學問之道漸與世務相遠，中人以下置而不講，風俗人情從致頹壞，意者非聖人之本旨也。窃望今方創新學會，併與孔教之將衰，外以修文明日進之學，內以講修身齊家之道，兩者並行不悖，則少年子弟不傷於浮躁，不傷於浮躁則不急於干進，不急於干進則營利之念踈，營利之念踈則奇偉非常之士出於是乎。欲風氣之不新，奚可得哉？抑又聞諸古人聖人法與時變，禮與化俗，衣服器物，各便其用，法度制令，各因其宜。然則學問之道，與時變化，蓋聖人之本旨也已。〔註100〕

總督府表面提倡漢學，實則是在鼓吹新學，鼓吹新學之目的在於讓臺人接受總督府之後的各項施政，以達到政令宣傳之效果。雖然籾山衣洲此二篇論議是鼓勵臺灣文人接受西學，卻是以文人既有的漢學為主體，緩和地吸收西學。

〔註99〕籾山衣洲：〈論新學會〉，《臺灣日日新報》567號，1900年（明治33年）3月25日，5版。

〔註100〕籾山衣洲：〈論新學會〉，《臺灣日日新報》567號，1900年（明治33年）3月25日，5版。

因而提出「外以修文明日進之學，內以講修身齊家之道」的方式，從漢學角度出發來認識新學的重要，以一種漸進的方式逐步吸收西學。揚文會之後，臺灣文人創立新學會，籾山衣洲肯定此舉，但也提及新學並非取代漢學，而是與孔教並行不悖，同時也提醒臺灣文人「法與時變，禮與化俗」，漢學也要因應時代而做出調整，保持傳統之時又能吸收西學的長處，與時變化的漢學才是學問之道。也就是說，籾山衣洲接合漢學與西學，既能配合總督府的期望，又能兼顧臺灣文人的漢學，並且讓臺灣文人務實地認識到大環境已經改變，促使臺灣文人與時俱進。

　　接著，若回到夷夏論來談及，本章第一節曾討論到日本成為華夏／東洋文明中心，日本因為有著西方的學識所以是「華」，東亞其他尚未文明開化的國家或地區便是「夷」，也就是以西方文明與否來決定進步與落後、文明與野蠻。因此就臺灣文人看來，揚文會是總督府提振漢文的表現，但若以官方立場來說，其實是抬高新學的位階，以凸顯出漢學的不合時宜。換言之，揚文會是總督府刻意將臺灣文人「他者化」（othering）的表現，藉此製造出臺灣是不文明的地方與落後種族的刻板印象。其原因無他，因為若日本總督府若要合理化差別統治，以避免將來臺人爭取與日人相同的政治權利，那麼得先塑造日臺兩地的文化落差。這部份自然不是漢文，因為漢文無法呈現出臺人矮人一等的觀感，但新學卻可以。在後藤新平所設計的施政藍圖，便是刻意強調臺灣住民文明停滯與落後的表徵，才能讓臺日雙方的文明差距印象愈加凸顯，這樣差別統治的長期化與持久化就能夠獲得正當性。〔註101〕如此看來，揚文會雖喚起臺灣文人對於漢文的集體情感與集體記憶，但由於話語權已被總督府掌握，使得對漢文的詮釋已不再是臺灣文人的專屬，漢學從過去夷夏之辨中主要的道德禮義，如今卻翻轉為落後的象徵。

　　此外，依照官方的立場而言，並無廢除漢文之意圖，但漢文已確實無法跟上時代的潮流，尤其是在吸收新學以及實用之部份，唯有國家的教育方能擔此一責任。後藤新平（1857～1929）對臺灣文人的演說，更是揭櫫總督府的立場：

　　　　我國教育之髓，遠由建國之初而存其基，後愈加進益，迨有外教傳
　　　　來亦能與之融合，不但不至攪亂本體，而立國之宗旨、國民之元氣

〔註101〕陳培豐：《「同化」の同床異夢：日治時期臺灣的語言政策、近代化與認同》，
　　　　頁130、150。

未曾為之沮喪，宛為凡百飲食能在體內消化資養身體一理，即他邦
之文教入我國者距今一千六百三十年前，即第十五代應神天皇之朝，
值由三韓將漢土印度之文學技藝陸續輸入，有時百濟國之王仁，齎
漢文入邦為始，又第二代綏靖天皇，時印度有釋迦創開佛教漸入漢
土，迨廿九代欽明天皇之朝，該教亦傳至我國，祇當時我國民之素
達識量均得酖味咀嚼，以供闡發文運之資。至泰西文學係屬近時傳
來亦為歡喜採納，其如宗教哲學之無形厚理以及有形之百工科學均
行網羅，以利資於開物成務之道。〔註 102〕

後藤新平親臨揚文會現場向臺灣文人演說，雖說此會是在宣揚漢文與推崇文
人，但多少仍有政令宣導之意涵，刻意藉由漢文來推廣新學，因此在演講上
便提及日本並非獨尊漢文，漢文也並非是日本本地產生，而是從外地傳播進
入日本，使得日本人的文明得以成長；而後西方文明盛行，日本也全面吸收
西方現代化知識，提昇軟硬體之實力，進而提昇國力。後藤所要傳達的訊息
是，文明的進步，漢學並非唯一選擇，每個時代都有令文明進步的知識，而
這種知識會與時俱進，也因為會與時俱進，而不能故步自封。接著，後藤新
平意在言外，對臺灣文人闡明現代的進步知識乃為泰西之無形宗教哲學與有
形百工科學，這也是日本能濟身列強的憑藉，讓臺灣文人認識到漢學已不是
現代之實學。

後藤新平接著提到中國的漢學源遠流長，可惜後來用錯方法，而使漢學衰
蔽：

中國固為世界之舊國，而文教之起源久於我國，如夫至聖孔子係百
代師表垂惠後世，嗣後賢哲輩出，文教最盛。可惜三千之徒獨曾氏
傳其宗，至孟氏沒其傳泯焉，急後世朱子痛論俗儒記誦詞章之習，
其功倍于小學而無用；異端虛無寂滅之教，其高過於大學而無實。
又說宋德隆盛，治教休明云云。然此無用無實之旨，於教育不可不
傾心努力以仰副諄諄愛育之意也。公學校等之教育方法雖與從來書
房教授有不同，但道無二致，而新政其歸處固一也。〔註 103〕

〔註 102〕後藤新平：〈後藤民政長官揚文會演說〉，《揚文會策議》（臺北：臺灣總督府，
　　　　1901 年 11 月），收入黃哲永、吳福助主編：《全臺文》31 冊（臺中：文听閣
　　　　圖書，2007 年 7 月），頁 630～631。
〔註 103〕後藤新平：〈後藤民政長官揚文會演說〉，《揚文會策議》（臺北：臺灣總督府，
　　　　1901 年 11 月），收入黃哲永、吳福助主編：《全臺文》31 冊，頁 632。

中國為古文明之國，且漢學雖有久遠之歷史，也輸出文明文化影響周邊各國，但隨著時間推移，昔日學說論點漸漸僵化，甚至不求甚解，妨礙到文人的進步。因此後藤新平舉「朱子痛論俗儒記誦詞章之習」與「異端虛無寂滅之教」來闡述文人若過度強調記誦詞章，以及追求佛教道家學說，則會讓漢文走向空洞化。文人應積極入世，不斷接受新學問，使漢文具有實學之內容，方能與世界接軌。後藤新平接著說公學校與漢書房雖是不同學術體系，但「道無二致」所追求的學問是一樣，藉此讓臺灣文人之子弟能進入公學校就讀，方能揉合漢學與西學。

　　日本昔日是接收中國的漢文化而成為文明之國，但近來則是吸收西方現代知識而能救亡圖存。這也表示文明知識是浮動的，並不能單守某一學問而墨守成規，而應不斷接受新學問。如今的漢文也應如此去蕪存菁，追求「實」、「用」，促使臺人能接受公學校教育。後藤新平認為這種並不是廢棄漢學，而是增進漢學的內涵：

> 余竝非不識清國文學之氣韻高雅，尚且優美，又不是要廢棄漢學也，惟求四民易學易識之方法，以期普及易通，故與其勞神於山川風月、紫水明山等之對句，寧可講究實學實用之方針，是余對諸君有所厚望焉，以上歷陳不過我國教育之大要。總而言之，夫教育者原與國家不可乖離，且國民之賢愚大關於國家之盛衰。故以國家有教育國民之責成也，而國民為身為國自有應受教育之責成，至於教育方法之良否，今可徵於宇內大勢，實不可忽者瞭然如睹炬焉。諸君素為本島先覺之士，為後進子弟之模範，今歸鄉之後當襄贊本旨，益奏揚文之實務，以仰副督憲優待之美意，是余所厚望於諸君者也。〔註104〕

就官方立場來說，揚文會目的在於爭取好感與支持，所以盡量避免臺灣文人的反感，畢竟揚文會是難得聚集臺灣生員以上的大型文人聚會，而且主軸是讓文人能夠聚集交流並發表文章，從策議主題內容〔註105〕便能看出其議題中規中矩，並不會讓文人感到驚世駭俗之感。是故，後藤新平的演說自然不會批評或者貶抑漢文之地位，當然這並非表面上的客套，而是後藤本身就有

〔註104〕 後藤新平：〈後藤民政長官揚文會演說〉，《揚文會策議》（臺北：臺灣總督府，1901 年 11 月），收入黃哲永、吳福助主編：《全臺文》31 冊，頁 632～633。

〔註105〕 策議主題內容為：旌表節孝（節婦、孝子、忠婢、義僕）議、救濟賑恤（養濟院、育嬰堂、義倉、義塚、義渡、義井等類）議、修保廟宇（文廟、城隍廟、天后廟等類）議。

其漢學造詣〔註106〕，因而知悉中國文學的意韻。但是後藤新平卻也瞭解到漢文是無法普及知識於人民，若要救亡圖存跟上時代的腳步，漢文也非實用之知識與技術。畢竟國家的興衰與國民的文明水準有很大的關聯，使得國家就有義務普及教育，以確保國民能獲得知識進而報效國家，國力便能提昇。至於知識是什麼？乃是為西方科學與技術等無形與有形的實學實用知識，這也表示此種西方知識唯有從日本設立的新式教育體系方能習得。不過，這並不是後藤新平為了推廣新式教育而刻意貶低漢學，這乃為時代之趨勢。

　　就中國為例，梁啟超也曾說過提振文明得吸收西方知識：

> 中國之弱，由於民愚也。民之愚由於不讀萬國之書，不知萬國之事也。欲救其敝，當有二端：一曰開學校以習西文；二曰將西書譯成漢字。二者不可偏廢也。……故欲實行改革，必使天下年齒方壯志氣遠大之人，多讀西書通西學而後可，故譯書實為改革第一急務也。中國舊有譯出之書，詳於醫學、兵學，而其他甚少，若政治、財政、法律等書，則幾絕無焉，且亦皆數十年之舊本，西人悉已吐棄者，故不能啟發才智，轉移士論也。〔註107〕

其實若綜觀東亞整體局面，可以發現到開設新式學校教授新學，而教導對象則是廣大的黎民百姓，人民知識水準提昇，國家整體的力量才會提昇，這才是救亡圖存的唯一方法。再者，面對西方帝國主義的強勢進逼之下，想要快速提昇國力以抵禦列強，就得人民學習軟硬體等有形與無形的百科知識，這部份也只有國家才能負擔起此種全面性的學科教育。這也是梁啟超變法維新的根本思想，無論是學習西文或者翻譯西書，目的都是將西方知識傳入東方以進行思維、思想的革新。「人民」是國家組成的基本單位，然而只有人民尚無法致強，唯有「人民」受國家教育後成為「國民」，才能真正成為富國強兵的力量。〔註108〕富國強兵的力量的根源是具有西方現代智識教養的國民，當

〔註106〕在許時嘉研究揚文會的策略便有關注到後藤新平的個人思想，從少年時代拜安場保和為師，而安場保和之師橫井小楠深受陽明學說影響；此外，後藤新平之父後藤實崇年輕所學為程朱學派儒學。從中便能看出後藤新平的漢學與儒家思想。參見許時嘉：〈揚文策略下「文」與「文明」的交錯：以1900年揚文會為例〉，收錄於梅家玲編：《臺灣研究新視界：青年學者觀點》（臺北：麥田，2012年1月），頁128～129。

〔註107〕梁啟超：《戊戌政變記》（臺北：五南，2014年1月），頁45。

〔註108〕鄭文惠、邱偉雲：〈從「概念」到「概念群」：《新民叢報》「國家」與「教育」觀念的互動與形塑〉，《東亞觀念史集刊》10期（2016年6月），頁59～60。

然提倡、傳播與教授新學會連帶地導致印刷文體的變革以及出現白話文的濫觴，而這部份也意味著漢文是無法承載著普及知識的重擔。〔註109〕職是之故，從後藤新平的演說揭櫫今後的教育方針，便是推動新式教育，教導西方知識予臺人，藉著影響參加揚文會的臺灣文人，來讓臺灣人對公學校不會排斥，甚至能增大招生率。

揚文會的意義是具有文學和政治雙重屬性，一來是戰亂之後的大型文人聚會，有著已進入承平時期之意涵，也安撫臺灣文人，讓他們對總督府能放下戒心與恐懼；二來則是籠絡文人，並藉由「面聖」讓文人與兒玉總督、後藤民政長官互動，既能讓文人瞭解到已換人當家作主，同時也透過演講來政令宣導，讓文人知道今後的施政方向。更重要的是，讓臺灣文人認識到漢學須融合西學，文人需要吸收新學，如此漢文也能承載現代文明知識。不過就臺灣總督府的角度來說，日文才是能承載著西方知識，普及文明於臺灣。〔註110〕

〔註109〕 無論是國民教育的教材或者翻譯新書都需要印刷媒體來刊載知識，報章雜誌要普及文明，因此印刷媒體語言的使用就必然不是漢文，而會逐漸往白話文的方向發展。梁啟超戊戌變法失利後流亡日本，創辦《新民叢報》刊登許多關於新學的文章，其報章文體已有文體改革之味道，此種文體被稱為「新民體」或「新民叢報體」，影響日後胡適和陳獨秀等人的中國白話文運動。陳振風的研究中指出新民體有五大特點：1.通俗流暢，口語化，大眾化；2.富有情感，感染力強，有一定的文學色彩；3.善用社會所流傳的新名詞；4.喜歡排比、誇張，一個論點反復論證；5.形象化，常用比喻，把深奧的哲理用周圍的事物淺顯地表達出來。參見陳振風：〈梁啟超《新民說》的探討〉，《臺南科大學報》25 期（2006 年 10 月），頁 270。此外，日本的文體也因印刷媒體而出現變化，明治初期的新聞媒體分成「大新聞」與「小新聞」，前者主要報導政治及其政論文章，讀者為官僚與知識分子，所使用的印刷媒體語言為純漢文、文語體；後者是刊登風花雪月的輕鬆文章，讀者為平民、婦人與少年，所使用的印刷媒體語言為俗語、口語體。明治 20 年之後，出現介於兩者之間的「中新聞」，既比大新聞淺顯易懂，又比小新聞內容充實，成為廣受歡迎的文體，之後是現代日文的雛型。詳見陳培豐：《想像和界限：臺灣語言文體的混生》（新北：群學，2013 年 7 月），頁 37～40。

〔註110〕 日本總督府所要普及的新學，自然是以「日語」作為傳播文體。然則若以臺灣本身來說，自 1930 年代鄉土文學論戰與臺灣話文論爭之後，逐漸發展成以中國白話文與臺灣話文作為啟迪民智與小說創作的印刷媒體語言，以及深化之後出現「臺灣語臺灣文」作為言文一致來追求啟蒙知識的文體，此時的文體已不是日本人與臺灣傳統文人所認識的漢文，因此 1937 年漢文欄廢止是針對《臺灣新民報》的臺灣語臺灣文，而《風月報》系列的傳統漢文則不受影響。參見陳培豐：《想像和界限：臺灣語言文體的混生》，頁 258～266。

二、同文：漢文知識的多重層面向

　　自總督府在揚文會倡導新學之後，在臺灣文人的心中泛起陣陣漣漪，對新學不僅沒有排斥，反倒認為應該兼具新學與漢學。易言之，新學與漢學並非互斥，反而卻能並行不悖。在薛建蓉的研究中便指出揚文會之後，帶起追求新學的風氣。薛建蓉的研究就指出總督府舉辦揚文會之目的：

　　第一，揚文會不僅是拉攏臺人的聚會，也是推動新學的利器。再者，
　　新學會的成立，到其他人在徵文中對於新學的看法，呈現臺灣人一
　　開始對於新學，是抱持樂觀且樂於接受的態度。第三，所謂「新學」
　　具有學科分類，帶有日本國體，包含儒家思想的實用之學。〔註111〕

整體而言總督府所舉辦的揚文會活動是有收到預期之效果，不僅達到籠絡臺灣文人之成效，而且也成功宣揚新學，讓臺灣文人對新學是持開放的態度。雖然有評論者認為官方與臺人對於漢文的認知是一種交錯式的「誤讀」。〔註112〕但雖然是誤讀，可是至少臺灣文人從中確認了漢文並無滅絕之危機，因而能在漢學的基礎上去吸收新學的知識，這也是日治臺灣漢文產生質變之開始。

　　然而值得注意的是，參加揚文會的成員乃為生員以上，並非童蒙。也就是說，這些人已經深具漢學教養，是成年之後才接觸到新學，所以仍是以漢學本位來看待之。這部份從揚文會之後，臺灣南北成立新學會便能看出端倪：

　　有見於此為新學係當今急務，然不能偏廢漢學而獨致其功，也於此
　　次赴揚文會之使，廣詢臺南北志士均以為然。遂於南旋之日招集同
　　志擬設新學會於臺南，博徵宿學人文，廣置各國書籍，延名師常用
　　講解，會諸友切磋觀摩，專求時務有用之學，舉凡國語、記事以及
　　一切化學汽車電學算學，格致性理教育行政理財軍備，參考萬國史
　　學署，融會貫通以素明漢學之英才，而力求新學之實濟，事易功倍。
　　即專通國語於漢學，未甚通達者，亦得互相講求兩有裨益。〔註113〕

〔註111〕薛建蓉：《重寫的「詭」跡：日治時期臺灣報章雜誌的漢文歷史小說》（臺北：秀威資訊，2015年2月），頁114。

〔註112〕許時嘉研究後藤新平的演說以及吳德功的〈觀光日記〉，發現兩造之間對於漢文是一種交錯式的「誤讀」，後藤主張徹底根除漢文，而吳德功則是樂觀地認為是以維持漢文為前提的改革修正。詳見許時嘉：〈揚文策略下「文」與「文明」的交錯：以1900年揚文會為例〉，收入梅家玲編：《臺灣研究新視界：青年學者觀點》，頁143。

〔註113〕不著撰人：〈新學會序〉，《臺灣日日新報》591號，1900年（明治33年）4月25日，3版。

府城仕紳蔡國琳（1843～1909）返回府城之後，便成立「新學會」。〔註114〕但對這些已成年的臺灣文人來說漢學為體西學為用，新學只是外來附加的新興知識，漢學才是根本。再者，新學有著這麼多學科，就算一時能開課授徒，但是否能營運長久，這又是未知數了。畢竟以民間力量來支撐此種需要大量師資的類學校教育，人力與物力有限，自然難以長遠發展。而且這種新學會本來就是宣示意義大過於實質意義，因此很快就不了了之。接著，新學會有著「普及國語」的內容，其目的是要與日本官方溝通，只是一種學習外語的形式，並無法取代漢文思考的本質。〔註115〕這之中卻顯露出臺灣文人對於漢文是有其自信，自信不須透過官方的語言，能夠以漢文來吸收西方知識。這如同謝崇耀所言，新學會目的在於引進新文明，推廣者多為前清領有功名的漢學者，所以寄望以傳統方式融入新思維來達到兼容進化之目的。〔註116〕這也表示臺灣文人已開拓眼界，認識到新學的吸收乃為不可逆之時代趨勢，而能願意在漢學為根本的基礎上，進行西方新學的接收。

不過對於新學的吸收，臺灣文人的態度乃是以漢學為本位，並不會為了吸收新學而拋棄傳統的禮義道德，甚至對於新學仍有其疑慮。於此，梯雲樓主發表〈論新學貴端其趨向〉批判過於崇尚新學是有其危機：

> 我憂人士近數年來目觀夫治平之新政，耳聞夫格致之新法，風氣染濡已非且夕兼之，揚文設會得交資以切磋，其於新學之理當有能相率研究者矣，乃至今日悟趨向乎新學者尚寥寥也，老成半世功修凤為八比所困，先入者既主於內，墨守陳編之見，暮年未易遽融，固難怪其故智自封，全昧新學有何旨趣。少年之易啟聰明，曾從遊諸學校者，則於漢文寡諳，邦文所識有限，甫能習夫國語經卒業後，

〔註114〕 雖然蔡國琳響應政府領導而組織新學會，但象徵意義大過於實質意義，向統治者輸誠表態的意涵濃厚，至於是否真正接觸與推動新學，這反而就不是成立新學會的主要目的了，也因為如此，使得府城的新學會很快就後繼乏力，無疾而終了。參見謝崇耀：〈論日治時期新學會之發展與時代意義〉，《臺灣風物》57卷2期（2007年6月），頁72～73。

〔註115〕 關於此，謝崇耀指出新學會有開設「國語」課程，但只是一種語言學習而已，視「國語」為工具而漢語為本質的現象，可以看出漢學者在接受現代文明之時，仍難以擺脫以漢語作為主要運思工具。謝崇耀：〈論日治時期新學會之發展與時代意義〉，《臺灣風物》57卷2期，頁73。

〔註116〕 謝崇耀：〈論日治時期新學會之發展與時代意義〉，《臺灣風物》57卷2期，頁75。

輒欲出而謀生苟安小就，新學蘊奧仍無由窺。間有年紀方壯，曩曾舉業之儔，邦文雖不皆能識，而漢文稍通能閱各處報章暨近時之譯書，以涉獵乎名論曰孜孜然，深以闡明新學自命，並欲偕一時同志者共講求之，新學發達之機似應由此，而竟隱加阻力者又奚以故，蓋其學無所得徒剽竊，夫異聞趨向莫端不免有四者之弊焉。〔註117〕

自揚文會之後，新學的推動成為風潮，但對臺灣傳統文人來說仍有其疑慮，畢竟這種新學的接收是多為思想層面，對考過科舉的老一輩文人來說，因浸淫八股制藝已久，傳統思想已根深蒂固，本就難以接收新學。接著梯雲樓主批評就讀官方設立的學校而畢業的年輕人，做著普通的餬口工作，卻無法發揮與應用新學，甚至日文所識有限，而漢文僅學皮毛。雖然後藤新平鼓勵臺人就讀官方設立的公學校以習新學，但臺灣文人卻發現到這根本無法學習到什麼新學，卻也連帶失去自己的漢學根本。這可以看出梯雲樓主注意到透過公學校來學習新學並無法同步學習漢學，反而落得新學、漢學兩者皆空的窘境。之所以如此乃是因為後藤新平普及教育，並非要提昇臺灣人的文明水準，反而是要遲滯之，以合理化差別待遇。〔註118〕中壯年人雖無不識日文，但通漢文，因而能閱讀翻譯的新學書籍，但所學也緊是片面，容易流於以管窺天導致不求甚解。

綜觀梯雲樓主批評此三種人對於新學與漢學的態度，可以發現到臺灣文人其實是能接受新學，但卻是以漢學為本位來擴增西方所傳來的知識。這種的吸收途徑不以官方的教育為媒介，而是以自己的方式來學習，方能兼具漢學與新學。另外，學習新學不能妨礙到傳統的禮義道德，例如梯雲樓主此文便提到誤解獨立而自許過高、目空千古；誤解平等而蔑視倫常、肆無忌憚；誤解競爭而行險僥倖、權術是矜；誤解自由而蕩檢踰閑、縱情逸欲等，針砭時下學習新學者往往誤解其義。這也看出臺灣文人雖對新學是持開放的態度，但卻也擔憂因新學而忘了禮義道德等傳統觀念。

〔註117〕梯雲樓主（粘舜音）：〈論新學貴端其趨向〉，《臺灣日日新報》，1903 年（明治 36 年）1 月 11 日，3 版。

〔註118〕陳培豐指出統治者一方面標榜著透過國語教育獲得近代文明傳播者的形象，一方面又透過教育栽培一些順從工作的實用勞動者。也就是說，公學校教育只是要培養出通譯或者基層的行政官吏，總督府並無要普及新學之意，透過新學教育來壓抑臺人的新學知識，以合理化差別統治，也能塑造臺灣是落後的象徵。參見陳培豐：《「同化」の同床異夢：日治時期臺灣的語言政策、近代化與認同》，頁 150。

　　因此除了梯雲樓主批判時下的臺人誤解新學而忘了自己的傳統道德之外，羅秀惠也持類似看法，憂心漢學會被遺忘：

> 方今環球萬國學堂。皆最重國文一門。國文者本國相沿之文字。歷古相傳之書籍也。即間有時勢變遷。不盡適用者。亦必存而傳之。斷不肯听其漸滅。日本在昔專用漢文。今仍間用。而學校猶新刊有漢文讀本。教授仍兼課經書。此其例也。至本國最為精美擅長之學術、技能、禮教、風尚。則尤為寶愛護持。名曰國粹。專以保存為主。凡此皆所以養其愛國之心思。樂群之性情。東西強國之本原。實在於此。不可忽也。〔註119〕

羅秀惠（1865～1942）認為各國皆注重本國語文，乃是因為代表著一國的歷史記憶與文化傳承，國文雖然會因為時代變遷而有所變化和新陳代謝，但卻不能學習新學而忽略漢學的傳承。因此舉日本自古至今仍用漢文為例，雖然接收新學之時，而不偏廢漢學，依然透過教育來讓人民熟悉漢文，以保持與保存優美的禮義道德。換言之，注重國文，方能保存並傳承悠遠的倫理綱常，並能強化對國家認同感，而這也是國家富強的源頭。

　　接著，羅秀惠提到漢學雖舊，但並非落伍，而是蘊藏漢文化千年以來的精華：

> 所謂故者。非陳腐頑固之謂也。盖西學之才智技能。日新不已。而漢學之文字經史。萬古不磨新故相資。方為萬全無弊。否則心醉歐風。頓忘東亞同文之國粹。窃恐不免有經籍道熄。綱淪法歝之憂。言念於此。不勝大懼。本島比來。風氣維新。江河日下。文明之教育。固見目染耳濡。舊學之精華。幾於膜置腦後。極其流弊。難免如以上所云。〔註120〕

西學被稱為新學，是因為西方知識晚近才傳入到東亞，也成為時下流行的知識。但就臺灣傳統文人而言，學習新學與傳承漢學是可以並行的事情，但往往以新學為貴，甚至誤解新學的內涵，而斲傷到傳統禮義道德，這讓臺灣文人深以為憂。所以羅秀惠便刻意提及漢學文字經史是經過時代的淬鍊，蘊涵漢文化之精華，這不輸西方的知識與學說。以此觀之，漢文的危機來自於西

〔註119〕蕉麓（羅秀惠）：〈漢學保存會小集敘書後〉，《臺灣日日新報》2150號，1905年（明治38年）7月4日，3版。

〔註120〕蕉麓（羅秀惠）：〈漢學保存會小集敘書後〉，《臺灣日日新報》2150號，1905年（明治38年）7月4日，3版。

方新學之衝擊，而憂心臺人子弟崇尚新學，而忘了自己的根本，也就是漢學的文化道德。再者對臺灣文人來說，身為文人的安身立命的自矜是來自於漢學，而新學只是外在的科技，但不能因為外在知識而妨礙到內在的做人與學養的準則。當臺灣文人見到日本人能兼具漢學與新學，並進而強大成為列強，這讓臺人也自認為能兩者兼具，但卻發現到實際上臺人子弟有了新學而忽略漢學，甚至疏忽了傳統的禮義道德。這種文化觀是臺灣文人自認自己的文化程度不輸於日人的憑藉，但是當傳統漢學漸漸消逝之時，就等於臺人遜於日人，不僅新學知識落後於日人，就連自傲的漢學也崩解，這種就會落入社會達爾文主義的陷阱之中，也就是文化落後，而使得漢人劣等，如此一來日本就真正能合理化殖民統治，這對自認為有著華夏文化的臺灣文人而言自然是無法接受的事情。

此外，羅秀惠提及漢文為東亞同文之國粹，只是何為同文？在文中提及「日本在昔專用漢文，今仍間用」，表示羅秀惠認為日本能以漢文作為保存自己文化傳統與禮教風尚，而這些漢文及其漢學背後的文化知識與體系是由中國所傳播過去，今日日本雖引進西學，卻不會動搖漢學的地位。那麼這樣一來，日本雖在臺灣倡導新學，但因漢學也是日本的文化根本，有著崇高的地位，使得臺灣文人認為日本強盛是因為仍保有漢學傳統之餘而雜揉西方的新學，進而使臺人自己有著信心能以漢學為基底來化約新學的知識。林佛國就認為漢文是能與和文、洋文共存：

> 各國之文章。形式雖殊。精神則皆一貫。一國一時代之文德武功。靡不藉文章以闡揚。陳述往古昭示來茲也。吾帝國之文章。今者歐美文明諸國之文章。殆無不傳入。然同居泰東。同一人種。而邦交最久且密之支那之文章。尤先傳入。國人用之。既久且慣。殆成為吾國之文章。故與吾國自有和文。相輔相成。為我國粹。炟々然。烺々然。以煥發一國與一時代之人心之精神矣。我政府為保國粹。於和漢文章。竝為獎勵。〔註121〕

從林佛國的言論可以發現到日本能持續吸收外來文明，卻又不失自己的根本，而認為臺灣自己的漢文也能如此，加上漢文為日本之國粹，臺灣與日本皆為漢文同文，自然不會因時代變遷而消逝。再者，日本接收外來文明，以

〔註121〕石崖（林佛國）：〈臺灣漢文感言〉，《漢文臺灣日日新報》3814 號，1911 年（明治 44 年）1 月 1 日，3 版。

中國漢文最早，且影響日本甚深，已完全融入日本的文化體系之中，而能與原有的和文共存。易言之，日本對華夏文明來說雖為外族，但已完全沐浴在華夏文明之中。因而對臺灣文人來說，自然有著對照的對象。

當臺灣文人對新學持開放態度之時，卻發現到新學逐漸侵蝕漢學的傳統，已無法兼具與調和兩者，漢文有著崩解之危機。其原因在於日本是主動吸收西方文明知識，方能有餘裕調和漢學與新學之比重。而且日本所主張的漢學已不再是中國的漢學，而是東亞的漢學，且是經過日本明治維新改造後，融入新文明的漢學。〔註122〕至於為何日本明治維新之後，仍保有漢學國粹？除了走過幕府末年時代的明治政府高官們，諸如伊藤博文等人都是自幼學習漢文出身以外；更重要的是，如周聖來所言，在甲午戰爭之後，日本代替中國走向世界，相對於「西洋」，日本希望繼續保持漢學以突出自己的「東洋」的身分。〔註123〕是故，雖然對臺灣文人的觀點而言，日本的漢文雖是同文，但這種同文在臺灣只是作為政治性的使用，除了官方用來安撫與籠絡臺人之外，就是民間臺、日文人的交流與唱和，總督府雖無彈壓臺灣的漢文，但也無透過教育來廣傳和深化漢學之意。在這樣之下，臺灣漢文人勢必得創造漢學的附加價值，以避免漢學被時代所淘汰。謝雪漁就認為漢文在新時代仍有其功用：

> 漢學者支那之國粹。雖今日革新政治。採用西法。然仍重是之。不能者為無學。我臺之青年有志。欲赴支那謀為者。須兼致力於漢學而後可。〔註124〕

臺灣文人發現到同文的另一側面，就是與對岸清朝仍是使用相同的漢文，此時的清朝也走向文明開化，吸收西方新學，但也仍是有漢學悠遠傳統的大國。因此基於同文，臺灣的漢文發展能與對岸清朝接軌，將來能至對岸中國的土地發展。接著，林佛國就提及漢文為重要之文體：

> 臺灣者原為支那風土。而改隸帝國者也。所習者為漢學。其文章即支那文章。改隸以還。閱十數秋。既國文之未能。而又棄其漢文。

〔註122〕謝崇耀：〈論日治時期新學會之發展與時代意義〉，《百年風華新視野：日治時期臺灣漢文學及文化論集》（臺南：臺南市立圖書館，2009年12月），頁87～88。

〔註123〕周聖來：《美意識的種子：和製漢詞對中國現代文學的影響》（香港：練習文化實驗室有限公司，2017年6月），頁70。

〔註124〕雪（謝雪漁）：〈新月旦・漢學〉，《漢文臺灣日日新報》，1907年（明治40年）6月25日，3版。

當此過渡時代。新未蘭。而舊者絕。不幾昏如長夜乎。臺灣與清國
密邇。關係甚深。但就貿易關係言之。漢文已不可少。況其他乎。
且我國非苦心於支那親善者耶。漢文為親善支那之一機關。言關係
者。及同種。亦及同文。故漢學之於臺灣於帝國。實為重要者。且
漢學之作用。為四千餘年支那精華之所聚。其書籍所載大有可法於
天下萬世。使人不可須臾離者。〔註 125〕

在面對新學知識的衝擊，漢文有被時代淘汰的危機，而且臺人子弟就算進入公
學校學習新學，不僅學不到什麼知識，甚至連漢文也被遺忘，漢學新學兩者兼
具的理想落空，最重要的漢學根本也即將消逝。若要力挽狂瀾，就得重新審視
漢文的價值，方能不被時代所汰除。因此，臺灣文人注意到漢文另一個重要價
值，便是作為聯絡清朝之用，無論是與官方或民間人士打交道，或者在政經交
流方面，漢文能作為彼此溝通的橋樑，這種是立基於漢文作為臺日中三地之共
有語文，而臺灣及其漢文人則是中、日之間的中介者。

　　林佛國注意到漢文作為同文，而不是只是被動地成為日本用來籠絡臺人
的工具，而是能主動進入清朝之中發展。畢竟對當時的臺灣文人來說，臺灣
本為清朝之領地，與中國人民同文且同種，所學之學識與教養又是同為漢學
體系，與日本相較之下，自然是與清朝較為親近。日本在日俄戰爭之後進入
西方列強之林，真正達到脫亞入歐的境地，但回過頭來看待亞洲，則需要與
中國攜手合作與西方白人對抗，所以林佛國才會說日本苦心與中國親善，與
中國親善則需要臺灣漢文作為媒介。〔註 126〕此外，當時身為《臺灣日日新
報》漢文部記者的林佛國多少嗅到總督府的意向，而因勢利導找出漢文的出
路，以維繫漢文之不墜。

〔註 125〕石崖（林佛國）：〈臺灣漢文感言〉，《漢文臺灣日日新報》3814 號，1911 年
　　　　（明治 44 年）1 月 1 日，3 版。

〔註 126〕日本若要推動亞細亞主義，勢必得拉攏中國，無論是日本爭取中國作為盟友，
　　　　或者日本強硬介入中國的政治經濟等，都需要漢文此種同文作為溝通橋樑，
　　　　因此臺灣文人及其漢文與漢文平面媒體就顯得極為重要，這部份在 1937 年
　　　　進入戰時體制之後更為明顯，因為需要漢文進行政戰宣傳，而當時的漢文雜
　　　　誌《風月報》就是發行至中國華南與南洋的刊物，以影響當地的華人。在筆
　　　　者的研究中便提及，《風月報》本質上為一漢文通俗雜誌，而也因為是漢文雜
　　　　誌，所以能傳播至中國地區，以能宣傳「東洋」之文明與日華親善。參見卓
　　　　佳賢：〈邁向大眾／通俗之路（1930～1937）——論臺灣文藝評論中讀者與文
　　　　本理論的流動〉（嘉義：國立中正大學臺灣文學研究所碩士論文，2010 年 7
　　　　月），頁 92。

> 吾臺十餘年來。名宿凋零。年以滋甚。後起之秀。無暇稽及。漢學
> 之墜。亦云至矣。乃以碩果獨留之士。又競尚韻學。為漢學之衰。
> 雖晷延一綫。於文章一途。尚無補救。吾恐能為實濟時用之文者。
> 闃然將無矣。雖然。花開者謝。物故者新。盛衰循環。理甚昭然。
> 吾臺之文運。果終長此以往乎。以吾國運之隆。又果長此以往乎。
> 是可以望之來年也。是可以卜之來年也。抑又聞之。漢梁孝王。延
> 文士於梁園。鄒枚之徒與遊。當時之文運以興。曩藤園公督臺時。
> 嘗開揚文之會。文運亦以興。吾人竊以為不讓梁孝王。由今思之。
> 他日豈遂無如藤園公其人。繼其後而起此衰也哉。〔註127〕

　　自揚文會過後，已悠悠過了十餘年，原本臺灣文人認為可以兼具漢學與新學，但後來發現到漢學逐漸被侵蝕，不僅宿儒逐漸凋零，而年輕子弟的漢學素養又達不到父祖之輩的水準，使得斯文出現存續的危機。接著，林佛國提到懷念兒玉源太郎所舉辦的揚文會帶動漢文的一波高潮，這也表示總督府便無之後振興漢文之舉，而讓林佛國頗為感慨，以此能管窺出自揚文會之後官方主軸在於推動新學，並沒有意願倡導漢學，這種官方政策影響到時代的趨勢，使得臺灣漢文將無以為繼。再者，正規學校教育有其規定的修業年限，學子在學校之中學習新學，畢業後便能出人頭地。因而有文人憂心今之學子已不再學習漢學：

> 夫何使漢文之不幸至于此極也。細審其由亦莫怪乎人之厭棄。是何也。
> 時勢所迫。名利所趨者然也。大凡讀漢文者。苟非半世寒窗其蘊奧。
> 以成其大器哉。今□讀當世之教材。習維新之文學。或讀五年。或讀
> 十載。便能頭角崢嶸。似此而論。豈不勝讀漢文萬々乎。〔註128〕

　　1918 年面臨到公學校廢除漢文科的爭議，因此引起臺灣文人的憂心。其中此篇文章便提到漢文存續的一大重點，就是學習新學能帶來前途與收入，而學習漢學需要漫長的時間方能培養出學識，可是付出這麼多精神與時間卻無法得到相對應的職位與收入，使得漢文已漸漸無人修習。

　　整體而言，臺灣總督府以「同文」之便而召開揚文會，召集全臺生員以

〔註127〕石崖（林佛國）：〈臺灣漢文感言〉，《漢文臺灣日日新報》3814 號，1911 年
　　　　　（明治 44 年）1 月 1 日，3 版。按：藤園公即兒玉源太郎，自號「藤園主人」。
〔註128〕島內癡叟：〈哭漢文〉，《臺灣日日新報》6411 號，1918 年（大正 7 年）5 月
　　　　　7 日，6 版。

上之文人，藉此博取臺人之好感之外，同時也進行政令宣傳。也因為同文，隱含著日本乃為東洋文明之中心，華夏的禮義道德之文化已被日本所繼承，而讓臺人能認可日本的統治。日本對臺灣展現文明實力，除了在思維與情感層面，日本為華夏文明中心之外，在實際國力層面，日本融合漢學與新學，使得國家春秋鼎盛，最後擊敗沙俄，成為西方列強的一員。因此新學與漢學並非互斥，內在漢學與外在新學調和之後，具有加乘作用。於此臺灣文人面對新學是持開放態度，以漢學為基本，來吸收消化外來的新學。隨著時勢的變化，臺灣文人以民間力量來學習新學，自然是比不過官方以學校教育傳播，這也意味著無論是學校學科的授課時數安排以及就業後的所學應用，自然是以官方的政策主軸為主，當然這也能說是時代的趨勢。在這樣之下，漢文逐漸失去時代意義，不僅前人凋零，後人無心學習，出現斯文傳承的危機。因此才會提出另一種同文，也就是面向著對岸的清朝，提出學習漢文能與中國接軌，甚至能至中國發展或者貿易，這也符合日本的亞細亞主義的國策，亦即以臺灣文人及其漢文作為溝通橋樑，以進行中日親善，藉此增加漢文的價值。以上這些因子，而讓日治時期漢文逐漸產生變化，出現諸如「明治體」此種以日本為東洋文明中心的臺灣新漢文，以及漢文通俗小說的出現，其內容大量出現日本質素為基底的小說內容等等，都無法忽視日本漢文進入臺灣之後所帶來的種種影響。

小　結

　　筆者以傳統的華夷觀切入探討乙未變局之際的臺灣文人是如何看到清朝與日本的統治，乙未以前出生且成長的臺灣文人是受傳統儒家漢學教育，對於華夷之觀念自然毋庸置疑。雖然臺灣位於海外蕞爾小島，但在清廷努力推動文教之下，臺灣也產出不少秀才、舉人，乃至於進士等文人，這些文人在歷經乙未之變局，所受到的衝擊不僅僅只是政治、社會等重大變遷，其中最大的衝擊來自於價值觀的轉變，日本雖為異族，但清廷的女真人不也是外族？而此時的日本為國力蒸蒸日上的強盛帝國，清廷則是強弩之末，而且隨著對外戰爭的勝利，此時的日本儼然為華夏／東洋文明中心。既是如此，對臺灣文人而言，傳統上對於華與夷的認知已然受到挑戰，甚至翻轉，這些無形之中影響臺灣文人對於日本治臺之後一切作為與施政的觀感。

　　接著，日本深受漢文化影響，來臺之日人官吏提倡漢文，並與臺灣文人交遊唱和，使得臺灣文人原先對於日本統治抱有疑慮，且憂心漢文化消失，道德禮義摧毀，但如今漢文不僅沒有被禁絕，反而總督府召開揚文會以宣揚漢文。當然總督府舉辦揚文會並非單純只是以文會友，而是帶有濃厚的宣示意味，除了藉此安撫與籠絡文人，以及消解對新政權的敵意與疑慮之外，其主要目的仍在於讓臺灣文人感受到獎掖文風的氛圍，使得原本擔憂漢文斷絕的危機感一掃而空，以達到總督府安撫臺灣文人之目的。

　　雖說日本總督府對於漢文的態度並沒有禁絕打壓，而是與臺灣文人溝通的交流平臺，但仍面對著雙重失落，即為臺灣為棄地，而臺人為棄民，加上日本強盛且為華夏／東洋文明中心，自然使得文人相信日本為漢學的承繼者。雖然日人官吏與臺人交流酬唱，但現實的環境是日本領有臺灣之後，不單單只是政治環境上的變動，同時也代表著產業、知識與思維的大轉變，而且進入新時代的臺灣已經沒有科考，此時臺灣文人是否無用武之地，畢身所學將何去何從？這不僅是學養智識無法適應於新時代，同時更意謂著生計立即出現問題。然而，此時因新時代所出現的現代印刷媒體，記者此種職業卻讓臺灣文人看見一絲曙光，此種職業結合西方報紙的概念與中國傳統的春秋筆法，既能反應真實，也能讓亂臣賊子懼。而且記者的文筆能傳播文明、啟迪民治之時，還能捍衛傳統，振興人倫綱常，挽回風氣。更重要的是，報社記者的工作既兼顧穩定收入，同時又能發揮文人理想與價值，讓傳統文人在新的時代轉型。不過也因為如此，使得這些文人記者注意到報紙可以成為跨越空間的平臺以進行文學酬唱與讀者互動。這些文人記者，如謝雪漁、魏清德、李逸濤等在報紙進行小說連載，開啟漢文通俗小說的新局面。這也意謂著漢文人則是鞏固舊有的漢文學防線之時，同時促進漢文的轉化，導向具有通俗型態的方向前進，而能在新時代之中維繫斯文於一線。

第三章　後揚文會之影響：
漢文系譜再建構

　　自揚文會之後，臺灣總督府似有改變臺灣文壇的生態，首先穩定臺灣文人的情緒，以爭取未來的合作空間，同時藉此宣揚新學的施政藍圖，讓臺灣文人了解到新學的傳播已經是不可逆的時代潮流。雖說漢文沒有立即性的存續危機，但是新學的到來，卻也造成漢文的變化。臺灣文人學習漢文已不再是為了科舉考試，某種程度上解放了漢文的創作思維。〔註1〕就另一方面而言，漢文的解放也意謂著傳統漢文的典律化受到挑戰，甚至翻轉。從以往八股制藝與詩歌學問化〔註2〕，進入日治之後受到政策影響，以及與日本文人交遊酬唱，而出現漢文文內容的質變。〔註3〕這些不外乎就是時代背景的變化以及官方政策的影響。

〔註1〕黃美娥認為經過臺灣科舉被廢，以及日人提倡風雅的文明化後，使得「詩歌」書寫有多元豐富的文化政治意涵，也促使「文學」的獨立性價值重獲思考與肯定。參見黃美娥：〈從「詩歌」到「小說」：日治初期臺灣文學知識新秩序的生成〉，收入國立成功大學臺灣文學系主編：《跨領域的臺灣文學研究學術研討會論文集》（臺南：國家臺灣文學館籌備處，2006 年 3 月），頁 55。

〔註2〕清領時期的臺灣文人有著讀書以回報皇恩浩蕩的態度，重視學問之時，又注重性情的抒發，因而有詩人與學人合一的形象，詩歌學問化便成為清代臺灣古典詩的特色。詳見余育婷：《想像的系譜：清代臺灣古典詩歌知識論的建構》（臺北：稻鄉出版社，2012 年 11 月），頁 126～127、142～143。

〔註3〕江寶釵指出日治時期詩社林立，詩社成為保存漢文以及詩人之間交流的場合，具有嚴肅之意義。但是，也因為詩社林立以及古典詩成為漢學主流，使得遊戲詩逐漸成為潮流，並且沾上逢迎夤緣的意圖，功利性的介入，美感特質因而消失。參見江寶釵：《臺灣古典詩面面觀》（臺北：巨流，1999 年 12 月），頁 77。

從第二章的討論中便提到，日本自甲午戰爭擊敗清朝之後，儼然成為東洋文明的中心，接著日俄戰爭戰勝沙俄，自此華夷秩序翻轉。再者，日本引入新學至臺灣，使得無論是漢學抑或是新學，日本都是居於領導者與傳播者，成為文明輸出的中心。也就是說，臺灣文人面對著日本的文化領導權，除了抗拒日本的統治，且本著漢族意識而捍衛舊有的文學傳統之外，多少也出現審時度勢而因勢利導的文人，欲在新時代開創新的漢文風格。1895 年乃至於揚文會之後的臺灣，無論是漢文發展或是文人自己本身，儼然有重新洗牌的態勢。

臺灣漢文人無法因科考而為自己帶來功成名就，加上總督府力推新學，並透過正規教育體系來傳播新學知識，擠壓了漢文教育與傳承的空間，而讓臺灣文人感嘆時下年輕人重視新學而忽略漢學，漢文傳承出現青黃不接的情形，有著被時代淘汰的危機感。不過漢學看似無用之時，若文人能適應時代變化，並且洞察時勢，便能改變漢文以肆應於當世，成為有用之學問。甚至若有文人注意到此一契機，率先提出漢文的新主張，不僅能延續漢學傳統，也能讓漢文現代化，拓展漢學的範疇。如此一來重塑漢文版圖之際，並以此文化資本（le capital culturel）在文壇中能得到較高地位的優勢。這其中，胡南溟便是首先發現到新時代之中漢文曙光乍現的契機，因而率先提出「明治體」概念，有著在新時代肇建新文風新思潮之企圖，有別於過去清領時期的文學知識，以「明治體」為經緯來作為進入日治之後的文學標誌。

第一節　帝國強大與漢文盛世之再現

胡南溟（1863～1933）為臺南府城知名文人，本名為巖松、殿鵬、子程，南溟為其筆名，青年時期十幾歲補博士弟子員，23 歲與陳瘦雲、鄒少奇等人組織浪吟詩社。〔註4〕胡南溟為歷經清同治至日治中期之傳統文人，且也曾得過功名，為臺灣著名詩人。胡南溟學識涵養之育成乃是奠基在清朝時期，而被歸類為傳統文人之一方。在清朝時代成長並歷經乙未割臺，其意識形態上應偏向為清朝，並視日本為外來異族。然則，胡南溟日後於 1898 年擔任臺灣日日新報社之臺南通信記者，並在《漢文臺灣日日新報》連載〈大冶一爐〉，

〔註4〕關於胡南溟生平參見婁子匡：〈詩壇狂人胡南溟〉，《臺北文獻》直字第 6、7、8 期合刊（1969 年 12 月），頁 112。按：筆者撰述論文時提及胡殿鵬，均以「胡南溟」指稱，此註腳之後就不另行說明。

其中於第八期提出「明治體」概念而頗為耐人尋味。在清領時期所成長的傳統文人，且又經歷過乙未割臺戰役，就算不正面抗拒日人統治，至少也會敬而遠之，而胡南溟高喊「明治體」言論，看似向日本總督府忠貞表態之意圖，但若從延續漢文以及華夏中心文明論點出發，胡南溟則是順應時代變遷而提出關於漢文的新主張。

　　早期謝崇耀的研究中便提及，原本以為胡南溟的「明治體」觀點為親日者向統治者示好的言論，可是若深究則發現到在胡南溟是基於文學進化觀，在兼顧漢學傳統以及因應時代變化而提出此一論點，同時謝崇耀也批判胡南溟誤判日本政權以漢詩文作為日本統治下臺灣國民性的展現方式。〔註5〕此外黃美娥則認為，在揚文會之後因官方鼓吹的影響，使得臺灣詩學大興，同時又得蘊含官方所新倡導的「文明」，而胡南溟注意到兩者是能夠兼善。因此胡南溟的「明治體」既能體現文明國民本色，同時又拓展詩人的世界觀，為此來重新塑造詩人的現代意義。〔註6〕接著，吳東晟指出胡南溟追求當世之名，欲獲得當道之認可，因而肯定日本的統治，日本是強盛的帝國，強盛的帝國帶來治世，於是對日本有所期望，認為能為臺灣帶來新的風貌，接著文學與政治無法完全切割，詩人處在時代中必然受其影響，國家強盛會使文學強盛，所以新時代的新樂府──「明治體」作為臺灣進入治世的代表文學。〔註7〕

　　爬梳上述三位先行研究所對於「明治體」的見解，可以發現到胡南溟其實嗅出時代變化的氣息，至少在官方影響文學發展之際，認為漢文應該與時俱進揉合「文明」，當下的日本乃為躋身列強之強權，能夠兼善西方的新學與東方的漢學，躬逢如此具有宏大的文治武功之盛世，使得胡南溟意欲調整漢文的姿態，打造為治世的文學，也就是胡南溟認為明治體是1895年之後新時代的漢文。以文人的角度來說，胡南溟本身既為自傲，且又在意當世之名，以明治體來定義他所處的時代，自然有其脈絡可循。只是說胡南溟所認為的治世是什麼？而且又如何能延續漢文，這部份就得關照〈大冶一爐〉詩話。

〔註5〕參見謝崇耀：〈「明治體」論之意義初探〉，《百年風華新視野：日治時期臺灣漢文學及文化論集》（臺南：臺南市立圖書館，2009年12月），頁199～201。

〔註6〕黃美娥：〈從「詩歌」到「小說」：日治初期臺灣文學知識新秩序的生成〉，收入國立成功大學臺灣文學系主編：《跨領域的臺灣文學研究學術研討會論文集》，頁53。

〔註7〕吳東晟：〈洪棄生《寄鶴齋詩話》研究〉（臺南：國立成功大學臺灣文學系碩士論文，2004年6月），頁212～214。

一、虞廷再現的漢文盛世

在進入討論〈大冶一爐〉「明治體」之前，得先探討胡南溟是如何看待日本統治臺灣這個事實，以及為什麼會認為進入日本統治時期為一代之盛世。胡南溟創作〈新年河〉詩作來詠嘆日本為治世：

大東日麗爛芙蓉，千里河清濶幾重。

盟帶漢庭來白馬，負圖虞闕出黃龍。

萬年齊戴天皇國，九曲長環富士峰。

我亦臨流歌令旦，醉葡今歲又呼松。〔註8〕

明治39年（1906）元旦，胡南溟發表〈新年河〉乙詩，雖是歌頌日本帝國之詩作，但是卻也從中看出些端倪。相傳舜東巡，龍馬載負《河圖》獻給舜，舜得以治天下，使中華文明自堯之後仍持續太平盛世，舜也成為繼堯之後的明君聖王。〔註9〕上古時代河圖、洛書的出現代表著祥瑞，而河圖、洛書也唯有聖王在位方能顯現於世，聖王有著河圖、洛書便能開創出太平盛世，為百姓帶來福祉。這種反映出兩種思維概念，首先是道統的傳承，河圖、洛書唯有有德之聖王方能獲得，並助於開創盛世，聖王自三皇五帝以降，乃至堯、舜、禹等，這種聖王體系乃是華夏文明所特有，也為文人所認定的中原正統政權。胡南溟認為日本帝國是繼承此一聖王體系，這也表示此時的日本乃是華夏文明的繼承者，也正如日本所自我認定為東洋文明中心。其次，河圖、洛書為天降祥瑞之物，聖王有德方能獲得，除了代表太平盛世的到來之外，更重要的是，此為天命之依歸，聖王受命於天而「南面聽天下，向明而治」。職是之故，胡南溟雖歌頌新年，實則卻折射出心目中認可日本承天命而繼承著華夏文明，為中原正統政權，日本日益強大，必能開創出太平盛世。日本既是正統，且為強盛，臺灣的漢學自然能因此而延續，甚至能進一步茁壯向外輸出影響力。

不過胡南溟如此認可日本統治，並非是以國族出發，也並非以「國家」

〔註8〕 胡南溟：〈新年河〉，《漢文臺灣日日新報》，1906年（明治39年）1月1日，5版。

〔註9〕 《春秋運斗樞》曰：舜以太尉受號，即位為天子。五年二月，東巡狩，至于中月。與三公諸侯臨觀，（太尉公官名也。唐虞五載一巡狩。中月，月半也。臨觀為舟，以泛于河中也。）黃龍五彩負圖出，置舜前，圖以黃玉為匣，如柜，長三尺，廣八寸，厚一寸，四合而連有戶。（此含樞紐之命，故龍匣黃也。四合有橫道相合也。有戶，言可開闔。）白玉檢，黃金繩之，為泥封，兩端章曰：「天黃帝符璽」五字。廣袤各三寸，深四分，鳥文。（文，字也。四或為三。）見《太平御覽・皇王部六・帝舜有虞氏》。

此種新興概念來效忠，而是仍以傳統的漢學思維來看待。正如上述以及第二章所提到的華夏文明中心思維，日治初期的臺灣文人，尤其是歷經清朝至日本時代的文人們，對於政權的轉換是有所疑慮，除了不做貳臣的抗拒之外，還有乙未割臺戰役之中殺伐的恐懼，不見得就清楚認識清朝與日本兩種帝國的分別。然則，總督府盛大舉辦宛如儀式般的揚文會，成功打消臺灣文人的疑慮，雖不見得所有文人完全效忠日本，但至少在推廣與延續漢文方面，臺灣文人已漸漸有著信心。因此就胡南溟而言，是站在漢學傳承以及華夏文明的角度來看待清廷與日本的不同：

> 古人以文字為詩者，莫過於韓蘇；以語言為詩者，莫多於白居易。又皆不失古詩比興之宗旨，是本真情性而發為文章者，故可貴而亦可傳。若文章自文章、性情自性情，是滿清二百餘年帖括之文字，何嘗有一言半語，道著個人之真性情哉？是為漢學、唐學、宋學三大壞之時代，自清人筆記言之，亦只是白地打迷藏，不知何者為爾、何者為我。漢學、唐學、宋學之真傳，已為清人蹂躪無餘，彼實不知天地間有大文章真性情，尚留一線之傳於我大日本帝國大皇帝宇下哉。

> 南溟子曰：漢土文字之亡，亡於滿清也；漢土詩教之壞，亦壞於滿清也。今試就唐人之詩學言之：唐人之文字語言，何一非性情而發為吟詠哉？即如白居易之詠物詩，一物有一物之寓言，不規之於題位，而物來順應，變化萬狀，層出不窮。是物是人、是人是物、是一是二，各隨其意之所欲出，而性情於是見焉。若一味就題行文，作者之本意未伸，雖有佳篇，非個中人文、亦非個中人語，必非個中人真性至情也。題自題，而我自我。就使強我以就題，不過一朝一夕之間而已，何能於文字語言之中，窺及性情一二哉？的是一篇假文字，說得一字半句假語言，不知我誣古人也？古人誣我也？只是得幾篇油腔滑調時文，便欲持此以博大家歡笑耳。〔註10〕

胡南溟認為漢學流傳至清朝之時出現危機，因為文學應是為情而造文，性情與文章相結合才是可貴且流傳之文章，但是在滿清統治之下，文人性情與文章卻分離，這多半受到文字獄影響，而使得文人無法發自情感而下筆。這使得胡南

〔註10〕鵬（胡南溟）：〈大治一爐（百四十七）〉，《漢文臺灣日日新報》3803 號，1910年（明治 43 年）12 月 21 日，1 版。

溟批判清朝的統治影響，導致漢、唐、宋所流傳之文風因而斷送。雖然在清朝統治下的中國看不到本著真性情而書寫的文章，但在日本卻能見到，使得胡南溟認為日本繼承著古華夏之文風。

　　除了日本繼承著古華夏文風之外，胡南溟也秉著漢學傳承的觀點，即古代優美文學傳承何處，哪邊就是華夏：

> 文章之能通俗者，莫如詩，古時列國皆置采詩官，以通風俗，而貢之天子，凡以通達民隱也。詩之能道俗情者，莫如漢人之古樂府。故古時皆采民間歌謠，以傳之樂府，亦猶周家十五國各置采詩官，以覘民情之趨向。降至於唐，宮中府中，皆置菊部學歌舞。雖至天子猶躬親之；降而至王侯第宅，亦置歌童舞女習歌曲焉；下至旗亭酒舍藝妓，亦能誦詩；若良家女兒，尤當教以詩歌文詞，方得許字於人。是故漢風、唐風最為近古。

> 日本垂二千餘年以至於今，尚近漢唐歌舞遺風，古誼猶有存者，實賴有此也。中國垂五千年之善政遺俗，能至今存其一二者，亦賴有歌舞臺中之俳優，為之傳奇。風會之所趨，耳目之所尚，成為風化者，獨此歌舞之感人，最揭其神情、態度、語言。詞曲悲歡離合聲音笑貌，浹人髓，淪人肌者，比圖書之漸磨，更神更速。古風之存，存以此也；古人之鑑，鑑以此也。〔註11〕

胡南溟此文談論樂府與民間歌謠，認為詩歌能反應民瘼，顯現出地方的風土民情，透過採集地方歌謠，能讓施政者了解民之所欲以及人民疾苦，如《後漢書》所提到的：「廣求民瘼，觀納風謠。故能內外匪懈，百姓寬息。」〔註12〕早在上古時代歷經周朝至春秋，上位者無不採集民歌，而匯聚成《詩經》中的〈國風〉。〈國風〉為中原地區華夏諸侯國的歌謠，本就具有華夏文明的特色。胡南溟接著論及到漢代朝廷成立樂府派員採集民歌，承繼著周朝時期的優美古風，而到了唐代之時，成為皇家以降王公貴族乃至於民間所盛行的歌舞誦詩。就胡南溟的觀點，認為漢唐的樂府與歌謠是最接近上古之風，其實這也隱含著漢唐仍有華夏中原文明的韻味。自漢唐之後的朝代，已漸漸失落了此種採集與傳唱地方色彩的歌謠。可是日本自古迄今，仍然存有漢唐歌舞遺風，而且日本保

〔註11〕鵬（胡南溟）：〈大治一爐（百二十四）〉，《漢文臺灣日日新報》，1910 年（明治 43 年）10 月 15 日，1 版。

〔註12〕〔南朝宋〕范曄撰，〔唐〕李賢注，王雲五主編：〈循吏列傳卷第六十六〉，《後漢書·卷七六》（下）（臺北：臺灣商務印書館，2010 年 10 月），頁 136～137。

存著古代典籍，漢唐歌舞遺風持續流傳著。這部份使得胡南溟認為日本是繼承著華夏文明，畢竟中國古典中的「樂」，雖說與民間歌謠有著密切關聯，但另一方面其本身也隱含治著聖王雅樂之意。〔註13〕

從上述胡南溟詩話中所評論的中國傳統古典文學，其實可以發現到胡南溟推崇古典文學的發展，但卻又感慨傳承至迄今已然失去古風，出現斷層危機，這與清朝統治有著必然的關聯。然則，中國當地已經失落了古代的文風，但認為日本仍然保留並流傳之，也因為日本流傳著古中國所發展的文學，因而被胡南溟視為文化之國。

> 我日本東方秀氣，二千五百六十餘年文化之國也。詩歌文詞，通上下焉。吾故曰：今日之臺灣，一詩人之天地也。天有天籟，地有地籟，人有人籟。詩人則合天籟、地籟，而成為人籟之大者。可以鼓吹天下之詩人，而不獨為臺灣一隅已也。〔註14〕

若以朝代歷史來論，古老王朝當然是以中國最為悠久，且又為文明發源以及文化輸出地，但胡南溟卻是二千五百六十餘年的「文化之國」來稱呼日本。這之中其實隱含胡南溟的文化身分認同進而影響到政治身分認同。首先，所謂「中國」本身就有政治與文化意義，從堯舜時代指涉王政區域以區別及其外的未開化之蠻夷戎狄。進入春秋時代之後，中國的意涵除了是指中原區域之外，更有著文化水準最高區域之意。〔註15〕因而有著華、夷之分，但在孔

〔註13〕樂府本身的概念就有典範化，鄭柏彥舉劉勰《文心雕龍》為例：「樂府者，聲依永，律和聲也。鈞天九奏，既其上帝。葛天八闋，爰乃皇時。」認為劉勰由音樂性連結到天地與上古聖王，而賦予了樂府具有典範價值。此外，也舉吳訥《文章辨體》的樂府序為例：「《易》曰：『先王作樂崇德，殷薦之上帝，以配祖考。』成周盛時，大司樂以黃帝、堯、舜、夏、商六代之樂，報祀天地百神。若宗廟之祭，神既下降，則奏〈九德〉之歌，〈九韶〉之舞。蓋以六代之樂，皆聖人之徒所制，故悉存之而不廢也。」說明吳訥認為上古聖王之樂的角度強化樂的價值性。因此，從劉勰到吳訥分別提及樂府的音樂性連接到天地與上古聖王，以及樂的起源建立在上古聖王。參見鄭柏彥：〈古代曲學文獻資料中「樂府」一詞的概念義涵及其隱含在辨體論與文學史論中之意義〉，《應華學報》16期（2015年12月），頁136～137。

〔註14〕鵬（胡南溟）：〈大治一爐（百零九）〉，《漢文臺灣日日新報》3685號，1910年（明治43年）8月7日，5版。

〔註15〕黃俊傑的研究中指出，對於中國的指涉意涵，從早期《詩經》是指政治或地理之意義，到了春秋三傳之時，就帶有著文化之概念，更進入到華夷之辨的文化脈絡中。參見黃俊傑：〈論中國經典中「中國」概念的涵義及其在近世日本與現代臺灣的轉化〉，《臺灣東亞文明研究學刊》3卷2期（2006年12月），頁93。

子的論點之後，轉變為以文化高低作為區別之憑藉，華夏文化昌明之地即為中國、中原、華夏。既是如此，胡南溟所認為的中原之國又是在哪？若從〈大治一爐〉的論點便能窺探，胡南溟在意的是漢學文化的傳承，也就是古老的華夏文化能否持續流傳並保存至今日，文化是必須延續的，國家只是延續文化的載體。這種國家並非西方《民約論》之中政府權力來自於與人民簽訂契約的關係，也非想像的共同體（Imagined Community）基於認同來凝聚成一個民族，而是在於強調文化的傳承。易言之，在傳統文人的思維，文化身分認同是遠大於政治身分認同，朝代可以更迭，但華夏文化卻不可斷絕。〔註16〕如顧炎武所言：

> 有亡國有亡天下。亡國與亡天下奚辨？曰，易姓改號，謂之亡國。
>
> 仁義充塞，而至於率獸食人，人將相食，謂之亡天下。〔註17〕

誠哉斯言，這反應了傳統文人對於道統文化的存續觀，亡國只是改朝換代而已，而且天下本非一家一姓，王朝更迭乃為天道循環之自然現象，自先秦以降至清朝，也已歷經多個王朝，雖然在改朝換代之際，總有出仕或者退隱的兩難，但這都只是過渡階段的陣痛期。更重要的是，漢學是否會因為新舊政權的交替而出現延續危機，這才是文人所關心的重點。

此外，這並非只是胡南溟本身的立場，若放大至中國傳統文人的心境來論，其實都能找到相似之處，對照明末清初的中國文人也是如此。

> 在這種質疑「愚忠」的氣氛和環境下，士人在總結明亡的教訓和反省其社會責任時，「忠君」或許仍是一個重要的德目，但卻已不再如大一統時期一樣，是凌駕於其他道德使命的首要考慮。相對而言，萬民的福祉和漢族文化所繫的「天下」，此時在他們心目中要遠比一姓的興亡來得更為重要。畢竟，南明幾個小朝廷都在內鬥下相繼為清人所滅，明亡已屬非人力所能改變的政治現實，但在紛亂的局面下重建社會秩序、在外族的鐵蹄下延續華夏文化等重要而迫切的工

〔註16〕 黃俊傑研究中指出，在中國政治思想傳統中，「國家」作為「文化身分認同」（cultural identity）的意義實遠大於作為「政治身分認同」（political identity）的意義。詳見黃俊傑：〈論東亞儒家經典詮釋傳統中的兩種張力〉，《東亞儒學：經典與詮釋的辯證》（臺北：國立臺灣大學出版中心，2007年10月），頁157～158。

〔註17〕 顧炎武：《原抄本日知錄》卷17（臺北：明倫出版社，1970年），頁379。轉引自黃俊傑：《東亞儒學：經典與詮釋的辯證》，頁157。

作，卻不能因為個人的政治立場而要求人人坐視不理。〔註18〕
也就是說，亡國雖說悲痛，是整體大環境使然，大勢已去，文人無力回天，但「天下」的維繫乃為文人所能努力之處，華夏中原文化的命脈是否能持續昌明，抑或是如五胡亂華般道德淪喪，這才是動亂時局之中文人所關注的要點，而且華夏文化的興榮與百姓福祉的安泰本為文人的使命感和內在邏輯。

　　以另一角度來說，王朝的統治正當性雖為君權神授，新舊王朝的興替能歸咎為天意運數，但文人是否視新政權為正統，則端看於新政權的君王是否能維護道統。滿清入關之後，消滅南明政權，宣告為中國這塊土地上的新主人，然而若要爭取文人的支持以確立正當性，其要點仍是繫於華夏文化的正統，清廷因而在康熙十八年開「博學鴻儒科」，使得文人士子心向朝廷，認同清帝國的統治正當性。〔註19〕回過頭來看胡南溟，在〈大治一爐〉之中提及華夏文化在日本的傳承以及感嘆華夏文化在清朝的斷裂，其實就不難看出胡南溟如明末清初的文人一樣，是在意與憂心動亂局面之下的華夏文化。既然清聖祖能以「博學鴻儒科」成功贏得中國文人的向心力，那麼臺灣總督府不也是透過「揚文會」來爭取到臺灣文人的支持？所以與其說胡南溟認同日本帝國，倒不如說是認可日本對於漢文延續的努力，畢竟華夏道統在哪裡，中國就在那裡。再者，胡南溟曾言「古今易世之君，變制度、不變道統。」〔註20〕道統是恆久不變，但朝代更迭卻是常見之事。這也表示胡南溟是看中華夏文化道統的存續，而非政體是否為正統以及是否為外族。倘若清朝已漸漸失落中國傳統的漢學，而日本卻依然延續保持上千年，那麼中原／中國就轉移至日本。〔註21〕既是如此，

〔註18〕陳永明：〈降清明臣與清初輿論〉，《漢學研究》27 卷 4 期（2009 年 12 月），頁 219。

〔註19〕王力堅指出，康熙十八年的博學鴻儒科是重要的關鍵年份，因為當時康熙正對在三藩用兵，是處於雖未平定但勝局已分的歷史轉捩點。以及滿清入關之後，從順治朝確立「治統」取代明朝成為中國的新帝王，而康熙則是透過「博學鴻儒科」來確立王朝正朔，具有文化承續的正統性，滿清治統接合華夏文化道統，進而影響漢文人的心態與支持，從此鞏固滿清王朝的長治久安。參見王力堅：〈清初漢文人心態的轉變及其對詩詞風氣的影響——以康熙十八年（1679）博學鴻儒科為考察中心〉，《中國文哲研究集刊》49 期（2016 年 9 月），頁 48。

〔註20〕鵬（胡南溟）：〈大冶一爐（百十九）〉，《漢文臺灣日日新報》3733 號，1910 年（明治 43 年）10 月 4 日，1 版。

〔註21〕中國此一詞彙本為地理或政治意義，但也具有文化意義，與華夏文化一體兩面，而華夏文化是會流動，並非在一時一地。因此，日本文人就轉換「中國」的意涵，認為中國在日本，日本就是中國。如山鹿素行（1622～1685）認為日

日本國力蒸蒸日上為世界強權，所治理之下的臺灣乃為華夏文化之地，漢學道統持續發揚，因而迎來虞廷再現，勅天之命的盛世，這種新時代的盛世就應該有新文學／文風。是故，〈大治一爐〉不僅提到日本具有華夏文化，而且胡南溟闡揚新盛世的文學該是如何以及有何內蘊，此種具有劃時代的文學，胡南溟命名為「明治體」。

二、大開詩人天地的漢文

胡南溟立基於華夏文化的傳統，認為日本繼承著先秦以來的華夏道統，對臺人而言日本雖說是異族，但若以文化主義來觀之，反倒是位於中國的清朝才是外族，而日本才是真正的「中國」。臺灣乃為日本之領地，而日本不僅是世界強權，又為華夏文化的中心，所以無論是對外國力昌盛，或是對內文化興隆，都讓胡南溟認為已身處在治世之中。若說文學要處於盛世方能顯現出文學的宏大，也能成為時代意義且具有代表性的文學特色。

胡南溟心目中所認為新時代的漢文該有哪些風格和質素？以及臺灣文人要如何呈現出此種盛世的文學及文風？因此，在〈大冶一爐〉詩話之中就提及「明治體」：

> 南溟子曰：士生隆盛之時，所當鼓吹休明和聲，以鳴國家之盛。臺灣新入版圖十餘年，又際文明強盛之初。新聲甫唱，舊曲重翻，行止麒麟，文章鸞鷟。所譜歌詞，油腔滑調，未能合奏。以此攔入樂府，殊有愧色。且所得新附地，如琉球、臺灣、澎湖、高麗、遼東諸鐃歌，迄今尚未合選，體格卑下，自今以五三九為調韻之多少，總以配合勻稱為妥。聲律要高唱入雲，大聲發于水上，方不失大國民本色，名曰「明治體」。又須雄氣邁倫，不粗不囂，不委不靡，矯健控縱，最忌平直。凡諸大方文豪，有結構者，隨作刊出。他日有蒙諸鉅公賞識者，湊集編成《明治樂府》。新集中，此為臺灣今日最出色當行之詩，鐃歌中不可無之作，尚望大方諸君子有以教予。〔註22〕

本政治安定、三綱不遺，因而比地理上的中華帝國更有資格被稱為「中國」；佐久間太華（？～1783）以神統不斷、宇內恆安為論述認為日本可以稱為中國。對日本文人來說，中國在哪並不在於地理，而是文化之「得其中」以及政治安定。易言之，華夏文化「得其中」之地就是中國。參見黃俊傑：〈論中國經典中「中國」概念的涵義及其在近世日本與現代臺灣的轉化〉，《臺灣東亞文明研究學刊》3 卷 2 期（2006 年 12 月），頁 94～97。
〔註22〕 鵬（胡南溟）：〈大冶一爐（八）〉，《漢文臺灣日日新報》，1909 年 2 月 14 日，4 版。

胡南溟認為新的時代與新的盛世，自然與過去清朝時期的衰世之文有所區別，因而才以「明治體」來作為乙未之後的文學表徵，並以此銘記為臺灣漢文新的出發點。既然進入治世，其文風自然得符合國家強盛之意象，因此胡南溟主張臺灣的文學應該美好清明，以贊美國家之強盛。接著，在樂府的聲韻尚要宏壯威武，以符合當下日本帝國的軍威壯盛。這也表示國富兵強就需有相對應的文學，這種文學是鼓吹國家之盛。這種文學也是胡南溟在連載〈大冶一爐〉的中心思想，也就是施教傳統，如謝崇耀所言的文學進化觀點：「此為本著漢文傳統而接合新政權所帶來的文化思維，所提出的傳統文學新主張。」〔註23〕因此，與起說是文學進化觀點，不如說是胡南溟重新建構乙未之後的漢文應該如何呈現。

胡南溟接著論及臺灣文人該如何拓展眼界，以呈現出新時代的漢文：

> 又曰：臺灣詩人，今日所閱之歷史輿地，皆宜購大日本新定歷史輿圖。平日爛熟于胸中，下筆方有見地。不獨宜參閱中原歷史輿地已也。即五大洲歷史輿地，亦應爛熟一二。亞雨歐風，大開詩人之天地。異日者足跡所到，縱飲高歌，便拓得詩人箕大眼界，不作古代詩人小天地觀也。如此，方不作無頭腦詩人。雖大賦家，亦宜作如是觀。三都二京，具在可考也。詩人不明歷史輿地，如蟪蛄不識春秋、醯雞不識天地也。歷史輿地，為詩人袖裡乾坤，紀時紀地，風光景物名勝，此作詩第一關門也。〔註24〕

接著，進化後漢文應是拓展文人的眼界，從傳統中原地區的視角，到放眼至全球五洲。這也意味著臺灣漢文人不應守舊及只關注中國的歷史地理，而是將視野擴及至臺灣以外的各個人文與地理風貌。這不僅能讓文人開啟新的眼界，進而能豐富作品的內涵，同時又能達到革新文學之目的。文人認識到世界上各個輿地，表面是談多多了解臺灣以外之地理情勢，實際上則是指向文明知識，現在為新學盛行之新時代，文人不能只是抱守四書五經，而是藉由新學來認識到世界脈動，以避免成為井底之蛙。這也是為什麼胡南溟會提出

〔註23〕謝崇耀指出胡南溟重視鄉土與傳統文學，又不排斥新文化與新政權，因而摸索出符合詩教，又不違逆政權及其新文化的傳統文學新主張。參見謝崇耀：〈「明治體」論之意義初探〉，《百年風華新視野：日治時期臺灣漢文學及文化論集》（臺南：臺南市立圖書館，2009年12月），頁196。

〔註24〕鵬（胡南溟）：〈大冶一爐（八）〉，《漢文臺灣日日新報》，1909年2月14日，4版。

歷史輿地為作詩第一關門之因。此外，文人雖受傳統儒家教養，但也應旁及時下新興的新學，以能適應新時代的變遷。這部份，《漢文臺灣日日新報》便討論到讀書人接受教育不應只是固守經史，而顧及農工商等實業：

> 嘗觀支那人左經右史，自幼至老，孜孜兀兀，其心血傾注于讀書，夫何為哉？其大目的不過在科舉及第、為顯官，在紆青曳紫，翱翔廊廟之上，卓然稱政治家焉。支那之讀書人，不知其幾千萬，雖舉世精神之所在，意思之所向，除仕宦而外，別無一物耳。苟極其弊害之所馳致，僅成讀書而解經之人士而已。〔註25〕

此篇論議探討傳統清朝的教育是讀書，目的在於是為了考科舉而任官，但也造成文人的知識與思維僅限於四書五經，使得視野被科舉任官所侷限，成為解經人士而已。隨著時代變遷，歐風東漸，文明成為當時的課題，文人除了學習傳統文學之外，不能忽略新學之實業教育。簡言之，所謂知識不再只是指向傳統經史典籍，而是包含士農工商等各種新學知識。胡南溟也持此種類似觀點，因而才會說出亞雨歐風，大開詩人之天地，認為文人需要拓展眼界，廣知世界上各著情勢變化與地理人文，這才是與時並進之文人。

當然，臺灣文人的視角不再只注視中國而放眼全球之後，這也表示胡南溟重新定義文人的身分，如同認為文人除了瞭解中國輿地之外，也要知道世界各國之情勢，不僅解放了文人的創作思想，也具有向全球書寫詩作的企圖。

> 詩人之天地，不拘一朝、一代、一國、一洲、一府、一邑，詩人亦不獨亞洲始有之也。亞洲以外之詩人，可以作亞洲之詩；亞洲以內之詩人，可以作歐奧美非之詩；歐奧美非之詩人，亦然。所謂今日詩人之天地，滿地球。而上達日球月球星球天球者，南溟子是也。讀南溟子大詩人詩話者，可作天地間南溟子一大詩人想也。〔註26〕

如果說清領時期臺灣漢文是中國傳統之儒家文學，那麼在胡南溟的構想中，明治體的漢文則是具有新學內涵以及跨地域特色，臺灣文人所創作之文學不再侷限於中國，而中國古典文學也並非漢文人所獨有。胡南溟如此重新定義文人及其文學，似有為漢學鬆綁之意圖。若關照日治初期的漢文文壇，則可以注意到日本人進入到臺灣之後也參與漢文創作，與臺人交遊酬唱，其漢學

〔註25〕不著撰人：〈本島之教育〉，《漢文臺灣日日新報》2461號，1906年7月14日，2版。

〔註26〕鵬（胡南溟）：〈大冶一爐（八）〉，《漢文臺灣日日新報》，1909年2月14日，4版。

能力並不遜於具有功名的臺灣文人。胡南溟才說詩人之天地不拘一朝、一代、一國、一洲、一府、一邑，且不獨亞洲始有，以此來打破漢文之框架，讓漢文成為全世界之文學。胡南溟如此將漢文擴大範疇，多少與他自傲的性格有關，因而自信能將全球納入漢文之中。不過無論如何，鼓吹臺灣文人認識世界各興地，不能只是獨守中國傳統學術，以吸收時下盛行之西方新學，這種使文人增加附加價值，乃為適應新時代之方法，不僅避免漢文成為明日黃花，積極層面上促使明治體漢文獨領風騷，打造乙未之後的漢文新結構。

胡南溟將日本領臺之後的文學風格命名為明治體，這部份不僅僅只是宣示新漢文的出現，而是企圖要帶動文風的改變，欲在文壇帶起一波潮流。

> 而論者遂以李謫仙一人目之，蓋因白居易出身單寒，坐享詩人之福最
> 多而亦最久，與元微之倡和亦最多。一時巴蜀江楚間、及長安中少年，
> 遞相傚效，競作新詞，自謂為元和詩，如今日之稱明治詩也。〔註27〕

胡南溟舉白居易和元稹的「元和體」為例，此二人開創新的詩風，並在當時所傳誦，引領出新的文體出現，並影響時下的文人，成為效仿的對象。此外，如研究者指出：「在唐朝經歷過安史之亂之後，元和時代的文人面對藩鎮割據、宦官專政與民生凋敝，因而產生改革時弊、政治革新的舉動，作為大亂之後的整頓與自救，在文化特徵上連帶影響了變革與轉型，促使元和時期的文風變遷。」〔註28〕胡南溟所構築的明治體便是如同「元和體」一般，也是歷經過時代動亂，而連動影響文人的心境與思想，這也能看出明治體如同元和體都是標誌一個新的時代新的文風，藉以區別前清時代的文風，並定義為日治之後的臺灣漢文。

胡南溟之所以用「明治體」來區分前清與日治等兩個時代的文風，主要在於詩學的興盛有無，藉以來判別出臺灣文風是否進入鼎盛時期，當然這並不是說清領時期的臺灣並無文人及其文學，只是在考試領導教學的年代，文人的精力以及文風主軸在於為了科考，使得胡南溟才會認為清領和日治是兩個不同的文學年代，並以「明治體」來斷開這種文學繼承關係。

> 南溟子曰：詩話有「有詩無話」者，有「有話無詩」者，皆變體也。
> 變體則不可以示後，等之詩鈔、隨筆、叢談可也。況詩話一門，不

〔註27〕鵬（胡南溟）：〈大冶一爐（百廿）〉，《漢文臺灣日日新報》，1910 年 10 月 8 日，1 版。

〔註28〕許總：〈文化轉型時代的思想革新與文風變遷──論元和詩變與元和體〉，《齊魯學刊》198 期（2007 年），頁 62。

> 經名家大家拈出，都屬諧謔之談，最易長輕薄之行。究於藝苑一道，全未窺及。
>
> 我臺開闢自鄭氏，迄滿珠歸隸以來，上下三百餘年，以詩名家者，三百萬中之一，寥如晨星。著作等閒者，唯藍鹿洲最著，頗具經濟材。其所著詩文，終屬粗淺文字。故吾嘗謂臺灣詩學，無淵源可溯。文章佳者，多是八比四六時文。並無忠孝文章，可以屬世磨鈍。又無經濟文章，可以治世安民。養士三百餘年，實有負國家覆載生成之恩。一二稍有治績文事者，多屬名宦流寓諸公。〔註29〕

自明鄭時期以來，直至清朝統治臺灣，以詩聞名者幾希矣，雖說藍鼎元的著作較多，且多為國事相關之著作，但就詩學而言，則被胡南溟認為粗淺文字。然而，藍鼎元為遊宦文人，乃因朱一貴事件隨南澳鎮總兵藍廷珍入臺平亂，停留時間不長，且因公務來臺，其精力自然不會追求詩作的藝術高度。若就臺灣本地而言，則有培養出不少臺籍文人，可是就以胡南溟的標準看來，尚無合格之文人及其作品能進入胡南溟之眼，因而才會提出「臺灣詩學，無淵源可溯」此種重話，就算有佳作之文學作品，也是八比四六這種因應科舉之文章，可見得胡南溟批判臺灣無詩學可溯源，導因於文人的精力全放在科舉制藝。這方面如余育婷指出：「臺灣的學校與書院教育都著重於制藝試帖，使得無形之中潛移默化臺灣士子的詩歌觀，而且來臺官員為推動文教，使得臺灣士子出現典律化閱讀以及產生典律化的詮釋，將官方欣賞的『雅正』美學標準深植入臺灣文人心中。」〔註30〕易言之，臺灣文人有詩學創作有「雅正」美學風格，雖說文風趨向於典律化，但卻也容易失之創作的自由奔放色彩，因而胡南溟才會認為日治以前的臺灣並無詩人及其詩學。

清朝時期若有出現上乘佳作之文學作品，但也是外地來臺的官員所書寫，而非臺灣文人的文學成就，這也表示清代臺灣並沒有出現胡南溟理想中的本地文人。雖然清朝統治臺灣二百餘年，卻沒有出現可看之文人及其作品，宛如黑暗時代，可是進入日本統治之後曙光乍見，出現詩學興盛之可能。

〔註29〕 鵬（胡南溟）：〈大冶一爐（六）〉，《漢文臺灣日日新報》，1909年2月7日，4版。

〔註30〕 臺灣書院的教育重視科考，臺灣文人以舉業為畢身目標，因而遊宦官員的漢文化移植與詩歌知識的生產，均無法脫離科舉制藝的範疇，連帶地也深深影響臺灣文人的詩歌觀。詳見余育婷：《想像的系譜：清代臺灣古典詩歌知識論的建構》（臺北：稻鄉，2012年11月），頁300～301。

謂臺灣遂無人物，可乎？臺灣詩學，實自明治二十八年改隸以來，
屈指十五年間。庶士皆棄八比四六，而規規於詩學一門，略有見地。
一代昌明，幾乎大江南北焉。然所閱詩話，不外《隨園》、《漁洋》、
《雨村》、《射鷹樓》、《六一》、《養一齋》、《靜志居》、《歲寒堂》、《風
月堂》、《聽松盧》、《玉壺山房》，與夫許彥周、王直方等編詩話。不
能高行闊步，獨出見時。區區于詩字之間，就詩讀詩，就詩作詩，
就詩論詩，幾乎無詩矣。〔註31〕

進入日本統治後，詩學出現興盛之可能，卻是因為臺灣文人已無法進行科考，
因而不再學習八比四六時文，雖然對臺灣士子來說失去一條功成名就的道路，
可是另一方面卻也解放了文人的考試束縛，連帶地開啟臺灣詩學興盛的一個
年代，這些文人本就為了科考而受到扎實的漢學養成，當精神專往詩作發展
時，自然具有一定的詩藝水準，又能維繫斯文於一線。

　　就時代脈動而言，胡南溟精準看到時代變遷而導致文學與文風的變化，從
以往文人必須經由科舉的金榜題名以取得名聲與地位，但這種名利是由朝廷
所給予，而且窮盡一生也不見得能三元及第。然而，新時代所帶來的各種利器，
卻使得文學產生變化。

　　垂二百六十年而至明治，是時報館屹立南北，郵筒分驚東西。電話
星馳，紙迷金醉；酒地花天，詩人爛焉。謂之臺灣詩天地，一片雲、
一驟雨、一鐘聲、一車聲，輒以為催詩人來也。文人聲價之高，亦
自此始。〔註32〕

如黃美娥所指出：「報紙出現後原為政府的文宣品，但報紙中的文藝相關欄位
卻成為文人發表的園地，也因為報紙打破地域的限制，刺激了文人發表的欲
望，透過報紙無遠弗屆的傳播力量，以藉此能揚名立萬。而且，投稿至報社，
能得到詩壇權威人士的斧正，能使文人及其作品增加曝光度，這更能顯現出報
紙編輯群的影響力。」〔註33〕平面傳播媒體的出現，帶動臺灣漢文的蓬勃發
展，雖然文人分隔南北，但能因報紙而能進行跨地域的交流；再者，報紙的文

〔註31〕鵬（胡南溟）：〈大冶一爐（六）〉，《漢文臺灣日日新報》，1909 年 2 月 7 日，
　　　　4 版。

〔註32〕鵬（胡南溟）：〈大冶一爐（百十六）〉，《漢文臺灣日日新報》，1910 年 9 月 11
　　　　日，4 版。

〔註33〕黃美娥：〈日治時代臺灣詩社林立的社會考察〉，《古典臺灣：文學史・詩社・
　　　　作家論》（臺北：國立編譯館，2007 年 7 月），頁 213～214。

藝欄位需要作品填充,而文人的創作則需要版面以供眾文友閱覽,兩邊相得益彰,使得文人的重要性水漲船高,此種成名與發表機會在清朝時代是無法實現,可見得傳播媒體的出現,帶動詩學發展,凝聚漢文人的情感,彼此相濡以沫,又能維繫漢文的延續,詩社林立以及聯吟大會便是一大例證。江寶釵與謝崇耀也指出:「讀者透過閱讀,逐漸成為想像的共同體,他們不管是否現場參與,自接受報紙傳送的訊息,他們意會自己與其他類己者的存在,更能成為真實的團體,不致感到孤單,不只為一個社群創造了想像的空間,而且由於漢詩所使用的語言,更提升到民族主義的層次,這是因為報紙無所不在。」〔註34〕胡南溟本身為臺灣日日新報社的臺南通信員,自然知曉報紙傳播的力量,新型傳播媒體結合傳統的詩人酬唱與聯吟,為時下的臺灣漢文壇注入新生命,因而胡南溟才會說出文人聲價之高,亦自此始。

三、共鳴國家之盛的漢文

日本統治時期為一代之盛世,既是西方列強的一員,又為東洋文明中心,如此治世的到來。使胡南溟思索此種盛世之文學應該如何,處於其中的臺灣文人又將如何回應強盛政權所帶來的太平盛世?

胡南溟提出國民與詩人之間的關聯,詩人也是國民,因此提出詩人應該創作何種風格的文學。

> 近代人品卑靡,不堪位置,直以為古人不可作。此特小人齷齪拘守者之所為,不足與辨。不禁令人上觀千古、下觀千古,而有無才之歎。一詩人尚如此,況欲出諸葛武侯、李太白以上哉?可笑可慨。我大日本,東方秀氣文明君子之國也。雄奇倜儻之材,無代蔑有。若漢魏晉唐以下這小詩人,則皆棄之不取。蓋大國民自闢一詩天地於我臺灣海軒者,纖弱小詩人,皆非大國民所宜有也。〔註35〕

詩人本身也是國民,國民必須共鳴國家之盛,呼應政府的政令方針,以及共同參與國家的各種建設,因為國民本是國家的一分子。也就是說,胡南溟認為此時的臺灣文人不是遺民,既然不是遺民,那麼就不會有消極的殉國想法與行

〔註34〕江寶釵、謝崇耀:〈從日治時期「全島詩人大會」論臺灣詩社的轉型及其時代意義〉,《中正漢學研究》21 期(2013 年 6 月),頁 340。

〔註35〕鵬(胡南溟):〈大冶一爐(五十九)〉,《漢文臺灣日日新報》,1909 年 11 月 27 日,4 版。

為，更不會隱遁桃花源或者寄情於酒色財氣。〔註36〕身在治世的文人豈能有如此消極悲切的想法與詩作，而應如同漢魏風骨與盛唐雄渾博大的氣象，這才是身為盛世文人的文學風貌，以此來展現出強烈的時代特色。胡南溟認為日本是繼承華夏文明的君子之國，文人須展現充沛的活力，書寫雄奇的文學，方為強盛國家帶來應有的文學藝術。而且這也隱含著明治體為除舊布新之漢文，以明治體來開創出臺灣漢文的新格局，這才是強盛日本之下的國民應有的氣度。

　　相較於日本領臺之初的兵荒馬亂，當總督府舉行揚文會之後，就進入文治的時代，而且也隨著 1904～1905 年日俄戰爭的勝利，日本益發地茁壯強大，真正能進入西方列強之林。因此，外在有日本帝國的軍容壯盛與國力蒸蒸日上，而內在的底蘊則是依託文人的文藝創作，以強化國家的軟實力：

> 我國家維新大業，比開國規模更高更壯。而臺灣人亦得文章黼黻，
> 共鳴國家之盛。若夫敦盤大會之間，其尤者，尤能於雄快壯健之中，
> 直邁漢魏，誠可與天下古今詩人執大將旗鼓而抗顏行者。是文運與
> 國運俱進，如日球飛上東海來，直欲照耀亞洲一震旦也哉！〔註37〕

依照胡南溟的思維邏輯，治世之文當然是國家強盛而必然出現的文學發展結果，軟實力有強大的國力為保證，國家強盛方能對外輸出文化影響力，也因為國家強盛，因而進入國泰民安的治世，可是這種治世需有豐富內涵的文藝作為內襯，否則則成為窮兵黷武之國。換言之，國家生命的泉源在於文人及其作品，文學的興旺決定了國家的興盛，反過來說，國家的強弱也影響著文學的興衰，國運與文運互為表裏。胡南溟將文學高度提昇至與國運、國力相連結，也意謂著文人的創作就能增強國家的軟實力，在某種程度上也隱含著臺灣漢文是國家的文學。既是如此，文學就應該呼應國家，文人就與武人一樣共同為國貢獻己力，將國家推至世界各國之頂端。

　　胡南溟「明治體」具有強烈的剛強色彩，文學的一切要歌頌國家強盛，方

〔註36〕黃美娥舉新竹王松的滄海遺民、新竹張純甫的寄民、鹿港洪月樵的棄生、霧峰林朝崧的無悶為例，指出傳統文人以「遺民」自居，逃隱世外、寄情詩酒、縱慾女色的頹廢身體敘事，在遺民作品中其實頗為常見，這樣的肉身顯現了其對現有日本統治體制的拒絕與排斥；另一方面也暴露了主體意識的時間荒涼感，格外體會到強烈的歷史失落的衝擊。參見黃美娥：〈差異／交混、對話／對譯──日治時期臺灣傳統文人的身體經驗與新國民想像（1895～1937）〉，《中國文哲研究集刊》28 期（2006 年 3 月），頁 88。

〔註37〕鵬（胡南溟）：〈大冶一爐（百〇九）〉，《漢文臺灣日日新報》，1910 年 8 月 7 日，5 版。

為治世之文學。胡南溟之所以會有日本為強盛之國的觀感，這與日俄戰爭的日本勝利有關。〔註38〕

> 遼陽破，遼陽破，大教國人齊頌賀。旭日一輪升於東，遼城幟白河水紅。海城軍潮撼動山雄，霹靂車聲忽破空。湯河一戰俄師爛，沙河一擊俄師竄。扳道九月四日傾，將軍一旬破一城。氣凌天柱山，力舉全盛京。遼陽地，不足平。撫爾有眾，礪吾甲兵。為我四千五百萬弟兄浮三大白，額手頓首曰，是唯大日本帝國，天皇陛下之廟算神靈。我其再扶斗酒，佇看旅順繼陷，還我東三省而俄人行成。〔註39〕

四年前日俄戰爭的勝利，如此赫赫戰功為日本帶來龐大利益，不僅確保朝鮮，也將南滿畫入勢力範圍，當時胡南溟創作〈破遼陽歌〉與〈破俄歌〉等詩歌頌日本開疆闢土，而胡南溟明治體要文人「以鳴國家之盛」，其理想中的類型便是上述二種詩詞。〔註40〕以此觀之，相較於文人之間的贈答、交遊、唱和、酬唱等私人之間交流的詩詞，胡南溟認為新時代不能走如此過去傳統的套路，而以「明治體」宏亮壯闊的文學內容來歌頌國家，用文學參與國家建設，這樣的漢文才是具有正面且積極的意義。

胡南溟會鼓吹作品須宏亮壯闊，乃是因為文學關係到國運是否興盛。

> 曷不觀之六朝之詩家乎？樂府之詩，獨一鮑參軍發抗壯之音，開六朝未有之奇。雖李杜之才之高，猶不能出其範圍。惜乎六朝之中，無一有繼起傑出之材，坐使國祚旋移，為卑卑瑣瑣綺綺靡靡之行。即其所發於言，見諸詩歌者，捨纖穠、綺麗二品，別無所謂詩。所謂樂府詩也。大抵詩人分量之高下，關國運之盛衰。強盛之朝，則詩雄莽壯闊，奇變而不可端倪，如黃河落天走東海。其氣勢之雄且大，直使人目眩耳聾，口不敢發聲，莫測其從何而來、從何而去。

〔註38〕 就日本內部而言，日俄戰爭是一個重要的里程標，標誌明治維新的成功，也是新時代得開端。自幕府末年至明治時代，日本國民都有著攀登文明階梯的使命感，拚命學習趕上西方文明的方法，在日俄戰爭中在沒有敗北的情況下擊敗沙俄，這是在政治與軍事上的重大成就，也確立已經趕上西方先進的國家。參見鶴見俊輔：《戰爭時期日本精神史1931～1945》（臺北：行人文化實驗室，2011年1月），頁14、16。

〔註39〕 胡殿鵬（胡南溟）：〈破遼陽歌〉，收入全臺詩編輯小組編撰、施懿琳主編：《全臺詩》19冊（臺南：國立臺灣文學館，2011年10月），頁8。

〔註40〕 吳東晟：〈《漢文臺灣日日新報》所載詩話研究〉（臺南：國立成功大學中國文學系博士論文，2015年7月），頁174。

莽莽蒼蒼，真令小人儒咋舌、窮措大失色、村夫子斂手低眉頓首至
地足下不起也。似此始稱大快事。〔註41〕

胡南溟爬梳過去中國傳統文學的風格並對照文人所處時代，心得便是認為強
盛之朝代，其文學風格就帶有波瀾壯闊的特色。朝代強盛帶來四海昇平以及
社會一片榮景，使得文人便有自信心而創作出氣勢雄大之文學；此外，若一
朝之文風為卑瑣綺靡，無傑出之文人，則國祚旋移，難以成為長治久安之王
朝。是故，這能看出胡南溟心目中的文學是擴大為與國家相結合之文學，與
國家的興衰息息相關，文學興盛則國家強盛，國家強盛則文學興盛。這其實
多少帶有國家文學的意味，文人身為國民，自然要創作出有利於國家之文學。
因此，這也看出為何胡南溟的明治體是「以鳴國家之盛」，因為文運與國運俱
進，所以此時的臺灣漢文之文風就要走向宏大壯闊，符合當時臺灣所處的治
世，也就是宛如漢唐盛世的文學風潮。

　　整體而言，所謂「明治體」乃為乙未之後臺灣漢文學一種新的文學型態，
因應新的科技與新的政權而生的文學面貌，這其中可以看出胡南溟有意斷開
前清的連結。首先，就道統而言，中國傳統文學流傳至清代，已失去古華夏之
文風，日本儼然為華夏文化的繼承者，且為東洋文明中心向外輸出文明，加上
日本是春秋鼎盛之帝國，強盛之政權方能維護並發揚華夏文明，明治體自然是
日本統治下治世之文學，除了繼承華夏漢學之時，能讓漢文持續發揚。其次，
日治時期並不只是新政權領有臺灣而已，更標誌著一個新的時代，西方新學與
新興傳播媒體進入到臺灣，這些都影響著文人的思維與文人社群的發展，臺灣
文人不應固守四書五經等傳統文學，而是多方接受新學，以開拓視野，進而能
反饋至漢文的創作上，尤其是當讀書人脫離科考制藝的禁錮時，就表示其精力
毋需終生被綁在八比文之中，而能將思緒、眼界擴展至全球五洲，這些都是胡
南溟認為漢學能持續進化方能延續的方法，而不會被時代所淘汰至落後、守舊
的幽微角落，尤其處在新學一波一波襲來的年代。接著，胡南溟的明治體儼然
有國家文學的企圖，臺灣的漢文學與日本國運／國力密切相連，甚至可以說是
一體兩面，胡南溟多少有此雄心將漢文學提昇至國家文學的位階，這也避免了
臺灣漢文被時間所淘汰成落後的舊學以及被空間侷限成地方文學。換言之，胡
南溟主張臺灣文人拓展眼界，不僅要讓漢文適應新學的衝擊之外，更是強化了

〔註41〕鵬（胡南溟）：〈大冶一爐（五十九）〉，《漢文臺灣日日新報》，1909 年 11 月 27
　　　　日，4 版。

臺灣漢文的重要性，尤其在揚文會之後，臺灣總督府如此重視漢文，而讓胡南溟看到臺灣漢文在新時代的可能性與未來性，因而有著將臺灣漢文一舉推崇至國家文學的企圖心，方能以鳴國家之盛。

職是之故，「明治體」為日治時期漢文系譜的重新建構，為胡南溟心目中適應新時代的新漢文，也是欲帶動臺灣漢文的新潮流。

第二節　文化延續與政治現實之兼善

胡南溟倡導「明治體」為臺灣漢文開創出新的可能，讓進入日治之後的臺灣漢文不被時代所淘汰，為一種肆應與適應新政權與新時代的新臺灣漢文，同時呼應強盛的日本，有著將漢文提昇至國家文學的意圖，為治世之文學，以呼應揚文會之後的漢文榮景。雖然胡南溟提出的「明治體」構想，欲引領進入日治之後的漢文走向，同時透過《臺灣日日新報》此種新興的傳播媒體連載〈大冶一爐〉來散布自己的理念，向臺灣文人傳達出創作何種文學才能帶動治世的文風。不過，胡南溟完成〈大冶一爐〉之後，便因蒙受喪妻之痛，使得精神出現異常，而後經濟出現蕭條，生活潦倒，且晚年抑鬱無法振作。〔註42〕如此嚴峻的身體狀況與家境情況，消磨胡南溟的創作能量，沒有持續的文學產出，也就無法在臺灣漢學上發揮影響力，連帶地使「明治體」的構想在日治時期的臺灣文學發展曇花一現，僅能實現在他個人的書寫，而沒有擴及至其他漢文人，更遑論帶動臺灣漢文的新風潮。

雖然「明治體」如曇花一現，無法對臺灣漢文產生實質的影響，但這卻是胡南溟觀察時勢之後，欲延續漢文命脈的一種方法，企圖為漢文再開啟榮景。不過揚文會之後，並非只有胡南溟有著振興漢文的企圖與貢獻，這其中以 1909 年成立的瀛社最具有代表性意義，而且就影響力來說，北部第一大詩社瀛社社長洪以南（1871～1927）在日治初期的漢文系譜比重中，其篇幅較胡南溟來得多。

〔註42〕妻子匡感嘆胡南溟文人氣息既狂又奇，為天降奇才，但卻窮困潦倒，而感到惋惜。參見妻子匡：〈詩壇狂人胡南溟〉，《臺北文獻》直字第 6、7、8 期合刊（1969 年 12 月），頁 112～114。此外，胡南溟擔任漢文臺灣日日新報社的臺南通信員時期，被稱為三大詩人巨擘之一，期間也連載〈大冶一爐〉詩話，但完成不久即遭逢髮妻逝世，精神遭受打擊，因大笑而發狂。見謝崇耀：〈「明治體」論之意義初探〉，《百年風華新視野：日治時期臺灣漢文學及文化論集》，頁 192。

　　目前的先行研究中，對於洪以南多半著重在現代文明的接受，無論是洪以南的「外顯」研究從服裝、斷髮等外在表徵來分析洪以南接收新文明的立場與態度，從中看出在當時造成何種的影響，從外在的生活改變去探討內在的思想變化。〔註43〕洪家從事米穀生意，往來海峽兩岸貿易而經商致富，為艋舺當地之富商，同時洪以南具有清朝生員的功名，可說是地方仕紳，但洪以南詩、書、藝有著相當高的造詣，為一介傳統文人身分，但卻對新思潮不排斥，反倒是接收的相當早，從無論是外在生活的斷髮與衣著，以及送兩位兒子至日本留學，或是內在思維所投射出來的家書、詩句等等，來探討出臺北士紳及其傳統文人如何面對新思想。〔註44〕此外，洪以南後代洪啟宗則以交友情況來探悉洪以南改隸前後的身分轉換也連帶使交游網絡的變化與擴大，帶出洪以南成為地方仕紳之後培養出與日人往來的人脈，而洪以南為具有秀才、名士、富商等多元身分，而後能成為瀛社社長不無關係。〔註45〕

　　以此觀之，洪以南具有秀才、地主富商與仕紳等身分，使得洪氏在日本領臺之後成為總督府拉攏的對象，因而配戴紳章，參與敬老盛典，甚至之後出任臺北廳參事、淡水區長、淡水街長等公職，便可見得洪以南在臺北地區有一定

〔註43〕吳盈盈的研究中就有指出洪以南的身分在日治初期面對新政權與新時代的轉換，整體社會轉型過程中是如何地肆應，以及展現出何種的應世態度，因為洪以南本身具有秀才功名，為傳統文人；但進入日治之後則任臺北廳參事、淡水廳長等公職；家境又為經商世家，為地方仕紳，如此多元經歷，使得探討日治的文人之時，洪以南就具有代表性。詳見吳盈盈：〈日治時期社會領導階層：洪以南──對現代文明之接受態度──以其「外顯」行為為觀察重心〉，《東海大學圖書館館訊》新118期（2011年7月），頁28～29。

〔註44〕卞鳳奎提到文中提到洪以南之子洪長庚赴日就讀京都市第一高等小學校，為臺灣早期的留日先驅，而且是住在臺灣總督府官員木村匡家中，可見得洪以南不僅對新學接受度高，同時也看出其人脈關聯，更顯得洪以南的重要性。參見卞鳳奎：〈洪以南對新思潮受容之探討〉，《臺北文獻》直字168期（2009年6月），頁239～258。

〔註45〕洪啟宗也提及到洪以南因改隸之後無法進一步科考，只能寄情於詩書畫，但也因為厚實的漢學根基而能與日本官員交流唱和，以避免無謂的流血衝突，但對於日人官員來說，也能透過文學來與臺人進行藝文交流。洪以南身為傳統文人又為地方仕紳，無可避免與日本統治者打交道，但卻也培養出日人與臺灣仕紳的人脈，包括岡本要八郎建議洪長庚赴日留學，以及洪長庚留學住在木村匡日本的家中，洪以南事前得到總督府友人告知新北門街的房屋土地被總督府有價徵收，便能看出洪以南的人脈帶來實質的影響。另外，洪啟宗也注意到洪以南的日本友人若不是公職與地緣所認識，便是過木村與岡本人脈而結交。參見洪啟宗：〈從家傳文獻看洪以南的交友關係〉，《臺北文獻》直字166期（2008年12月），頁201～204。

的影響力。〔註46〕這從《臺灣日日新報》對洪以南的介紹便能看出端倪：

> 洪以南字逸雅，意邑庠，生世居艋舺街，斗南胞弟也，自少聰穎，
> 能文工書法，尤善畫蘭竹，倣鄭板橋筆意而得其神，性情慷慨，心
> 氣和平，地方義舉靡不踴躍，故當道選為臺北辦務署參事，而復為
> 維新公會副長，殆以其生平品望之有足重者。〔註47〕

與胡南溟不同的是，洪以南為艋舺本地人，為當地的富商，有充沛家底而能參
與地方各個義舉，且又為地方名望之士，使得總督府延攬洪以南擔任地方行政
基層之職務。〔註48〕再者，洪以南乃為秀才功名在身，有著文學書畫的文藝技
能，本身就是具有傳統文人身分的領導階層，自然有其影響力以支持漢文發
展。〔註49〕甚至日後以臺灣日日新報社漢文部記者為主體而成立的瀛社，具有
政經文教等實質影響力的洪以南，無論是在其住所召開第一次例會，或者之後
出任第一任社長〔註50〕，都能看出洪以南對於延續斯文的努力與重拾對漢文

〔註46〕洪以南1895年至泉州躲避戰火，隔年考取晉江縣學秀才。返回臺灣後主要任
職地方公職，諸如：明治30年9月辦務署參事，同年12月授佩紳章，37年
4月臨時臺灣舊慣調查會囑託，40年4月臺北廳參事，大正3年9月淡水區
長，其個人資產為五萬餘圓。詳見鷹取田一郎：〈洪以南〉，《臺灣列紳傳》（臺
北：臺灣總督府，1916年），頁45。另見中央研究院近代史研究所：「近現代
人物資訊整合系統」，網址：http://mhdb.mh.sinica.edu.tw/mhpeople/bookimage.
php?book=TL&page=44，2019年4月3日。

〔註47〕不著撰人：〈臺秀錄——縉紳紀實其廿七〉，《臺灣日日新報》，1899年3月5
日，5版。

〔註48〕就吳文星的研究中便指出，日治初期辦務署便調查臺灣各地境內進士、舉人
與秀才等具有清朝功名的臺人，造冊後向上呈報，目的在於將臺灣精英納入
基層行政與治安組織中，除了能籠絡臺灣領導階層之外，也穩定地方局勢。此
外，這些精英被安排接任參事或區街庄長，不僅僅是因為有功名在身而受到
總督府重視與任用，這些仕紳大多為地方上的富豪或望族代表，當然這些富
豪或望族並非是暴發戶，而是家族累世經營與栽培的結果，因而有著財富與
功名，成為地方上有聲望、有實力、有地位之領導人物，這也成為總督府首要
納入行政與治安體系之中，以穩定地方秩序。參見吳文星：《日治時期臺灣的
社會領導階層》（臺北：五南，2008年5月），頁65～70。

〔註49〕當時臺灣社會的領導階層多有知識分子的背景，因而在籌畫文學活動，自然
有極高的效率與號召力，而且本身有著財富與產業等資產，能提供自家庭園
作為文學聚會場地。再者，洪以南與日人交好，與臺灣日日新報社關係密切，
除了刊登瀛社成員的漢詩，也報導活動訊息，有助於臺灣漢文的發展。謝崇
耀：《日治時期臺北州漢詩空間之發展與研究》（新北：稻鄉，2012年12月），
頁77～96。

〔註50〕瀛社自1909年於艋舺平樂遊旗亭創會後，當時並無正副社長的編制，而是由
聚會場所的值東社友負責籌備社務與活動，如第一次與第二次例會均舉辦在

的熱情，同時運用自有的政經力量來帶動臺灣漢文的運轉，並且建構臺灣漢文
的系譜。

一、文明維新作為改良漢文的前提

揚文會之後，日本官吏展現其厚實的漢文學養，進而與臺灣文人互動、交
流與唱和，當然這不單單只是為了藉由文藝交流來拉攏與籠絡臺灣文人，以弱
化抗日意識而已。事實上，當劉永福從臺南乘船離開之時，臺灣成建制之抗日
力量就宣告瓦解，書生與地方仕紳、宗族的勢力也就無法與政府軍正面對抗，
接下來只有與之配合或消極應對的選項。更何況日治初期日人官方就曾調查
與造冊具有清朝功名的臺人，以掌握仕紳階層並賦予公職，納入地方行政與治
安的體系之中。這就如傅柯所說的「規訓」，這些臺人仕紳必須是可見的，他
們的可見性確保了權力對他們的統治。正是被規訓的人經常被看見和能夠被
隨時看見這一事實，使他們總是處於受支配地位。〔註51〕

> 紀律的歷史環境是，當時產生了一種支配人體的技術，其目標不是
> 增加人體的技能，也不是強化對人體的征服，而是要建立一種關係，
> 要通過這種機制本身來使人體在變得更有用時也變得更順從，或者
> 因更順從而變得更有用。〔註52〕

如果說乙未割臺之際，日本軍隊的武力鎮壓及其後的三段警備制是棒子，那麼
將臺人士紳階層納入行政與治安的體系之中，給予特許經營事業或者賦予地
方基層組織的職務就為紅蘿蔔，如此一來一往以穩定總督府在臺灣的施政，也
建立起上下從屬的關係。更重要的是，此時的臺灣仕紳以不若像前清時期天高
皇帝遠般，仍有一定的自治空間，而是成為總督府完全敵視、可規訓的對象。
若按照這樣的邏輯，並不能簡單地認為總督府官員與臺人文藝交流是為了拉
攏與籠絡，而是日本官吏展現其不亞於臺灣文人的漢文學養，企圖影響臺灣文
人的觀感以及認同，除了透過外在武裝展示和文明器物等硬體設備，讓臺人親
眼見到日本國力強盛，同時也以漢文交流此種軟實力，將臺灣漢學同化入日本

　　　　新北門街洪以南宅，第三次例會則是臺灣日日新報社的村田副社長與伊藤編
　　　　輯長負責。直至 1918 年才出現第一任社長，即由洪以南擔任。參見黃美娥、
　　　　陳盈達：〈百年吟聲，風雅抵柱：瀛社百年活動簡史〉，《臺北文獻》直字 166
　　　　期（2008 年 12 月），頁 33。
〔註51〕Michel Foucault 著，劉北城、楊遠嬰譯：《規訓與懲罰》（北京：生活·讀書·
　　　　新知三聯書店，2007 年 4 月），頁 211。
〔註52〕Michel Foucault 著，劉北城、楊遠嬰譯：《規訓與懲罰》，頁 156。

漢學之中，也就是溶入日本漢學系譜之中。

漢文為源遠流長的文體，自古代中國向外輻散至周邊地域，無論是臺灣抑或是日本的漢文都源自於古代中國，也因此臺灣與日本文人便能在漢文這個「同文」基礎上進行溝通交流。然則，雙方漢文的同文可以跨越語言的隔閡，但是卻也容易夾帶統治者的意識來影響臺灣文人，除了交遊拉攏之外，更是傳遞出日本國力強盛與漢文壯大正相關的訊息，使臺灣文人認可日本成為華夏／東洋文明中心，也相信日本統治之下的漢文會持續成長茁壯。〔註53〕這部份本章第一節探討胡南溟之時，便能看出已認為日本繼承著華夏文明，為漢學的中心。那麼若依此脈絡，臺灣漢學有斷層危機就是個假議題，畢竟只有日本帝國存在，斯文就會一直延續，而且與其擔憂日本會阻礙漢文，倒不如說臺灣文人是憂心新學的衝擊會影響漢文的存續。只是說若認為日本繼承華夏的漢文，並為東洋文明中心，那麼臺灣漢文就必然受到日本影響與滲透，在其後發展軌跡就能見到日本所影響的刻痕。

就洪以南來說，至福建避禍期間取得補弟子員，為一傳統漢文人，但在艋舺是地主富商身分，為地方知名之仕紳。無論是揚文會或是與臺、日文人交流之場合，均能見到洪以南參與文學活動。其中洪以南運用傳播媒體的特性，發表詩作在《臺灣日日新報》，使得能打破空間限制與其他文人隔空唱和，當然這種互動模式，能將唱和來往之詩作呈現於讀者面前，這多少也有增加曝光度的意味。從洪以南〈謹步鳥松閣原韻〉詩作能見到出現「文明」、「維新」等關鍵詞彙：

> 經權時世本英雄，鞭發文明氣若虹。
>
> 十載樹人猶樹木，風光似畫入詩中。
>
> 鳥松高閣欲擎天，煙月湖山占領權。
>
> 名士風流賢弼輔，公餘詩酒樂陶然。〔註54〕

〔註53〕這方面，游勝冠注意到將漢文發展與日本帝國的擴張掛勾在一起的思考邏輯，使《臺灣日日新報》充斥著正當化漢文存在於當代的價值之各類論述。透露出臺灣漢文人將漢學的命運與日本漢學掛勾，挾日本漢學以自保。參見游勝冠：〈同文關係中的臺灣漢學及其文化政治意涵——論日治時期漢文人對其文化資本「漢學」的挪用與嫁接〉，《臺灣文學研究學報》8期（2009年4月），頁288。

〔註54〕洪以南：〈謹步鳥松閣原韻〉，《臺灣日日新報》，1905年（明治38年）12月29日，1版。

此首詩作乃為唱和後藤新平〈鳥松閣偶題〉〔註55〕，後藤新平發表詩作於《臺灣日日新報》，原文描繪鳥松閣之景象，先摹寫大景物「臺北城」至小景物「鳥松閣」，在書寫臺北城之氣象，隱含了規劃治臺之雄心壯志。而洪以南等臺灣文人呼應此詩，洪以南則是從「文明」入手，意味著後藤新平擘畫臺灣的新格局，帶動臺灣的文明發展，這也表示具有文明的日本統治者方能將文明帶入臺灣之中。此外，洪以南〈送呂鐵雄中書歸北京〉詩作，認為臺灣已經處於維新的風氣之中：

> 相逢乍喜慰生平，忽聽驪歌感別情。
>
> 莫道身邊無所有，維新風氣伴歸程。〔註56〕

呂鐵雄為清朝內閣中書，來臺考察政治，所見所聞以作為清朝革新之參考。〔註57〕然而，就《漢文臺灣日日新報》的報導來看，清朝曾派官吏赴臺考察日本統治的臺灣，之以作為日後實行新政之參考依據，其中提及呂鐵雄具有維新思想，因而被《漢文臺灣日日新報》記者所注意到。若對照洪以南此詩，可以看出此二人有見面有交情，甚至可以這麼說，有維新思想而有共同話題，因而能交遊。使得洪以南在送別呂鐵雄之時，期盼他帶著維新見聞回到返回北京匯報工作情況。這之中也看出洪以南認為臺灣是個有著維新新學以及新政之地。

　　臺灣有著文明維新的新政，為日本總督府所推動與施政，清朝派員來臺觀摩是考察日本統治之下的維新新政，但臺人本身是被動接受此種新政。也因為如此，同年的洪以南及其《臺灣日日新報》漢文記者成立「新學會」〔註58〕，提倡新學以推動文明，所募集對象為臺人青年，使用文體為漢文，也就是以

〔註55〕原作為後藤新平首唱：「山繞江城氣勢雄，青天白日斷長虹。鳥松盤鬱開高閣，風景居然入畫中。閣聳林園別有天，春花秋月屬私權。回頭往事渾如夢，悟到真機意豁然。」棲霞（後藤新平）：〈鳥松閣偶題〉，《臺灣日日新報》，1905 年（明治 38 年）11 月 10 日，1 版。

〔註56〕洪以南：〈送呂鐵雄中書歸北京〉，《漢文臺灣日日新報》，1906 年（明治 39 年）12 月 15 日，1 版。

〔註57〕新聞報導有提及呂鐵雄具有維新思想：「清國官吏履我臺疆。考察政治。將以為清國革新之資料者。前後已六七人。其有維新思想者。僅為兩人。一為候選道何申之。一為內閣中書呂鐵雄。」雪（謝雪漁）：〈新月旦〉，《漢文臺灣日日新報》，1907 年（明治 40 年）6 月 21 日，4 版。

〔註58〕關於新學會之報導：「本島改隸以來。百廢俱興。風行草偃。前督帥曾設揚文會。菁莪棫樸。振采一時。厥後未聞有。而提倡新學。以助文明之化力。殊屬遺憾。茲有伊藤政重、洪以南、王慶忠、古火旺、暨本社漢文記者全部。提倡新學會。募集會員。逐月刊並叢誌。」不著撰人：〈提倡新學〉，《漢文臺灣日日新報》，1906 年（明治 39 年）6 月 28 日，5 版。

臺人為主體來吸收西方知識。〔註59〕臺灣文人推動吸收新學，不僅是受到揚文會之後認知到政府施政的推力，以及新學成為新時代的風潮後，察覺到對漢學的壓力，因而改良漢文，以適應新時代。這部份胡南溟就注意到漢文必須進化，及其接收新學所帶來文體的問題：

> 亞雨歐風，大開詩人之天地。異日者足跡所到，縱飲高歌，便拓得詩人箕大眼界，不作古代詩人小天地觀也。〔註60〕

> 歐美人入亞洲，所教之詩歌文詞，皆從中國語言文字譯出者。有其意而無其詞，有其音而無其律。近於俗，而不馴於雅；流於鄙，而不中於節。體格太俚，不能入雅人之目。故從其教者，未見有大儒、通儒、真儒輩出，識者早知其不堪傳遠也。〔註61〕

就日本總督府官員的觀點來說，所謂漢文已不再是中國式的傳統漢文，而是明治維新之後內化新學的「東亞漢文」，也因為如此才有自信喊出東洋文明中心。胡南溟認為漢學必須進化，吸收新學方能蛻變，因而認為文人得開啟眼界，認識臺灣以外的世界，這也意味著胡南溟所推動的「明治體」漢學迥異於以往的中國古典漢學，為一種適應漢學新典範之重塑與再審視。〔註62〕此外，漢文若融入新學，在面對西方思想等抽象事物的翻譯，勢必有著「無以名狀」的窘境出現。因此臺灣文人拓展眼界之時，也需要改良漢文，以能容納入新學知識的各種概念及其相對應之詞彙。〔註63〕這些胡南溟都觀察到漢文的侷限

〔註59〕謝崇耀指出，新學會所欲推動的「新學」，是以漢學為本的新學，與新學融合，目的在於承載現代文明，適用於新時局的新漢學。謝崇耀：〈論日治時期新學會之發展與時代意義〉，《漢文臺灣日日新報》，《百年風華新視野：日治時期臺灣漢文學及文化論集》，頁88。

〔註60〕鵬（胡南溟）：〈大冶一爐（八）〉，《漢文臺灣日日新報》，1909年2月14日，4版。

〔註61〕鵬（胡南溟）：〈大冶一爐（九）〉，《漢文臺灣日日新報》，1909年2月21日，5版。

〔註62〕謝崇耀認為東亞的漢學，是經明治維新改造之後，融入新文明的新漢學。而胡南溟的「詩教」乃是文化進化觀點，強調詩歌對應時代，「明治體」的新漢文就是新時代之下新漢詩典律的重建，目的是維繫臺灣傳統漢文學。參見謝崇耀：〈論日治時期新學會之發展與時代意義〉，《百年風華新視野：日治時期臺灣漢文學及文化論集》，頁87～88、91～92。

〔註63〕陳培豐認為胡南溟注意到臺灣文人若要論述現代文明的相關議題，導致漢詩文書寫的文章與文體產生變異，與以往的漢文有明顯不同，因而給新文體一個符合時局的適當稱謂。參見陳培豐：《想像和界限：臺灣語言文體的混生》（臺北：群學，2013年7月），頁89～90。

性，若身處於新時代的漢文卻沒有與時並進，則容易被時代所淘汰，因而強調漢文人須持續進修。

若過頭來論及洪以南就不難理解為何會時常提到「文明」、「維新」等字眼。洪以南身為秀才卻沒有進入臺灣總督府設立的新式學校。原因應是在於洪以南自泉州渡海回到艋舺接掌家業〔註64〕，而無暇就讀國語學校。洪以南雖未受過正規之西式教育，但本身具有仕紳身分而常與日本官吏打交道，受其影響因而感到文明有益於臺灣，這從送長子赴日留學便能看出端倪：

> 文明氣象振扶桑，千里東遊仰國光。
>
> 愛子維新催負笈，感君贈別實行囊。
>
> 筵開祖帳鄉情重，夢入神山客思長。
>
> 勝景名區堪領略，恨無彩筆寫歸裝。
>
> 處世猶如一大夢，長年何用鬱窮愁。
>
> 偷將擾擾煩忙苦，來作閒閒汗漫遊。
>
> 芳草三春迷客路，乘槎萬里入神洲。
>
> 此行為了人生願，好趁潮平解纜休。〔註65〕

當時日本已經是維新成功且具有現代文明之大國，因而造就迥異於清朝之新氣象，也使得國力大幅增長，成為進入西方列強之林。這也反應在洪以南此詩，認為現代文明造就出新的日本，為現代化之國家。也由於當時臺灣的高等教育體系不若日本般的完備，若要學習現代文明就得赴日留學，洪以南因而攜子洪長庚就讀京都高等小學校。〔註66〕思想上的維新有助於提昇臺人之

〔註64〕乙未割臺之時，洪家渡海前往泉州避難，而當臺灣逐漸平靜時，便決定派剛取得秀才功名的洪以南先回臺照顧家業。參見洪啟宗：〈從家傳文獻看洪以南的交友關係〉，《臺北文獻》直字166期（2008年12月），頁201～204。此外，就洪啟宗的回憶就提及洪以南之父洪輝東於光緒甲申（1884年）過世，享年45歲，此時洪騰雲65歲，而洪以南14歲，當洪以南取得功名後返臺職掌家業，當時約26歲。參見洪啟宗：〈洪騰雲的生平──一堆玻璃珠裡的珍珠〉，《唐山過臺灣──富六代，一個臺灣家族的故事》，網址：https://chitzonghong.blogspot.com/2013/11/blog-post.html?fbclid=IwAR2xujj1-JeWsXsCsbBt8Kxk4igGToq3v7HqhP34zwbYIS7BP-HNod0kaN0，2019年4月1日。

〔註65〕洪以南：〈將上東京口占以謝親友之餞餞〉，《臺灣日日新報》，1907年4月20日，1版。

〔註66〕洪長庚能赴日留學，是受其老師岡本要八郎所建議，以及就讀京都高等小學校與京都府立中學校期間，是寄宿於木村匡家中，這也能看出洪以南的人脈關係，參見註45。另見不著撰人：〈雛鳳聲清〉，《漢文臺灣日日新報》，1908

文明水準,而洪以南敏銳嗅到時代風氣的轉變,意識到現代文明的重要性,當然這或許來自於他與總督府官員打交道的經驗及其相關人脈關係網絡,而能對文明有著敏銳反應。

不過,洪以南對於文明的觀感並不只是如「師夷長技以制夷」般僅學外在器物知識而已,而是「悟機換得新頭腦,實學文明望後昆。」期許洪長庚能徹底習得現代文明知識和思想。這部份也讓謝雪漁身深感贊同:

> 雪漁曰:實學文明望後昆一語,先得我心。君與余同庚,而家嗣長庚年已十七,卓犖英偉,現肄業於京都府立中學校,實學文明,誠有然也,豚兒輩正未知能實學文明否也?〔註67〕

謝雪漁與洪以南歲數同年,又同為秀才身分,雖然都是歷經乙未割臺之傳統文人,但對於文明的接受度都是持著一致的看法,不僅不排斥,反而以開放態度看待新學,又期盼自己兒孫能實學文明。這更能看出這二位傳統文人對於接收新學以學習現代文明的看法,這除了是因應環境變化而改變自己的心態之外,甚是退一步來說,這也是日後具有謀生能力的要素,也就是實學能面對時代轉變之後所帶來的產業變異,從洪以南之子洪長庚日後成為眼科醫師便是如此,擁有現代文明之專業技能。所以從洪以南為傳統文人與地主階級,洪長庚到則轉型為中產階級,這便是能實學文明與否的證明。

此外,他們對於文明是認為一種不可逆趨勢,時代發展必然的結果,甚是覺得文明是臺人進化的關鍵要素。洪以南〈恭讀戊申詔勅〉其詩作中便提到「文明」已是時代趨勢:

> 中興王氣壯河山,四一年來宵旰艱。
>
> 激勵國民純國粹,洋洋聖訓詔書頒。
>
> 如綍如綸馳尺一,黜其華兮崇其實。
>
> 強俄戰後大經營,勤儉千秋誠莫匹。
>
> 驕奢取敗古人箴,相誡毋荒毋怠心。
>
> 況復白黃爭競世,大和魂豈信沉沉。
>
> 大陸風潮喧廿紀,文明日進勢難已。

年 4 月 21 日,5 版;不著撰人:〈學業漸優〉,《漢文臺灣日日新報》,1909 年 8 月 3 日,7 版。

〔註67〕關於「悟機換得新頭腦。實學文明望後昆。」與謝雪漁的眉批。參見洪以南:〈無題四首〉,《漢文臺灣日日新報》,1908 年 8 月 22 日,1 版。

　　我不自強人人強，急把國魂重喚起。

　　鑒否亞歐多辱國，宴安甚至絕其域。

　　何如奮發鼓精神，協翼恢宏皇建極。

　　民強國富樂堯天，鞏固邦基億萬年。

　　光輝史冊昭日月，嘉言奕奮禹謨編。

　　遙拜天章服八荒，誠惶誠恐爇心香。

　　詩人也負國家責，旗樹騷壇代草堂。〔註68〕

瀛社第三次例會之詩題為「恭讀戊申詔勅」，雖然具有強烈的日本色彩，顯露出統治者影響與控制之痕跡。〔註69〕卻也看出洪以南意識到何為文明，以及文明能帶來什麼。日本對沙俄的戰爭獲得勝利，而認為是文明使得日本國力飛躍提昇，黃種人方能擊敗白種人，以成為列強之一員。再者，追求文明乃為一種時代必然之趨勢，也是世界各國的風潮，吸收新學才能自強才不會成為西方強權的俎上肉。洪以南見識到「文明日進勢難已」，不僅是難以阻擋的浪潮，更是使臺灣社會更進一步的利器。換言之，就洪以南的認知而言，對於現代文明持開放態度，不會讓漢文消逝、淘汰，而是藉著新學來思考如何肆應這整個大環境的變化，讓漢文進化成能適應乙未之後臺灣的新局面與新時代。

二、文人社群作為提振漢文的方法

　　雖然上述提到洪以南對於現代文明的開放態度，但洪以南本身為秀才出身，雖為一傳統文人卻不會因為接受新學而妨礙漢學的延續。洪以南吟詩就提到文人是能同時涵養新學與漢學：

　　數載神情契四知，有緣杖履笑追隨。

　　今宵散悶頻斟酒，古代論交輒賦詩。

　　智識維新多磊落，倫常舊守豈愚癡。

　　老天六月偏風雨，似助清談慰所思。〔註70〕

〔註68〕洪以南：〈恭讀戊申詔勅〉，《漢文臺灣日日新報》，1909年6月29日，4版。

〔註69〕王幼華認為具日、臺混血式色彩的「瀛社」，日人以政策指導及控制的現象出現，服膺政策的瀛社例會明顯帶有這樣的框架。在1909年瀛社成立後的第一、二年，最為明顯，前幾次的詩題，都明顯具有殖民政府的控制意志。詳見王幼華：〈日本帝國與殖民地臺灣的文化構接──以瀛社為例〉，《臺灣學研究》7期（2009年6月），頁40～41。

〔註70〕洪以南：〈逸園夜飲席上呈雲程詞兄〉，《漢文臺灣日日新報》，1910年7月23日，1版。

洪以南於自己的宅邸宴請楊鵬搏,楊鵬搏祖籍泉州,府城出身之秀才,擔任過臺南第一區長與臺南廳參事〔註71〕,其成長和出身背景以及1895年之後擔任公職的際遇,都與洪以南相仿。此二人具有深厚漢學素養,有共同的話題與難題,因而一同酬觴賦詩以排遣愁悶。新學知識為時下的風潮,而且確實能為社會帶來進步,但不見得就得將傳統貶為落後,固守傳統之人更非愚癡。其實這也反映出洪以南的態度,也就是追求西方文明固然為時代的潮流,但傳統漢學仍不可偏廢,這也是揚文會之後傳統文人的想法,西學與漢學並重,或者可以這麼說,學習西學是適應新的時代社會以及新的產業發展,而漢學才是這些文人的根本。就洪以南的立場來說,吸收現代文明是為了讓漢學能更長遠發展,藉以改變漢文進而延續斯文。

　　這其中以瀛社成立與《臺灣日日新報》成立漢文版,能看出洪以南心目中所推動的漢文版圖及其理想是何種樣貌。詩社乃為自清領時期東吟社以降之文人結社的傳統,而《臺灣日日新報》是日本統治臺灣之後所帶來的新興傳播媒體,為現代文明的器物。這二者結合,使得瀛社同人之詩作能刊登在《臺灣日日新報》與《漢文臺灣日日新報》,擴大瀛社的影響力,也增進文人的能見度。這部分從瀛社第三次例會之詩題〈恭讀戊申詔勅〉便能看出洪以南的企圖心,雖說此為瀛社同人閱讀明治天皇的戊申詔書之後的反饋與心得,但歌頌國家強大之時,卻也帶出文學於當世的功用,洪以南於詩末提及到「詩人也負國家責。旗樹騷壇代草堂。」文人作為國民而須呼應、支持國家發展的同時,要為當世的漢文立下典範,打造出別樹一旗的文學新局面。有趣的是,洪以南書寫此詩乃是瀛社第三次例會之詩題,當時瀛社創立不久,因而更能看出洪以南對於瀛社的期望,詩社不僅僅只文人之間互相交流的團體,而是藉由瀛社來帶動全島漢文的蓬勃發展。

　　瀛社之所以能帶動漢文的蓬勃發展,乃是因為能聚集各地之同好在同一空間中面對面交流,無論是以擊鉢吟抑或是柏梁體之聯吟〔註72〕,都是透過

〔註71〕楊鵬搏,字雲程,臺南人,屬泉州。19歲考取秀才,22歲為候補廩生。明治30年12月特授佩章,35年8月任拜命臺南第一區長,大正2年登庸臺南廳參事。個人資產為二萬圓。詳見鷹取田一郎:〈楊鵬搏〉,《臺灣列紳傳》(臺北:臺灣總督府,1916年),頁293~294。另見中央研究院近代史研究所:「近現代人物資訊整合系統」,網址:http://mhdb.mh.sinica.edu.tw/mhpeople/bookimage.php?book=TL&uuid=34A3F21F-A00B-46C9-BB36-8B5A35549F1E,2019年4月3日。

〔註72〕瀛社創立之初於艋舺「平樂遊」酒樓舉行發會式,席中同社諸友以瀛字韻仿造

文學活動而加深彼此的認同，同時也塑造出文壇蓬勃的景象，有著斯文仍持續發揚之感。換言之，乙未割臺戰亂時期的文人顧影自憐地獨自吟唱，到詩社創辦之後，文人群體聚會共同以一道詩題來各抒己見，除了體現集體意識之外，也展現自己的詩作能力與意志，呈現出既熱鬧又有深度文學內涵之風貌。正如謝崇耀所言：「除了注意到漢詩書寫作品本身的藝術水準之外，更重要的是，視為一種符合族群自我歸屬之儀式性活動，所屬相關族群在此空間中，能遂行族群認同行為，滿足自我階級形象的期待，而得以獲得生命安頓與寄託。」〔註73〕是故，各路詩友聚會，能看到瀛社的交遊網絡之外，也能看到洪以南對於其他文人的互動情形，尤其是從中看出他們對於當下漢文的期望與認知。這在洪以南在瀛社秋季總會賦詩予各位來賓便能看出：

> 却扇詞成艷一時，北來兩度逞雄獅。
>
> 迦陵他日編新集，不數彥弘疑雨詩。（呈陳槐庭詞長）
>
> 音容一接慰秋懷，三絕即今之弱齋。
>
> 彤管中流當砥柱，文章醒世半詼諧。（呈鄭汝南詞長）〔註74〕

櫟社諸詞宗至臺北，瀛社同人宴請於平樂遊旗亭交遊與酬唱。陳槐庭即為鹿港陳懷澄，早期詩作情意纏綿、豔麗精工，以〈却扇詞〉12首尤稱佳構，乙未後風格劇變，昔日堆香積玉之作，轉為激楚蒼涼。〔註75〕但洪以南卻是期待陳懷澄的艷詩能有朝一日付梓成冊，成就宛如王次回的《疑雨》集。然而，這多半有鼓勵陳懷澄之意，畢竟早期詩作情意纏綿、豔麗精工為陳懷澄原本的文學風格，只是因乙未割臺的創傷使得書寫創作而迥異以往。洪以南卻不提乙未後風格劇變之作，反而是提早期的艷體詩，這也折射出現在已經進入漢文新的局面，已不若過去悲情苦悶的心境，而是進入到騷壇百家爭鳴之時候，且時局已穩定，文人就文學而創作文學。接著，洪以南依據鄭汝南的特質而酬唱此一詩句，稱讚鄭汝南以文筆來重振漢文立言的傳統。洪以南呈鄭汝南詞長之詩句，

　　柏梁體聯句之方式一人吟一句，共有54句，其中逸雅（洪以南）吟「羣賢畢至渾年庚」，而雪漁（謝汝銓）則是吟「儀秦舌辯逞縱橫」，這能看出加入瀛社之文人無分年紀不分地域，在詩社聚會上各自展現詩句酬唱。參見鶴汀（齋藤鶴汀）等著：〈瀛社聯句〉，《臺灣日日新報》，1909年3月14日，6版。

〔註73〕謝崇耀：《日治時期臺北州漢詩空間之發展與研究》，頁206。

〔註74〕洪以南：〈瀛社秋季總會呈諸來賓〉，《漢文臺灣日日新報》，1909年11月13日，4版。

〔註75〕施懿琳、楊翠、魏貽君撰稿：〈彰化地區古典文學〉，《新修彰化縣志‧卷七‧文化志‧文學篇》（彰化：彰化縣政府，2018年10月），頁91。

提到以彤管中流當砥柱，用文章來醒世，帶出文學有益於時代，文人也非只有風花雪月，仍有著欲以文學來延續斯文以及傳播文明的責任。因此十年後鄭汝南等櫟社同人籌組臺灣文社，發行機關誌《臺灣文藝叢誌》，並由鄭汝南擔任編輯兼發行人。洪以南認識到在這新的時代，文人是有用的，漢文能具有這社會的振聾發聵之效用，並透過平面傳播媒體讓文學能夠影響這一世人。若觀看洪以南酬唱陳槐庭與鄭汝南，可以發現到詩人聚會的交流，不僅能夠拉近本地以外的文人，更重要的是形成漢文的網絡（network），塑造出對於漢文的穩定感與自信感。透過詩社對詩社的交陪，文人與文人的交流，進一步確認漢文化仍持續保存並且維繫之。如江寶釵所言，面對面直接進行人際傳播，傳播雙方不斷互換角色，相互作用有效性高，易於產生積極主動的傳播心裡與行為，從而獲得心靈的滿足。〔註76〕

　　瀛社成立之後積極推動北臺灣地區的文人交流及其詩社活動，促成與當時臺北州各地方之詩社互相來往，除了吸引其他詩社加入瀛社運作之外，也招攬外社詩友參與瀛社活動，如此持著海納百川的態度，使瀛社成長茁壯，雖不是成立最早之詩社，卻一躍為北臺灣第一大詩社。〔註77〕洪以南除了以詩社來結交臺北州地區的文人雅士之外，更與中部地方的文人交流，日後更促進瀛社與櫟社的互動與互訪。洪以南與連橫兩人的交情，成為這南北兩大詩社居中的牽線人物，日後促成瀛社與櫟社的以文會友。〔註78〕所以，文人聚會不僅是互通聲氣，而且帶有強烈的交友性質，文人結社及其聚會多半是圍繞在文人的交遊關係網絡上，也因為文人交友圈的拓展，方能帶動漢文更加蓬勃的發展。這從連橫（1876～1936）〈戊申春暮淡北諸公招飲即席賦呈〉詩作，能看出聚會互動的熱絡：

〔註76〕江寶釵：《臺灣古典詩面面觀》（臺北：巨流，1999 年 12 月），頁 66。

〔註77〕黃美娥的研究中指出，瀛社本身吸納眾多外社社員加入，也合併其他詩社，或招攬外社吟友參與瀛社活動，因而能成為北臺第一大詩社。參見黃美娥：〈北臺第一大詩社——日治時代的瀛社及其活動〉，《古典臺灣：文學史‧詩社‧作家論》，頁 239。

〔註78〕廖振富根據《傅錫祺日記》相關記載推測，瀛社與櫟社最初互動的居間聯絡人為洪以南與連橫，也表示加入櫟社的連橫早已認識瀛社領袖洪以南。因此，洪以南於 1909 年 6 月 7 日南下臺中瑞軒認識傅錫祺，並促成櫟社於同年 7 月北上臺北，8 月 3 日在艋舺平樂遊旗亭舉辦櫟社詩人歡迎會，兩大詩社建立起聯繫網絡。參見廖振富：〈百年風騷，誰主浮沉？——二十世紀臺灣兩大傳統詩社：櫟社、瀛社之對照觀察〉，《臺灣文學研究學報》9 期（2009 年 10 月），頁218。

官柳絲々繞短垣，旗亭相約酒盈樽。

劍潭王氣餘山色，淡社詩聲振國魂。

千古但存文字貴，一生自信布衣尊。

醉中喜得裙釵愛，豪氣橫天壓北門。〔註79〕

明治41年（1908）春季，連橫參與瀛社、淡社同人於艋舺平樂遊旗亭的聚會，淡社為日本人所組成之詩社〔註80〕，然而平樂遊旗亭又為瀛社同人主要聚會之場所，這場聚會有著北部之臺、日文人與中部上來的連橫，此種切磋詩藝和文學交流締造文人之間深厚的往來情誼。接著，因地利之便與同為《臺灣日日新報》任職之故，瀛社與淡社的成員因而熟識，有著良善互動。〔註81〕此種私人情誼而舉辦的漢文文學活動，透過牽線介紹新成員而又擴大人際關係網絡，讓不同地區的詩社開始互通聲氣以文會友，之間的情誼往來跨越南北地域，有著振興漢文的功效。這從洪以南回應連橫施作便能得知：

芬菲桃李會荒垣，舊雨春風酒滿樽。

薄飲腔涵真熱血，狂歌聲孕大和魂。

縱橫吟詠詩之霸，悲憤文章世所尊。

何幸高山今仰止，垂青萬里入蓬門。

蕉評：詩亦雄霸。可以對酒當歌。〔註82〕

連橫至臺北與瀛社、淡社同人聚會唱和，從詩句中可看出聚會相當熱絡，因而寫出詩作可以吟詠抒發情感之外，更可以縱橫於這社會之中。一個月後洪以南唱和連橫的詩句刊登於《漢文臺灣日日新報》，詩作中流露出文學是有益於這個世道的看法，尤其在新學潮流席捲臺灣的這個時代。這些傳統文人不

〔註79〕連雅堂：〈戊申春暮淡北諸公招飲即席賦呈〉，《漢文臺灣日日新報》，1908年4月30日，1版。

〔註80〕臺灣日日新報的報導曾介紹淡社與瀛社，其中提到前者主要成員為小泉盜泉、木下大東、館森袖海、神谷由道、尾崎白水、安江五溪等；而後者主要成員為洪以南、謝汝詮。參見不著撰人：〈臺北的『會』（四）──淡社と瀛社〉，《臺灣日日新報》，1909年3月21日，7版。此外，淡社主要聚會地點在劍潭俱樂部。

〔註81〕瀛社與淡社的成員多為《臺灣日日新報》報社之員工，或者與之有關系者。再者，淡社主要成員具有詩、書、畫之特長，曾開設書畫雅會邀請洪以南、羅秀惠與會。因此，無論是地緣、工作或者雅興等，都有很高的重疊性。參見陳惠茵：〈東亞視域下的漢文學表現──以館森鴻寓臺期間（1895～1917）為討論中心〉（臺北：國立臺灣師範大學碩士論文，2011年6月），頁67～68。

〔註82〕洪以南：〈謹和連雅堂詞吏席上口占瑤韻〉，《漢文臺灣日日新報》，1908年5月29日，1版。

會覺得漢文已經無用，反而自信地認為漢文可以興，可以觀，可以群，可以怨，使得主筆羅秀惠的評論提到「詩既可以雄霸，也能對酒當歌」。也就是說，就洪以南的觀感而言，漢詩文相較於新學知識，雖是個傳統的語言文字載體，但這卻是歷經過乙未割臺文人的共同語言，也能與日本漢文人互通，可說是東亞漢文化的「詮釋社群」（interpretive communities）。因此漢詩能作為文人之間的溝通橋樑，也是跨越地域的媒介，因而能凝聚漢文人的文化資本，強化維繫漢文文風的使命感。另外，這也某種程度反應了洪以南等傳統文人的焦慮，若說詩已雄霸，又何須強調吟詠詩之霸？詩社不是文友之間單純的切磋詩藝與交際應酬的聚會，而是有著嚴肅的延續斯文之使命及意義。〔註83〕職是之故，在面臨新學衝擊及其產業結構的轉變，傳統漢文有著無法適應於現代社會的危機，因而洪以南刻意強調詩能雄霸，也就是漢詩仍有其功用性，並非只是保殘守缺，為漢學尋找出存在於當世的意義。

　　洪以南如此看重詩社的聚會，除了是能與其他文友敦睦交誼，有經營人際網絡的因素之外，主要還是帶有宣揚漢文以及傳承漢學的意味。畢竟，具有共同漢學學識之文人聚會，所帶來的效應絕非自己隱逸遁入桃花源〔註84〕可比擬。洪以南率團前往臺中參與櫟社庚戌春社，能看出文人社群的跨地域交流：

　　　　十分月色十分春，翰墨場中證夙因。

　　　　魚水吟情傳韻事，雲龍雅會盡詞人。

　　　　四筵詩酒傾肝膽，兩部山河屬齒唇。

　　　　砥柱中流資保障，毗耶學界一番新。〔註85〕

自1909年櫟社成員北上參與瀛社秋季總會後，隔年櫟社開詩人大會邀請瀛社與南社等南北各吟社友至臺中瑞軒與之聚會交流，瀛社則是洪以南、李漢如、王毓卿與謝雪漁等人代表參加。在《漢文臺灣日日新報》的報導中便提及大

〔註83〕 江寶釵認為日治時期的臺灣詩社，成立的原因是有著崇高的理想，就是接續漢文教育的傳統，以保存漢文命脈。見參見江寶釵：《臺灣古典詩面面觀》，頁72。黃美娥也指出，日治時期詩社之創立，初期是因為遺老為振詩道所致。見黃美娥：〈日治時代臺灣詩社林立的社會考察〉，《古典臺灣：文學史‧詩社‧作家論》，頁217。

〔註84〕 洪靜芳的研究中指出，乙未割臺後遺民內渡於海外建立園林，成為避秦桃花源，是代表文化傳承，尤其是日本殖民的棄地遺民失去傳統，等於滅族。參見洪靜芳：〈臺灣古典詩的陶淵明現象〉（彰化：國立彰化師範大學國文學系博士論文，2018年6月），頁123。

〔註85〕 洪以南：〈櫟社庚戌春社即事〉，《漢文臺灣日日新報》，1910年5月3日，1版。

會場景的盛況：「張燈於軒樹池欄，紅光照耀與月色爭輝，曲水流觴，不減蘭亭勝會，人數且過之，洵臺灣開闢三百年來所未見也。」〔註86〕此時的詩人大會更勝於東晉永和九年（353年）季春的「蘭亭集會」，當時謝安與王羲之父子等四十多位名士參與此盛會，而這次位於瑞軒的詩人大會有著臺灣三大詩社參與，可說是盛況空前，為官方揚文會之後民間所舉辦的大型文學活動，尤其是鐵道開通之後，打破地域空間的限制，連帶地也打破文人之間的隔閡，促成南北文人至臺中，而且又是民間自力舉辦，活化漢學的能動性，凝聚出漢文人的集體意識。因此洪以南的詩句提及雲龍雅會，便是讚嘆透過聚集文人與會，在文化空間中切磋詩藝與結交詩友，除了比賽競試也酬唱贈答。此外洪以南認為這些文人皆具有深厚漢學根基之文人，所書寫之詩作具有一定之質量，也因為是民間所主導的大型文學活動，而讓洪以南看到漢學有著振興之新氣象。林馨蘭將此次櫟社主辦的詩人大會為蘭亭盛會，一群文士優雅地在小橋流水的地景旁臨水宴飲，同時聯吟唱和，有著蘭亭集會曲水流觴的意境，而且留下舉世聞名的作品。接著，此次詩人大會的活動空間是在「瑞軒」，現時的曲水流觴地景接合古代蘭亭集會的文化符碼，讓這些傳統文人浮現出能與東晉時代的蘭亭集會般，具有濃厚人文氣息的文士雅會，還能寫出流傳千古的經典篇章，此種詩人大會宛如嘉年華（carnival）慶典儀式的意味，在良辰美景的庭園空間中觥籌交錯，展現出優雅的人文氣息，更增添漢學朝氣蓬勃的氛圍。〔註87〕如此盛大的文學活動，糾集北中南的傳統文人共同酬唱與競試，展現了漢詩逐漸走向興盛的風貌，一掃過去認為漢學衰落的陰霾，同時在集體意識中也強化對於漢學的自信心。

　　此外，洪以南也曾認為瀛社聚會更勝於蘭亭集會，為一群文人雅士的聯吟

〔註86〕湘（林馨蘭）：〈赴櫟社大會日記（一）〉，《漢文臺灣日日新報》，1910年4月30日，5版。

〔註87〕臺灣傳統文人舉辦的詩人大會，無論是外在的活動流程與筵席或是內在的意識等類比於蘭亭集會，甚至自信規模更勝於此，其實蘭亭集會本身就有嘉年華慶典儀式的意味。張淑香的研究中便指出，「群賢畢至、少長咸集」的場面，散發著嘉年華（carnival）慶典儀式的意味，讓人聯想到原始初民的狂歡祭會，以及它所呈露的集體意識（collective consciousness）的心裡含義。雖然此處修禊的儀典，已被納入流觴賦詩的文明模式，變成一幅洋溢著優雅人文氣息的行樂圖，但仍然是原始狂歡的集體意識之延伸。詳見張淑香：〈抒情傳統的本體意識——從理論的「演出」解讀〈蘭亭集序〉〉，《中外文學》20卷8期（1992年1月），頁88。

活動，絕非泛泛之輩，而是群賢畢至、少長咸集。如洪以南〈祝瀛社一週年〉
提及聚會盛況：

> 去年開會日，今日祝筵時。
>
> 人盡韓蘇侶，吟多唐宋詩。
>
> 風騷扶大雅，聲氣戒相違。
>
> 瀛社千秋在，蘭亭莫過之。〔註88〕

櫟社主辦的詩人大會結束後不久，洪以南便發表祝賀瀛社一周年的詩作，此
詩反映出洪以南相當自豪瀛社的成員及其文學作品，不僅稱讚同人個個都是
韓愈、蘇軾，所書寫的作品如同「韓潮蘇海」，詩社之中的聯吟酬唱都為唐宋
詩，也就是瀛社成員皆遵循古典詩歌的平仄格律。這除了表示瀛社同人皆受
過嚴謹的漢學訓練，甚至歷經科考淬鍊，有著純熟的漢詩功力，同時也隱含
著瀛社遵循古風，承繼著詩經、楚辭的詩學傳統，以及上承傳統詩歌的源流，
延續著漢學命脈，維繫與傳承斯文。透過瀛社的例會，洪以南看到文人社群
為提振漢文的方式。瀛社聚會皆為騷壇中的佼佼者，其文學活動的影響力更
是超越蘭亭集會，洪以南因而自信地認為文士與詩作的質與量皆超過東晉的
蘭亭集會。若對照乙未割臺時期的「菽莊花園」，同樣都是蘭亭之會的意象，
海東三進士等文人卻是透過聚會吟詩來互相慰藉，此種蘭亭精神對棄地遺民
來說為，是在面對日本殖民而為避秦桃花源，同時在異族統治之下，以保存
漢學命脈。〔註89〕以此觀之，經過十餘年之後的臺灣文壇，已不若「菽莊花
園」般的悲情苦悶，經由詩社的聚集文人來擴大人際關係網絡，並不斷聚會
切磋與交流，讓傳統文人體現到漢文的盛況。詩社活動讓「維繫斯文」成為
進行式，這也是為什麼洪以南會提到「瀛社千秋在，蘭亭莫過之」之因，瀛
社存在，因而弦歌不輟，漢學便能一直延續。

　　謝崇耀曾言：「漢詩文化空間不但是參與者生活的一部分，更是精神生活
最主要的寄託空間，體現生命的完整性與超越性，所以作為生命真性寄託之
所，顯然是整體漢詩文化空間發展的主要目的。」〔註90〕詩學活動及其聚會乃

〔註88〕洪以南：〈祝瀛社一週年〉，《漢文臺灣日日新報》，1910年5月17日，4版。

〔註89〕洪靜芳指出，「菽莊花園」在日治時期成為臺灣棄地遺民的桃花源，為海東三
進士施士洁、許南英與丘逢甲，以及洪棄生、汪春源、謝頌臣等人與臺閩華僑
仕紳聚會之地，此種蘭亭精神是作為他們傳承文化的責任，同時又是文人遺
民的文化精神。參見洪靜芳：〈臺灣古典詩的陶淵明現象〉，頁118～123。

〔註90〕謝崇耀：《日治時期臺北州漢詩空間之發展與研究》，頁209。

為臺灣文人生活的一部分也是精神寄託，尤其是在進入日本統治之後，所學之漢文已無法應用於科甲，詩社聚會便成為以文會友的場合，使得洪以南如此重視瀛社例會乃至於其他詩人大會。也因為洪以南如此看中文人聚會，使得無法參與之時而倍感惆悵，於是書寫〈因病就療於醫院不赴瀛社第六期例會有感賦此〉表達出失望情緒：

> 詩盟六度兩無緣，病裡愁過乞巧天。
>
> 夜繫吟情眠未得，臥看牛女會窗前。
>
> 樹木淒涼滿院秋，呻吟聲裡動吟愁。
>
> 借將剩偈參禪理，莫管病魔休不休。
>
> 欺人無力是秋風，拂面吹來斜倚桐。
>
> 幸賴天生醫國手，扶持小技續雕蟲。〔註91〕

洪以南因病住院，無法參加瀛社第六期例會，從詩句便可看出困守病房之內，只能唉聲嘆氣，甚至失眠而望向窗外。因此便能得知洪以南非常看重瀛社例會。當然，這不僅僅只是因為他是瀛社領導人物，而以他的生命歷程來看，走過乙未割臺的紛亂時期，漢學一度有著滅絕的危機，雖說總督府曾舉辦揚文會此種大型文學聚會，但本質為官方所主導，且帶有濃烈的政令宣導意涵。但，民間之傳統文人籌組詩社，雖然曾被批評為漢文素質低下以及漢詩的媚俗化〔註92〕，但卻也帶動臺灣詩社的蓬勃發展。〔註93〕回過頭來看洪以南心目中的漢文系譜，便是以詩社為座標點，聚集文人雅士以酬唱交遊，在構築人際關係網絡之時，也策動漢文書寫能持續進行，進而關照每位傳統文人對於延續斯文的努力。易言之，此時的傳統文人毋需通過詩句以進入避秦桃花源，而是透過漢文與新時代進行對話，接續漢文傳統，振興漢文活動與擴展漢文人的文化空間。

〔註91〕洪以南：〈因病就療於醫院不赴瀛社第六期例會有感賦此〉，《漢文臺灣日日新報》，1909 年 9 月 1 日，3 版。

〔註92〕江寶釵認為日治初期的漢詩有著三大特質：「官方力量介入，詩歌精神改變」、「作者階層擴大、題材擴大」、「文體本身簡易化」，因為進入詩社的門檻限制降低，以及受過簡單、基礎的漢文教育的一般百姓也能輕易創作漢詩，使得失之了過去嚴謹的漢詩創作，淪為遊戲性質。詳見江寶釵：《臺灣古典詩面面觀》（臺北：巨流，1999 年 12 月），頁 73～77。

〔註93〕大正 10 年至昭和 12 年（1921～1937）是臺灣詩社數量增加最多的階段，共計成立 159 個新詩社。詳見黃美娥：〈日治時代臺灣詩社林立的社會考察〉，《古典臺灣：文學史、詩社、作家論》，頁 191。

三、媒體傳播作為扤揚漢文的路徑

　　臺灣日日新報漢文記者多為瀛社成員，使得瀛社同人及其例會所吟之詩作均發表於《漢文臺灣日日新報》，也因為是漢文記者，使得傳統文人摸索出利用現代印刷媒體來進行跨地域與「同時性」（simultaneity）的文學交流。〔註94〕詩文一刊登於版面，眾臺灣讀者即同時閱讀該篇詩文，就算未參加例會也能觀看到所唱和的詩作，而作者也能以平面媒體展現自己的詩藝。透過報紙的流通與廣佈，讓漢文人在閱讀之時，能感知到其他外地文人的存在。如同班納迪克‧安德森（Benedict Anderson）所言：「印刷——資本主義使得迅速增加的愈來愈多的人得以用深刻的新方式對他們自身進行思考，並將他們自身與他人關連起來。」〔註95〕透過報紙媒體的傳播，更加強化漢文人的集體意識，更能奠定漢文仍持續發展的主觀認定。當然，《漢文臺灣日日新報》本質仍為報紙，功能為傳達新聞與時事，並同時散播文明思想。〔註96〕因此從〈恭祝臺灣日日新報達四千號〉，可看出洪以南注意到報紙最主要的功能：

　　　烈風迅雷警世人，何如新報警人捷如神。

　　　風雷起兮時難卜，新報日日醒心目。

　　　貴社經營十四年，立言億萬號四千。

　　　開盡民智破盡頑，操縱無形宰相權。

　　　從此心花益怒發，筆花因之開不絕。

　　　長放異彩燦三臺，輸進文明逼蓬萊。

　　　全憑鼓吹揮奇策，不辭勞瘁筆硯役。

　　　我爇心香浮大白，嵩呼社運同山澤。〔註97〕

〔註94〕藍士博的研究中指出，1920 年代以前，臺灣已經進入以現代印刷媒體為主體的「印刷媒體時代」，透過印刷媒體的出版與傳播，臺灣人讀者得以透過閱讀而開始具備「同時性」與「現實性」認知。藍士博：〈日治時期臺灣印刷媒體「世代」的誕生：暨陳逢源個案研究〉（臺北：國立政治大學臺灣文學研究所，2011 年 9 月），頁 52～53。

〔註95〕班納迪克‧安德森（Benedict Anderson）：《想像的共同體：民族主義的起源與散布》（臺北：時報文化，2005 年 9 月），頁 10。

〔註96〕朱惠足的研究中便指出，日本大量引進殖民地臺灣的西方現代事物，已經被注入「日本」的政治與文化意涵，將「文明化」與「日本化」的雙軌合而為一，也就是所謂的「殖民現代性」。參見朱惠足：《「現代」的移植與翻譯：日治時期臺灣小說的後殖民思考》（臺北：麥田，2009 年 8 月），頁 30、274。

〔註97〕洪以南：〈恭祝臺灣日日新報達四千號〉，《漢文臺灣日日新報》，1911 年 7 月13 日，3 版。

洪以南此詩所詠是祝賀臺灣日日新報達四千號，但也注意到報紙的功用性，無非是傳播文明以啟迪民智，以平面媒體為載臺，散播現代文明知識於臺灣讀者。除此之外，洪以南結合記者職務特性與傳統文人的微言大義、一字褒貶相結合，認為媒體的重要性在於第四權，除了引領輿論之外，更是反應民意以影響政府決策，這之中便能看出記者的重要性，自任以天下之重，以文章來經世濟民，即是以傳統士大夫的概念與節操認為記者能匡國理政。〔註98〕

洪以南撰寫〈春秋與報紙〉論點，更能看出以傳統士大夫的操守與精神來疊合現代「記者」的職業。

> 昔周之衰。君臣父子。俱失其道。倫常之壞。誠有不堪言者矣。於是孔子起而作春秋。善々。惡々。筆則筆。削則削。天下靡然。知所懲勸。蓋一字褒貶。榮於華衮。嚴於斧鉞者也。嗚乎。立言之功。亦偉矣哉。後有作者。雖知其意。然以公正筆之者。果有幾人乎。天下後世。又果翕然宗之乎。信矣夫。筆削之難也。然天下之大。人事之變。實不可一日無有筆削者也。〔註99〕

洪以南是以傳統士大夫觀念來理解現代「記者」此項職業，傳統文人以筆觸立言之功，同時又蘊含文人論政的意味，就是春秋筆法來針砭政治與人物，這也是臺灣傳統文人認為可以改變或影響世局的認知。不過，以古代傳統士大夫觀念來理解記者的從業內容，這並非臺灣傳統文人所獨有，記者並非只是報導時事而已，無論是首次出現記者職業的日本或是受到日本新聞業影響的中國，都是帶有論政、啟蒙與救亡圖存的激勵意涵。〔註100〕洪以南是受傳統漢學教育

〔註98〕王俐茹的研究中指出，清領時期具有功名之地方知識份子，在日治之後不約而同進入《臺灣新報》擔任記者一職，除了有生計問題考量之外，主要還是傳統士大夫概念的影響之下，使「記者」這項現代職業一開始之所以能夠觸動傳統知識份子的關鍵。王俐茹：〈臺灣文人的記者初體驗及其創作實踐──以李逸濤為例的探討〉（臺北：國立臺灣師範大學臺灣文化及語言文學研究所，2010年8月），頁28。

〔註99〕逸園主人（洪以南）：〈春秋與報紙〉，《漢文臺灣日日新報》，1911年7月13日，3版。

〔註100〕溫楨文的研究中指出，日本記者的濃厚政治氣息頗與中國傳統文人論政氣味嵌合，加之上海商務印書館於1903年將日人松本君平《新聞學：歐米新聞事業》一書譯介到中國來，更大大增加其影響力。松本氏在書中所大力倡導論政記者的養成說，更廣為當時中國有志改革者所接受，此時「記者」一詞的使用除了是報文作者與編者的自謂之詞，更多是含有啟蒙、救亡的自我激勵意義。參見溫楨文：〈近代中國的「記者」：以其職業稱謂之演變為中心〉，《東亞觀念史集刊》4期（2013年6月），頁335。

養成，自然以傳統士大夫的謀道與憂道觀念來理解記者的使命與志業，同時也認為記者是最接近傳統文人能展現專長與素養之職業，以嚴肅的傳統士大夫觀來期許與賦予記者的工作意義，之所以會有此觀感，與瀛社成員有不少臺灣日日新報社漢文記者有關。

　　《臺灣日日新報》的發刊乃至於發行達四千號，洪以南除了看重報紙的文明傳播和記者的微言大義之外，《臺灣日日新報》的發刊帶動漢文的傳播與延續。

> 輿論之所以健全。臺政之所以郅隆。尋源溯委。非新報其誰與歸。當合併之初。漢文為附庸。曾幾何時。和漢分離。漢文獨立。今日且已居然為貴社之兩翼。而各雄飛於一面矣。由日而千。由千而萬。以至於恒河沙數。是可以圖而致。可以望而成。此非主持筆政諸君。互盡其職。各竭其力。何得知如此之成功。且貴報之成功。可從而觀吾臺之文明。不食之顆。歷年益大。後凋之松。經霜屢茂。吾人所由熱誠為之賀。而深為吾臺同胞幸者也。〔註101〕

《臺灣新報》和《臺灣日報》合併為《臺灣日日新報》後雖有漢文版，但洪以南認為是日文報紙的附庸，而感到不甚滿意，直到漢文版擴充另外獨立發刊《漢文臺灣日日新報》後，才認為傳統漢文終於有一席之地，甚至洪以南認為《臺灣日日新報》的日文版和漢文版為報社之兩翼。從這來看，現代印刷資本主義對於傳統漢文而言，可以乘著報紙媒體之便而達到傳播之目的，讓有著漢文背景之臺灣讀者能透過報紙而能隔空閱讀他人作品之時也能回應或唱和，當然除了詩社吟會之外，報紙的漢文版面也能凝聚漢文人的集體意識。當時洪以南並無法確切得知全臺具有漢學背景的訂閱者人數多寡，但文人創作漢詩文而投書至平面媒體之時，想像出「隱含讀者」(implied reader)，而決定其創作內容，並向這些讀者傳達出漢學的集體意識，並建構出漢文的共同體。〔註102〕所以說刊登於《漢文臺灣日日新報》上的瀛社同

〔註101〕逸園主人（洪以南）:〈春秋與報紙〉,《漢文臺灣日日新報》,1911 年 7 月 13 日,3 版。

〔註102〕以臺灣的印刷資本主義來說，對於公共事務或民族歸屬的討論，在 1920 年前期就已浮現，而藤井省三認為臺灣讀者市場是成熟於 1930 年後期。但蘇碩斌指出，印刷資本主義中作者與讀者的關係，並非在某個數量在讀者市場中的成熟，而是在於可能潛在讀者的誕生。因為印刷資本主義所賴以運作的讀者，未必是實存的讀者市場，也就是作者在下筆之時訴求的那些讀者，決定了他的創作內容。詳見蘇碩斌:〈日治時期臺灣文學的讀者想像——印刷

人作品，並非只是單純的應酬交際書寫，而是蘊含著漢文的共同體想像，及其同一漢學背景力量的相互展現。

臺灣漢文也透過平面媒體的傳播而能適應現代社會及其所使用之各種用語。清廷時期文人對於科考的漢學養成，或者進入日治之後的漢書房教育，這些漢學內容乃為傳統儒家之學術智識，卻無法面對與消化日治之後所面臨的新學與西方文明，也不具現代化之啟蒙作用。然則，因為現代的平面媒體，卻使得傳統漢文能夠在既有之基礎上，吸收與擴充西方文明之各種詞彙與概念，逐漸發展為能因應現代化書寫之媒體語言，進而吸收與理解西方文明知識。〔註103〕是故，洪以南認知到平面媒體的書寫與傳播，不僅凝聚漢文人的情感與意識之外，也涵養現代文明之知識，這些都是具有延續斯文並且漢文持續活化之功效。

然則，《臺灣日日新報》和《漢文臺灣日日新報》乃為日本資本之報社，瀛社同人之詩作能刊登於此，端賴於臺灣日日新報漢文記者多為瀛社成員之故。《臺灣日日新報》為日治時期臺灣發行量第一大之平面媒體，因此更可看出漢文藉著《臺灣日日新報》而更能傳播無遠弗屆，其影響層面不僅有臺灣讀者也擴及到在臺日人漢學者。不過若與總督府官員乃至於層峰交際酬唱，更能提高能見度，也顯現出臺灣文人的影響力。如洪以南於鳥松閣向民政長官內田嘉吉酬唱〈荷蒙內田方伯惠飲鳥松閣席上賦呈〉：

> 明月清風啟綺筵，何須朱履客三千。
>
> 雙松閣下擎天柱，一主座中陸地仙。
>
> 不世勳名賢輔弼，有生詩酒好因緣。
>
> 揚文韻事今猶在，雨化餘膏沃硯田。〔註104〕

當時為安東貞美總督時代，任職臺灣總督府民政長官的內田嘉吉於官邸之鳥松

資本主義作為空間想像機制的理論初探〉，收錄國立成功大學臺灣文學系主編：《跨領域的臺灣文學研究學術研討會論文集》，頁88。

〔註103〕陳培豐的研究中指出，臺灣傳統的漢書房大多傳授儒家思想，不具現代啟蒙作用，而且也無法習得現代化相關之詞彙，因而無法吸收現代文明。可是，臺灣人卻早在《臺灣教育會雜誌》的漢文欄，就已出現古典漢文與通俗漢文兩種詞彙，加上當時部份臺灣人受國語教育，而補足傳統漢文中所欠缺的現代性啟蒙語彙，因而逐漸形成足以因應現代化書寫的媒體用語。參見陳培豐：《想像和界限：臺灣語言文體的混生》，頁76～77。

〔註104〕洪以南：〈荷蒙內田方伯惠飲鳥松閣席上賦呈〉，《臺灣日日新報》，1915年6月25日，3版。

閣招待臺、日漢文人，而「烏松閣」已為官紳唱和之符碼，因此在洪以南憶起昔日明治38年（1905）後藤新平的〈烏松閣偶題〉徵詩活動，而且此種高級官員邀請臺灣漢文人與會唱和，就讓洪以南聯想起揚文會此種大型官方文學活動，可見得總督府官員藉由文學拉近臺灣文人的距離，並經營雙邊關係有著顯著之成果，而且日後出版《南薰集》〔註105〕，更加塑造出官紳一體、日臺一體之融洽氣氛，雖說總督府此舉這多少有著籠絡臺灣文人之意圖，但參與唱和以及收錄出版詩文集並非只有臺灣文人，也有在臺日本漢文人，所以說表面上總督府獎掖文教、提振文風，但實際則是以官方立場來主導文化路線與建立文化共識。

不過洪以南為傳統文人與地方士紳，而有著基層公職之身分，與總督府層峰的風雅聚會並酬唱，對於提昇臺灣文人及其漢文有著幫助，尤其是在社交網絡方面，能結交總督乃至於日本漢文人，能藉著官方力量來擴大漢文人社群的影響。如洪以南於總督東門官邸與臺灣總督上山滿之進、日本漢文人青厓仙坡交遊，並賦詩〈謹次蔗庵督憲瑤韻竝呈青厓仙坡先生〉：

文章經濟富崔鵬，心共長天秋水澄。

治策南荒施雨露，政聲東閣徹山陵。

登堂雅望神仙侶，折節歡交鷗鷺朋。

詩酒會盟開制府，吟餘韻事話青燈。〔註106〕

大東文化學院教授國分青厓與東京大學名譽教授勝島仙坡於大正15年（1926）11月1日至臺灣旅遊，住宿於總督上山滿之進的東門官邸。〔註107〕此二人為日本漢詩界重量級文人，因此上山滿之進於11月28日在東門官邸宴請國分青厓與勝島仙坡兩位詩人大家與臺灣能詩之官民五十餘名，席中眾人聯吟柏梁體和分韻七絕，其中瀛社社長洪以南更是代表臺灣文人致詞。〔註108〕上山滿之進總

〔註105〕《南薰集》為內田嘉吉與臺、日眾官吏與文人之唱和集，洪以南酬唱詩作〈席上索詩賦此以頌德政〉便是刊於《南薰集》，而《臺灣日日新報》便曾報導《南薰集》：「大正二年十月。內田方伯巡視全島。問民疾苦。是時各廳參事區長其他文人。爭致頌詞。斐然成冊。方伯因以付梓。題曰南薰集。並附各處名勝風景畫。現經出版矣。」見不著撰人：〈刊南薰集〉，《臺灣日日新報》，1915年6月17日，5版。

〔註106〕洪以南：〈謹次蔗庵督憲瑤韻竝呈青厓仙坡先生〉，《臺灣日日新報》，1926年12月1日，4版。

〔註107〕不著撰人：〈青厓仙坡兩詩伯將於來月一日來臺〉，《臺灣日日新報》，1926年10月20日，4版。

〔註108〕不著撰人：〈招待青厓翁　蔗庵總督雅宴　全島官民會於東門　官邸五十餘人〉，《臺灣日日新報》，1926年11月30日，夕刊4版。

督本身有著漢學根基且為東京隨鷗吟社之成員，自然技癢欲展現漢文能力，並且匯集臺灣與日本兩方文人之親睦，塑造出日臺的共同體之感。當然總督主辦的文學聚會，本質仍是官方所主導的活動，本身就帶有官方所宣揚的「同文」色彩，這也是自揚文會以降的政治意涵，具有漢文背景之層峰舉辦詩文聚會，是讓臺灣與日本文人感知到同文同種的真實存在。也正如吳毓琪所言：「日本官員主導整體文化情境之下，日臺詩人齊聚一堂，彼此交流唱和，醞釀詩興佳作，以傳達日臺漢詩共為一體的理念。」〔註109〕而此次上山滿之進邀請國分青厓與勝島仙坡蒞臺，就有宣示日本漢詩正宗及確立典律性的儀式化意義。〔註110〕

　　洪以南本身就具有官方與民間的雙重影響力，因而獲邀進入東門官邸認識並結交日本重量級漢詩人。不過如上述所提到，上山滿之進舉辦此次詩文聚會活動，是向臺灣文人展現領導地位，也就是不讓臺灣漢詩專美於前，有著較勁之意味，塑造出文化領導權（hegemony）以統攝臺灣文人。然則對洪以南而言不可能不知道總督府此舉背後的意義，但他看中的是能因勢利導來擴大臺灣漢文的影響範圍，尤其是受總督邀請以及結交日本重要之漢詩人，這些所累積的文化資本是其他臺灣或日本在臺漢文人所難以企及，這也無形中擴大瀛社的聲望與在騷壇的能見度。如洪以南與上山滿之進總督唱和〈東閣雅集席上敬攀蔗庵督憲瑤韵〉：

　　　　雍容典雅古儒風，坐鎮鯤溟意氣融。

　　　　霖雨澤長及時握，杏桃花豔趁春紅。

　　　　詩純宋響追坡老，學富東方繼管公。

　　　　吟宴重開鈴閣上，和聲鳴盛答宸衷。〔註111〕

此外，若注意此時的時間點乃為大正時代，距離乙未割臺已經有三十餘年，橫跨兩個時代的臺灣傳統文人也日益凋零，這時若出現的漢文人已是第二衍生

〔註109〕吳毓琪：〈傳媒時代的臺灣古典詩壇——日治時期「全臺詩人聯吟大會」的社群文化與文學傳播〉，《臺灣文學研究集刊》15 期（2014 年 2 月），頁 16。

〔註110〕黃美娥的研究中指出，大正 15 年（1926 年）時任總督的上山滿之進曾經邀請當時日本國內詩壇最負盛名的國分青厓來臺，立意促進內、臺人在文藝上的親善，但其實不無宣示日本漢詩正宗及確立典律性的儀式化意義，甚至日後邀請精通漢學的久保天隨教授來臺，更是加深在臺灣詩壇中日人具有領導地位的意圖。詳見黃美娥：〈久保天隨與臺灣漢詩壇〉，《臺灣學研究》7 期（2009 年 6 月），頁 16。

〔註111〕洪以南：〈東閣雅集席上敬攀蔗庵督憲瑤韵〉，《臺灣日日新報》，1927 年 3 月 28 日，4 版。

世代〔註112〕，其漢文根基自然無法與經過科考洗禮的文人相提並論。

> 慨自易隸以來。星霜十有餘哉。漢學之老成凋謝。起而繼者。皆非
> 以漢學專攻之人。信手拈來。皆成妙締。孰謂非老僧能之哉。能就
> 茲勉強。幾經時日。冬而復春。則洛陽三月花似錦。文壇上五彩十
> 色觀矣。和洋之學。僅萌其朕。基礎之淺。更不足道。〔註113〕

這種漢文衰微論早在 1911 年便出現，原因在於漢文人老成凋謝，隨著時間推移，自小受漢學教育成長且歷經清朝統治的文人逐漸消逝，而後起之秀受其家學淵源或者漢書房教育，但這並非正規教育，且當時新式教育為主要學識養成機關，使得雖有漢文根基，其程度卻不如父祖之輩。此外進入大正時期之後，日本文化人開始宣揚和歌與俳句，而逐漸排除漢文。〔註114〕雖然 1920年代之後臺灣詩社林立〔註115〕，似有臺灣傳統漢詩文蓬勃發展之景象。然而臺灣詩社雖多，但其品質就參疵不齊，看似榮景卻又令人擔憂。是故，洪以南參加總督舉辦的文學活動，一來他位於臺北且為瀛社領袖人物，自然受邀

〔註112〕 柳書琴認為傳統文人應指出生於 1860 年至 1880 年代後期、在 1895 年割臺以前完成基本傳統儒學科舉教育者。此乃真正的傳統漢文人，柳書琴將此劃分為「祖代」，而後期均為其衍生世代。因為此一代文人（祖代）在成長階段均受完整的漢學教育且預備或已經參加科舉考試，當然其漢族意識與儒學根基極為穩固扎實；1880 年後期至 1910 年間出生者為傳統文人第一衍生世代（父代），此一代文人在孩童階段正要入書房教育便遭逢乙未割臺，而後在成長階段便接受傳統漢學與日本國語等雙軌教育，因此而後會出現兩套不同價值體系的矛盾與混雜；1910 年代之後出生者為傳統文人第二衍生世代（孫代），由於成長階段的年代，日本教育體系已經穩固健全，因此是全受日本新式教育。然而，漢學學識的來源不外乎就家庭教育或詩社教學與漢文雜誌，此漢學學識並非以往透過正規體系養成，導致其漢學程度並不如祖、父代，但相對的，對於新思想接受度最高且沒有祖、父代那種家國淪亡及漢文傳承的包袱。詳見柳書琴，〈傳統文人及其衍生世代：臺灣漢文通俗文藝的發展與延異（1930～1941）〉，《臺灣史研究》14 卷 2 期（2007 年 6 月），頁 41～88。

〔註113〕 不著撰人：〈慨自易隸以來〉，《漢文臺灣日日新報》，1911 年 10 月 1 日，1 版。

〔註114〕 陳培豐的研究中指出，進入大正時期不久，臺灣陸續出現付和芳賀、久松、折口、幸田等內地文化人宣揚俳句、和歌的主張論說，而漢文被排除於教育場域之外，甚至俳句與和歌進入國語教科書的教材。參見陳培豐：〈日治時期的漢詩文、國民性與皇民文學：在流通與切斷過程中走向純正歸一〉，收入國立成功大學臺灣文學系編：《跨領域的臺灣文學研究學術研討會論文集》，頁 487。

〔註115〕 黃美娥的研究中指出，大正 10 年至昭和 12 年（1921～1937）是臺灣詩社數目增加最多的階段，共有 159 個新詩社出現，佔臺灣社址、年代可考的 225個詩社中的三分之二強。黃美娥：〈日治時代臺灣詩社林立的社會考察〉，《古典臺灣：文學史·詩社·作家論》，頁 191。

出席；其次則是藉由參與總督府的文學活動，有著提高漢文水準之意，畢竟無論是早期的後藤新平，抑或是田健治郎、內田嘉吉、上山滿之進等藩憲、督憲均有深厚的漢學根基，而與會之文人嘉賓皆非泛泛之輩，無論是臺、日皆為著名之漢文人。因此，洪以南才會寫下「雍容典雅古儒風。詩純宋響追坡老。」稱讚東閣聚會為上乘之漢學水準，對臺灣漢學質性的保持和提昇有著顯著效果，這也是洪以南維繫斯文與傳承漢學所作的努力。從〈東閣雅集〉可看出洪以南看重東閣聚會：

> 鷗鷺重盟文教扶，如公風雅古今無。

> 融合天地皆春色，久雨新晴萬象蘇。〔註116〕

上山總督舉行的翰墨宴，雖不若揚文會時期那樣的盛大，但也是總督親力親為在東閣與眾文人共同吟宴賦詩唱和，雖說日本官方主辦的文學聚會帶有漢學正宗的文化符碼之意，且也有日、臺漢詩較勁之意味。在此權力場域之中，日人展現漢學主導與懷柔親民，而臺人不也展現自己的漢學程度與文化資本？尤其是能成為總督坐上賓皆為當時臺灣文壇一時之選，不僅是知名士紳也是富有漢學素養之文人，在臺灣漢文詮釋社群之中，有著重要之象徵意義。〔註117〕雖說如此，洪以南參與總督舉辦的詩會，看到的是能與其他臺、日文人結盟交友，向外拓展漢文邊界，而且對於傳承漢文文化也有推力作用。

　　整體而言，洪以南為傳統文人、地方士紳與基層公職三重身分，不僅為總督府籠絡懷柔的對象，也是臺灣漢文壇之中的領袖人物，使得在官方與民間所舉辦的文學盛會皆為是重要人事。不過也由於長期與官方互動，使得在漢學文化傳承與政治現實之間取得平衡點，既無法本著漢族情懷而抵制日本殖民者，又必須在總督府逐步壓縮漢文教育空間之時而戮力延續漢學發展，因此除了導入文明維新來改良漢文以適應時代變化與產業轉型，同時透過《臺灣日日新報》官方色彩濃厚的傳播媒體與總督府等層峰的力量來擴大發揚傳統漢文，無論是以發行量第一大的報紙來刊登瀛社同人作品並宣傳相關藝文活動，抑或

〔註116〕洪以南：〈東閣雅集分韻得蘇字〉，《臺灣日日新報》，1927 年 4 月 18 日，4 版。

〔註117〕林翠鳳指出，上山滿之進此次於東門官邸開翰墨宴，邀請臺灣士紳文人與會，皆為當時文壇一時之選，諸如洪以南、林獻堂、謝雪漁、魏清德、陳槐庭、施梅樵等 34 人與會，這些文人參與臺灣最高權力單位所主辦之詩會，在當時社會階級嚴明區分的年代，能應邀出席總督吟宴賦詩唱和，在社會觀感上，產生出重要人士的形象，在詩壇也有一定的地位象徵意義。參見林翠鳳：〈施梅樵及其漢詩研究〉（高雄：國立中山大學中國文學系博士論文，2009 年 7 月），頁 92。

是參與總督吟會以結交總督府層峰與日本漢文人,這些都是可利用之資源,進一步將漢學推至蓬勃發展的局面,尤其是經歷過乙未割臺曾感到漢學有斷絕危機的洪以南,如何將傳統漢文的邊界持續擴大並與日本漢學界交流,以及將臺灣漢學活動和文人創作推至高峰,這就不斷透過傳播媒體的推波助瀾,以及官方、民間的翰墨盛會與文人社群例會來達到文化延續之目的。

小　結

　　雖說乙未割臺,日軍掃蕩臺灣西部,使得居民人心惶惶,加上日本人並非漢族,使文人對於臺灣總督府持有疑慮,甚至是敵意。然則,總督府舉辦揚文會之後,塑造出日本官吏與臺灣人一樣都是深受漢學學養的薰陶,具有厚實的漢文根基。加上日本又戰勝沙俄,東方文明並非贏弱不堪,相較於清廷的積弱不振,日本儼然成為強盛之帝國,以及東方文明的繼承／保存者。在這樣的環境條件下,使得胡南溟注意到帝國的強大方能維持與發揚漢學,同時漢文的興盛能襯托出帝國厚實的軟實力,對外輸出文化影響力。易言之,胡南溟的文學觀是認為漢文之維繫與帝國的興衰是連動影響,強盛的國力方能具有強勢文化,而有著強勢文化乃為泱泱大國之展現,這從日本自信成為東洋文明中心便能看出端倪。接著,西方憑船堅砲利使新學強勢進入東方,而讓漢學出現沒落之危機。但,日本乃為身列強之強權,能夠兼善西方的新學與東方的漢學,成為硬、軟實力兼備的大國。胡南溟躬逢如此具有宏大的文治武功之盛世,因而調整漢文的姿態,打造為治世的文學,而這種治世的文學就是「明治體」主張。

　　這種「明治體」文學觀乃由華夏文明中心思維出發,隱含著日本承天命而繼承著華夏文明開創出太平盛世。既然所處時代為太平盛世,那麼此時的文學則為治世之文學。這也看出,經歷過乙未割臺戰役的臺灣文人,多少會憂心漢學會因此而凋敝,然而胡南溟一掃過去陰霾,認為「國祚遷移,付之天命,何足惜哉。」現在日本強盛,臺灣已進入長治久安的時代,而且國家強盛則文學強盛,所以胡南溟有意將「明治體」打造為日治時期臺灣漢文的文風,這樣的文學風格則配合著國運,為漢唐盛世再現之文學風潮,能讓漢文持續發揚。接著「明治體」既然是新時代的漢文,也意味著脫離昔日科考制藝的禁錮,必須多方接受新學以開拓視野迎向新時代,此為漢學能持續進化方能延續的方法。一言以蔽之,「明治體」展現出胡南溟強烈的企圖心,意欲使臺灣漢文成為國

家文學，同時重新建構日治之後新時代的漢文風貌，有意將「明治體」構築為乙未之後的代表性文學風格。

洪以南具有秀才功名，但際遇與胡南溟不同，因為年輕之時繼承家業，為艋舺當地知名之仕紳，也因為為艋舺地區之地主富商身分，自然為總督府官員所注意到，因而擔任地方基層行政公職，雖然這多少帶有日人籠絡與監視臺人士紳之意味，但對洪以南而言，因而頻繁與日人官吏互動，甚至建立人脈網絡，進而受其影響而接觸西學新知。也因為認識到新學為時代趨勢，若不想漢文因而消逝，洪以南藉著新學來思考如何肆應這整個大環境的變化，讓漢文進化成能適應乙未之後臺灣的新局面與新時代。

洪以南具有傳統文人、地方士紳與基層公職三重身分，不僅為總督府籠絡懷柔的對象，也是臺灣漢文壇之中的領袖人物，使得在官方與民間所舉辦的文學盛會皆為是重要人士。再者，洪以南雖為傳統秀才，卻有新知視野。因此，應用傳統詩社——瀛社配合新興的平面傳播媒體，除了以瀛社來與外地臺灣文人團體進行互相交流，帶動全島漢文的蓬勃發展。另外，參加總督舉辦的詩會，與其他臺、日文人結盟交友，向外拓展漢文邊界，向日人展現臺灣文人的漢文實力，這對於傳承漢文文化也有推力作用。洪以南雖未如胡南溟般提出「明治體」此種明確的文學主張，可是洪以南聚集文人雅士以及與日人官紳進行酬唱交遊，在構築人際關係網絡之時，無形中振興漢文活動與擴展漢文人的文化空間，展現洪以南在日治時期對於臺灣漢文的實質影響力，進而達到臺灣漢文延續之目的。

第四章　漢文系譜的載道與轉型

　　進入日治時期之後，胡南溟認為一個新的時代就得有符合當世的代表性文學風貌，因而提出「明治體」，呼應強盛的日本帝國，臺灣漢文則為興盛的文學，這也顯現出胡南溟有著振興漢文之企盼。然而，胡南溟因為家庭及身體因素，使得無法在文學界繼續活躍，並擴大「明治體」的影響層面，雖說「明治體」之主張有其時代上的指標性意義，但卻也無以為繼，著實可惜。至於洪以南的官紳身分，且為瀛社社長，在官方與民間均有人脈和影響力。洪以南透過各種聯吟活動與詩社外交，讓漢文有著蓬勃熱絡的景象，無論是與總督、民政長官等官方高層聯吟，或者結交日本漢文人，以及聯絡中部的櫟社文人舉辦詩人大會等等，均讓臺灣文人找到發光發熱的舞臺，也證明漢文不是時代的淘汰品。洪以南的文學產出均圍繞在詩作方面，加上他仕紳階級以及地方公職身分使然，因而分心於政務工作。

　　此時的文人結社及其酬唱交遊仍不脫於清領時期的文學發展風貌，只是差別在於臺灣文人已無法科考，而將精力轉往詩社與吟會的競技與秀藝。〔註1〕雖說日治初期的臺灣漢文壇看似仍延續著前清時代的文學路線，但這時的漢文系譜逐漸出現多重視域，乃由謝雪漁、魏清德等漢文記者所開展，開始於報紙上連載漢文小說，這些漢文小說使用傳統漢文書寫，但加入時下嶄新的元素，

〔註1〕黃美娥研究便提到，臺灣總督府多次舉辦詩人吟會，使臺灣文人似乎在漢詩的世界中能有著登青雲之梯的感覺，而且臺灣文人自辦的全臺詩人大會，其擊缽競技的評比結果，使傳統文人重溫舊式科舉揭榜之刺激與榮耀。參見參見黃美娥：〈日治時代臺灣詩社林立的社會考察〉，《古典臺灣：文學史・詩社・作家論》，頁190。

諸如偵探小說等等。這些看似是傳統通俗小說，卻又與過去教忠教孝的題材又有所不同，內容承載許多西方新科技、新器物與新思想、新知識，開啟了讀者的眼界與視野。

傳統文人接合新時代，而能創作出融合西方小說元素的傳統漢文通俗小說，使漢文人不再是為了制藝試帖，讓漢文出現新的可能，促使 1930 年代之後創辦《三六九小報》與《風月報》等漢文通俗雜誌，使得漢文系譜出現不同風貌。這之中以謝雪漁的創作歷程最為值得注目，因為謝雪漁為首位以秀才身分進入國語學校就讀，除了《漢文臺灣日日新報》任職記者之外，日後接任瀛社社長，且擔任《風月》主筆，其生命歷程自清領時期至戰後，歷經三個政權，橫跨 1895 乙未割臺與 1945 二次大戰結束等二個歷史大事件。再者，謝雪漁除了創作出不少詩作之外，也在《漢文臺灣日日新報》上連載第一篇小說〈陣中奇緣〉，直至《風月》創刊後，仍持續連載漢文小說，更顯現出謝雪漁旺盛的創作力。

謝雪漁（1871～1953）〔註 2〕與第三章所討論的胡南溟（1860～1933）、洪以南（1871～1927）為同一世代之傳統文人，且均有著生員身分，但相較於後二者，謝雪漁在維繫著漢文命脈之時，同時應用著新興的平面媒體，為漢文拓展出新的視野與新的想像。是故，本章透過謝雪漁的創作書寫，探討漢文知識系譜出現何種變化。

第一節　知識體系的轉變帶動漢文質變

從第三章所論述的胡南溟與洪以南，可以看出他們所認為的漢文系譜多少受到日本帝國的影響，主張明治體為新時代的臺灣漢文特色，以及運用新時代的平面媒體並結合傳統體系的臺灣詩社，這些無非是在時代變革之中為漢學尋找出新的出路，以達到維繫斯文於一線之目的。這並不能簡單化約成是為了傳承漢文的命脈，因為大環境的巨變，而必須思考出路問題。此種出路問題是一體兩面，除了漢文本身的語文出路之外，也代表著漢文人自己的出路。日本作為現代化國家，所統治的臺灣已經沒有制藝試帖，此種終南捷徑嘎然而

〔註 2〕謝汝銓，字雪漁，號奎府樓主，晚署奎府樓老人，臺灣縣東安坊人（今臺南市）。
參見黃美娥：〈謝汝銓提要〉，收入全臺詩編輯小組編撰、施懿琳主編：《全臺詩》25 冊（臺南：國立臺灣文學館，2012 年 12 月），頁 1。按：筆者撰述論文時提及謝汝銓，均以「謝雪漁」指稱，此註腳之後就不另行說明。

止。再來是說，若所學之漢文已經無法投身於科考，那麼文人何去何從？尤其是家產不豐厚之文人。畢竟並非每位文人如洪以南般，有豐厚家底的支撐能在新時代繼續經營自家的產業而衣食無虞，同時又兼具文化資本、社會資本與經濟資本，使得洪以南在新的時代能以艋舺士紳的身分進入總督府的官民交遊網絡之中，成為總督與民政長官的座上賓，並且獲得總督府指派而擔任參事與區長地方公職。

若考察漢文人本身的出路問題，得先梳理清領時期臺灣的文人養成，無論是官方儒學或地方書院的教育〔註3〕都是以「舉業」為主要目標〔註4〕，而清廷也透過科舉來拔擢人才與培養官僚。在這樣的環境背景，讀書人依循著科舉道路踽踽獨行，其終極目標就是得登黃甲，然後等待朝廷分發擔任官職，接著就能光耀門楣。〔註5〕這也意味著文人自童蒙讀書之始，其日後的生命歷程、產業活動，乃至於己身之志業和理想的職業，都跟科考密不可分。這受限於農業時代清朝的產業體系和價值觀念的框架，使得文人所學與生活都是為了考試及其任官，而不會選擇走向其他的職業發展。

其中，何炳棣的研究便提到為什麼文人只能拚命讀書及其非得考上以取得功名：

> 第一，傳統中國社會，至少是明清社會，其價值與目標系統，在較大的程度上，與現代工業社會相比，是比較單一而少階級特殊化的。

〔註3〕 李世偉的研究中指出，府縣儒學為國家培養人才之教育場所，其功能在於指導及監督生員，舉行士子月課，並掌管文廟祭奠之禮。許多儒學則建置於孔廟之外，在廟旁另設置明倫堂，形成「廟學」的形制，這也就意謂著國家擬以儒教文化的禮制與思想作為教養士子之目的。詳見李世偉：《日據時代臺灣儒教結社與活動》（臺北：文津，1999 年 6 月），頁 379。

〔註4〕 以清代彰化縣為例，彭煥勝與吳正龍的研究便指出，彰化縣儒學自雍正初年設置以來，即被賦予選拔人才、推展文教以及移風易俗的任務。在這些任務中尤以透過選拔生員、培植生員以及舉行學禮等教育過程，以造就生員成為貢生，參加鄉試取中舉人，應會試取中進士最為重要。彭煥勝、吳正龍：〈清代彰化縣儒學的生員教育〉，《教育研究集刊》51 輯 3 期（2005 年 9 月），頁 77。

〔註5〕 文人最終目標就是金榜題名，擔任官職就有著名聲與地位。如何炳棣所言，科舉考試制度對社會流動產生的效果，在唐代中期以後愈來愈顯著，在過去一千年中，逐漸出現一系列基於儒家社會意識形態的諺語與神話，反映出一個重要的新社會現象：科舉的成功，與隨之而來的官僚體系中的官位，不再依靠家庭地位。參見徐泓：〈何炳棣著《明清社會史論》譯註：〈第二章　社會身分系統的流動性〉〉（*Chapter II, "The Fluidity of the State System."*），《東吳歷史學報》23 期（2010 年 6 月），頁 251。

不像複雜的現代社會，較高的社會目標是可由企業、工業、專業、藝術、劇院，甚至運動達成；在明清社會，一個終極的身分目標，只有經由科舉考試的成功才能達到。

第二，這單一的價值觀念在各種社會象徵中有完全的表示，而不失為對許多貧寒與較貧寒人士有力的心理挑戰，統治者與被統治者間，在權利、義務與生活方式上巨大的差異，大家都看得到的；在明清中國，對大多數人來說，很難不被這些精緻的社會象徵，激起嫉妒、羞辱、驕傲、困窘的情緒。科舉成功的心理作用，是社會向上流動的主導因素。

第三，儒家社會意識形態散布的途徑很多，宗族與家庭體系是其中之一。明清宗族的族訓中，通常都有這樣一條典型的中國道德訓誡：財富與榮譽是不恆常的，個人的成功只能依靠用功讀書與立定大志。事實上，這個單一的價值體系，其所以能延續，不止是經由這些制度化的途徑，同時也靠父母、親戚和鄉里父老，甚至要靠鄉村說書人的話語傳播。〔註6〕

就當時清領時期所處的封建農業時代而言,其產業發展及其職涯路線並不若現代如此多元,欲出人頭地、光耀門楣,其出路唯有在朝為官,若要為官唯一正途便是讀書考試以榮登翰林學士。易言之,十年寒窗與一舉成名的差距有如天壤之別,進士及第之後所帶來的名聲與待遇不可限量,也因為中舉任官所帶來豐厚的種種利益,使得宗族或鄉里期待學子能苦讀以鯉躍龍門。有了功名,無論是在朝為官,或者在野為紳,均能為家族與地方帶來財富與榮譽。〔註7〕清領時期的臺灣人若有心於功名,當童蒙時期開始接觸書本之時,便將一生押注於考試窄門,其所學應用也都圍繞在制藝試帖之中。當臺灣進入日治時期,這些漢文人所面臨的不僅只是政權轉換的巨變而已,連帶地新

〔註6〕徐泓:〈何炳棣著《明清社會史論》譯註:〈第二章　社會身分系統的流動性〉〉,《東吳歷史學報》23 期（2010 年 6 月）,頁 255～258。

〔註7〕中國的政權、紳權和族權同是維護和鞏固舊社會秩序的三駕馬車。紳權和族權歷來是政權的輔助力量。仕紳一不佔政府編制,二不支用國庫薪餉,三不佔闈紳公堂,卻能替政府做大量工作,甚至起到政府官員起不到的作用。在野的紳權和在朝的政權,縱橫結合,相互配合,相互制約,而且仕紳又是政府人材的儲蓄庫,進可以入朝當官,退可以在野為紳。參見周小華:〈晚清政府職能與鄉村仕紳權力之關係初探〉,《荊楚理工學院學報》第 25 卷第 12 期（2010 年 12 月）,頁 49。

時代的知識系統相較於過去大相逕庭，臺灣文人已經無法藉由科考進入仕途，失去了原先對未來的生涯規劃。接著自幼所學之漢文是否還能在新時代能持續應用，同時生計經濟也就成為眼前最為迫切之問題。雖然總督府透過諸如揚文會等各種文學活動來獎掖文風，但政治意義大過於文學意義，主要作為籠絡與交遊文人社群之用途。在政策層面上，總督府對於臺灣漢文的傳承並無心力著墨，甚至刻意壓抑漢文教育，企圖讓臺人子弟轉往新學教育體系。〔註8〕

　　大時代的變化帶動知識體系的轉變，加上官方宣揚新學，設置新式教育，產業活動也隨之更迭，臺灣文人首先面臨到眼前民生問題無以為繼，在新時代難以立足了，更遑論能夠透過文學來飛黃騰達，況且此時已無法透過科考一舉成名天下知。文人除了在民間私塾、書房禮聘為西席，煮字療飢以糊口度日，要不就是進入公家體系擔任通譯或漢語、臺語教師。以前者為例，最知名便是洪棄生，洪棄生拒絕為日本效力，不願擔任官方的任何職務，因而在鹿港絳帳授徒家族子弟與在地子弟〔註9〕；而後者如胡南溟、謝雪漁，任職於日本資本以及官方色彩濃厚的臺灣日日新報社，謝雪漁甚至以秀才身分進入國語學校就讀，之後擔任警察官吏練習所的臺語教師。除此之外，就如洪以南為富商子弟，繼承雄厚家產經營事業，毋需向外求職。無法在科舉之路進取的時代，若仍要發揮所學以立足於世且足以謀生，除了在民間漢書房或公立學校執教鞭之外，就是擔任報社記者。後者的工作性質與內容更能讓傳統文人發揮所長，以及開拓新視野，甚至影響到日後臺灣漢文的發展。也正如黃美娥所指出：「乙未割臺後雖讓臺灣文人無法投身科考，但卻意外解放科

〔註8〕　臺灣總督府縮短公學校的漢文課程時數，以及漸進地壓抑漢書房，使書房數與書房生年數量年年下跌，依據「日據時期公學校學生／書房學生總數暨書房生百分比」可得知1904年公學校和書房生的學生數在此一年互為翻轉；而在1920年，書房生跌破萬人，與公學校生差距愈拉愈大。參見柳書琴：〈《風月報》到底是誰的所有？書房、漢文讀者階層與女性識字者〉，收錄於邱貴芬、柳書琴編：《臺灣文學與跨文化流動：東亞現代中文文學國際學報》（臺北：行政院文化建設委員會，2007年4月），頁156。

〔註9〕　以洪棄生為例，進入日本時代之後，不願出任總督府所禮聘的職務，也不在公開場合教授生徒，只教導家族子弟與鹿港在地子弟，不僅能延續漢學，也能有個收入。但，洪棄生的收入依靠存款利息與開課的學費，實際上經濟著實困窘，直到晚年家計才好轉，因而能自費出版書籍，甚至攜洪炎秋至中國旅遊。參見陳光瑩：《臺灣古典詩家洪棄生》（臺中：晨星，2009年3月），頁27～28。

舉束縛,而開啟文學新局面。」〔註10〕雖說斷絕仕途,迫使文人另謀出路,卻也讓傳統文人毋需將心力全投注在八比文之中,而能吸收西方科學文明與文學。當然,在臺灣島內若要吸收西方科學文明與文學,就是透過報章雜誌此種平面媒體,具有漢學根基的文人出任記者,便能吸收、消化並傳播出去以讓臺灣讀者接收新知。這些傳統文人進入《臺灣日日新報》工作,藉著職務之便在報紙的版面上介紹各世界文學,譯介進而摹寫,最後促使在報上連載傳統漢文通俗小說。〔註11〕

　　如上述所提到,時代的巨變引發知識體系與產業活動的重組,雖說傳統文人面臨出路與生計雙重問題,但也促使文人導向漢文記者此一新興職業發展,最終使漢文系譜出現變化。傳統文人的身分擔任記者,在接收新學之時,也認識臺灣以外的文學作家作品,不僅開啟了眼界,也成為日後創作通俗小說的養分。在如此的背景,使得諸如謝雪漁、魏清德、李逸濤等傳統文人在《臺灣日日新報》連載漢文通俗小說,雖說這並非傳統的雅正文學,但卻也因此使漢文能在新的時代找到發揮的舞臺,延續漢文的命脈直至日治後期。

一、時代轉變導致既有知識的失落

　　謝雪漁在清領時期便有秀才之功名,若按照讀書人之進程,跟上表兄許南英的腳步而考上舉人乃至於進士,可是卻於1895年遇上乙未割臺事件。不僅打亂科舉應試的人生規劃,而且在動亂之間有朝不保夕之危機感。其表兄許南英就為了臺灣民主國而統領團練局抗日,隨著日軍進入臺南府城,並搜捕許南英,因而在鄉民的掩護下匆忙離開臺灣,內渡中國避禍。從許南英〈憶舊〉便能得知當時匆忙離臺的情形:

〔註10〕　黃美娥指出,乙未割臺雖然導致臺人無法再登青雲之路,但卻意外開啟文學新機,促使文人勇於擺脫科舉束縛,得以言所欲言,隨心吟詠。參見黃美娥:〈迎向現代——臺灣新、舊文學的承接與過度(1895～1924)〉,《重層現代性鏡像:日治時代臺灣傳統文人的文化視域與文學想像》(臺北:麥田,2004年12月),頁33。

〔註11〕　黃美娥以魏清德、謝雪漁與林佛國為例,指出他們均有漢學背景,而又攻讀日文,具有漢文與日文的語言能力,在《臺灣日日新報》工作,藉著介紹、翻譯、摹寫以及改寫等各種敘事模式,轉手提供臺人認識世界文學的機會。詳見黃美娥:〈文學現代性的移植與傳播——臺灣傳統文人對世界文學的接受、翻譯與摹寫〉,《重層現代性鏡像:日治時代臺灣傳統文人的文化視域與文學想像》,頁300。

　　已無生氣，進退真狼狽；半壁東南已去，忍不住，牛山淚。汐社杜

　　鵑拜，河山悲破碎；多謝安平漁父，盪雙槳，來相濟！〔註12〕

為了抗日保臺，許南英協助唐景崧的臺灣民主國而統領臺南團練局，但最後不僅無法阻止日本佔領臺灣，甚至主要人物如唐景崧、丘逢甲等人紛紛棄守臺灣，最後劉永福也離去，臺灣民主國大勢已去，許南英難以獨撐大局，加上日軍開始搜捕許南英，只能緊急從安平乘船至對岸避禍。〔註13〕

　　謝雪漁一直知道許南英嚴峻的情況，因而寫下〈憶窺園〉回憶當時動亂倉皇的景況：

　　窺園昔所遊，高會時與偕。

　　不重管弦樂，詠歌伸雅懷。

　　其時清末葉，大盜覬覦篚。

　　鄒魯在海濱，濟川乏舟楫。

　　磊落屈奇才，王郎斫地哀。

　　蕭牆起禍變，刼幻紅羊灰。

　　踉蹌俱出走，盡棄其所有。

　　閩粵歸故鄉，茫々喪家狗。

　　表兄為眾推，其事不容辭。

　　暫負保民責，非云興義師。

　　孤城失其固，出險如脫兔。

　　名園委荒塵，花木不如故。

　　今讀留草篇，不禁涕潸然。

　　華表令威鶴，歸飛在何年。〔註14〕

謝雪漁與許南英有著「師生」與「戚黨」情誼〔註15〕，其關係自然密切。當臺

〔註12〕許南英：〈憶舊〉，《窺園留草》（臺北：龍文，1992年3月），頁210。

〔註13〕據許南英四子許贊堃（許地山）記載，日軍進入臺南之後，懸像遍索許南英，鄉人不得已，只好於九月初五送至安平港，漁人則用竹筏載許南英上船。見許贊堃：〈窺園先生詩傳〉，《窺園留草》，頁237～238。

〔註14〕謝汝銓：〈憶窺園〉，《雪漁詩集‧蓬萊角樓詩存》（臺北：龍文，1992年6月），頁79～80。

〔註15〕謝雪漁前往菲律賓任職途中，前往拜訪許南英，許南英其詩作便提到與謝雪漁既是師生，也是戚黨，能看出此兩人感情深厚：「意外晤玄暉，一朝慰夢想。相別二十年，喜君更倜儻。忘分老師生，言情舊戚黨。問我新中華，河山猶莽莽。」見許南英：〈表弟謝汝銓有斐律賓之行，順道過訪〉，《窺園留草》，頁102。

灣民主國功敗垂成之時,許南英本欲隱藏於府城郊外,但日軍懸畫像搜捕之,
於是不得不從安平渡海離開臺灣。身為許南英親信的謝雪漁知悉此種情況,自
然對於日人武力而感到震懾。許南英渡海離去,謝雪漁卻未跟隨,便可推敲出
謝雪漁並無多餘錢財可供離開臺灣,若繼續待在臺灣,則面臨局勢崩壞後未知
的風險。正值青年的謝雪漁面對著時下兵荒馬亂的動盪不安,以及對於未來的
科舉之路又感到茫然。

    隨著日軍底定臺灣的態勢逐漸明朗,也意謂著臺灣民主國註定曇花一現,
甚至回歸大清朝更加不可能,日本統治臺灣已是不可逆之趨勢。改朝換代的兵
馬倥傯,不僅破壞時下社會的經濟體系,而阻斷了文人的生涯規劃,也因為如
此,隨即面臨到生計問題,過去的秀才功名並無法讓謝雪漁吃飽穿暖。謝雪漁
曾書寫〈感懷〉提及此種窘境:

> 枉自良醫乞向秦,青囊有術莫療貧。
> 雨雲翻覆須雙手,琴劍飄零剩隻身。
> 傲骨從來爭鐵漢,寡言此去學金人。
> 功名十載風牛馬,花樣憑他時革新。〔註16〕

顯而易見地,在政權轉換之際,謝雪漁的生活陷入困頓,以無法用昔日之功名
來為自己更上層樓。而且在紛亂的時局,謝雪漁除了堅持己身的氣節之外,就
是謹言慎行以規避不必要之麻煩,這能看出許南英倉促離臺令謝雪漁感到震
撼。謝雪漁此詩發表於《臺灣日日新報》之時,距離他上次取得秀才功名已有
11 年之遙,但是當他考上生員的後三年就面臨乙未割臺的變局,使得科舉之
路阻斷,因而感嘆這些年擁有功名卻沒有為他帶來利祿。謝汝銓就「感懷」有
時不我與之感:

> 悔不曾攻有用書,可薰佳士未香如。
> 功名牛馬風前走,身世滄桑劫後餘。
> 止得邱隅深羨鳥,樂從濠上早知魚。
> 輪蹄歲々勞南北,笑殺羊裘大澤漁。〔註17〕

雖說為了制藝試帖而讀這些四書五經等聖賢書,在這新時代看不出有何未來
性,而且昔日的功名已宛如虛名,尤其是謝雪漁經歷過乙未戰亂的年代,更是
感嘆劫後餘生的他過著顛沛流離的生活。從「綿蠻黃鳥,止於丘隅」和「濠梁

〔註16〕謝汝銓(謝雪漁):〈感懷〉,《臺灣日日新報》,1903 年 8 月 12 日,1 版。
〔註17〕謝汝銓:〈感懷四首〉,《臺灣日日新報》,1903 年 8 月 29 日,1 版。

之魚樂」可管窺出謝雪漁想要有個安定的環境與穩定的生活，因而為了生計或前途而帶著秀才身分進入國語學校，在拒絕日人徵辟的臺灣文人看來，應該覺得可笑的。這也反應出當時日本總督府綏靖臺灣後，逐漸進入穩定的局面，但臺灣文人無論是為了節操或是對日本仍有疑慮，於是選擇隱居抑或是消極抵抗，這也看出謝雪漁以首位秀才進入日本官方設立的學校是有著受到矚目的壓力，因而謝雪漁才以濠梁之魚來回應出外人焉知自己的情境，其中辛酸就如人飲水冷暖自知，也以自我解嘲的方式，認為自己在臺灣文人眼中或許是個異類的存在。

　　對謝雪漁而言並沒有豐厚家產得以支撐他隱居或者蟄伏以觀望時勢，再者也沒有如洪以南和吳德功一樣，受日本總督府邀請擔任地方公職。因為就總督府的官方立場而言，徵召臺灣文人、仕紳出任公職，無論是授予臺人有行政權力或只是虛名頭銜的職務，最主要目的在於安撫和籠絡，目的是穩定統治基礎，並宣揚日本帝國統治臺灣的正當性。易言之，總督府選擇誰、徵召誰擔任職務，這就端看於這位文人與仕紳的政經地位，也就是實質影響力。〔註18〕酬庸公職與職銜給這些地方領袖，方能達到穩定基層治安與社會安定之功效。〔註19〕此外，葉榮鐘的觀察更是直接點出現象：

> 日人據臺以後，一貫的綏靖政策就是拉攏各地方的領導人物。他們用廳參事或區長的頭銜為餌來籠絡地方有聲望、有實力的仕紳。〔註20〕

若以總督府籠絡、酬庸臺灣頭人和聞人的邏輯來反觀謝雪漁，便能得知謝雪漁並不被視為是臺灣社會領導階層。這其中所隱含的意思是，謝雪漁並非雄厚資產的豪強，也不是聲望卓著的鄉紳，更非地方有力人士。一言以蔽之，謝雪漁只是個地方上普通的秀才。

〔註18〕關於此，謝崇耀指出總督府會衡量臺灣社會領導階層當事人的政經地位與社會的實質影響力，而給予相對應的頭銜，其目的是收編臺人菁英，強化統馭力，而讓總督府的威信可以深入到臺灣各個角落。而且對總督府來說，這些臺灣社會領導階層是作為中介者，不僅有助於總督府的政策推動，諸如斷髮、改曆等，也適當舒緩民情，保障社會秩序的安定。詳見謝崇耀：《日治時期臺北州漢詩空間之發展與研究》（新北：稻鄉，2012年12月），頁53～54。

〔註19〕吳文星的研究中指出，財富與家世實為總督府拉攏的主要考慮，因此地方富豪或門望甚高者成為社會領導階層的主要特徵。參見吳文星：《日治時期臺灣的社會領導階層》（臺北：五南，2008年5月），頁69。

〔註20〕葉榮鐘舉清水蔡惠如為例，蔡惠如本身任臺中區長，蔡惠如的伯父蔡敏川與父親蔡敏南先後當任牛罵頭（清水）區長。此外，林獻堂也擔任過霧峰區長。葉榮鐘：《臺灣人物群像》（臺中：晨星，2000年8月），頁231。

　　青年謝雪漁若在鄉隱居則遇到經濟問題，且又無家產與名氣以讓官方注意到他，所以並未獲得職務或頭銜，如此進退維谷讓謝雪漁陷入困頓。〈早秋漫興五首〉就看出謝雪漁的困境：

> 涼意初回暑未收，還疑宿雨不疑秋。
> 井梧故落風前葉，惹却羈人有遠愁。
> 汗顏猶覺熱腸多，紈扇羅衫自笑歌。
> 愁殺杜陵茅屋破，冷人莫奈此時何。
> 玉門涼早戍難歸，征婦新裁寄遠衣。
> 入夜蟲階聲唧唧，背人燈下淚潛揮。
> 依人梁燕又將歸，欲補泥巢已倦飛。
> 去處來時來處去，問他添得幾分肥。
> 豆棚花下夜流螢，纔有微光亦亂星。
> 記否前身經野火，燒痕一片草青青。〔註21〕

> 植亭曰。前後四首。蒼涼感喟。欲泣欲歌。是秋士託興本懷。中間
> 一首。忽變音調。瑯瑯抒出秋閨怨。口角有無限悲愁。殆作者心中
> 事。不覺渾然流露乎。〔註22〕

黃植亭直接點出謝雪漁為遲暮不遇之士，以悲涼的口吻訴說自己窮困又無人聞問。謝雪漁具有秀才的功名，但其社會資本並不若洪以南和吳德功來得雄厚，使得總督府籠絡地方仕紳而賦予公職時，並無謝雪漁的機會。所以黃植亭看出謝雪漁〈早秋漫興五首〉此詩是在抒發自己擁有功名且有著漢學學養，卻無法一展長才的悲憤心境。

　　謝雪漁進入國語學校應為不得已的辦法，乃為困頓匱乏之中的一絲希望。因為青年謝雪漁除了讀書此項技能之外，身無分文也看不到未來。以下詩作便能看出此一窘境：

> 別無長物只琴書，哭到途窮阮籍如。
> 愁緒春蠶絲不盡，錢囊冬澮水難餘。
> 惜珠爭奈教彈雀，緣木何從覓得魚。
> 未許壁間龍化去，織梭雷澤困於漁。〔註23〕

〔註21〕謝汝銓：〈早秋漫興五首〉，《臺灣日日新報》，1903 年 9 月 23 日，1 版。
〔註22〕此段為黃茂清（黃植亭）之評詩，附錄於謝汝銓〈早秋漫興五首〉之後。
〔註23〕謝汝銓：〈其二首疊韻〉，《臺灣日日新報》，1903 年 8 月 29 日，1 版。

青年謝雪漁除了詩書之外，並無其他家產，因而如阮籍走投無路般，對自己的仕途無路而哭，也為環境困苦而哭，因此對於追求富貴前途乃為無奈之舉。之所以處於窮困潦倒的厄運，乃是因為織梭仍散落在雷澤而尚未被找到，才無法飛龍在天。這折射出謝雪漁亟欲擺脫困境，能有朝一日獲得功業名聲，以名揚四海，當然也顯現謝雪漁的內心有著功成名就的渴望。雖說青年謝雪漁尚未找到雷澤之中的織梭，但是日後獲得臺南知事的推薦進入國語學校，這個機遇就是讓謝雪漁身生八翼登上天門八重的龍梭。此外。「雷澤」為兌下震上歸妹▦。《彖》：「歸妹，天地之大義也。天地不交，而萬物不興。歸妹，人之終始也。」《象》曰：「澤上有雷，歸妹。君子以永終知敝。」〔註24〕李威熊分析的卦象為：「少女出嫁本是好事，它是人倫的開始，但卦辭卻說：『征凶，無攸利。』是具有警惕的意謂，指已經成家，事業有成，別再作非分之想，人生才會幸福。」〔註25〕因此積極雖是好事，能開創機會，但當時仍是混沌不明的時局，仍須謹慎以持保守態度。這也表示謝雪漁意欲有所作為，想要主動尋找機會，可是又顧慮到若過於急躁冒進，又怕遭遇挫敗而陷入困境。

　　日治初期的臺灣，無論是上層階級〔註26〕或者中下層階層，都會將子弟送入官方的新式學校，當然這兩者的入學動機大不相同，前者是以此為跳板進入日本本土留學，或者讓家族的產業轉型以鞏固與延續既有之利益〔註27〕；

〔註24〕〔唐〕李鼎祚著，陳德述整理：《周易集解》（四川：巴蜀書局，1991 年 5 月），頁 221。

〔註25〕李威熊：〈《周易》與社會、人生成長發展進路〉，《國立彰化師範大學文學院學報》20 期（2019 年 9 月）頁 13。

〔註26〕陳培豐對照日治時期的臺灣與朝鮮，臺灣的上層階級會願意把自己的子弟送入國語學校，而朝鮮的兩班階層則不屑送入日本官方的學校。陳培豐：《「同化」の同床異夢：日治時期臺灣的語言政策、近代化與認同》（臺北：麥田，2006 年 11 月），頁 166。此外，駒込武也指出朝鮮在地兩班階層或多或少被迫適應現代化，但對殖民地當局的反感與根深蒂固的儒教世界觀相互作用，強力抵抗公立普通學校的滲透；而臺灣則是將公學校視為取代科舉制度，為新的文化威信。參見駒込武著，吳密察、許佩賢、林詩庭譯：《殖民地帝國日本的文化統合》（臺北：國立臺灣大學出版中心，2017 年 1 月），頁 116。

〔註27〕謝崇耀指出，傳統仕紳希望能獲得「正途」的功名，所以願意接受日本政府設立的高等教育，這種的好處是，當自己的子弟有著日本政府的高等學歷，就有助於家族產業的轉型，亦即由過去農業時代的「仕紳階級」，轉型為工商時代的「資產階級」，這樣一來就能繼續維持與鞏固家族的利益與資產。其次，傳統仕紳的領導基礎在於文化權力，若要維繫知識領袖的地位，就得接收新學，以保有較高級的知識水準。最後，無論是要在公家單位謀職，或者經營商業與

後者則是為了提昇社會地位，最直接的效應就是有就業保障而能改善經濟生活。〔註28〕謝雪漁雖帶有秀才功名，但並非仕紳階級，甚至窮困潦倒。進入國語傳習所，乃至於國語學校，這是他日後發達的終南捷徑，也成為日後進入《臺灣日日新報》的基石。王松就提過謝雪漁為首位秀才就讀國語學校：

> 改隸後，秀才入國語學校者當以謝雪漁汝銓為嚆矢。雪漁年少氣英，
> 汲汲於當世之學；至於詩，特其餘緒耳，然亦無不可傳者。〔註29〕

進入國語傳習所，乃至於國語學校，謝雪漁並非第一人，但卻是臺灣人之中第一位以茂才之姿就讀日本官方的新式學校。王松提及謝雪漁正值風華正茂的青年時期，而努力求取「當世之學」，也就是國語學校所傳授的新學，吸收現代文明知識。至於謝雪漁原本的漢學學養，並沒有全盤拋棄。因此王松所觀察的謝雪漁，是極力於學習新學。

日後謝雪漁進入《臺灣日日新報》漢文部任職記者，仍提及傳統文人在這新時代是無法生存。畢竟若只是成為漢書房之西席，不僅收入微薄，而且在面臨新式教育的廣設與總督府教育政策的轉變，傳統文人更無生存空間，首先面臨生計經濟問題，更顯現出唯有接受新學，方能轉型以適應新時代及其產業結構。謝雪漁在〈南歸誌感〉一文中就提過傳統文人出現生計出路的問題：

> 臺灣文學之興。實自臺南肇其端。故文士較他廳尤多。改隸以還。
> 不偏向漢學。貧寒文士。生計頓窮。欲改就他業。而為商則無胥。
> 為農則無力。為工則無技。惟賴啟館授徒。年得數十修金。以贍衣
> 食。蓋況實有難言。自公學校之制頒。不許設置私塾。專課漢文。
> 其生計遂絕。衣食無資。文人至此。實為可憐。實所謂青袍誤儒生
> 也。〔註30〕

資產，都得向官方合作或打交道，若有新式教育的高等學歷，能直接影響到與政府溝通的方式。詳見謝崇耀：《日治時期臺北州漢詩空間之發展與研究》，頁45～47。

〔註28〕陳培豐的研究中指出，進入國語傳習所成為中下階層臺灣人獲得職業或較高社會地位的保證，因為國語傳習所的學生畢業後幾乎被臺灣總督府所錄取，所以對中下階層子弟而言，接受國語教育成為提昇社會地位的途徑。參見陳培豐：《「同化」の同床異夢：日治時期臺灣的語言政策、近代化與認同》（臺北：麥田，2006年11月），頁175。

〔註29〕王松：《臺陽詩話》（南投：臺灣省文獻委員會，1994年5月），頁68。

〔註30〕謝雪漁：〈南歸誌感（六）〉，《漢文臺灣日日新報》，1906年4月24日，5版。

謝雪漁看到臺南為漢學重鎮，人才文士輩出，可是進入日本時代之後，文人卻無以為繼，最現實的問題就是難以取得溫飽之職業，若要延續本職學能，則只能教書，但收入又微薄；若改就他業則隔行如隔山，容易因缺乏實際知識與專業技能而功敗垂成。傳統文人若不進行轉型，則容易被時代所淘汰。就另一角度而言，文人若想要以讀書為主要發展和出路，那麼進入國語學校「讀書」或許能接續著學而優則仕的路線。

　　若對照上述謝雪漁的「感懷」，便能得知幫助他取得生員功名的漢學學識並無法讓他在新時代衣食無缺甚至飛黃騰達，唯有接受現代文明方能適應這個時代及其進入新的產業結構。這方面，謝雪漁的〈自敘〉便提到：

> 余年十二。經書終業。始學作八比及試帖。年十五。從蔡玉屏夫子
> 學。初學作律絕。年二十二入泮。為欲試秋闈。仍攻八比試帖不懈。
> 蓋科場重此也。甲午歲。版圖易色。為應時急策。力習帝國語言文
> 字。嚮所讀經書。悉束高閣。供飽蠹魚。〔註31〕

謝雪漁年輕之時就如同所有文人一樣，讀書是為了科舉任官因而學習制藝試帖，22歲獲得生員資格後，仍欲參加秋季舉行的鄉試，而持續專精於八比試帖，希冀能考中舉人功名。在清朝時期的謝雪漁，其人生規劃就是讀書考試、考試讀書，一路往上如表兄許南英一樣，京報連登黃甲而衣錦還鄉榮歸故里。乙未割臺之後，打亂謝雪漁的生涯規劃，為了因應時代變化，進入國語學校就讀學習日語，而以前所學之制藝試帖，因不符時代需要而束之高閣。這看出謝雪漁昔日所學無法讓他在這新時代獲得最基本之生活需求，於是隱晦地寫出是為了順應時勢變化而學習帝國語言文字。

　　不過，以秀才身分取得國語學校學歷，對謝雪漁的職涯有所助益。

> 本日臺南郭蔡淵氏。過訪同人。雪漁為祝文官及第。同人戲曰。漁兄
> 為加料秀才。今復有君矣。蓋二氏舊政府時。早採芹香。漁畢業於國
> 語學校。今郭得以及第。是所謂錦上添花。故曰加料秀才。〔註32〕

在《漢文臺灣日日新報》便提及謝雪漁為「加料秀才」，雖說為戲稱之語，但卻也看出新時代的國語學校學歷等同於前清時期的生員功名，均為具有一定

〔註31〕謝汝銓：〈自敘〉，《雪漁詩集・奎府樓詩草》（臺北：龍文，1992年6月），頁3。

〔註32〕不著撰人：〈編輯日錄（七月十一日）〉，《漢文臺灣日日新報》，1908年7月12日，7版。

社會地位的身分。

此外，謝雪漁在《漢文臺灣日日新報》撰文有提及入學國語學校的情形。

> 予於明治三十年首夏。荷臺南縣磯貝知事選拔。北上肄業國語學校。
> 三年之間。南北往復者。亦經數次。然皆依輪船之便。不曾一次遵
> 陸而南。蓋時汽車轍迹。尚未及於新竹。由陸而南。越嶺涉溪。崎
> 嶇險阻。非旬日不得到。遵海而南。視陸路尤速。兩晝夜可以至。
> 故舍陸而從海也。〔註33〕

謝雪漁在回憶過去尚未有縱貫鐵路，南北移動均靠輪船。其中提到明治 30
年（1897）夏天，受臺南縣知事磯貝靜藏的選拔推薦而北上進入總督府國語
學校語學部國語科就讀，修業三年。〔註34〕然而進入總督府國語學校之前，
得具有國語傳習所學歷。〔註35〕因此謝雪漁就讀日本設立的新式學校的時
間並不算短，而且自國語學校畢業〔註36〕後進入政府擔任「囑託」〔註37〕一
職。〔註38〕

〔註33〕 謝雪漁：〈南歸誌感〉，《漢文臺灣日日新報》，1906 年 4 月 13 日，5 版。

〔註34〕 依據國語學校規則第二章第九條：「修業年限師範部二年、語學部三年」；第
十條：「師範部為二個班級，語學部國語學科及土語學科各為三個班級」，謝
雪漁自述就讀三年，而土語學科是專給日本人就讀以學習臺語，因此謝氏乃
是就讀總督府國語學校語學部國語學科。參見臺灣教育會編：〈第四節　國
語學校規則〉，《臺灣教育沿革誌》（臺北：財團法人臺灣教育會，1939 年 12
月），頁 547。

〔註35〕 國語學校規則第二章第五條：「語學部生徒的入學資格分為日本人與臺灣人兩
種區別，內地人為高等小學校卒業生以上之學歷，本島人為國語學校附屬學
校或國語傳習所卒業生以上之學歷」。參見臺灣教育會編：〈第四節　國語學
校規則〉，《臺灣教育沿革誌》，頁 547。此外，《臺灣日日新報》曾報導傳習所
卒業生蔡秋江謝汝銓二名入學臺北國語學校，並由臺南教育會補助兩人之學
費與家族生計。參見不著撰人：〈臺南通信〉，《臺灣日日新報》，1898 年 5 月
25 日，5 版。

〔註36〕 謝雪漁於明治 34 年（1901 年）3 月 30 日自國語學校語學部國語學科畢業。
報紙曾刊載畢業訊息：去月卅日國語學校國語學科卒業生本島人八名，為白
陳發（臺北）陳貫（臺中）蔡秋江、謝汝銓（以上臺南）劉金波（臺北）廖重
光（臺中）李榮章、陳玉昆（以上臺北）。參見不著撰人：〈國語學校語學部國
語學科卒業生〉，《臺灣日日新報》，1901 年 4 月 3 日，2 版。

〔註37〕 「囑託」為編制外之臨時人員，通常為特殊目的所聘用。蔡侑樺：〈臺灣總督
府營繕人員〉，《臺灣學通訊》110 期（2019 年 3 月），頁 8～9。

〔註38〕 謝雪漁在擔任《臺灣日日新報》漢文記者之前，就曾在總督府警察官吏練習所
擔任臺語教師，以及編纂《日臺會話辭典》，在其詩作中便提及過：「教職同膺
近兩年，日臺會話纂新篇。征俄憤激從軍去。策馬霜蹄踏滿鮮。」參見謝雪漁：

　　謝雪漁學習新學及其擔任公職，這並不代表謝雪漁就拋棄所學之律絕，也不意謂著漢詩就無用武之地，雖說漢詩能力高低與現代產業及其職業並無直接相對應之關聯，但卻能讓謝雪漁結交知名之文人，甚至日本總督府高層。謝雪漁提及日本官紳與臺灣文人唱和，讓他注意到進入日治之後的臺灣仍有漢學空間，甚至一片榮景。謝雪漁的〈自敘〉就曾提過閱讀《臺灣日日新報》時，而知道臺、日文人酬唱的情形：

> 國黌在學中。閱臺日報章。讀藤園督憲及棲霞藩憲。與內臺官紳。賡唱迭和佳什。見獵心喜。時一為之。國黌畢業。官署濫竽。雖技癢有作。然隨得隨棄。比入臺日報漢文部執筆。廣與社會接洽。頻與同事唱酬。後倡設瀛社。洪逸雅君為社長。余為之副。或出課題。或開例會。花晨月夕。吟朋宴集。興高采烈。洪君歿。余繼任。前後約三十年間。所詠之數不少。悉刊登於臺日報端。絕不留稿。〔註39〕

謝雪漁就讀國語學校語學部國語科期間，正值總督府舉辦揚文會，官方邀請各地知名文人與仕紳蒞會，可謂盛況空前，而且所吟之詩作及其官紳相關動態均刊載於《臺灣日日新報》。這對謝雪漁而言，不僅看到漢詩仍有著欣欣向榮之態勢，沒有因政權更迭而遭受禁絕，反而日本人獎掖文風，禮遇臺灣文人。原先以為漢文是過時的產物，無法適應新時代，但卻也因為揚文會而重拾翰墨，創作漢詩。這也折射出謝雪漁洞察到漢詩是能夠幫助他拓展人際關係，進而結交其他臺灣文人，乃至於日本高層官吏與知名漢文人，為扶搖直上的立基點。概而言之，謝雪漁發現到既有的漢學根基，雖無法讓他發大財以累積經濟資本（economic capital），但是此種漢學學養的文化資本（cultural capital），卻有助於建構人際網絡並逐漸厚實自己的社會資本（social capital），及其獲得象徵資本（symbolic capital）有著名聲和聲望，使得日後成為臺北市協議會員、臺北州協議會員以及瀛社社長等具有份量之頭銜與職務。

〈教官林久三僚友〉，《雪漁詩集・奎府樓詩草》，頁 42。謝雪漁曾於明治 35 年（1902 年）任職臺南廳總務課囑託，明治 36 年（1903 年）臺灣總督府警察官及司獄官練習所囑託。參見中央研究院臺灣史研究所，臺灣總督府職員錄系統：http://who.ith.sinica.edu.tw/s2g.action?viewer.q_authStr=1&viewer.q_fieldStr=allIndex&viewer.q_opStr=&viewer.q_valueStr=%E8%AC%9D%E6%B1%9D%E9%8A%93，2019 年 8 月 7 日。

〔註39〕 謝汝銓：〈自敘〉，《雪漁詩集・奎府樓詩草》，頁 3～4。

謝雪漁自國語學校畢業後，雖政府保障就業而安排他進入公家單位任職，但職位是「囑託」，為編制外之人員，並非編制內的正式公務員。這也表示在政府單位工作領「月手當」〔註40〕雖有著固定收入，但確非長遠的選擇。謝雪漁得另闢蹊徑，找尋終南捷徑，而《臺灣日日新報》社長守屋善兵衛便是謝雪漁的伯樂。謝雪漁就提過是因為翻譯土地調查書，而受到社長守屋善兵衛的賞識：

折輈坂路困鹽車，冀北相逢伯樂如。

試譯五旬連載稿，長篇土地調查書。〔註41〕

謝雪漁具有生員身分，在清朝時代能一路向上取得舉人乃至於進士等功名，前途可謂無量。但進入日本統治時期，畢身所學卻無用武之地，空有一身才學卻受到屈抑，坐困愁城且一籌莫展。進入臺北的國語學校之後，才開啟謝雪漁另一扇窗。雖說該詩提及臺灣政經重心的臺北為人才聚集之地，這隱含著臺北也是機會眾多之地，較容易遇見「伯樂」而被發掘。謝雪漁在臺北遇見守屋善兵衛，憑著既有的漢文學識與國語學校所學之日文，而能翻譯土地調查書。於此得到守屋善兵衛的賞識，日後方能進入《臺灣日日新報》擔任漢文記者。進入《臺灣日日新報》為謝雪漁另一階段的開始，也是日治初期漢文發展的重要轉捩點，開拓漢文通俗連載小說的版圖，甚至日後於1930年代開展《風月報》系列的漢文消閒風格。

二、身分轉型帶動新式漢文的發軔

謝雪漁於明治38年（1905）進入《臺灣日日新報》擔任漢文記者，當時記者乃為新興之職業，而記者必須得有文才，方能下筆撰寫各種新聞與評論，若以當時的時空環境來說，既能發揮所長又兼顧經濟生計，唯有記者是理想之職業。

謝雪漁初入臺灣日日新報社，對於記者的理解是以「史官」印象的切入：

今之新聞。今之史也。記者其史官也。史之書法。無妄褒。亦無妄
貶。新聞循其例。嚴於筆削。隱操教化之權。又於內政外交。大小
事宜。有聞必錄。且民間瑣務。稍涉新奇者。亦悉搜羅揭載。藉以

〔註40〕每個月的報酬與津貼，即月薪。

〔註41〕謝汝銓：〈感舊百詠（二）／社長守屋善兵衛先生〉，《漢文臺灣日日新報》，1931年3月6日，8版。

開人智識。視之正史。誠有過無不及。〔註42〕

謝雪漁對於記者工作內容的理解，如同洪以南撰寫〈春秋與報紙〉的論點，都是以傳統士大夫的操守與精神來疊合現代「記者」的職業，以「在齊太史簡，在晉董狐筆」忠實紀錄當下所發生的時事，同時又秉著春秋筆法，諷喻時事及批判政事。此外，謝雪漁認為記者除了秉著良知而不畏強權，以褒貶政府與官員之外，又必須記錄這社會上大大小小之事情，從嚴肅的國內外政經大事，到社會上新奇趣事。對謝雪漁的理解而言，記者如同史官，監督政府以除弊興利，以及報導時事以廣為人知，讓讀者而能知天下事，同時幫助臺人開拓視野。

謝雪漁看重記者所能發揮的功用與使命，就是傳播文明，人民具有文明，則國家就會強盛。列強之所以強大，因為國內有眾多報社。因此提昇人民的文明水準則端賴報紙，報紙的核心就是記者。這也表示謝雪漁找到能夠發揮的舞臺，既能本著使命感而學以致用，同時就業穩定，衣食無虞。

> 環顧全球。富強列幫。文明愈盛。則報館愈多。文明未開之國。其人民如聾如盲。善不如彰。惡不知戒。外邦時務。不特不能知。即己國大事。亦如在夢中。支那帝國。陷此弊最深。蓋以儒生徒誇博古。全不通今。而不知廣設報館。重視新聞故也。我臺灣夙隸其版圖。深染舊習。幾成錮癖。今入帝國恄懷。有報館之設。藉新聞之力。人民雖略解時事。然十年於茲。知新聞為確要。而樂誦之者亦稀。以視內地男婦老穉。解讀者自讀。不解讀者。亦使解者談與之聞。相去有天淵之別。予深慨及此。有感於為良史之說。於是乎不揣無文。捨教鞭而揮禿筆。願學焉。以抵於良。為我臺民開樂閱新報之美風。喝破舊時陋習。以漸進於文明之域。庶幾償此素願。〔註43〕

瞭解國內外大事以及社會脈動，就是汲取文明知識的方式，當時若要「能知天下事」，就是閱讀報紙，因此謝雪漁以報館興盛來作為文明的指標。謝雪漁如此看重報紙的功能性與教育性，是因為能讓人民得以開化。接者謝雪漁舉中國為例，認為清朝之所以積弱不振，乃是在於傳統文人只通曉古代的事情，卻不了解時下的新學知識，又不廣設報館以傳遞新知予人民，人民因而

〔註42〕謝雪漁：〈入報社誌感〉，《臺灣日日新報》，明治38年（1905年）3月7日，3版。

〔註43〕謝雪漁：〈入報社誌感〉，《臺灣日日新報》，明治38年（1905年）3月7日，3版。

蒙昧無知，最終導致清朝衰敗。臺灣雖有報社，臺人也知道新聞能傳遞新知與報導時事，但能閱讀者幾希矣，可見得臺人讀報率不高。相較於日本，除了能自行閱讀並理解報紙內容之外，也能透過言談來分享給看不懂的人，這樣整體文明就能進步。謝雪漁看到臺灣已有報社，可是臺人卻沒有閱讀報紙之習慣，若要打破陋習，並吸收現代文明知識，得讓臺人培養出讀報之習慣。是故，謝雪漁因而辭去警察官吏練習所的臺語教師職務，進入《臺灣日日新報》任職記者工作，其目的是成為良史，以筆觸來傳播文明，開拓臺人之眼界。

　　自國語學校出身的謝雪漁知道現代文明知識的重要性，上述文章為謝雪漁剛任職漢文記者時所抒發的抱負與理想，雖然是以傳統士大夫的觀念來理解記者的工作內容，不過也讓謝雪漁了解到記者於現世的角色是什麼，另一方面也是謝雪漁從傳統的史官印象，過渡到現代記者的專業能力和報導權力。

> 記者之言論報道。皆出社會之公。不挾個人之私。故上自公卿。下逮庶人。凡有容止態度。稍詭於道。能害社會者。不肯寬假。正言諭之。直筆誅之。記者之上乘者。有無冠大臣之稱。倫敦泰晤士報之主筆。其位置為王公大臣所不能及。盍其持論立說。足喚起輿論。激動人心故也。又歐美列邦以及本國。彼為記者々。一朝釋褐。直登廟堂。居權要地。措施政治者。指不勝屈。是報館為賢才之韜晦處也。故記者有所言論。有所報道。國人信之。政府採之。不□為無足重輕。置之不顧。直以為輿論之代表者。各國文明之開發。其藉記者之力者。實為多大。因而對於記者。禮意特隆。〔註44〕

謝雪漁初任記者此一職務時，是以史官的印象來理解這個新興職業，即為後世留下紀錄，以春秋筆法一字一語寓褒貶之義。這種只是紀錄當世的政治運作而載入史冊。當謝雪漁逐漸上手且熟悉工作內容後，發現到記者所發揮的功能遠超過於過去的史官，能透過筆觸來影響這個時代與社會。同時也了解到記者的論點是能影響輿論的走向。這個讓謝雪漁認識到記者的思維與意識，是能透過報紙傳達至讀者的心中。

　　此外，謝雪漁注意到報紙並非只有傳遞新知、刊登政論與報導時事之功用，而是具有多面向之功能及其版面。

〔註44〕雪（謝雪漁）：〈記者論〉，《漢文臺灣日日新報》，明治41年（1908年）2月2日，4版。

報紙者所以紹介事物於社會。故分門別類。記者各分責任。竭其精
神。揮其手腕。以採取材料。凡關係於社會者。悉搜羅之。記者分
為二派。一為硬派。一為軟派。曰硬派者。即掌政治法律經濟農工
商教育文學美術之評論報道者。曰軟派者。即任艷事及社會瑣事之
報道者。〔註45〕

報紙版面上所刊載的並不只有時事新聞而已，而是將這社會上各式各樣的事
情蒐羅且報導出來。這些各式各樣的事情，謝雪漁認為分成硬派與軟派，即
嚴肅之社會大事，為讀者所必須知曉的事情與事件。軟派則是無關緊要之新
聞，諸如趣聞或作為填充版面之民間瑣事。謝雪漁將「文學」列入硬派之中，
與政治、經濟等國家大事等量齊觀。若以傳統文人來說，所謂「文學」是以儒
學為主的學術智識，也就是為了宗經與傳道，從倫理道德的根本上建立起「君
君，臣臣，父父，子子」上下從屬體系。文學本身就是帶有濃厚的秩序觀，以
維持天下的君臣秩序及其社會秩序。於此，文學便受到官方正統的框架，以
維持政權的穩定。這部份在清領時期的臺灣，便能看到文人的文學觀受到朝
廷的限制與框架，就是清廷官員在臺灣推動文教，除了培養出考科舉的人才，
也建立起綱常倫理的秩序，以報君恩，這同時也影響臺灣文人的文學價值與
審美情趣。〔註46〕進入日治時期之後，對於文學的概念，仍不脫於前清時代
的儒家傳統文學觀，但在面臨西學文明的衝擊時，則是以儒學傳統本位主義，
來擴充西方新詞彙與學說。〔註47〕也正如許倍榕所言：「臺灣文人隨著日本在
臺灣設立平面媒體，而逐漸接觸到日本人的文學觀念，從廣義文學漸漸過渡

〔註45〕雪（謝雪漁）：〈記者論〉，《漢文臺灣日日新報》，明治41年（1908年）2月2
　　　　日，4版。

〔註46〕余育婷的研究中指出，臺灣詩歌典律的存在是政治權力介入所產生的直接影
　　　　響。在長時間的文化／文學移植過程中，權力與知識勾連在一起，進而塑造出
　　　　一種共同的、主流的詩歌典律。代表官方的正統與規範發展出典律作品，而典
　　　　律作品閱讀／詮釋又強化、回應清帝國的價值關羽審美觀，因而形成臺灣古
　　　　典詩的詩歌典律。詳見余育婷：《想像的系譜：清代臺灣古典詩歌知識論的建
　　　　構》（臺北：稻鄉，2012年11月），頁86。

〔註47〕許倍榕指出，這些文人在接受新學的同時，尚未打算卸除士大夫身分，而這種
　　　　秩序觀與自我定位，讓部分反思人我關係的近代思潮難以真正滲透。就在這
　　　　種孕育蛻變，但實質上比較接近儒學傳統本位主義的自我擴建裡，大量的新
　　　　詞彙與學說被引介，現代意涵的「文學」也是在這樣的脈絡下，作為一種「文
　　　　明」事物被接納了進來。參見許倍榕：〈日治初期臺灣言論界「文學」概念變
　　　　化〉，《臺灣文學研究》7期（2014年12月），頁216。

至狹義文學，在既有傳統文學觀——文學即為學問／文章的基礎上，接受新學並與之擴建，而開始有西方近代的狹義文學觀念。」〔註48〕是故，謝雪漁文中所提到的「文學」為廣狹義並存之概念。

報紙不僅只是刊載時事，傳達新知與傳播文明，對謝雪漁等漢文記者而言，漢文能獨立發刊是有益於漢文的延續，尤其是版面增多，文人能夠書寫的空間也增多，也促使漢文人記者思考透過漢文報紙能夠做些什麼。

> 本報向於邦文為附庸。其形式同于合眾共和之一部分。今已扶植為獨立國。界畫鴻溝。我疆我理。不可不振奮精神。發揚踔屬。以期雄飛于世界。獨當一方面。故當茲發軔之始。向之連騎並轡者。今則分道揚鑣。特樹一幟。好自為之。毋貽口實羞。

> 本島于漢文。非猶幼稚之時代。而老大之時代也。惟其老大故。而柔脆薄弱。仍不脫幼稚之界線。則對此而輔之翼之。如卵而長之。以胚胎焉。模範焉。發達焉。強壯焉。固吾黨之責也。〔註49〕

《臺灣日日新報》漢文版再也不用附屬於日文版之中，獨立為專屬之漢文報紙，從「連騎並轡」就可看出臺灣文人認為日文與漢文是並行的存在，雖說臺灣文人是任職於日本人資本的報社，所刊登的文章是在日文的報紙，但臺灣文人卻很清楚漢文與日文各有勝場，內容也不同，所針對的讀者對象也不一樣。這也反映出臺灣文人也有自己的堅持，漢文即是獨立個體的存在，有著歷史悠久的文學命脈。這種對於漢文的自我堅持，在總督府推行國語教育以及歐風東漸的雙重衝擊之下，乃是凝聚對於漢文的自信心與向心力。因此在報社服務的漢文人記者對於《漢文臺灣日日新報》的發刊，有著當家作主之感，胸懷雄心壯志以發揚漢文之榮光。然則，此文提到漢文並非幼年之新興的文學，而是老大之文學，因為老大，所以「柔脆薄弱」。如上述所言，漢

〔註48〕許倍榕也指出，先以在臺日人的文學觀已具有西方語言藝術的「文學」概念，但這種觀念仍市以廣義文學為主，也就是綜合漢學知識傳統與西方人文學觀念，在 1904 年已降狹義文學的用例才逐漸增多；而臺灣漢人知識階層也在共有的媒體中慢慢接觸到這些新觀念，因此他們所談的「文學」，從傳統「學問、文章」意涵的基礎上開始產生變化，在接收新學及對傳統學術進行擴建的過程裡，西方近代狹義文學觀念的影響日益增強。參見許倍榕：〈日治初期臺灣言論界「文學」概念變化〉（臺南：國立成功大學臺灣文學系博士論文，2015 年 7 月），頁 96。

〔註49〕不著撰人：〈始刊之詞〉，《漢文臺灣日日新報》，明治 38 年（1905 年）7 月 1 日，1 版。

文為歷史悠久的文學，有著傳承已久的文學資產，文人傳承文學傳統為己任。但這種悠久的文學，雖有其歷史底蘊，卻突顯出無法即時回應時代變化的弱點，容易因為知識體系的轉換而成為邊緣，才會提到「柔脆薄弱」如幼稚小兒一樣體質柔弱。思考要如何壯大漢文使漢文再度成長，是因為文人發現到現今的漢文有失傳的危機，以及程度每況愈下。

> 難者曰。方今世界競尚進步。推陳出新。行將有一種立派改良新文字。出于期間。于漢文乎何取。不知比來士習浮夸人尚國語。一挑半剔。根柢毫無。試一握音為習慣之漢文則天花亂墜。繁蕪雜穢。淘汰為難。已失匡廬面目。所謂本實先撥。枝葉未有不害者。極其流弊。勢必至併之無而不識。為可浩嗟耳。〔註50〕

雖說時代進步，時人學習日文為時代潮流也是因應社會需求，不過卻妨礙到臺人之根本，既有傳統之漢文的程度卻七零八落，以為漢文為自己的語言，而沒有下功夫修習，經歷過前清時代之漢文人眼中，認為這些時下的漢文已失去其本質，也失之深厚的底蘊。因而以本實先撥來比喻當今的漢文已經失去根本，漢文看似一片榮景，但本質已斲傷，時間一久，隨著漢文人的凋零，漢文就會漸漸衰蔽。

　　若關照日本的漢文發展，也如臺灣的漢文一樣，自有其源遠流長的文學傳統，而且名家輩出。當西學進入到亞洲時，並不會損害漢學，反而從中汲取新思想新知識而轉化為漢學的內裏，而這也能成為臺灣文人的借鑒。

> 漢文者。同文之命脉。東亞之國粹也。本邦在昔。名儒輩出。著作林衷。斧藻休明。和聲鳴盛。載在歷史。無庸縷贅。今雖歐化東漸。爭相揣摩外國文學。而于此道三折肱者。尚多其選。泱泱表東海雄風。猶足極一時之盛焉。誠以命脉不容已。而國粹尤未可沒也。〔註51〕

臺灣文人注意新思想新知識傳入臺灣島內，壓縮到漢文的空間，使得漢文被貶抑為是落後守舊的一方，而且若被視為是過時的文學，其水準品質則容易衰落。漢文為東亞共通之文體，臺灣所面臨的新學衝擊，日本也面臨相同的處境，若日本能在新學與漢文之間取得平衡點，那麼臺灣的漢文人也能在新學的壓

〔註50〕不著撰人：〈始刊之詞〉，《漢文臺灣日日新報》，明治38年（1905年）7月1日，1版。
〔註51〕不著撰人：〈始刊之詞〉，《漢文臺灣日日新報》，明治38年（1905年）7月1日，1版。

縮之中，重新找到自己的定位與空間。

　　《漢文臺灣日日新報》的獨立發刊便是契機，臺灣文人腦中所思考，以及手中所書寫的，無非都是漢文，從生長到生活，均浸淫漢文的世界中。使得他們對於漢文的延續更有著使命感。

> 況如本島人士。朝斯夕斯。寢焉饋焉。非漢文乎。百回不厭。一字乙師。非漢文乎。看似無奇。造詣匪易。非漢文乎。印以腦筋。映之眼簾。駕輕就熟。事半功倍。又非漢文乎。芥子須彌。金身莖草。超以象外。得其環中。何莫非漢文乎。解人可索。樂此不疲。此吾黨所由捧滿幅之精神。酒三升之墨汁。與同志相期于不敝也。五色筆猶在君處乎。扶輪大雅。砥柱中流。馳騁文場。獨當一面。相從大海看迴瀾。所願起許我斯人而謀之。庶幾禱祀為不虛矣。〔註52〕

以此觀之，漢文為臺灣文人根深蒂固之文學，因而對於漢文的傳承頗為自豪，雖然漢文為東亞文人所共同使用的文體，但並不意謂著自己的漢文就遜於日本漢文，乃至於日本之邦文和西方之語文。隨著政權的轉換，曾讓臺灣文人一度懷疑漢文是否會被時代所淘汰，但隨著平面媒體的發刊，而讓臺灣文人找到漢文的新空間，連帶地看到漢文的未來。新學的進入以及現代媒體的引進，並不見得就會讓漢文失去舞臺，反而是重生之契機，鎔鑄西方知識以及應用現代平面媒體，使漢文脫胎於傳統制藝試帖，而走入臺灣的閱讀市場。正如林以衡所言：「日治初期臺灣傳統知識分子，現代化的報刊進入臺灣閱讀市場，使得文人逐漸擺脫過去以中國傳統文化為主軸的影響，而成為兼容並蓄的文化場域。」〔註53〕當然，報社乃為日本人資本，透過日本資本的報紙引介新學，這種轉手與中介，勢必會受到日本的影響，而出現日本漢文滲透臺灣漢文之情形。但無論如何，對於臺灣傳統文人而言，卻也看到漢文如何應用於新的時代，以及將報刊作為載體，使漢文進入到讀書市場之後，進而朝向通俗文脈發展。〔註54〕這部份謝雪漁就看出若要拓展漢文的影響力，以

〔註52〕不著撰人：〈始刊之詞〉，《漢文臺灣日日新報》，明治38年（1905年）7月1日，1版。

〔註53〕林以衡：《日治時期臺灣漢文俠敘事的階段性發展及其文化意涵——以報刊作品為考察對象》（臺北：國立編譯館，2009年5月），頁39。

〔註54〕此外，臺灣傳統文人也認識到透過創辦刊物的方式來凝聚同是漢文人的社群，同時強化漢學發聲的力道以及提振時下漸漸衰微的漢學能力。參見卓佳賢：〈邁向大眾／通俗之路（1930～1937）——論臺灣文藝評論中讀者與文本理論的流

及延續漢文的能動性，便是透過平面媒體來開發讀者市場與提高漢文的能見度。

　　也由於現代報刊的出現，促使傳統文人開始思考漢文的另一種可能，即是以漢文進行創作並刊載於報紙上，之後謝雪漁便在《漢文臺灣日日新報》連載漢文小說。不過在這之前，謝雪漁觸及到何為「文學」的議題。

三、春秋筆法與現代文學之文學觀

　　謝雪漁於明治38年（1905）3月進入《臺灣日日新報》擔任漢文記者，一開始摸索記者的工作內容和社會意義，從傳統史官之春秋筆法的印象，逐漸過渡到現代記者的報導時事、反應輿論以及傳播新知。謝雪漁除了本著記者職務而撰寫新聞文章之外，也看到報紙版面刊載著詩文，開始嘗試在報紙上連載小說，於明治38年（1905）7月1日在《臺灣日日新報》發表〈陣中奇緣〉，直至同年12月30日止，謝雪漁開啟發表通俗小說的生涯，之後在《風月報》時期仍連載小說，這也使得謝雪漁的文學成就，有著詩人與小說家兩種身分。

　　謝雪漁一進入臺灣日日新報社，同年便發表小說，因而摸索出小說的創作手法，也探討什麼是「文學」，以及所創作的詩詞、小說是否為文學。

> 關於文學之意義。古來諸說紛紜。莫衷一是。在支那。在日本。或在西洋諸國。皆發種々之異意義。我國於文學之文字。早已用之。與文武對稱。為學問之總稱。支那之魏文帝云。文章經國之大業。不朽之盛事。即指此學問總稱之文學者。而在西洋。或謂取文法之義。或謂為學問之總稱。以近例言之。至明治十八年之頃。帝國大學之制。在文學科之中。有法學經濟學政治學。可知其於文學之意。作如何解釋也。文字之不同於文學者。自無待言。書籍與文學亦然。其他。算術與文學。政務與文學。各自不同。瞭如指掌。然自古在昔。文學常與之混同而用之。又凡以文字著者。皆解之為文學。〔註55〕

謝雪漁爬梳日本、中國與西方對於文學的定義，而發現到文學即是學問，也就是泛指所有知識，為廣義之界定。接著，以帝國大學文學科的內容，含有法學、經濟學、政治學等經世致用之學識。使得謝雪漁注意到當時所謂的「文

動〉（嘉義：國立中正大學臺灣文學研究所碩士論文，2010年7月）頁26。
〔註55〕雪漁夜誌：〈文學辨義〉，《漢文臺灣日日新報》，明治40年（1907年）10月
　　　28日，3版。

學」是包含所有的知識學問，凡是以文字書寫的知識均為文學，也就是「出口成言，集札為文」這種廣泛的概念，這與他所認知的文學概念有落差。謝雪漁提出疑問，文字並不等於文學，而且書籍所載的內容也不一定就是文學，更遑論算術與文學、法政與文學等此種巨大的差異。謝雪漁觀察當時的文學概念並沒有精確的指向，而是凡以文字書寫皆為文學。然而，王夢鷗研究中指出：「中國傳統文學有著『詩』與『書』的二分法，詩為『言志』，為作者內心的抒發；而書乃為『記事記言』，為詩以外之各式各樣的文字書寫，公事私事、大言小言，諸如上至官府文書乃至於個人的感想雜文等等，皆為書的範疇，也是一般對於『文』的觀感，文章的總稱。」〔註56〕也就是說，詩以外均為「文」的範疇，正如謝雪漁所觀察到當時以文字所撰著者，皆稱之為文學，為知識層面與實用層面之學問，並不帶有審美之意涵。〔註57〕

　　如果說此時的文學仍泛指為各種學問，那麼當時已經進行詩文創作與小說連載的謝雪漁，又如何能將自己的創作與其他知識學問混為一談？難道以文字所書寫而成的文章皆為文學嗎？因此，謝雪漁梳理國外學者對於文學的解釋，而逐漸勾勒出自己的文學觀。

> 威武士他者。在其字典。謂文學者。於其最廣之意味。則凡觀察、思想或想。像之結果。為欲保存之。而筆之於書。又一切印刷之書籍。胥含於其中。但實驗科學之諸著。通常則除之。而有時限為文學之一分科。美文即雅趣之著。或情感之作。例若詩歌能辯史傳等是也。但抽象之議論。及純粹學術上之文。則又除之。

首先，謝雪漁認為威武士他的文學定義最為廣泛，下筆書寫以及印刷付梓的皆為文學，但對於新的科學著作，則不列為文學的範疇之中。此外，對於雅趣與情感層面的作品，若為實質之作，諸如詩歌能辯史傳等為實際指涉之人事物作品則為文學，反之，抽象議論與學術文章則排除於文學之外。謝雪漁這論點雖縮小文學的範圍，但卻又排除抽象與學術之文，僅能為狹義之文學。

> 博士毛里呂。其書於歐洲文學之緒論。所下定義曰。文學云者。除特殊之科學。及專門技術之事。有關係之諸著作。所總稱之辭也。

〔註56〕王夢鷗：《中國文學理論與實踐》（臺北：里仁，2009 年 9 月），頁 XIV～XV。
〔註57〕王夢鷗指出，文學本為兩組不同之指涉，「文」為寫在紙上的東西，指得是書本；「學」則是教授與學習。因此，文學引申為書本的知識，或者是書本知識之傳授與學習。參見王夢鷗：《中國文學理論與實踐》，頁 1。

博士毛里呂的〈歐洲文學〉緒論中提到，除了特殊科學與專門技術之外，皆為文學。謝雪漁贊同排除特殊科學與專業技術此種專門知識於文學之外，畢竟此種已在科學學科之中，並不能推類於文學之內。但謝雪漁卻又質疑，若僅僅只是把科學學科的文章排除，其餘均為文學，那麼對於日記與紀錄仍會被誤解為是文學。

> 波斯烈卓。其所著比較文學之中。亦下定義曰。文學云者。不問律
> 語與散文。與其謂彼由思考而成者。毋寧謂彼由想像而成者。與其
> 期彼教化及實効者。毋寧謂彼可使多人之樂趣者。與其謂彼抒特殊
> 之智識者。毋寧謂彼抒普通之智識者。

波斯烈卓的文學定義為與其說是思考，不如說是想像而成；與其說是教化與實效，不如說是讓更多人獲得樂趣；與其說是特殊之知識，不如說是普通且多人閱讀之知識。謝雪漁批判若閱讀文學只是為了賞心樂事，就失之作者透過書籍所要傳達之訊息，而且文學本身就應該帶有教化與實效，否則就淪為市井雜談之流。

> 阿老呂羅曰。文學云者。非但訴於特殊派之人。乃取可興眾人之題
> 目。不用事物符號之言語。而用表章思想之言語。以訴諸全般之人
> 智。及普通之人情者也。

謝雪漁認為阿老呂羅的文學觀點並沒有完全說明文學之特質，僅有區別普通科學與文學的不同而已。雖說不用事物符號之言語，諸如統計表、法律條文與數學算式等均排除於文學之外，但對於歷史傳記、評論、批評等並非為文學，則又過於嚴苛。

> 啟呂真愚云。著作者可分為科學性作物。及詩學性作物。然此之謂
> 科學性及詩性者。非別其外形。而別其內容者。曰詩者。則訴諸人
> 之空想者。曰科學者。則訴諸理解力者。是為科學性作物與詩性作
> 物之根本區別也。詩性作物者。訴諸人之空想。動人之感情者。科
> 學性作物者。訴諸智識。使判斷其論旨者也。〔註58〕

啟呂真愚將著作分成科學性與詩學性，其區別在於著作內容，而非外在之形式。科學性在於理解，而詩學性在於想像，例如數學與詩歌之差別。謝雪漁認為啟呂真愚的文學定義較為接近時下的文學意義。

〔註58〕雪漁攷誌：〈文學辨義〉，《漢文臺灣日日新報》，明治 40 年（1907 年）10 月
　　　 28 日，3 版。

謝雪漁透過對於西方文學家對於文學的定義與論點，而觀察出文學昔日之「學問」，也就是泛指人類的各種知識及其書寫，隨著學科的分化，漸漸將科學、技術等專業知識的書寫和著作排除於文學範疇之外。〔註59〕對於文學應為文人想像之作，抑或是觀察生活周遭之實質創作，則又陷入兩難。謝雪漁則是認為欲藉此定義文學較為困難。因而以狹義與廣義之文學定義區分之。

> 欲定文學之範圍。殊覺困難。以狹義而言文學。則凡訴諸人之情感。
> 而表出其美思想。使惹起人己皆同之情感空想者。此意味之文學。
> 謂為純文學。與廣義之文學有別。在廣義之文學中。關於傳記哲學
> 及文學之批評評論等。胥包含於其內。如所謂文學評論。所謂史論
> 者。得謂為廣意味之文學。不得謂為狹意味之文學。……文學有軟
> 硬之分。在通俗之分類。對於純文學。彼哲學、歷史、評論、傳記
> 等。稱為硬文學。軟文學又謂為輕文學也。〔註60〕

文學從最早的「學問」之總和，直至近代以來科學與技術獨立為大學之學科後，文學則縮小為近代文學之定義，並在這之中區分為廣義與狹義。謝雪漁認為傳記、哲學、文學批評評論等此種具有實質指涉和參考之書寫為廣義文學；至於情感層面、創意想像與審美則為狹義文學。換言之，文學分為實用與抒情，謝雪漁所認為的文學應為「事出於沉思，義歸乎翰藻」，來自於創作者本身的內心層面出發而轉換為外在之文字，為一種抒情的、想像的文學，也就如王國維所說的文學為精神層面之性質。〔註61〕謝雪漁又言純文學有軟硬之分，硬文學如同廣義文學，為具有實用意涵；軟文學則為狹義文學，通

〔註59〕當文學成為大學之學科後，勢必將原有之「學問」逐漸分離出科學、史學，而更加清楚界定什麼是文學。早在王國維便明確界定出科學、史學與文學，他認為「凡記述事物，而求其原因，定其理法者，謂之科學；求事物變遷之跡，而明其因果者，謂之史學；至出入二者間，而兼有玩物適情之效者，謂之文學」。也就是說，事物之盡真求是為科學；了解事物存在與變遷為歷史，知識；道理若無法表以議論，卻能表以情感，以及不能求諸實地，卻可求諸想象者，則為文學。參見王國維：〈國學叢刊序〉，《王國維遺書》第三冊（上海：上海書店，1996年），頁204。

〔註60〕雪漁孜誌：〈文學辨義〉，《漢文臺灣日日新報》，明治40年（1907年）10月28日，3版。

〔註61〕王國維認為一切學問皆能以利祿、厚生，但唯獨哲學與文學不能。而且文學為遊戲之事業，當人之勢力用於生存競爭而有餘力之時，不必以生事為急者，然後終身得保，因而能對自己感情與所觀察之事物進行摹寫與詠嘆。也因為如此，所以民族文化達到一定程度才會產生出文學，這種文學是民族文化的結晶，並不是為了生存而利祿與厚生此種物質層面。參見王國維：〈文學小言〉，《王國維先生全集·初編》第五冊（臺北：大通書局，1976年），頁1912～1913。

俗文學則在此範疇中。

　　整體而言，政權的轉換以及時代的轉變，導致無豐厚家產的傳統文人難以適應於新時代之中，最顯而易見的就是新學的衝擊之下，使得傳統文人的知識體系已無法應用於當世，進而生計出現問題，更遑論晉身於朝堂之上成為官員。以謝雪漁為例，在清朝時代受傳統儒學教育成長，目的便是如表兄許南英一樣考中進士進入官場，或者在朝廷歷練一番後回到家鄉成為在地有力仕紳。但是乙未之後，一生所學竟無用武之地，落得無以為繼之窘境。政權的更迭與時代的巨變連帶導致知識體系的轉變，若要肆應於當世，得重新學習新學以進入現代知識體系之中，以能獲得工作機會。謝雪漁以秀才之姿進入國語學校重新學習新學，畢業後進入政府體系之中謀職，正因如此經歷，日後方能進入臺灣日日新報社。不過，謝雪漁接受新式教育，並不意謂著就認為謝雪漁揚棄過去所受的漢學學養，而是說因為知識系譜的轉變，促使謝雪漁開啟視野，並且能應用時下的平面傳播媒體，連載漢文通俗小說。此種漢文通俗小說脫胎於中國傳統通俗小說，參雜入現代小說之質素，以及運用新興之時事與見聞，在鞏固傳統漢文讀書市場有極大之功效。這是謝雪漁能持續發揮傳統漢學之學養，並應用在漢文報刊之上，使漢文能持續流傳。

第二節　傳媒空間的增加帶動文體變化

　　關照謝雪漁的文學生涯歷程，進入臺灣日日新報社之後，才開始在文壇嶄露頭角，發揮其才能。謝雪漁曾言：「比入臺日報漢文部執筆。廣與社會接洽。頻與同事唱酬。」〔註62〕進入報社工作之後，開始建立人脈網絡以及創作產量，因而頻與北部文人以及報社同仁唱和，所書寫之作品也刊於《臺灣日日新報》上，使得日後成為瀛社的核心成員。

　　謝雪漁除了參與瀛社成立，並成為要角，以及日後接續洪以南成為第二任社長之外，就是於《漢文臺灣日日新報》上發表連載漢文通俗小說。雖說臺灣文人並非首位或首次在報紙上連載小說，日本人早在《臺灣新報》便以刊登日文小說〔註63〕，其後在《臺灣日日新報》上刊登漢文小說也是日本

〔註62〕謝汝銓：〈自敘〉，《雪漁詩集‧奎府樓詩草》，頁3。
〔註63〕黃美娥的研究中指出，日治時期臺灣最早的報紙小說是《臺灣新報》於明治29年（1896年）10月29日所刊載的〈東寧王〉，並且明確標誌為「小說」作品，並以連載型態刊登。其後仍有〈頭陀袋〉、〈空枝怨〉等連載小說，這些均為日

人。〔註64〕不過，謝雪漁發表漢文小說仍有其劃時代之意義，原因在於《漢文臺灣日日新報》獨立發刊之時，謝雪漁便隨即發表〈陣中奇緣〉。當然這是版面擴增之故，從原來的《臺灣日日新報》中只有二個版面為漢文版，當獨立發刊為《漢文臺灣日日新報》則六個版面，版面擴增且為全漢文背景，這也表示漢文書寫空間大為增加，因而出現此種需要較大版面空間的「小說」，使得臺灣漢文人有個書寫小說的機會。〔註65〕謝雪漁就曾在報上提過刊登小說的緣由：

> 附記陣中奇緣譯書。原為初稿。未經校閱。篇幅之複雜。詞句之繁蕪。在所不免。原不敢遽以問世。因本紙有餘白。故陸續揭出。以供閱報諸君之快覽。非敢炫異也。尚祈諒之。〔註66〕

謝雪漁在連載結束後，就自言因報紙仍有空間，因而大膽地將自己處女作刊登出來，當然這或多或少有自謙之意味。但也看出漢文報紙因增加為六個版，編輯也需要小說來填充大部分的版面，除了以連載方式來吸引與留住讀者之外，編輯也確保每日的版面均有稿件能刊登，以避免開天窗的可能。

　　《漢文臺灣日日新報》獨立發刊之時，謝雪漁便發表連載小說，便是為值得探討之現象，而且謝雪漁所譯寫的第一篇〈陣中奇緣〉雖為是漢文通俗形式的小說，但小說內容與場景卻是為歐陸之人事物，這多少也管窺出謝雪漁嗅到讀書市場脈動，以傳統文體搭配新興題材，除了達到鞏固既有的讀者群之外，也開拓其他具有漢文背景的文人來購買與閱讀《漢文臺灣日日新報》，既能在

人以日文創作。不過上述這三篇日文小說雖在《臺灣新報》上連載，但黃美娥仍認為這階段的小說仍未獲得在報紙上經常刊登的機會。而通俗小說真正在報紙上有固定的發表空間，則是明治31年（1898年）1月7日至3月31日之間刊登的偵探小說〈艋舺殺人事件〉。參見黃美娥：《重層現代性鏡像：日治時代臺灣傳統文人的文化視域與文學想像》，頁241。

〔註64〕黃美娥的研究中指出，明治32年至33年（1899～1900）《臺灣日日新報》的「說苑」欄有日人以日本史乘傳贊為基礎所創作的稗官小說。參見參見黃美娥：《重層現代性鏡像：日治時代臺灣傳統文人的文化視域與文學想像》，頁242。

〔註65〕林以衡指出，真正出現臺灣人所創作的漢文通俗小說，是取決於漢文敘事空間的有無，而《漢文臺灣日日新報》的獨立發刊便是臺灣漢文人的契機，也才有版面能讓這些文人得以有創作與刊登漢文通俗小說的機會。見林以衡：《日治時期臺灣漢文俠敘事的階段性發展及其文化意涵——以報刊作品為考察對象》，頁50。

〔註66〕南瀛雪漁（謝雪漁）：〈陣中奇緣〉，《漢文臺灣日日新報》，1905年12月30日，5版。

商業市場中刺激銷量，這也能讓這份漢文報紙在日人資本的《臺灣日日新報》報社中持續發展長久。

謝雪漁本身就是《臺灣日日新報》報社的漢文記者，之後隨著《漢文臺灣日日新報》獨立發刊，更顯現出臺灣漢文記者的重要性。這批漢文記者本著主場優勢而較有發表的空間，進而刊登自己之作品，像是瀛社同人之詩作便刊於《臺灣日日新報》上，謝雪漁〈陣中奇緣〉更是如此。《漢文臺灣日日新報》獨立發刊也意謂著漢文書寫空間的拓展，連帶開啟謝雪漁連載小說的創作歷程，透過摹寫與試寫新興小說此種文體，逐步走出日治時期漢文的新局面，這也使得日治初期的漢文系譜而有不同變化與發展。因此，本節以謝雪漁的漢文通俗小說切入，探究謝雪漁試圖塑造何種的漢文知識系譜以及改變漢文朝向何種路線發展。

一、啟迪文明的文以載道論

謝雪漁對於文學以狹義、廣義文學與軟、硬文學區分，以訴諸情感層面和美學思想的純文學對應哲學、思想等評論文章的廣義文學，藉此以不同面向的方式來概括與區分不同型態的文字書寫。就算如此區分，也只是單就文學的形式來討論。就謝雪漁本身的思維論及，雖接收西方的文學觀點，但仍存有文學須有中心思想的看法，從上節論及謝雪漁對於記者此一職業的看法與抱負便能看出端倪，無論是「嚴於筆削，隱操教化之權」或者「為我臺民開樂閱新報之美風，喝破舊時陋習，以漸進於文明之域」，均是透過書寫來啟發臺人之民智與開拓讀者之視野。謝雪漁為傳統文人，在秉著新興的記者職業身分，而透過平面媒體來承載或轉譯智識予讀者乃至於臺灣人。這也對應著傳統文人秉持著「文以載道」的文風。

所謂「文以載道」便是文學承載著道德禮教，文人透過文學發揚傳統思想與道德價值，這樣文學便不是無病呻吟之作，而是鏗鏘有力且內外兼具之作品。其中謝幼偉便闡述何為文以載道，文學究竟要承載什麼：

> 文學必涵蘊道德價值於其中。沒有道德價值的，就不能算是文學。
> 這是因為人必須是道德的，不道德或絕無道德的，不能算是人。如
> 文學是人的表現，這人的表現中，即包含了道德，不包含道德，便
> 不能算是人的表現。我們之所以用道德的觀點而批評或排斥任何藝
> 術其理由即在乎是。……文學可以載道為目的，但不能因載道之故，

> 而損害藝術的價值。載道是目的，這一切的目的，一切人之活動的
> 目的。沒有人的活動可不以道為目的，不以道為目的，即不能算是
> 人，惟目的雖是載道，却是以藝術的手段，以美的形式，去達到載
> 道的目的。〔註67〕

文學是人所創作出來的文字藝術品，乃為有機組成，文人對應著社會所創作而成，也因社會生活影響著文人本身。既是如此，對文人乃至於整個社會而言都需要道德價值以維持運作，文人有著社會責任，創作文學時蘊含道德於其中。畢竟，從文學、文人以及整個社會架構，均圍繞著道德而運轉，文學書寫者透過文字傳達出價值體系，也就是以文學承載著道德。因此文學並非無病呻吟之作，而是蘊含著豐厚質量的文人意志於其中，傳達文人認為的道德價值予讀者，進而達到兼善天下的情懷。

謝雪漁本身對於文字書寫的概念也是圍繞著「文以載道」，這從他剛踏入記者職業之時便有此認知。

> 記者之言論報道。皆出社會之公。不挾個人之私。故上自公卿。下
> 逮庶人。凡有容止態度。稍詭於道。能害社會者。不肯寬假。正言
> 諭之。直筆誅之。記者之上乘者。有無冠大臣之稱。〔註68〕

謝雪漁闡述記者工作的性質及其書寫內容，便談論到身為記者的言論與報導並非出自於個人之私，而是著眼於整體社會與臺人，本著自有之判斷與道德價值觀，進而批判與針砭之。這也看出謝雪漁所認為的言論報導是有著本身的道德價值於其中，這種道德價值根源於他所受的儒家傳統文化——「憂道」與「謀道」，這也是為什麼謝雪漁對於記者職業的理解會與傳統士大夫的道德使命感疊合之因。

謝雪漁本著道德使命感欲導正社會風氣，透過報導書寫來批判之外，也擴大對於文字如何「載道」的意義，並不只是導正社會而已，而是更積極地引導臺人的文明水準提昇向上。謝雪漁論及身為記者應該有何責任：

> 然余為記者之主義，在乎文明事物。已略有所知者。為紹介於社會
> 同胞。稍盡幾分義務。不在於責善。所以為此言者。欲彼諱疾忌醫

〔註67〕謝幼偉：〈文學與價值——論文以載道〉，《鵝湖月刊》20 期（1977 年 2 月），頁 10～11。
〔註68〕雪（謝雪漁）：〈記者論〉，《漢文臺灣日日新報》，明治 41 年（1908 年）2 月 2 日，4 版。

　　者。知記者之為記者。有其義務。不可對於記者。挾有惡感情。致
　　受野蠻之誚也。〔註69〕

其中，謝雪漁關心臺灣人的文明進化，因為謝雪漁受過國語學校以及在報社工作之關係，使得謝雪漁見識到文明乃為時代之趨勢，也是為社會帶來便利，以及為臺灣人開拓眼界之利器。所以謝雪漁認知到媒體乃為社會之公器，須對社會產生正面影響，透過報紙的傳播能讓更多臺灣讀者接收到新知，這樣的書寫便有著極大之意義與影響力。當然，謝雪漁認為這是自身之使命感，對臺灣人及其社會有著責任，既然擁有能在報紙刊載文章的機會，就必須傳播文明事物向同胞介紹，期待提昇臺人之文明。

　　從謝雪漁對於記者工作內容與身分的理解，可以看出記者職業是一種傳播媒介，因為有著記者身分方能撰寫文章並刊登於《漢文臺灣日日新報》，其中最主要的還是記者本身的道德價值與判斷，本身的道德價值觀連動著下筆的動機與撰寫的內容，同時以本身的理想來影響讀者乃至於社會。如果說謝雪漁的道德價值與理念，透過報導或社論文章等方式來直接訴諸讀者，那麼謝雪漁發表小說則是以迂迴方式來潛移默化，透過小說來吸引讀者之時又能傳達道德價值。因此謝雪漁注意到小說的功用並不遜於社論文章此種硬文學類型：

　　小說之為物也。一般人之心理。殆無不以為作者之虛構。視之為無
　　益書籍。實則不然。不論其為文體抑為語體。就其大者而言可以為
　　覺悟時勢之木鐸。可以為針砭時勢之利器。就其小者而言。亦可以
　　表現文藝之藻采。可以直明個人之品性。〔註70〕

謝雪漁闡明小說並非只是虛構之物，其內容也不是作者天馬行空的憑空想像，而且小說並不是被世人所認為的無益書籍，實際上小說乃為具有高密度的文學作品，小說創作既展現了作者的文藻與書寫技巧，也隱喻著作者想要傳達什麼以及警醒什麼的思想論點與價值觀。這就如同上述謝幼偉所提及的「文以載道」的文學是兼具藝術價值與道德價值，以美的形式，去達到載道的目的。因此，從謝雪漁探討文學的廣義與狹義、硬派和軟派之分時，就認知到在報紙社論文章與講求情感空想的純文學之間，應有著介於中間的文

〔註69〕雪（謝雪漁）：〈記者論〉，《漢文臺灣日日新報》，明治41年（1908年）2月2日，4版。
〔註70〕雪（謝雪漁）：〈小說之價值〉，《臺灣日日新報》，昭和10年（1935年）1月1日，19版。

體。也就是蘊涵嚴肅道德價值,可是卻有著輕鬆消閒的敘述風格,而這部份唯有小說方能達成。

　　謝雪漁闡述小說的內容,提到「時勢」與「藻采」,就是兼顧內容與文藝技巧。對謝雪漁來說,也唯有接收過新學的傳統文人方能寫得出內外兼備的小說文體。至於謝雪漁所謂的小說是什麼?既不是傳聞野史,也非瑣聞雜事,而是被賦予了價值體系,否則謝雪漁就不會強調文明與時勢。

> 由此觀之。小說定義。在中國典籍。原自糊塗不明。因是時小說。
> 為大人先生所輕視。不似文章之重要。所以市井之徒亦不知小說之
> 真價。世人若是認小說為有用。□小說亦該尋繹其中之趣味。而不
> 可囫圇吞棗也。〔註71〕

謝雪漁爬梳過去對於中國古典小說的定義,乃為糊塗不明,也因為糊塗不明,而使得地位不若「文章」來得高。雖然西方文明進入到臺灣之後,對傳統文人的小說創作出現影響,但世人仍以過去對於小說的印象而輕視現今報紙連載的小說。接著,謝雪漁提到小說是有用的,讀者必須仔細閱讀方能體會出其中的趣味。然而讀者是要尋繹什麼趣味?顯然地小說並不是作者的瑣碎之言,更非純為消閒之讀物,而是埋藏著作者所要傳達的道德價值和文明智識,等待讀者細細品味。謝雪漁這種對於小說的期許就如同梁啟超看重小說有著「藍圖」的功用,能引導讀者朝向正面的意義,其中梁啟超提到小說具備「典範型的人物是供人瞻仰學習的;新思想亦是要讀者學習、熟悉,並加以關切的」等二種能影響讀者的正面德性。〔註72〕小說裡頭的人物角色及其對話,便是讓讀者在閱讀小說劇情之時,從而學習到作者所要傳遞的知識與道德價值。所以看似是作者在鋪陳劇情敘事,實際上則是謝雪漁所認為讀者應該要成為什麼樣的人及其建構什麼樣的社會。這也是為什麼謝雪漁要讀者閱讀小說時,應該尋繹其中之趣味,而不可囫圇吞棗之因。

　　謝雪漁認為此時的小說遠比過去的古典小說更能文以載道,讀者閱讀小說除了消閒之餘,還帶有著學習之意義,學習著傳統道德與新興的西方文明。

〔註71〕雪(謝雪漁):〈小說之價值〉,《臺灣日日新報》,昭和 10 年(1935 年)1 月 1 日,19 版。

〔註72〕陳俊啟研究梁啟超的小說觀點中指出,小說中具有典範型人物與新思想兩種類型,是讓讀者學習,進而景仰並勉力學習,這種便是「藍圖」的功用,可以引導並呈顯上述的種種正面的德性。因此,小說被賦予了改革社會、拯救國家的嚴肅重大責任。詳見陳俊啟:〈重估梁啟超小說觀及其在小說史上的意義〉,《漢學研究》20 卷 1 期(2002 年 6 月),頁 327。

學習文明並非只是學習表面之皮毛，而是在新時代仍不被西方器物所迷惑，又能守著傳統道德。至於為什麼謝雪漁的小說會鋪陳著現代文明與傳統道德，以及文以載道是透過文學承載什麼價值體系，這從謝雪漁對於「文明」的觀點便能窺探出端倪：

> 然而學文明者。須求其真。勿窃其似。勿徒醉心物質的之文明。而不殫心精神的之文明焉。蓋有物質的之文明。無精神的之文明。仍不得謂為文明也。有物質的之文明。又有精神的之文明。始得謂為文明也。是說也。雖淡言微中。耳熟能詳。然知之非艱。行之維艱。窃願與侪談文明。競趨文明者。共勉之。〔註73〕

謝雪漁提及精神的文明為「無形之文明」與「道德之文明」，此種精神文明與物質文明搭配，方為真正之文明。謝雪漁見識到西學進入至臺灣後，學習西方文明將蔚為時代潮流，但若對西方器物趨之若鶩，則會受到迷惑而逐漸忘記臺人固有之傳統文化與道德。因此在追求外在西學之時，仍須守著內在的傳統，方為臺灣文明之進步。從謝雪漁的言論之中可以管窺出傳統文人對於新學仍有著焦慮感，雖然當時傳統文人並非全為拒絕西方文明的接受，但以受過國語學校的謝雪漁來說，雖然能接受新學的傳入與洗禮，但仍抱持著以傳統文化為本位來接觸西學。如黃美娥所言：「當時的傳統文人雖有著維新思考和追求文明的新頭腦，但若干文人目睹精神文明的新變時，為鞏固傳統倫理道德，斥為異端之外，或有急迫維護、力求振作之舉。」〔註74〕以此觀之，就算傳統文人對於西方文明並不排斥，甚至能夠接受學習，但也是站在傳統文化與倫理道德的本位之上。因此謝雪漁面對西方文明的傳入，仍堅守傳統倫理道德，揉合外在西學物質與內在倫理道德，認為兩者互為表裏才是文明的全貌。

如果說報紙版面上的報導是傳播新聞與傳遞新知，那麼謝雪漁的社論文章就是闡述現代文明的必要，而小說則是以通俗筆法與劇情的推動，讓讀者學習到新知之時，又提點讀者仍不可忘記傳統倫理道德。接著，傳統文人出身以及臺灣日日新報社漢文記者的謝雪漁，有著所堅持的價值理念，從對於報紙及其記者的期許便可得知，無論是嚴於筆削，合於道者著之，離於道者黜去之，

〔註73〕謝雪漁：〈說文明〉，《漢文臺灣日日新報》，明治 38 年（1905 年）10 月 28 日，4 版。

〔註74〕黃美娥：〈尋找歷史的軌跡：臺灣新、舊文學的承接與過渡（1895～1924）〉，《臺灣史研究》11 卷 2 期（2004 年 12 月），頁 155。

還是搜羅新知以揭載之，藉以開人智識，這都是讓臺人學習新學以適應新的時代，同時又不忘固有之傳統道德。此外，謝雪漁認為在報紙發表文章能「隱操教化之權」，這頗耐人尋味，畢竟要如何透過平面媒體傳播的力量，來政教風化於讀者？再者，若要教化，何種方式較能具有傳透力，直達讀者的腦袋？於此，謝雪漁發現到除了直接的社論文章之外，小說更能文以載道，這也是為什麼謝雪漁要讀者尋繹其中之趣味，細細品嚐而能發現到其中之深意。此種作者的道德價值搭配文學藝術的手法，方能達到載道之目的，也就符合謝雪漁所認為小說並非無用，而是能影響世人及社會的木鐸與利器。

二、新興小說包裹傳統道德

謝雪漁在《漢文臺灣日日新報》開始連載漢文通俗小說，之所以被注目乃是因為此種小說與以往中國傳統小說並不一樣，無論是題材或者內容均受到當世的影響，這與謝雪漁受過新式教育以及在報社工作的經驗有相當大的關聯。再者，謝雪漁在報紙上連載的小說被稱為「新聞小說」，也就是依附在報紙的版面上，隨著報紙的銷量而擴展小說讀者，以平面媒體的發展而帶動新聞小說的興起。〔註75〕此種小說最大特色在於為吸引讀者的目光，進而提高閱讀率，因而有著能讓讀者眼睛一亮的題材和內容。既是如此，自然就不能創作出過去時代舊風格的小說，需要時下流行的元素達到吸睛之效果。小說若要受到讀者的接受與歡迎，供人消遣即為重要原因。〔註76〕那麼要如何讓讀者閱讀新聞小說時，是感到新穎且驚艷，而不是陳腔濫調？其中謝雪漁的小說運用新式器物、新的小說風格，甚至場景設定在歐陸，以這種具有濃烈的西方色彩，來達到陌生化（defamiliarization），而讓讀者有著耳目一新的感受。

此外，這種小說在廿世紀如此重要，並且與過去的小說有所區別，在於能廣為人知以及傳遞思想。正如梁啟超所言：

> 欲新一國之民，不可不先新一國之小說。故欲新道德，必新小說；
>
> 欲新宗教，必新小說；欲新政治，必新小說；欲新風俗，必新小說；

〔註75〕黃美娥曾言，大眾媒體的勃興，實是臺灣小說興起的重要因素，尤以新聞小說更是關鍵。參見黃美娥：《重層現代性鏡像：日治時代臺灣傳統文人的文化視域與文學想像》，頁310。

〔註76〕小說為知識精英所創作，目的在於透過小說向百姓「佈道」，以傳播知識與灌輸道德，但對百姓而言，小說受到歡迎，乃是因為小說有著「消遣」因素。參見胡志德著，趙家琦譯：〈清末民初「純」和「通俗」文學的大分歧清華中文學報〉10期（2013年12月），頁222。

> 欲新學藝，必新小說；乃至欲新人心，欲新人格，必新小說。何以
> 故？小說有不可思議之力支配人道故。
>
> 吾今且發一問：人類之普通性，何以嗜他書不如其嗜小說？答者必
> 曰：以其淺而易解故，以其樂而多趣故。是固然。〔註77〕

梁啟超於在橫濱創辦雜誌《新小說》並 1902 年發表〈論小說與群治之關係〉，其中提到要使人民具有新興的智識和思想，成為現代人民，得先革新小說，因為小說能打入人心，影響人們的思維。之所以能讓讀者閱讀小說並且打動人心，梁啟超認為有二大因素，其一為淺顯易懂，其二為好看有趣。值得注意的是，小說具有淺顯與有趣等兩大特質，目的在於吸睛，讓讀者能拾起報紙或雜誌以閱讀小說。然而重點在於讓讀者閱讀小說之時，能吸收到作者所欲傳達的文明知識與思維理念。正如陳俊啟曾以為：「小說背後的思想與意圖遠比小說此一藝術媒介重要」。〔註78〕林明德的研究中也指出，梁啟超如此看重小說，主要仍是在於喚醒民眾與改良政治。〔註79〕雖然中國與臺灣的大環境不同，但對於小說的看法卻是一致，就是作者透過小說傳達思想與理念予讀者。曾有研究者指出臺灣傳統文人所創作的漢文通俗小說乃是移植西方小說文類，在當時可謂是前衛的文學作品。〔註80〕可是綜觀日治時期臺灣文學的發展，1920 年代之後出現的新文學，其中以「啟蒙（主義）小說」為第一個值得正視的小說，原因在於為除魅以及解放現代性為基礎的現代文學。〔註81〕

〔註77〕梁啟超：〈論小說與群治之關係〉，《飲冰室文集之十》第二冊（臺北：中華書局，1978 年 4 月），頁 6。

〔註78〕陳俊啟：〈重估梁啟超小說觀及其在小說史上的意義〉，《漢學研究》20 卷 1 期（2002 年 6 月），頁 315。

〔註79〕林明德爬梳梁啟超的小說理論發展歷程，共同點在於喚醒民眾與改良政治，且肯定小說有助於民眾的教育，因此結合小說與政治的關係，提高小說的地位。詳見林明德：〈梁啟超與晚清小說運動〉，《中外文學》14 卷 1 期（1985 年 6 月），頁 87、88。

〔註80〕朱惠足指出，臺灣傳統文人的小說創作涵蓋偵探小說、寓言小說、傳記小說與諷刺小說等等，這些在西方不同時期流行的小說文類，卻在同一時期出現在臺灣的報紙上。參見朱惠足：《「現代」的移植與翻譯：日治時期臺灣小說的後殖民思考》（臺北：麥田，2009 年 8 月），頁 70。

〔註81〕陳建忠認為日治時期小說發展中，第一個值得正視的新小說文類是「啟蒙（主義）小說」，這是因為從民族、階級、性別等各方面的議題，試圖打破傳統的思維模式，建立起個人主義、自由主義等解放現代性為基礎的現代文學。參見

　　就另一角度而言，謝雪漁是具有秀才功名的傳統讀書人。傳統文人的文學觀以及儒家道統中，文以載道乃為核心精神，也就是「漢學之所由來，即道學之所由寄」。〔註82〕以此觀之，謝雪漁發表的小說——無論是轉譯、摹寫還是自己創作，在當時是個前衛之存在，但卻沒有成為新文學的濫觴，而是沿著傳統漢文的路線持續發展。之所以如此，乃是因為謝雪漁所發表的小說具有新題材、新橋段，但本質上仍是包裹著傳統的道德觀，本著身為漢文記者的使命，透過具有新風貌的小說在開人智識之時又隱操教化之權。

> 自己以一女子。與如龍同倡大義。率兵勤王。雖風志未酬。遽爾身
> 死。然對於國家。已略盡我之義務。死亦可以無恨。至勤王師之勝
> 敗。與如龍哥々之存亡。總關於氣數。我亦不必為之惻々。遂自放
> 開愁懷。靜候敵之銃殺。〔註83〕

謝雪漁〈陣中奇緣〉此篇小說中以法國內戰為場景與故事設定，其中自由政府之共和軍與專制政府的勤王軍對抗。雖然故事內容的背景是設定法國自由志士推翻專制政府，而建立共和政府，但昔日專制政府的貴族不滿失去威權，而起兵討伐共和政府，號稱勤王師，欲推翻共和政府以恢復昔日皇家之榮光和貴族之威權。然而，自由民主對抗專制威權為新興之民權思想，但謝雪漁並沒有在此多做著墨，也無意藉此宣揚自由民主，只是純為小說的背景設定而已，其主要仍是聚焦於勤王師將領松如龍及其妹鐵花，以及共和軍將領熊大猛之間的故事。其中，勤王師將領松如龍率兵起事，但戰事失利而被俘，雖說壯志未酬，但已為國家盡力，因而無憾也無愧於國家，只是說勝敗之間乃為勤王師及其將領松如龍自己之氣數，氣數已盡就只能順其自然。

　　法國保皇專制與民主共和的兩大陣營對抗，此為大敘述之背景設定，若以此發揮小說敘事，是能傳揚民權思想以大開臺人之眼界。然而謝雪漁並沒有著重於此，而是聚焦於小人物之間的愛恨情愁，當然小說題目「陣中『奇緣』」的主軸便是在於緣份相遇，也因此能在小說人物的情節發展中，帶出各為其

　　　　陳建忠：〈差異的文學現代性經驗——日治時期臺灣小說史論（1895～1945）〉，
　　　　收錄於陳建忠等合著：《臺灣小說史論》（臺北：麥田，2007 年 3 月），頁 34。
〔註82〕翁聖峯舉《崇文社文集》中的〈漢文起衰論〉為例，認為傳統文人很明顯表露
　　　　出「文以載道」的文學觀，而且這種觀念在傳統文人裡常常見到。參見翁聖
　　　　峯：《日據時期臺灣新舊文學論爭新探》（臺北：五南，2007 年 1 月），頁 68。
〔註83〕南瀛雪漁：〈最新小說　陣中奇緣〉，《漢文臺灣日日新報》，1905 年（明治 38
　　　　年）8 月 13 日，5 版。

主，為自己的理念與所效忠對象而盡忠盡義務。因而在忠心與義務之外，又帶出氣數，也就是天命使然。這在小說之中是相當違和的存在，畢竟小說設定在於法國出現自由民主的共和政府推翻專制王權，既是自由的民權政府，便是人民的參政建立自己的國家，而非朝代更迭的興替觀，可是謝雪漁又置入天命氣數等此種天道循環觀的對話情節。可見得謝雪漁以民主共和對抗專制王權作為新穎的小說題材，但內裡則是蘊含傳統小說敘事的忠孝與天命觀念。

> 大猛見鐵花游移不決。即憤々而言曰。前日我在保赤公醫家。與巴奇憤爭。汝亦知之。我為汝軍所擒。汝家如龍與我約。欲以我換汝歸。我若不得汝生還。當自投汝勤王師軍門。任他處置。今在此逢汝。我正喜得送汝歸。以踐如龍之約。汝生而我可無死。汝死而我不得生。汝我之命。實相為維繫。汝如此躊躇。是甘心欲殺我也。鐵花聞大猛語極沈痛。即含淚應曰。我何敢存此心。實有所難者在。大尉既以此責我。我亦不能再顧廉恥。遂將身伏於大猛背上。大猛亦不再言。急双手執繩。一節一節。緩々墜下。鐵花在背上。聞大猛頻々喘息。艱難殊甚。自己恨不得飛下。使大猛身輕。自思共和軍人。有如此堅守信義。不避艱險之壯士。實不劣於我勤王師。真堪敬畏。〔註84〕

除此之外，在小說〈陣中奇緣〉的人物設定中，有著專制勤王軍與共和政府軍兩邊之角色，諸如松如龍與鐵花為前者，而後者為熊大猛。由於因為主軸在於「奇緣」，使得鐵花與熊大猛各為對方陣營所俘虜，勤王軍將領松如龍提出換俘之協議，因而釋放熊大猛。使得熊大猛與松如龍有所約定，重此然諾的熊大猛便費盡心思將松如龍之妹鐵花帶回勤王軍陣營。換言之，松如龍相信熊大猛，因而先行釋放熊大猛。熊大猛信守承諾，尋得鐵花，毫無異心地護送。雖然熊大猛護送鐵花埋下日後萌發情愫的伏筆，但在這邊主要是訴說松如龍與熊大猛兩位軍人堅守信義。雖為軍人，各為其主而盡忠，但在大義名分之下，又能建立起信義與友誼，超脫於敵對雙方。

　　〈陣中奇緣〉為謝雪漁首次在報紙上連載之小說，雖然此篇並非謝雪漁原創，但卻也是譯寫之中而逐漸摸索出撰寫小說的技巧以及累積經驗。正如前文提過，《漢文臺灣日日新報》的創刊帶動漢文書寫空間的增加，對於漢文

〔註84〕南瀛雪漁：〈最新小說　陣中奇緣〉，《漢文臺灣日日新報》，1905 年（明治 38 年）8 月 20 日，5 版。

記者而言便是機會。

> 附記陣中奇緣譯書。原為初稿。未經校閱。篇幅之複雜。辭句之繁
> 蕪。在所不免。原不敢遽以問世。因本紙有餘白。故陸續揭出。以
> 供閱報諸君之快覽。非敢炫異也。尚祈諒之。〔註85〕

謝雪漁發表〈陣中奇緣〉最初之目的乃為填補版面，因而自承該篇小說仍有粗
糙之處。不過從謝雪漁翻譯摹寫到自己原創小說，此種路徑便為移植、翻譯與
文本再現。如朱惠足的研究指出：「臺灣殖民現代性的形構過程中，『移植』與
『翻譯』這兩個動作扮演相當重要的角色。」〔註86〕旨哉斯言，謝雪漁雖是移
植外國小說而刊登於《漢文臺灣日日新報》上，在翻譯的同時而帶入謝雪漁所
認為的傳統道德與美德，一來能迅速為臺灣文人讀者所能理解，二來則是為一
種寓教於樂之用途，讓讀者以消閒的心境在閱讀之時，又能感受到這是一篇具
有道理、思想等教化意涵的小說。

第一節談論謝雪漁的文學觀之時，便提及純文學與廣義文學之分。若是
訴諸人之情感，而表達出其美的思想，便為純文學。但謝雪漁所發表的小說
並不是訴諸情感面或表達美學思想的文學作品，而是秉持身為記者之春秋筆
法的自持，透過小說傳達出勸世、勸善之思想。畢竟，報紙為公器，漢文記者
又為讀書人所擔任，自然認為自己對於社會的道德標準和臺人的文化水準有
所責任，如此一來小說不能純為休閒娛樂之用，而是寓教於樂之時傳遞出謝
雪漁的傳統文化觀念。

> 逸史氏曰。花天月地。正如海市蜃樓。迷離幻景。蔚為奇觀。有無
> 倏忽。景本幻也。而誤以為真。安得不占滅頂乎。雖曰人非太上。
> 總難忘情。然亦宜慎用之。苟錯於用情。而為人所播弄。如彼陳某
> 者。則悔已遲矣。〔註87〕

〈江仙玉〉此篇小說是述說日俄戰爭之後，日本統治旅順時有間清朝人所經

〔註85〕南瀛雪漁：〈最新小說　陣中奇緣〉，《漢文臺灣日日新報》，1905 年 12 月 30
日，5 版。

〔註86〕朱惠足認為，移植是指將西方的物質、制度、思想與文化，搬運到具有不同種
族、語言與文化的臺灣社會，而移植到臺灣的外來事物，必須經過翻譯的程
序，轉化為在地種族所能理解、接受的語言與文化。詳見朱惠足：《「現代」的
移植與翻譯：日治時期臺灣小說的後殖民思考》（臺北：麥田，2009 年 8 月），
頁 275。

〔註87〕雪漁逸史：〈江仙玉（下）〉，《漢文臺灣日日新報》，1906 年（明治 39 年）6 月
8 日，第 5 版。

營的酒樓「山東館」，而江仙玉為其所屬之妓女。江仙玉期待有良人能為自己贖身，其中有位挑水維生的底層庶民陳姓男子，雖其貌不揚但因打扮修飾外表，於是得到江仙玉之歡心，期待陳姓男子為自己脫籍，但陳姓男子窮困，之後便買彩票期待能發大財，這樣就有資金能贖身且迎娶江仙玉。之後中了二獎二千元，陳姓男子將獎金交由江仙玉保管，由江仙玉向山東館老闆贖身。但迎娶那天，江仙玉卻失蹤，連帶二千元獎金也不見。後來方知江仙玉早已與山東館司賬鄭氏男子情投意合，用這二千元獎金遠走高飛，而陳姓男子最後一無所有。

〈江仙玉〉此篇小說背景設定於晚清時期的旅順，當時被日本所佔領。小說起初為妓女眾里尋他千百度，終於等到良人來贖身，良人雖貧窮卻得到上天之助獲得彩票獎金，便能為妓女贖身，迎來幸福快樂的結局。此時卻峰迴路轉，劇情急轉直下，原來是妓女江仙玉詐騙鄭氏男子的感情和金錢。因此謝雪漁才會在小說的結尾之處，仿造太史公曰般的口吻勸戒男性讀者歡場無真愛，花天酒地之時雖會對妓女動情，但必須克制節制，以免陷入溫柔鄉而人財兩失。這也意味著謝雪漁書寫的小說並非純為表達美的思想，而是帶著勸世與勸善意涵的文學作品，這也呼應了報紙本身作為公器以及媒介平臺，身為漢文記者的謝雪漁自然藉此發表空間將漢文的效益極大化，除了適應新的時代之外，又不失傳統道德。

> 李氏樗云。禮者天下之大防。泉水載馳之詩。重人皆著於經以示後世。苟為不顧禮法。如提防一決。瀰漫無所不至。如齊之文姜是也。忠漢曰。此聖人之所謂防微杜漸。然天下後世。亦不盡如齊襄公。國之與家。君之與民。又當別論。且古婦女不出戶庭。所謂深幽。在漳泉二郡。受朱文公教化。有朱公簾。有朱公帕。出則以青紗或黑紗障面。或持半開半合之傘。所謂含蕊雨傘，此猶是普通民家。若是官紳眷屬。則出必肩輿。又與之前後左右必垂。不許潛窺玉顏。今則時異勢殊。婦女解放之聲。高唱入雲。若執守古禮。不稍變通。則是仍視婦女為不肖。宜終身禁錮。如犯大罪。永不得受恩赦。真々豈有此理。夫人之作惡。生於其心。非生於其身。苟知以禮自守。門以內如是。門以外亦如是。不然竟其為惡事。必在門以外者乎。故門者限其身。不能限其心也。雖云未見可欲則心靜。即見可欲則心動。然使之心動者何人。亦不得不分其過。蓋女子宜守禮。而男

子亦宜守禮也。各以禮為防。則無汎濫潰決之憂矣。〔註88〕

謝雪漁此篇小說〈櫻花夢〉從人物的歸寧而論及男女禮教之別，論及歸寧之意義首重於問安於父母，若父母不在，則毋需返回娘家歸寧，遣人問安即可。從中衍生出男女之防，謝雪漁藉小說中舉許穆夫人之《泉水》、《載馳》以及齊文姜為例，女子嫁出後，若父母終，則無法返回娘家，因為若返回娘家，則會出現齊文姜私通兄弟之事。因此，古代對於男女之間的分際相當嚴明，以禮教來界定和規範之，雖然親如兄弟姊妹，仍嚴守禮教之規範。不過時代在變化，隨著歐風東漸，昔日對於婦女的禁錮也逐漸鬆綁，因而有解放之聲，高唱入雲。若依然堅守古禮，則有不知變通之疑慮。於是，提出心與身之差別，也就是無論是克己復禮或者為非作歹，乃至於內在心裡的一念之差，外在身體的動作則是反映出內心的善或惡。禮教只能讓外在行為有個遵循的規範，可是卻無法限制內心的善惡。因此無論男女均須守禮，以克制內心的情感，方能不做出踰矩之事。

謝雪漁小說〈櫻花夢〉此一章回，藉由人物的歸寧來談論與辯證男女之禮教差別，以許穆夫人對照齊之文姜，闡述雖親如兄弟姊妹，但仍須嚴守禮教之大防，可是隨著時代演進，女權興起，不再如古代一樣不能在外拋頭露面。對於傳統儒家教養的傳統文人來說，則是擔憂在外看見女子或與之互動，而容易引起情感波動進而滋生事端。因此藉由小說來傳達出女子守禮，男子更要守禮。以此觀之，謝雪漁所書寫的小說，帶有潛移默化的意涵，新時代的小說卻包裝的傳統道德的概念，小說不單單只是娛樂消閒的文化消費產品，而是傳遞道德禮教的文宣平臺，謝雪漁在新時代堅守著傳統文化。

〈櫻花夢〉發表於昭和9年（1935年），當時已是商業蓬勃、思想開化的「摩登」〔註89〕年代，但謝雪漁透過小說闡述禮教之重要，不非只是反應時下社會現況，而是早在明治時期便觀察到時代開放所帶來自由之問題，認為年輕

〔註88〕雪漁：〈櫻花夢（下卷）·第廿五回　論古禮之太嚴〉，《臺灣日日新報》，1935年2月13日，8版。

〔註89〕文可璽指出，1930年代之後，臺灣西部各地方出現都市化，其中島都臺北的形成，帶動近代化都市日常生活、休閒與消費方式的面貌，出現新興的喫茶店、珈琲館，不僅帶動新型代的消費模式之外，成為文化運動的聚會場所，也成為這些文青創作小說的素材與靈感來源。此外，這個時代也被稱為跳舞時代，上述的喫茶店與珈琲館，搭配著留聲機與唱片，成為青年男女的社交空間，帶動一波大眾文化消費的流行潮流。參見文可璽：《臺灣摩登咖啡屋：日治臺灣飲食消費文化考》（臺北：前衛，2014年7月），頁182～194。

人誤解自由之定義，因而撰文定義何為自由。

> 或問予曰。子曾謂婚姻之事。非父母命媒妁言者。昔鄙為野合。今
> 名為自由。且美為文明。又謂惟從乎昔。是子以自由結婚為美也。
> 然今之世界。文明時進。人智日開。深惡專制之非。而貴自由。尚
> 平等。他事即得自由。詎獨結婚不許自由耶。若仍守古訓。猶是父
> 母命也。媒妁言也。則是未脫專制之習。子論。未免迂闊未免迂闊。
> 反乎文明之趨勢。願子更有以教之。則應曰。自由云者。亦須以法
> 為範。以理為衡。以理為準。若泛言自由。而違於法。背於理。忘
> 於禮。則不能得自由之正也。〔註90〕

對於時下流行的議題，尤其是牽涉到傳統禮教與現代思維的衝突，謝雪漁不
僅以報社投書來申論之外，也透過小說來傳達他對於社會的回應。謝雪漁受
過國語學校教育，又在臺灣日日新報社任職，並非封建守舊之文人，可是謝
雪漁乃為歷經科舉時代的傳統文人，自小浸淫在儒家教育之中，對於形成風
潮的自由風氣雖未持反動立場，但卻認為應以傳統禮教來導正與規範之。然
而，相較於社論方式的議論散文，小說內的人物對話更能映入讀者的眼簾。
雖然 1920 年代之後出現的新小說本身就帶有啟蒙與通俗色彩，但謝雪漁的
傳統漢文小說卻是以通俗來包裹傳統道德禮教，在新的時代延續著儒家的道
德禮教觀之外，也提醒著同為傳統漢文圈內的文人，此一道德禮教觀仍未消
失。

　　這也反映出謝雪漁內在的思維邏輯，也就是為「雅正」文學觀，為結合禮
樂、政教與道德的文學思維。

> 雅正美學所追求的美學理想，是結合禮樂、政教、道德的一種典雅
> 美學。這樣的美學觀之所以受到官方的青睞，最主要的根本還是立
> 基在儒家不斷強調的社會共我，以及尋求群體的和睦統一，而非個
> 我的獨立主張。〔註91〕

誠哉斯言，謝雪漁受傳統儒家教育成長，又曾參與過清廷之科考〔註92〕，此

〔註90〕雪（謝雪漁）:〈自由結婚辯〉,《漢文臺灣日日新報》, 1907 年 7 月 16 日, 2 版。
〔註91〕余育婷的研究中指出，雅正文學觀其實是合乎禮義的「中正和平」，也就是所
　　　　謂的「文質彬彬」，這是從漢武帝獨尊儒術以來，儒家的詩樂文化透過各管道
　　　　的傳播，根深蒂固地內化進文人身上。詳見余育婷:《想像的系譜:清代臺灣
　　　　古典詩歌知識論的建構》（新北:稻鄉, 2012 年 11 月）, 頁 194～195。
〔註92〕承上，余育婷也指出，雅正文學觀除了是儒家的詩樂文化之外，其實也是官方

種雅正文學觀自然已根深蒂固為其內在邏輯，文學自然不能是純為消閒之作，而是蘊含著禮樂、政教、道德等三位一體的觀念，甚至隱含著微言大義。再者，雖然歐風東漸帶來了文明開化，但卻也傳入「自由」此種個人的獨立主張，在傳統文人眼裡看來會認為有侵蝕臺灣原有儒家文化之疑慮，甚至動搖了現有的社會道德體系及其禮教。若強調社會共我和群體的和睦統一，身為漢文記者的謝雪漁便透過春秋筆法以社論文章來直接回應社會上正在變化的風氣，以及創作小說的方式，迂迴地潛移默化年輕讀者，同時又能使歷經乙未割臺的傳統文人，使他們召喚出儒家傳統文化的禮樂與道德之感。

三、道德與學問兼備之文體

從謝雪漁隱操教化之權的內在邏輯，再到文以載道的文學理念，都是呼應雅正文學觀。若從另一角度反覘，謝雪漁堅持著雅正文學觀，所創作的文學作品又蘊涵著文以載道，這不單單只是為了堅持傳統道德觀而已。因為這乃是為了漢文的傳承，若漢文書寫能同時蘊含新學文明與傳統道德，那麼就能證明漢文在新的時代是個能持續運用的文體，而不會被其他文體所取代。易言之，漢文本身就是一種符號，承載著傳統文人儒家思想與傳統文化，認為在新的時代仍可繼續維繫著漢學傳統與道德。

不過，漢學傳統與道德是要規範誰？在謝雪漁的眼中誰才是需要被道德所規範，方能繼續捍衛漢學？從《漢文臺灣日日新報》的投書批判臺灣紳士便能看出端倪。

> 且古來匹夫與有家國之責。況為四民之首乎。嗟乎臺之風也臺之俗也。
> 十數年之久。教化之行。政治之及。不可謂不盡矣。奈餘波未盡退何。
> 以今之所謂紳士。求其名稱其實者。十無一焉。嗚呼何以多之於古而
> 少之於今也哉。古之所謂紳士者。以道德學問為本。以錢穀為末。見
> 義勇為。有善則汲汲而行之。有過則速改之。唯恐其不得為君子。其
> 一舉一動。莫不有規矩。循循然足以風行於世矣。〔註93〕

所推動與形塑，諸如科舉考試的試帖詩，以及來臺的宦遊文人所校刊的試牘與校士錄，方志藝文志選錄的八景與空間書寫，這些都對照著官方的雅正美學，可看出官方力量主導關係。參見余育婷：《想像的系譜：清代臺灣古典詩歌知識論的建構》，頁 193～194。

〔註93〕 佛（林佛國）：〈論臺之紳士〉，《漢文臺灣日日新報》，明治 40 年（1907）12 月
21 日，4 版。

讀書人乃為紳士，為士農工商之首，自然有其道德操守與社會責任，外在表現有為有守，內在學養則是蘊涵豐富學識，為表裡一致的紳士，而且紳士畢生追求道德學問，金錢利益並非紳士所注重。這也看出對於文人的定義期許為傳統儒家的「君子」，有著道德方面的自我修養，正所謂「君子去仁，惡乎成名？」一切均在砥礪力行仁德，以仁德居心，方能教化這個社會。

　　進入新時代之後，名符其實的紳士，卻愈來愈少，因而批判時下的文人已無君子之風。

> 今之所謂紳士。以身發財者少。以財發身者多。其以身發財者。於道德學問三者俱無一焉。況以財發身乎。蓋以財發身者。固於道德學問為本為末之事。非所能知也。何足怪哉。最太息者恃財使勢。倨傲鮮腆。仁義之所在。則悠悠置之。名利之所在。則孜孜求之。是人也自以為君子。而吾以為無忌憚之小人也。更敢為異說而不讓。放言而不顧。如世之所謂純儒名士者。則鄙之曰。某也迂。某也狂。唯能徒弄其文墨而已。何足以利於國。而益於家哉。彼有道德學問者。終以不為隨聲附和。至於鬱鬱株守。不能橫行於一世以為快。〔註94〕

以財發身即為透過財富來達到自己的理想與目標，這也表示紳士視金錢利益為媒介，以追求更高層次的利益或價值。不過文中批判追求發大財作為人生目標，這些人卻無道德與學問，甚至仗著有錢而傲慢無禮，汲汲營營求取名利，對於仁義之事則置之不理，這種卻自以為是君子。從此社論中也看出當時對於純儒名士，帶有迂腐之觀感，僅剩寫文章的技能。這也看出時代的變化使得對於文人的尊重已漸漸消失，而且對於文人也只剩徒弄文墨的印象而已。

　　從上述社論批判傳統紳士的品格已愈來愈少，可以看出傳統文人對於道德與學問有很深的堅持，認為那才是紳士的根本，也看出這種傳統儒家價值觀不應該隨著時代演進而有所變動或是拋棄。

　　就謝雪漁來說，他對於文人的期許也遠高於其他人：

> 士農工商。亦各以所能者。為其謀生之具。初何分乎貴賤。然士之所以獨貴者。則在少詐偽之點。其次農工商之階級。殆亦以詐偽之多少而分者歟。〔註95〕

〔註94〕佛（林佛國）：〈論臺之紳士〉，《漢文臺灣日日新報》，明治40年（1907）12月21日，4版。

〔註95〕雪（謝雪漁）：〈新月旦〉，《漢文臺灣日日新報》，明治40年（1907）7月4日，3版。

謝雪漁認為不分貴賤，但文人為士農工商四民之首，則是因為文人「少詐偽」，而農工商為了謀生與利益而有詐偽之行為，商人為四民之末更可看出因為做生意而容易出現欺詐之事。謝雪漁此種論點呼應了「君子喻於義，小人喻於利」，文人的德性人格來自於仁義。如此更可看出謝雪漁對於文人的期許是以傳統儒家的道德價值來看待，也認為文人是這社會的標竿。若對照上述〈論臺之紳士〉的文章，多少也發現到進入日治時期之後，讀書不再是為了科舉，以及西化之後帶來多角化的職業發展，使得文人似乎不再是社會的中堅分子，連帶地使傳統道德與學問不再受到重視。

承上，若說傳統道德與學問已漸漸消逝，那麼謝雪漁是怎麼看待並且如何力往狂瀾：

> 吾人對於社會。凡有益之事。力所能提倡者。當提倡之。有害之事。力所能阻止者。當阻止之。始為盡厥義務。反而為之。社會亦何貴有此人耶。〔註96〕

謝雪漁仍是抱持著文人的使命感，讀聖賢書，所為何事？對於這世道有益之事，應該極力宣導；反之，則應該阻擋。謝雪漁身為漢文記者，已明瞭手中的筆觸是最有效的利器，所以除了發表社論文章探討臺灣人及其社會的問題之外，更透過小說來反映出臺灣人應該具備什麼樣的道德。尤其是進入新時代之後，傳統道德已漸漸鬆動，這也是傳統文人所深以為憂。就謝雪漁來說，所要提倡的傳統道德與學問要如何透過小說來傳達：

> 鴻濛即開。人類遂生。區分為數十百國。蕃衍有幾億萬人。熙熙攘攘。死死生生。□靈氣所鍾。輒有英雄出乎其間。英雄事跡。後人每樂道之。以其能為人之所不能為。能為人之所不敢為。然英雄有現世而名即著者。有隔世而名乃彰者。有為正史特書者。有為稗史拾載者。有不幸而二者均不可得。泯滅無聞者。茲得諸傳聞，謂德川幕府幕造、明治維新初年，有三世英雄，其人其事，為正史所未書，而言者鑿鑿，似非虛無縹渺、作蜃樓海市之觀。因倣稗史拾載之例，演而出之，以為有其人其事可也，無其人其事亦可也，有無蓋聽閱者之自度耳。〔註97〕

〔註96〕雪（謝雪漁）：〈新月旦〉，《漢文臺灣日日新報》，明治40年（1907）7月2日，3版。

〔註97〕雪（謝雪漁）：〈三世英雄傳〉，《臺灣日日新報》，大正元年（1912）8月24日，6版。

謝雪漁所創作的小說中塑造「英雄」形象，以作為讀者閱報時所效仿或認可的範型（paradigm）。此段文中提到英雄事跡為後人所津津樂道，更可看出英雄故事本身就有一定的吸睛效果，也能引發讀者進而閱讀的興趣。再者，之所以會讓讀者津津樂道，乃是在於能為人之所不能為、能為人之所不敢為，而這種行為或者節操正是時下臺人所缺乏，因而使得謝雪漁以英雄角色來提醒讀者應以效法之。小說的人物對話中展現了作者謝雪漁所欲傳達給讀者的道德價值，主角人物有著英雄風範，則能更加深讀者的印象，這也強化傳達的力道。

在小說之中，可以看見傳統道德與西方思潮的衝擊，而這種也是謝雪漁所關注的議題，畢竟西學為時下流行的顯學，但臺人的傳統道德又不可偏廢，所以在謝雪漁的小說中可以看見於兩者之中取得平衡點，這能管窺出謝雪漁如何看待時代變化。

謝雪漁小說〈三世英雄傳〉中提及西洋法律與傳統道德的衝突，假設母親與妻子同時落入河中時，身為兒子與丈夫的自己應該要救誰。此種議題若是在傳統社會之中，是探討親子孝道與夫妻情分之間的抉擇。然而，謝雪漁卻是探討在西洋法律進入臺灣之後，如何使傳統道德出現微妙的變化。

> 懷仁夫人謂克忠曰。君受法律。我有一案。欲君裁判。克忠曰。我固未能探盡法律之蘊奧。然請言之。或得為穩當之裁判。亦未可知。夫人乃曰。有人與其父母妻子出遊。遂至河邊觀魚。母與妻俱失足墜河。其人以救母為合法乎。抑救妻為合法乎。克忠沈吟良久。乃曰。此案却甚難判。專重法律。則有害道德。欲顯道德。法律又不能盡其用。夫人曰。君試判之。克忠曰。先救母後救妻。夫人曰。專在危急救母則妻不得救。救妻則母不得救。將以何者為先。克忠曰。論法律應先救妻。夫人曰。此裁判甚當。大用曰。救妻而觀母之死而不救。於法合乎。克忠曰合。大用曰。君請言其所以合之故。〔註98〕

在母親與妻子均落入河中的情況，憑己之力僅能擇一而救之，無論救母或救妻均為兩難局面，而且在法律上與道德上也是兩難，若合乎法律，則有害於道德；若順應道德，法律上又站不住腳。最後主角克忠卻以法律的層面，判決應該先救妻子。不過在傳統道德盡孝優先之下，如此判決卻令人感到不解，因此同伴大用提出異議。

〔註98〕雪（謝雪漁）：〈三世英雄傳〉，《臺灣日日新報》，大正元年（1912）12 月 13 日，6 版。

克忠曰。此案所應權衡者。則其人出遊之際。若但攜其母與妻子。
而其父不隨之往。其母與妻墜河。其父不在。自然先要救母。今其
母與妻墜河。而其父又在旁。自然要救其妻。而已救母之責任諉諸
父。故救妻為合法律。大用曰。若其父老邁。氣力衰微。則何能救
其母。縱勉力而往救。不幾與之俱死乎。克忠曰。此則責任之關係。
各人對於妻子。負有保護之責任也。法律但觀其責任之所在為裁判
耳。大用曰。然則人何樂乎有子孝可廢矣。克忠曰。西洋法律。父
母有養子之義務。子無養父母之義務。不知孝為何物也。西洋法律。
與我東洋道德大相背弛。故不能全以西洋法律。應用於東洋之人民。
大用曰。君此言乃得其當。〔註99〕

克忠解釋為何會判應該救自己的妻子而非母親，其原因在於就西洋法律而言，
端看於責任，丈夫有責任救自己的妻子，因此母親應該由父親來救，而不是
兒子，就算父親年邁無力，身為兒子仍是先救自己的妻子。謝雪漁提及之所
以兒子不救母親為正常之舉，在西洋法律之中，父母有養育兒女的義務，但
是兒女長大之後卻沒有養育父母的義務，因此在法律判決上，優先救自己妻
子乃為履行保護之責任。不過此種西方的法律概念進入臺灣，對社會道德價
值觀產生衝擊。克忠雖然以西洋法律來判決應先救妻，但是謝雪漁卻透過克
忠來說出西洋法律與我東洋道德背道而馳，故不能全以西洋法律應用於東洋
之人民。這也表示西方文明帶來新學與新思維，但考量到臺灣的傳統價值，
不能以西方文明來完全取代舊有的傳統道德。這也反映出謝雪漁認為雖進入
新時代，接收新學為時代潮流，但傳統價值觀不可被取代。就如同上述〈論
臺之紳士〉此篇文章所批評的批判臺灣紳士一樣，不能因為進入新時代，學
習西方文明之後，就忘了自己的君子之德。謝雪漁透過此篇小說傳達出西洋
學問與傳統道德仍可兼善，以矯正時下臺人獨尊於西方文明，而揚棄臺灣既
有傳統道德的弊病。畢竟，道德倫常除了是文人對於己身的操守與氣節，也
是文人對於庶民道德教化的理想。

　　道德倫常雖為臺灣文人安身立命的根本，但謝雪漁對於西學抱持開放的
態度，並沒有拒之千里之外。

　　　乃告之曰。汝言雖是。但洋人亦是人類。不過所居之地。與我等不

〔註99〕雪（謝雪漁）:〈三世英雄傳〉,《臺灣日日新報》,大正元年（1912）12月15
日,6版。

同。故面貌不同耳。其心即與我等同也。我敬彼。彼亦必敬我。彼
來我國通商。為利而來。我國人亦往彼國貿易。以取彼國之利。學
兵法為一要事。學商法亦為一要事。〔註100〕

〈三世英雄傳〉時間設定在德川幕府末年，正是西洋船堅砲利強力叩關的時
候，也是日本武士群情激憤高喊攘夷之時。但，謝雪漁卻是透過小說人物的對
話中來提及西方白人也是人類，只是居住地、外貌與東方人不同而已，東西方
貿易是互蒙其利，也因為是互蒙其利，表示西學能有可學之處。因而對主角徐
一郎說，學習兵法能對抗西方侵略而強國保種，但學習商法則是與西方交流
而獲取利益。以此觀之，對於西方文明雖不能照單全收，但也不能完全排除。
其實就謝雪漁立場而言，西方文明是必須學習，但「須求其真，勿竊其似。」
〔註101〕也就是真的吸收西方文明的長處，無論是物質或者是精神層面，均能
吸收並內化為自己的思維之中，而非只是徒學皮毛，追求利益，忽略甚至貶低
自己的傳統道德。

　　整體而言，跨越兩個時代的秀才謝雪漁以及國語學校畢業生的謝雪漁，既
對儒家傳統道德價值觀有所堅持，也對西方文明有所吸收，因而在新興的傳播
媒體找到能夠發揮所長的園地，進而闡揚傳統文化的美德，在新時代喚起讀者
的道德價值。當然，此舉並非謝雪漁反動之舉，而是認為維繫臺灣社會的運作
以及臺灣人民的良善，有賴於傳統道德，尤其是在臺人學習西方文明後，只想
獲取物質利益而揚棄道德學問，忽略了時代與社會的進步是物質與精神同時
並進，身為漢文記者的謝雪漁自然看不下去，而以春秋筆法融入小說的方式，
提醒讀者學習西學以啟迪文明之時，仍須記著與保持著臺灣傳統的道德，此乃
身為君子的責任，也是不讓君子被時代淘汰的方法。

第三節　華夷秩序的位移帶動漢文轉型

　　從上述第一節的梳理，可以看到謝雪漁身分的轉變，也就是前清時期的
秀才成為日治時期的記者。這種身分的轉變，使他獲得足以餬口的工作收入，
同時又讓他累積文化資本，進而參與瀛社運作，以及結交日本官吏與臺灣士

〔註100〕雪（謝雪漁）：〈三世英雄傳〉，《臺灣日日新報》，大正元年（1912）9月2日，
　　　　4版。
〔註101〕謝雪漁：〈說文明〉，《漢文臺灣日日新報》，明治38年（1905年）10月28
　　　　日，4版。

紳。謝雪漁進入臺灣日日新報社擔任漢文記者的職務，本身是儒家傳統教養出身，且又曾參與科考進而獲得生員的功名，這種對於儒家傳統文化與道德價值觀是根深蒂固，也因此對於記者的職業是以傳統史官的既定印象來理解。所以從第二節的討論就能看出，透過報紙此種新興的平面媒體，謝雪漁在書寫小說之時，有意識地帶入傳統道德於小說人物的對話之中，其目的在於讀者閱讀之後能重新喚起臺人應有的道德觀，因為已感受到時下的臺人對西方文明一知半解以及追逐利益，使得傳統道德有崩解之危機。

然而，謝雪漁對於小說的運用，不僅只是宣揚傳統道德以及本著傳統文化的立基上學習西方文明，而且在小說中仍可見到呼應日本政策的對話與情節，似有配合國策宣傳之意圖。自古代中國以來，傳統漢文向外輻射，形成漢字文化圈，當日本統治臺灣時，雖然日本自有日文書寫系統，但日人官吏、文人卻有著深厚的漢文造詣，使得臺灣漢文與日本漢文構成「同文」關係。不過也由於此種「同文」，當兩邊接觸後，臺灣文人受到日本文化的影響與重構，而被收編入日本國體之中。如蔡佩玲的研究中所提到的漢文與同文接觸後而質變〔註102〕；或者是黃美娥指出的複製日本國體文化，使「他者」臺灣馴服進入日本帝國編序之中〔註103〕；薛建蓉則是以東亞論來切入，認為臺人附合日本塑造的東亞論是為了保存自己的文化〔註104〕；林以衡所提到因為臺人經歷過

〔註102〕 蔡佩玲的研究指出，謝雪漁的改隸之時感到漢文無用，而後至國語學校就讀之後發現到漢文有著同文之功能，而贊同在同文政策之下，臺灣漢文必須要有新風貌，因而明治時期的謝雪漁以漢文來闡述殖民文明、政策等現代新觀念；大正時期的謝雪漁則是以漢文強調國民性的精神同化；昭和時期也由於開始進入戰爭期，此時的臺灣漢文為宣揚戰爭親善，凝聚亞洲一體。參見蔡佩玲：《「同文」的想像與實踐：日治時期臺灣傳統文人謝雪漁的漢文書寫》（新北：花木蘭文化出版社，2013年9月），頁150～151。

〔註103〕 黃美娥的研究以溪洲伯輿（陳伯輿）、耐儂（李漢如）或魏清德、謝雪漁等漢文小說家為例，指出這些文人作家的書寫複製了日本國體文化，證明日本國體敘事的文本，不著痕跡地引領臺灣新精神想像、新文化記憶的重加形構，而且形塑出一批臺灣小說書寫的認同者，具體展現了日本外來文化如何說服臺灣在地性，進而重新模塑在地文化的過程。詳見黃美娥：〈「文體」與「國體」——日本文學在日治時期臺灣漢語文言小說中的跨界行旅、文化翻譯與書寫錯置〉，《漢學研究》28卷2期（2010年6月），頁387。

〔註104〕 薛建蓉的研究指出，日本透過漢字作為聯繫東亞的工具，創造出臺灣人以為接受日本，就是在保存自己文化的角度，因而附和了日本人東亞論的觀念。因此，謝雪漁在自我認同形構時，接受了此種東亞論，進而融入在小說之中傳遞給讀者。參見薛建蓉：〈烽火下的裡想家國造象——從謝雪漁戰爭小說看東亞論下理想家國形塑及其認同問題探討〉，《臺灣文學研究學報》14期

乙未割臺的戰亂局面，以及訝異日本的國力，為使臺灣能具有文明與進步，而效法日本的維新。〔註105〕因此，這能看出無論是同文或者東亞論，都是讓謝雪漁認為日本國力的強盛便能確保漢文的延續。由於日本強大，以及依然使用著漢文，當臺灣傳統文人透過漢文與日本交流之時，卻也容易接受日本為東洋文明中心的論述，進而產生出臺灣漢文的延續與日本國力的強大是一體兩面的印象。使得謝雪漁所書寫的漢文小說，其內容便帶有濃厚的日本色彩，此種的漢文小說不僅包裹著傳統道德價值體系之外，也與「國體」結合，似乎讓讀者透過小說瞭解日本政府的國策與國體之意圖。只是說臺灣漢文與日本國體接合，是否有助於漢文的延續與發揚，這在他的漢文知識系譜之中，又如何面對華夷秩序的位移。

一、周禮盡在魯矣的漢文圖像

在乙未割臺之後，臺灣改朝換代，加上知識體系的邅變，使得漢文似乎是會被淘汰的文體。然而，日本資本的報紙發行，傳統文人找到可以發揮所長的舞臺，同時也讓漢文在夾縫中找到維繫斯文的空間。因平面傳播媒體之故，使得傳統漢文及其小說不單單只是文本（text），而是種文化商品，隨著報紙的銷路而廣披作者所傳達的文化意義。

> 跟其他資本主義化的商品不同的是，報刊這種「文化商品」本身的價值與影響力不僅出自於物質本身，更出自其上所負載的文化意義。如果負載文化意義的符號，無論因為內緣或外緣、經濟社會抑或本身內在因素，其傳遞方式發生改變，影響必然廣及整體的思想與文化。〔註106〕

旨哉斯言，報刊的影響力並不只是表面的費用收入而已，更重要的是報紙版面裡頭的文章，這些所傳遞出的訊息與意義，不僅影響讀者的思維，甚至引領一

（2012 年 4 月），頁 73、75。

〔註105〕 林以衡的研究指出，謝雪漁面對政權轉換的混亂局面以及震驚日本所展現的國力，使得謝雪漁對於明治維新所發生的原因與發展過程有清楚認識，進而透過小說的說教功能，來讓讀者瞭解日本的維新，這是期許臺灣能效法日本，走向文明與進步之路。詳見林以衡：〈維新造英雄：日治臺灣文人謝雪漁小說〈三世英雄傳〉中的文明想像與國族書寫〉，《師大學報》63 卷 2 期（2018 年 9 月），頁 45。

〔註106〕 李仁淵：《晚清的新式傳播媒體與知識份子：以報刊出版為中心的討論》（新北：稻鄉，2013 年 11 月），頁 65～66。

個世代的思潮。也就是說報刊作為「文化商品」，雖是透過銷售以能支撐報社經營的商品，但報刊內的文章則是承載著報社或撰稿人的意志，既反應了作者的價值觀與思想，這種文化意義是無法以金錢衡量，而且也具有時代意義。

　　若回過頭來看謝雪漁的小說，其形式仍延續傳統通俗小說的書寫方式，題材方面則回應著當下的社會脈動以及呼應著日本統治，而前者即在第二節便論及，在小說中蘊含著傳統道德，以讓臺人不被西方文明所惑，而能保持著道德禮儀；後者則是小說題材觸及到日華親善的議題，以及介紹日本自古代至迄今的人事物等歷史故事。謝雪漁的小說內容以日本為書寫對象時，是不是就意謂著華夷秩序的變動？也就是臺灣漢文接合日本此一漢學脈絡，就如同第三章提到胡南溟的明治體，日本為漢文的保護者與傳承者。雖然前行研究是將謝雪漁小說指向「同文」，而使得謝雪漁受到日本的框架，所創作的文學導向日本國體之中。不過若放大格局來看，日本自命為東洋文明中心，又認為承繼著漢文化，且使用著漢文，如此一來謝雪漁因「同文」而被日本國策影響？還是說謝雪漁是在回歸正統的中原漢文化？關於此，從謝雪漁看待滿清便能看出端倪：

> 即附搭汽車往奉天。其人導觀清國祖廟。與東陵福陵。前面有俄人新鑿道路。陵廟禁地樹木。悉被俄人伐盡。其人語余曰。我軍將包圍奉天時。大山元帥告諸將曰。奉天為清國祖宗發祥之地。國破山河在。城春草木深。又禁各軍不許宿營城內。余嘆約。如此方可謂仁義之師矣。〔註107〕

謝雪漁在睡夢中神遊至滿洲，一覺醒來之後因而寫下〈夢遊滿洲記〉，在夢中所到之處均為日俄戰爭的發生地以及日軍的行軍與駐屯之地。此篇文章發表於日俄戰爭的隔一年，可以說是向臺人讀者介紹日俄戰爭之事蹟，而且也由於是戰勝西方白人，因此多少有宣傳日本國力強大之意味。話說回來，雖是以遊記的形式來介紹日俄戰爭之過程與結果，但卻也透露出謝雪漁如何看待日本在清廷土地上如何打敗沙俄。其中，在奉天參觀清國祖廟之時，卻看見俄人大興土木，卻不尊重在地歷史與文化，因而破壞史蹟。這也反映出沙俄是個外來侵略者，絲毫不會注重歷史人文以及不尊重清廷，乃至於中國的土地與人民。日本包圍以及後來佔領奉天，尊重歷史也尊重清廷。於是謝雪漁讚嘆日軍為仁

〔註107〕雪漁（謝雪漁）:〈夢遊滿洲記〉,《漢文臺灣日日新報》,明治39年（1906）1月1日,8版。

義之師。

謝雪漁雖讚嘆日軍為仁義之師，並不只是日軍秋毫無犯而已，所要傳的訊息是，日本和清廷既是同為東洋文明，而且日本為東洋文明中心，自然保護與照顧清國祖宗發祥之地的奉天，相較於俄人在清廷陵廟禁地大興土木此種傲慢行為，日本尊重清廷史蹟與文化，這反而塑造出日本有著強盛國力／軍力以及強大文化軟實力，而能保存與捍衛東洋文化。

> 回憶清太祖奴兒哈赤。在興京西南。撫順。渾河。奉天。鐵嶺之山地。大破二十四萬明兵。亦以奉天為中心。太祖初取撫順。清河城。以牽制明兵右翼。又出關原。脅其左翼。分西南兩路。以待自興京來之明兵。在渾河、撫順之間邀擊明兵中軍。破之。明軍被衝為兩斷。遂沿渾河西下。而拔瀋陽。（即今奉天府）更擊走渾河以南明軍。長驅而拔遼陽。此間約經兩年。冬即罷戰。夏始出師。我軍數月之間。而全得遼瀋。清祖有知。當亦嘆日軍之勇敢也。然清國祖宗威武若彼。而子孫孱弱如此。故國河山。竟任俄人蹂躪。莫可如何。清祖有靈。其能不痛恨於地下乎。其人曰。日俄之戰。清人知我之可恃。我國扶翼之。諒過三十年後。必能復為強國。而雪今日之恥也。〔註108〕

奉天及其周遭之滿州地區是清廷先祖打敗明軍所取得，千辛萬苦歷經兩年方能攻略遼瀋，如今日軍僅花數月便底定之。謝雪漁此段敘述並不在於誇耀日本軍力強大，而是清廷的發祥之地是老祖宗辛苦打下的江山，遼瀋可謂是奠定日後清廷壯大進而入關取代明朝的基石，可是如今卻被異族俄人所蹂躪；昔日努爾哈赤的後金軍隊勇猛善戰而擊潰明軍，如今清廷的軍力卻無法抵擋沙俄的入侵。然而經由日俄戰爭，日本趕跑俄人，為清廷解除威脅。因此謝雪漁寫到日本可成為清國的依靠，在日本的幫助下，30年後的清廷將能成為強國而不被沙俄勢力所欺侮。

從謝雪漁的〈夢遊滿洲記〉來看，日本儼然成為華夏／東洋文明的保護者，解救為同為東方的清廷，這也意謂著日本為中原正統，即為漢文化的繼承者，就如同春秋時代齊桓公、晉文公為保護周邊國家而出兵擊退夷狄。因此就謝雪漁的角度而言，華夷秩序已然翻轉，畢竟華夷秩序須有國力／武力

〔註108〕 雪漁（謝雪漁）：〈夢遊滿洲記〉，《漢文臺灣日日新報》，明治39年（1906）1月1日，8版。

作為後盾，也就是國力強大方能確保成為華夏中心。之所以如此，因為謝雪漁見證到日本仍保存著中國古代的傳統華夏文化。

> 夫中國古代之樂。多作廣陵散。其調久絕。今已不可聞。何幸於此
> 祭聖之時聞之。帝國之與中國使者往來。在唐之時為盛。故樂亦多
> 於此時傳來。今尚存之不廢。昔人云。異國古書留日本。此樂亦猶
> 是耳。〔註109〕

東京湯島聖堂舉辦大成至聖先師孔夫子二千四百年追遠紀念祭，謝雪漁被選為臺北州代表前往東京與會。〔註110〕謝雪漁在湯島聖堂會場參加紀念祭之時，聽聞到祭孔時所演奏的雅樂，認為是唐朝之雅樂，而訝異在日本竟然能聽到早已失傳的古樂。日本派出遣唐使至唐朝學習制度，以及吸收文化後輸入回日本，大正時期的日本卻依然保留著中國早已失傳的聖樂，並沒有因為時代更迭與學習西化而廢除傳統雅樂，讓謝雪漁感嘆「異國古書留日本」。此外，若對照〈夢遊滿洲記〉中日軍保護著清廷的陵廟，以及湯島聖堂演奏古代中國的聖樂，使謝雪漁感知到日本具有高度的漢文化，並以此為文化主體，甚至比當時的清廷乃至於之後中華民國更像華夏中國。

日本就算明治維新習得西方文明，國力因而蒸蒸日上，得以進入列強之林。但是仍保存和延續著古代中國所傳來的華夏文化而不偏廢。就謝雪漁觀察，乃至在於重視智育與德育。

> 此次軍縮所得鉅款。亦多撥充教育費。帝國得伍於列強。文明大啟。
> 國力伸張。非教育之力不及此。惟似只忙於智育。而德育有缺。有
> 謂國家主義者。有謂儒教主義者。有謂泰西主義者。道德無一定標
> 準。近且發生社會主義。思想激變。故多提倡儒教主義。復興漢學。
> 挽回即墜之道德。此次之孔聖紀念祭。意在斯也。明治二十三年十
> 月。教育大詔煥發。定君臣之分。又為父子兄弟夫婦朋友。垂訓其

〔註109〕雪（謝雪漁）：〈內地遊記（卅一）〉，《臺灣日日新報》，大正 12 年（1923）1
月 10 日，5 版。

〔註110〕崇聖會於 1917 年創立，首任會長為中村匡，其後的主事者多為親日商紳，其
禮儀多有援用日本儒教湯島聖堂，因此崇聖會與官方相當密切。當時謝雪漁
為臺北崇聖會的幹事長，當湯島聖堂請臺灣總督府推派人員參加，總督府從
臺北州和臺南州選派，因此謝雪漁才會獲邀為前往湯島聖堂舉辦孔子追遠紀
念祭團的成員。參見謝崇耀：〈《崇聖道德報》及其時代意義研究〉，《百年風
華新視野：日治時期臺灣漢文學及文化論集》（臺南：臺南市立圖書館，2009
年 12 月），頁 132、136。

　　所應為。確定道德基礎。此大詔即包括儒教之精義。負教育之責者。

　　宜闡明詔義。躬行實踐。庶生徒有所取法也。〔註111〕

日本能躋身為西方列強之中，人民開化以及文明水準提高，進而國力興盛，這些均歸功政府推動教育的努力。此種學習文明的教育是著重於智育，而缺少德育這部份。此外，對於出現社會主義，使得思想劇烈變化〔註112〕，謝雪漁因而認為更要提倡儒教主義以復興漢學，來重振道德。這弦外之音就是社會主義會鬆動與崩解天皇制的日本國家體系，因而需要儒教主義來強化君臣父子此種上下結構，既能穩定天皇制國家統治基礎，也能維持社會安定，因此湯島聖堂才會舉辦孔子追遠紀念祭，藉以宣揚儒家傳統道德。此外，謝雪漁提及明治23年10月的「教育大詔」，藉以呼應此時的孔子追遠紀念祭，表示儒家傳統道德是日本內在精神的根本，也是作為社會運作的中心思想。教育大詔即為明治天皇所頒布的《教育敕語》，當日本明治維新之後，走向學習西方文明的文明開化道路，建立現代化國家之時，同時以《教育敕語》教導國民認識到日本為天皇制國家，以天皇為頂點的臣民教育。〔註113〕這其中教導臣民應有的道德，這種道德就是尊尊與親親，講求秩序與禮制。透過《教育敕語》來教導平民百姓何為道德價值，不僅構築日本國體之外，同時在引進西方事物與思維之時，又不會被西方價值所侵蝕。

　　就謝雪漁的觀點來看，從《教育敕語》到孔聖紀念祭，這是日本以儒家傳統道德作為整體國家統治的基礎，並沒有走向現代化而揚棄之。如此「郁郁乎文」是謝雪漁的理想，因此從《教育敕語》看到日本推動儒家精義，使

〔註111〕　雪（謝雪漁）：〈內地遊記（七十三）〉，《臺灣日日新報》，大正12年（1923）
　　　　　3月11日，5版。

〔註112〕　自1917年俄國革命推翻沙皇尼古拉二世，接著1918年日本爆發「米騷動」
　　　　　事件，這兩種事件都是基層人民向公權力挑戰，進而鬆動與崩解政府的統治
　　　　　基礎，這也成為社會主義萌芽的契機。鶴見俊輔提到，俄國革命和米騷動事
　　　　　件帶給日本高中生、大學生等年輕人極大的影響，其中最著名的便是1918年
　　　　　東京大學學生所成立的「新人會」，東大新人會結合社會主義的工會而進行勞
　　　　　動與農民運動。參見鶴見俊輔著，邱振瑞譯：《戰爭時期日本精神史》（臺北：
　　　　　行人文化實驗室，2011年1月），頁20～22。

〔註113〕　簡曉花的研究中指出，明治22年的《大日本帝國憲法》與明治23年的《教
　　　　　育敕語》的接連頒佈實施，確立了日本以天皇為中心的國家發展框架，而《大
　　　　　日本帝國憲法》確立日本為天皇至上之國家體制，《教育敕語》則是在這體制
　　　　　下，教育臣民認識到天皇為頂點，使得天皇制國家意識型態逐漸滲透於全國。
　　　　　參見簡曉花：〈初論被馴化的明治國家意識型態之展現：以松村介石之「道」
　　　　　為例〉，《臺灣東亞文明研究學刊》15卷1期（2018年6月），頁161。

所有人民均有道德基礎。謝雪漁這種期待政府與社會仍運作著儒家傳統的道德價值，這在新的時代並不是反動與封建守舊，而是一種「吾從周」的感懷與抱負，尤其是謝雪漁走過乙未割臺的戰亂時代，又看到進入新時代的臺人醉心西方物質文明，而忽略內在精神和傳統道德。所以更需要以傳統儒家道德來充實內在，並讓臺灣社會回到正軌。此外，謝雪漁對《教育敕語》並不陌生，就讀國語學校時便已讀過。〔註 114〕當初日本統治臺灣時，就有意識地以《教育敕語》結合儒家，以讓臺灣學子接受並爭取臺人的認同感，進而穩固統治基礎。〔註 115〕如此一來，從昔日就讀國語學校所接觸的《教育敕語》，到日後赴東京參加孔子追遠紀念祭，使得謝雪漁瞭解到日本乃為「周禮盡在魯矣」的觀感。也因為此種「周禮盡在魯矣」之感，在日本官方的刻意宣傳下，使謝雪漁認定日本為華夏文化的繼承者，進而在小說之中可以看見謝雪漁流露出「天之未喪斯文」的看法，更加地傳揚斯文仍續之印象予讀者。

二、超越國界藩籬的漢文媒介

從謝雪漁看到日本對於保存漢文與和文化的努力，自遣唐使輸入漢文化之後便一直延續迄今，相對於清廷則已有失傳之危機，以及在西方勢力的侵襲之下，清廷顯然無力抵禦。此時的日本卻一躍成為列強，不僅有足夠的武力可以保護漢文化之外，在軟實力方面更是能對外輸出漢文化，成為東洋文明中心。謝雪漁認為臺灣人是漢族，自然不樂見中國一直疲弊衰微，因而期待日本能提攜中國，一同壯大華夏文化。

〔註 114〕 謝雪漁所讀過的《教育敕語》是總督府漢譯版本的《官定漢譯教育敕諭》。1897 年乃木希典總督時頒佈臺灣總督府版《官定漢譯教育敕諭》，並通令公私立學校恭讀。參見川路祥代：〈殖民地臺灣文化統合與臺灣傳統儒學社會（1895～1919）〉（臺南：國立成功大學中國文學系博士論文，2002 年 6 月），頁 128～129。

〔註 115〕 川路祥代的研究中便提到，臺南縣知事礒貝提議總督府學務部：「利用儒學之事：奉讀我國《教育敕語》，其忠孝之道與儒學相同，亦有必要令（臺灣人民）了解奉載日本大道就是信奉儒學之道理。」此外，臺灣總督府學務部長伊澤修二認為日本與臺灣是「同文之國」，《教育敕語》部分內容與儒學學說有相同之處，臺灣人可以透過儒學來理解《教育敕語》，不僅能讓臺灣人認同天皇國家統治臺灣的正當性，也能讓日本人民認同臺灣人民是日本國民之一部分。參見川路祥代：〈殖民地臺灣文化統合與臺灣傳統儒學社會（1895～1919）〉，頁 129～131。

　　晚清疲弊衰微，國力如此低落，深受西方列強欺侮之苦。謝雪漁小說人物
的對話中提及清朝隱憂在於「滿漢分界」，即為滿漢差別待遇。

> 鉅鹿細語一郎曰。李奇昔常於醉後語我。謂彼等之出洋留學。別有
> 深心。蓋將以之覆滅清宗社者。此時彼等聚談。必又謀此事。故繩
> 祖有如此憤激者。長雄曰。現時清室之氣運未終。老臣宿將俱在。
> 彼等權不在握。力何能為。只自革其命耳。鉅鹿曰。清國青年即抱
> 有此思想。是為清國之大隱憂。然苟能探究其所以激成青年發此思
> 想之理由。而籌補之方策。則其為禍也或不烈。克忠曰。其理由雖
> 多。總莫如滿漢分界之一事。〔註116〕

謝雪漁從清朝留學生的口吻帶出滿漢分界為對朝廷不滿之因，因而欲革命推
翻之。謝雪漁此段的滿漢分界有著另一意涵，就是清廷並不調合滿漢之文化，
帶出清廷抱持著本位主義，也就不會融合自身的文化與西方的現代化，無論
是全盤西化還是中學為體西學為用，都會落入進退失據之窘境。若對照日本，
則沒有滿清此種異種文化結合的困境，反而成功以自有之文化去吸收與融合
西方文明系統，進而打造出明治維新的盛世。此種兼容並蓄乃為日本之所以
為泱泱大國的原因，同時也呼應到日本華夏文明源頭的──「唐」，就是因為
胡漢意識淡薄，唐文化與外來文化兼容並蓄，使得國力強盛，且華夏文化蓬
勃發展。昔日唐朝如此，今日日本也是如此，更加顯現出日本取代清朝而為
中原文明的中心。

　　日本漢文來自於古代中國，雖說歷經千年以上的時間演化，不僅沒有因此
而消逝，反而卻成為日本壯大的基礎。

> 領事曰。貴國與敝國互通聘間。自唐以後。國際關係。在不即不離。
> 若有若無之間。徹□聯結。今則東亞形勢。歐美人與我共之。中日關
> 係。宜益使之。如膠如漆。固結不開。欲致國家富強。種族強盛。在
> 乎振興文化。貴國文化之美者。敝國宜學諸貴國。敝國文化之美者。
> 貴國宜學敝國。如炊事食物。選擇資料。調和氣味。貴國實多年研究。
> 集合眾長。乃有今日之冠絕世界。為敝國之所宜學者。至於一切科學。
> 有一部分。為敝國所改善。為敝國所發行。已凌駕於歐美之先進國。
> 為貴國之宜學者。近時貴國青年之有為人物。負笈敝國者。日臻於盛。

〔註116〕雪（謝雪漁）：〈三世英雄傳〉，《臺灣日日新報》，大正元年（1912）11月30日，6版。

　　將來兩國親善關係。皆荷於此留學生之双肩。〔註117〕

原先日本與中國之間有著互動與交流，但在唐朝之後則既不親近，也不疏遠，也就是日本再也沒繼續輸入中國之文化。可是時下的東亞情勢，卻是西方列強插足亞洲，已侵蝕到日本和中國的利益。謝雪漁此段書寫，是讓讀者意識到西方白人在東方謀取利益時，也會妨礙到東方文化的發展，尤其是漢學的根本會動搖。然而，中日兩國有著共同的文化與共通的漢文，應該互相提攜，國力強盛之時，也就能振興文化。日本強盛乃是在於集合眾長，以本身的東洋文化為主體，吸收西方文明知識與技術，如此揉合而讓日本之軟、硬實力凌駕於歐美之先進國。就謝雪漁的角度來說，透過小說在此提醒讀者，漢文並不會成為妨礙吸收西學的存在，反而卻因為有漢文作為基底，學習西方文明之時，對於自己的學養有著加乘的效果。除此之外，謝雪漁更是帶出漢文是作為日華親善的橋樑與媒介：

　　現時東方局勢。非日華親善。則中華永無富強之日。日本所處地位。
　　必益見其艱難。……中國人之對吾臺人視為臺灣華僑。為兩國親善
　　之結合樞紐者。舍臺人莫屬也。吾臺人不可不思自奮。〔註118〕

日華親善為日本地緣政治的考量，以及謀求日本利益的最大化，而作為大正時期之後的國家戰略方向。不過謝雪漁卻是看到臺灣人被中國人看待成華僑，臺灣人是日本統治下的國民，因而能成為中日兩國之間的橋樑。更重要的是，漢文為臺、日、中這三地之間共同的語言基礎。日本本著漢文傳統以吸收西學，進而富強，並且以漢文為媒介來拉近中日兩國之間的互動，以促進日華親善，如此一來漢文便成為共同體的主要核心。如王韶君所言：「漢文為重要的媒介，因為有著共有的漢文化，方能連結著臺灣、中國與日本。」〔註119〕這種也是證明漢文在新時代仍有功用，不僅僅只是文人之間聚會的吟風弄月軟派文學

〔註117〕雪漁（謝雪漁）：〈櫻花夢（下卷）〉，《臺灣日日新報》，昭和10年（1935）3月25日，8版。

〔註118〕雪（謝雪漁）：〈內地遊記（卅三）〉，《臺灣日日新報》，大正12年（1923）1月12日，5版。

〔註119〕關於此，王韶君指出日本處在面對世界以及連結中國之間，漢文是重要的媒介，一方面可以自由跨越、穿梭「臺灣──中國──日本」三處地域的歷史文化空間，也就是「三處共同傳承的漢文化之地」，對內（東亞、日本與中國）進行多層次意義的連結，也可以漢文對外展示自我（東亞）的內涵。王韶君：〈謝雪漁漢文小說中的文化演繹與身分編寫：以〈三世英雄傳〉、〈櫻花夢〉、〈日華英雌傳〉為中心的討論〉，《臺灣文學學報》30期（2017年6月），頁127。

而已，而是益國家社會的硬派文學。因此漢文是能助國家一臂之力，文人透過漢文而能證明在這新時代是有益於國家社會。

謝雪漁認為漢文及其漢文人能作為日華親善的橋樑，此種看似附和國策，但實為是證明漢文是個有益於時代、有利於國家的文體。若仍以科舉時代的漢文書寫習慣來對應時下的內容，則容易被時代所淘汰。在謝雪漁進入擔任記者之後便體悟到漢文的侷限性，這部份從〈有感〉能看出此感：

> 邊城狼火輒傳烽，赤手無人掣毒龍。
>
> 大戟長槍今日事，毛錐終是不侯封。〔註 120〕

外地有戰事，可是卻無法貢獻己力，就算透過文筆仍無法為國家為自己謀求利益。因此這也看出漢文若不改變以適應時代，是無法取得一席之地。這種改變並非是指文體的改變，而是在於心態的轉換，讓謝雪漁思考到要如何才能讓漢文發揮極大的效用，這也就不難理解為何謝雪漁會認為漢文是作為日華親善的橋樑與媒介。因為謝雪漁抓到契機，也就是日本當局需要漢文作為媒介，來打入華文地區的宣傳戰，而漢文也能依此繼續延續。若時間往後推移，則可發現到漢文通俗雜誌《風月》及其《風月報》在戰爭期仍可繼續發刊，無非就是此為「漢文」雜誌，有利於日本政府向中國華人宣傳。

三、文學國家連動的漢文報國

從注意到日本仍保著華夏文化，有著周禮盡在魯矣的既視感。接著再從華夷秩序的翻轉而看到日本為漢學中心，加上日本逐步厚實國力，一步一步躋身為列強之一，有著強大的硬實力。同時漢文不能只是文人抒發情感的軟性文學，須為國家社會貢獻己力。此外，漢文展現出具有跨越國界藩籬的特性，不僅日本官方欲使用漢文為日華親善的橋樑，對漢文人來說，不啻也是找到一個存在於當世的機會，看似配合國策，但實質上則是加深漢文的實踐性。以此觀之，謝雪漁進一步思考的是，漢文是否具有更積極的面向。這部份可以從崇文社的徵文課題〈文學興國論〉可以看出端倪。

> 為文學咎也。且角逐中原。須用長槍大戰。□振興治道。又須竹簡毛
> 錐。蓋從古之天下。能以馬上得之。斷下能以馬上治之。孰謂文學之
> 可緩乎哉。嗟乎文詞卑靡。國運所以日就衰微。文運光昌。國勢所以

〔註 120〕謝雪漁：〈有感〉，《漢文臺灣日日新報》，明治 41 年（1908）8 月 21 日，1
版。

> 日臻隆盛。五嘗曠覽古今得失之林。遍觀歷代興亡之局。而歎文學之
> 大有裨於國也。彼有國家之責者。其亦可以奮然興矣。〔註121〕

此篇王則修投稿崇文社課題並且排名第一的文章，王則修（1867～1952）的歲數與謝雪漁（1871～1953）相近，又同為秀才身分，而能管窺傳統文人對於「文學」的看法。〔註122〕傳統文人對於文學的觀點不脫於「偃息武備，提倡文教」，武力雖能開疆闢土，有助於馬上得天下，可是若要馬上治天下，則必須依靠文學，若僅有武力而無文學，則會走向窮兵黷武，政權最終敗亡。接著，文學與國運相呼應，這就如同第三章胡南溟所主張的國運與文運互為表裏，文學盛則國盛，文學衰則國衰，文學浮靡則國運衰微。因此，能看出文學的質素影響著國運的發展，使得傳統文人思考何種的文學才能振興國運與強化國力。其實這也反映出傳統文人亟欲為漢文在新時代找尋自我定位，因而與國家掛上等號，以避開被時代淘汰的危機。當然這多少也與擔憂聖人之道、人倫常理等漢文世界觀崩毀有關〔註123〕，不過在這之前得先證明漢文是「有用」的文學，有用方能被國家所用，也能被新時代的人們所用。因為有用，所以漢文及其背後的傳統秩序與儒家價值觀便能一直延續保存。

漢文若是有用的文體，那麼要如何證明之有用？便是為國家所用，文人積極地回以文學配合國家發展，國力強盛則漢文也跟著強大。因此在謝雪漁的小說中便能看到團結努力、為國為民的情節：

> 我軍戰敗之際。隅然與朝夷奈公會。自是以來與吾鯨黨聯結。內而欲
> 滅朝敵北條。外而欲發揚日本國光。捨死忘生。粉身碎骨。務達目的
> 而後已。明郎聞老人慷慨激烈之辭。慨嘆不息。老人更屬聲曰。海外

〔註121〕 王則修：〈崇文社課題・文學與國論〉，《臺灣日日新報》，大正 12 年（1923）
2 月 9 日，6 版。

〔註122〕 蘇秀鈴的研究中指出，王則修為前清遺儒，曾受邀參與揚文會，而後進入臺
灣新聞報社擔任漢文記者，但因不合志趣，工作三月餘後便離職，回新化街
故鄉設帳授徒。王則修乃為大力維護傳統文化者，但在政治立場上，常為了
達成發揚漢學之目的，而盱衡時事，順應當局。參見蘇秀鈴：〈日治時期崇文
社研究〉（彰化：國立彰化師範大學國文學系碩士論文，2001 年 1 月），頁
117、148。

〔註123〕 許倍榕的研究中指出，傳統階層嗅到社會變動而極力維護傳統學術，因為
擔心隨著傳統文體、寫作規範的轉變，導致聖人之道與人倫常理的淪沒，
將會導致傳統文人自身世界觀的崩解。參見許倍榕：〈日治時期臺灣的「文
學」概念演變〉（臺南：國立成功大學臺灣文學系博士論文，2015 年 7 月），
頁 90。

之征誅。非一黨之力所能為。必合全日本國人民之力為之。〔註124〕

〈新蕩寇志〉此篇小說中述說蒙古來勢洶洶欲攻打日本，原先官方北條武家與地方勢力鯨黨是勢如水火，但鯨黨卻能為了日本安危而與武家勢力合作，共同對抗外敵。此種各股勢力平時互相攻打，但面對境外強敵卻能捐棄成見共赴國難，意謂著在小說中塑造出同為一體以抗強敵之感，當然也是謝雪漁所刻意勾勒的國家觀。〔註125〕

> 幕府發令。以鎮西所屬諸將。星夜馳到太宰府。分路掃蕩敵軍。以
> 圖恢復。中內老人接報。更開參謀會議。有謂鎮西諸將既出。我黨
> 只好坐觀成敗。何苦去為北條出力。有謂國之存亡。匹夫有責。日
> 本帝國者。非北條所私有也。宜與他協力。有謂各黨可為卞莊刺虎。
> 議論紛紜。莫衷一是。〔註126〕

當官方出動武士去反攻蒙古軍時，地方勢力本因私人恩怨而不願配合出兵，想要作壁上觀，以保存實力，也深怕自己若出兵，幕府或其他勢力將會坐收漁翁之利。但是蒙古軍隊非常強大，必須結合眾人之力才能擊敗，如此大義，最後大家團結一心力抗外敵。

> 中內老人在議長席。急起而為。折衷說曰。諸君無爭辯。我以為蒙
> 人猖獗。侵我疆土。乃我日本國之公敵。非北條氏之私敵也。〔註127〕

在國家的大纛之下，個人恩怨變得細微末節，而且國家興亡，匹夫有責，這是身為國民應有的責任。再者，國家為國民所共有，並非某一勢力所獨占。因此當國家有需要時，每一位人民不能置身事外。這也是呈現出積極為國的一面，而非消極地被動等待幕府徵召，如此反應在現實生活中，就是謝雪漁刻意呈現以讓讀者閱讀之時，進能為國家社會貢獻己力，以消除世人對於文人消極避世的刻板印象。

〔註124〕雪（謝雪漁）：〈新蕩寇志（八十二）〉，《臺灣日日新報》，昭和11年（1936）
　　　　5月20日，12版。

〔註125〕林以衡認為這是在「尊君」的暗喻下，小說人物被謝雪漁逐步鉤勒出集體的
　　　　國家觀。參見林以衡：〈「蕩寇」新解：〈新蕩寇志〉對日本「國體」、「神風」
　　　　思想的闡發及作者謝雪漁的政治理想〉，《嘉大中文學報》2期（2009年9月），
　　　　頁186。

〔註126〕謝雪漁：〈新蕩寇志（百卅七）〉，《臺灣日日新報》，昭和11年（1936）7月
　　　　28日，12版。

〔註127〕謝雪漁：〈新蕩寇志（百卅八）〉，《臺灣日日新報》，昭和11年（1936）7月
　　　　29日，8版。

畢竟，臺人與日人或有齟齬，但都在同一島嶼上，若能共同合作則有益日本的壯大。或許這為謝雪漁所刻意埋入的政治意涵，藉由小說來呼應國策。擁護政府的同時，也是在提倡漢文。簡言之，這為一體兩面，謝雪漁將漢文的存續與發揚跟日本的興衰結合。

> 我帝國欲保世界平和。為東亞盟主。非謀日華親善。絕對不能。二國親善機關。專賴漢文為樞紐。疏通意志。今我國之漢文。不絕如縷。雖然唱議在中學課程。改漢文為必須科。而以英文為隨意科。終未得實現。竊恐吾國失盟主之一資料。且今日之思想問題。因受西洋文明毒素。儒教失傳。綱常廢弛。始見其紛亂如斯。欲除此西洋毒素。舍儒教而外。寧有妙藥耶。〔註128〕

謝雪漁注意到日本的持續強大需要使用漢文作為工具，因此將漢文的存續與發揚跟日本的興衰結合。原因在於日本乃為東洋文明中心，但若要成為東亞盟主，則需要中國的協助，因而必須謀求日華親善。如同本節之第二小節所討論的漢文媒介，日華親善的橋樑乃是漢文，若要抵禦西方文化的強勢入侵，則以東方傳統文化來回應之，這之中儒家便是中日兩國共有的文化基礎，以儒家傳統與漢文來作為東方文化的主軸。畢竟西方道德若套用在東方社會，將會出現「君不君，臣不臣，父不父，子不子」等淮橘為枳的行為。漢文不僅作為日華親善的媒介，更是作為東洋文明中心的根本，以此來抗衡西方。這樣的脈絡之下，傳統文人更不能置身事外，努力將漢文抬高至國家文學的位階。這也是為什麼謝雪漁會認為文學能報國之因，因為協助國家的同時，也是在強化漢文的重要性。

小　結

　　謝雪漁從清朝秀才到報社記者，中間橫跨兩種不同時代與政權，生員功名在日本政府的政權之下，只是個虛名，並無法為謝雪漁帶來實質的謀生經濟活動。謝雪漁進入國語學校，使得他成為受過新式教育的傳統文人，也開啟他日後進入臺灣日日新報社擔任漢文記者的契機。這種時代變遷所反應的便是知識體系的轉換，謝雪漁昔日所受的學養乃是透過科舉進入宦途，但在乙未之後

〔註128〕雪漁（謝雪漁）：〈櫻花夢第卅六回〉，《臺灣日日新報》，昭和 9 年（1934）12月 26 日，12 版。

卻無用武之地，這也表示漢文是否已是過時之物？漢文不單單只是個文體，而是蘊涵著一套儒家道德體系觀。如同 Peter Burke 的著作所說：「知識的選擇、組織和陳述不是中立和無價值觀念的過程。相反地，它是由經濟和社會及政治制度所支持的一個世界觀的表現。」〔註129〕此種漢文及其背後的價值體系是經年累月流傳至謝雪漁成長的年代，這也是朝廷與士大夫階層所構築的帝制官僚統治體系。可是當進入日治時期之後，前述的世界觀就遭到崩解。當然，這種衝擊並非只有臺灣傳統文人所特有，而是以漢文作為國學的漢字文化圈所必然會面臨到。

> 通過學制改革，儒學不僅失去了在知識體系中的主導性，而且它自
> 身也被分散重組，作為國學的一部分被歸類於文、史、哲等不同學
> 科，被西方知識觀念和學科規範所改造。既然如此，原來依附於儒
> 學的文學，也必然要經歷在知識體系中的重新定位。〔註130〕

以此觀之，日本統治臺灣後引入西式教育，使得傳統漢文的知識體系必然歷經解構，在這同時也失去在知識體系中的主導地位，最直接衝擊的便是經濟生計問題。這也是為什麼謝雪漁一度潦倒之因。除此之外，日本總督府對於漢文的立場雖說仍然尊崇，但僅作為籠絡臺灣文人的社交活動以及日華親善的政治性使用。這樣一來，漢文成為一種純文學的虛文，那麼究竟要如何在新時代之中增加重要性？謝雪漁因應時代與政局變化而調整姿態，也應用新興平面媒體的優勢，創作漢文通俗小說使漢文呈現出「千年傳統，全新感受」的另一面貌。此種漢文小說中，謝雪漁埋入儒家道德觀與西方文明新知於劇情之中，前者是鑑於傳統美德漸漸消逝，時人已無君子之風；後者則是啟蒙教化，讓讀者與時俱進，避免守舊封建而被時代所淘汰，因此以情節的推動與人物的對話，傳達予讀者接受。

　　不過值得注意的是，謝雪漁漢文小說的劇情與場景並不侷限在古代中國，而是包含日本與歐陸，甚至使用日本傳統歷史作為小說素材，這種已經跳脫出傳統中國通俗小說教忠教孝的敘事模式。

　　漢文因而是面對多重殖民矛盾時的解決方式：既可以保存自身固有

〔註129〕彼得・柏克（Peter Burke）著，賈士蘅譯：《知識社會史：從古騰堡到狄德羅》
　　　　（臺北：麥田，2003 年 1 月），頁 289。
〔註130〕馬睿：《文學理論的興起：晚清民初的一份知識檔案》（濟南：山東文藝出版
　　　　社，2015 年 6 月），頁 42。

> 文化，又可以吸收日本文化及西方文化。在此過程中，漢文從儒學
> 式的自我文化認同轉變為文化資本，用以協商傳統文人在變動場域
> 中的地位。〔註131〕

於此漢文在新時代面對著西方新學與日本自有文化的輸入，而有消逝的危機。然則，謝雪漁在漢文小說之中以舊有的傳統文化為基底，來包含日本文化和西方文化。謝雪漁在報紙上發表漢文小說，雖是本著延續漢文的初衷以闡揚儒家傳統道德，但隨著時間的推進與時局的發展，而開始出現文學報國和日華親善之觀點，如此一來更深化傳統文人在國家之中的角色，積極地回應國家的政策，以讓漢文更不可或缺。

　　謝雪漁的漢文系譜相較於胡南溟與洪以南，更清楚勾勒出漢文在西方與日本雙重衝擊之下的自我定位和運用策略，除了使用報紙來擴大漢文的傳播力道，又藉由國策來深化漢文的工具性，使漢文成為當代應用的知識體系。謝雪漁相較於上述二位文人又明顯帶有「同文」的刻痕，似有受日本政府所引導與影響，而讓臺灣漢文受制於日本漢文的框架。〔註132〕這如張誦聖所說的，這種集體潛在動機受到歷史現實中權力關係的制約，經由種種論述和體制力量而散布，滲入整個知識系統，對個人的意識行為產生強大而不為所覺的支配力量。〔註133〕謝雪漁進入國語學校，而後任職臺灣日日新報社的記者職務，又與日本總督府官吏、文人交遊及酬唱。相較於洪以南自有其雄厚的經濟資本與社會資本，謝雪漁此二項是進入日本政經架構之中才逐步取得。因此較會受到日本政府的權力制約，進而影響對於漢文知識系譜的建構。

　　整體而言，關照謝雪漁的漢文知識系譜，得從狹義文學、純文學、廣義文學、硬文學等入，雖然進入日治時期之後，文人已不用參與科考，在某種

〔註131〕林芳玫：〈謝雪漁通俗書寫的跨文化身分編輯：探討〈日華英雌傳〉的性別與國族寓言〉，《臺灣文學學報》23期（2013年12月），頁56。

〔註132〕蔡佩玲的研究中指出，漢文與同文接觸後，必然產生質變，並且分成三階段來說明謝雪漁的漢文質變過程。首先是明治時期，漢文用來闡述殖民文明、政策，使臺灣人認識與理解諸多新觀念；大正時期，漢文是強調國民性精神同化以及中日互相扶持的日華親善論點；昭和時期，宣揚為戰爭奉公，凝聚亞洲一體。因為同文的質變，使得臺灣漢文的內涵已被抽空，而被填充入新義。詳見蔡佩玲：《「同文」的想像與實踐：日治時期臺灣傳統文人謝雪漁的漢文書寫》（新北：花木蘭文化出版社，2013年9月），頁150～152。

〔註133〕張誦聖：〈「文學體制」的現、當代中國／臺灣文學——一個方法學的初步審思〉，收入周英雄、劉紀蕙編：《書寫臺灣：文學史、後殖民、後現代》（臺北：麥田，2000年4月），頁25。

程度上是解放文人和文學，使得畢身精力可以轉往其他文學類型發展。但卻也面臨到漢文已不具領導地位，也並非獨占性知識，這樣漢文出現衰微之危機。倘若文人仍是走向狹義文學、純文學等訴諸情感、美學層面，則將是文人之間酬唱與交遊的文體，而無法擴大使用群體與應用層面，當隨著歷經清廷時代的文人逐漸凋零，漢文也就會跟著走入歷史。因此就謝雪漁而言，則是另闢途徑，漢文走向廣義文學和硬文學，具有傳統道德與新知文明兼備的文體，乃為真正文以載道的文學，而這種「道」是適應於當世。接著，國家強盛，文學就會興旺，文人應更積極入世，雖說不等於擁護國家各項政策，但至少能為國家做點什麼，以文學報國就能興國，興國便能文學興盛，此種漢文才能重回知識領導的地位。

第五章　漢文系譜的推移與共構

　　當政權轉換之後，連帶也使知識體系中的主導性也隨之轉變，以往在清領時期，朝廷以開科取士來篩選與擇取優秀的士人，而制藝試帖成為文人養成過程中的範本，這能看出文人的知識學養有著政治權力介入的刻痕。〔註1〕然而進入日本統治之後，知識體系以西學為主導性，無論是教育系統抑或是官吏登用的擇取，均已新式西方文明知識為標準。這一來西學成為教育的主要內容，二來若要出人頭地，得以學習西學作為立腳點。既是如此，臺灣漢文豈不成為知識體系中的邊緣、冷門的學問？然則，在第四章中所討論到的，謝雪漁利用平面媒體的傳播優勢，書寫漢文通俗小說，透過報紙與小說來承載傳統文化道德，以劇情推動與人物對話來傳達儒家價值觀，以避免讀者因學習西學而忘記既有的傳統美德。同時也以文學報國的方式，將漢文抬高至國家文學的位階，藉由國力的強盛來帶動漢文的持續發展。謝雪漁之所以能在報紙上不斷連載小說以及發表社論來推動漢文知識圖像，乃是因為具有漢文記者的身分，因而熟悉報紙的穿透力與散播力。簡言之，報紙成為傳統文人謝雪漁用來維繫斯文的利器。

　　話說回來，謝雪漁有著報社漢文記者身分而獲得社會與文化資本，方能一展長才。這種兼具傳統漢學與現代文明，來自於謝雪漁具有秀才身分與國

〔註1〕余育婷的研究中便指出，清朝統治臺灣後，便有系統地將漢文化引進臺灣，這種是政治權力介入所產生的影響，在臺推動儒學教育，教育臺灣士子學習制藝試帖，典律化閱讀之時，也產生典律化的詮釋，因而也潛移默化士子詩歌觀。詳見余育婷：《想像的系譜：清代臺灣古典詩歌知識論的建構》（臺北：稻鄉，2012 年 11 月），頁 300。

語學校學歷之緣故，因而能審時度勢來建構他的漢文知識系譜。不過在臺灣日日新報長久發揮影響力的文人，除了謝雪漁之外，便是魏清德。魏清德和謝雪漁常發表文章於《臺灣日日新報》與《漢文臺灣日日新報》，且活躍於瀛社，謝雪漁當社長時，魏清德為副社長。可看出魏清德雖較年輕，但在文壇有一席之地。

不過耐人尋味的是，胡南溟、洪以南與謝雪漁均有生員功名，也就是歷經科考洗禮，因此對於漢學與漢文則會有較深的情感與堅持。雖說魏清德有著家學淵源以及受民間漢學教育，但成長階段卻是受正規學校教育體系，日後進入職場也是因為有著國語學校的學歷作為憑藉，而能在公學校任教。筆者好奇的是，出身背景及其學術養成過程中的差異，是否會影響對於漢文知識系譜的發展論述？另外，魏清德在面對「維繫斯文於一線」之時，是以傳統中原的儒家史觀來看待臺灣漢文的發展？還是受到日本漢學與文明中心論述的滲透？魏清德雖並非為歷經科舉時代而成長的文人，但日後他卻活躍於漢文壇，且為瀛社與臺灣日日新報社的要角，因而更能對照出上述三位文人的異同。職是之故，從魏清德切入探究其漢文知識位置，以勾勒出漢文知識發展有何種的衍變及其交疊。

第一節　傳統與文明推移的漢文系譜

魏清德（1887～1964）自新竹公學校畢業後，升學進入國語學校師範部就讀，明治 39 年（1906）畢業之際即任職中港公學校訓導〔註 2〕，而後於明治 42 年〔1909〕以新竹公學校訓導身分通過「文官普通試驗」〔註 3〕，明治 43

〔註 2〕「新竹魏清德。三十六年在新竹公學校卒業。再應募入國語師範部肄業。閱今三年。應在卒業之例。昨者一日。蒙該校長付與以卒業證書。兼命以訓導出就新竹中港公學校在勤。魏經如命。於昨七日到任奉職。從此一帝象比。具有時雨春風之責者。」不著撰人：〈訓導授職〉，《漢文臺灣日日新報》，明治 39 年（1906）4 月 12 日，7 版。

〔註 3〕魏清德通過於明治 42 年（1909）通過文官普通試驗。見不著撰人：〈文官及第〉，《漢文臺灣日日新報》，明治 42 年（1909）8 月 20 日，5 版。此外，新竹的日本人僅有三位試驗合格，而新竹的臺人僅有魏清德一人合格，因而報導中稱讚魏清德不僅長於漢學與詩詞文字，也具備法政經史子集等當世知識。見不著撰人：〈一夔已足〉，《漢文臺灣日日新報》，明治 42 年（1909）8 月 22 日，7 版。按：該次的文官普通試驗，所有考生之中，臺灣人上榜僅有二位，分別為魏清德與林阿仁。

年（1910）進入臺灣日日新報社工作〔註4〕，最終升職為漢文部主任。〔註5〕
魏清德在乙未割臺之前出生，橫跨清廷與日治兩個時代，但魏清德並無生員功
名，原因在於在 1895 年之前，魏清德當時為孩童，而沒有參加科舉考試。雖
然魏清德並沒有參與科考的經歷，但因家學淵源，所以漢學底子深厚，使得日
後成為臺灣日日新報社記者與瀛社要角。魏清德的學歷與謝雪漁相同，均畢業
於國語學校，並歷經一段時間的公職後才進入臺灣日日新報社。但卻又不同的
是，魏清德並沒有參加過清領時期的科舉考試，也意謂著其學術養成並沒有受
到制藝試帖的影響與框架。

　　然則，魏清德曾參加過「文官普通試驗」，文官普通試驗的考試內容為：
讀書、作文、數學、法律、土語譯文、土語會話（臺人是考國語，即日語）以
及選考科目等七種考試項目；選考科目則是五樣之中擇一樣考試，分別為：
經濟學大意、地理（本邦及外國地理大要）、歷史（本邦及外國歷史大要）、簿
記、外國語（會話及和文歐譯歐文和譯）等等。〔註6〕以此觀之，考試科目除
了語言之外均為現代文明知識，而魏清德為該年上榜唯二的臺灣人，更可看
出魏清德至少掌握及熟知此種西學學識。因此黃美娥就曾說魏清德兼通漢學
與西學，不僅只是位舊文人而已。〔註7〕也就是說，魏清德兼具漢學與西學之
學識，雖然其漢學素養不若經過科考洗禮的謝雪漁，但在西學知識方面，於
競爭者眾的文官普通試驗中獲得金榜題名，勢必較謝雪漁更有心得。魏清德
日後進入臺灣日日新報社，並在報上發表文章與文學創作，為漢文拓展出新
的視野與新的想像，其漢文通俗小說也別於謝雪漁而有另一番風貌。

　　魏清德雖然出生於 1895 年之前，但受教育的學術養成過程卻是在日治時

〔註4〕編輯日錄便記載：「新竹魏清德君本日（按：1 月 4 日）入社」。見不著撰人：
　　　　〈編輯日錄〉，《漢文臺灣日日新報》，明治 43 年（1910）1 月 5 日，5 版。
〔註5〕魏清德為新竹人，公學校畢業後便進入國語學校就讀，接著通過第二回普通文
　　　　官考試後，擔任教職，最後進入臺灣日日新報社擔任新聞記者。在昭和 7 年
　　　　時，為臺灣日日新報記者與臺北州協議會員。參見民眾公論社・林進發編著：
　　　　《昭和七年臺灣官紳年鑑（二）》（臺北：成文出版社，2010 年 6 月），頁 418。
〔註6〕關於文官普通試驗，參見〈文官普通試驗〉，《府報》2678 號，明治 42 年（1909）
　　　　4 月 10 日，頁 50。資料來源，國史館臺灣文獻館，臺灣總督府府（官）報資
　　　　料庫：http://ds3.th.gov.tw/ds3/app007/list3.php?ID1=0071012678a021，2020 年 5
　　　　月 20 日。
〔註7〕黃美娥：〈另類現代性——《臺灣日日新報》記者魏清德的文明啟蒙論述〉，《重
　　　　層現代性鏡像：日治時代臺灣傳統文人的文化視域與文學想像》（臺北：麥田，
　　　　2004 年 12 月），頁 193。

期，少年階段便進入公學校，接著至國語學校繼續升學。若按照柳書琴對於傳統文人的定義，嚴格來說魏清德並非是傳統文人，因為魏清德並不是受傳統儒學科舉教育者。〔註8〕可是魏清德也沒有如同學蔡式穀一樣走向新興知識分子的道路，而是以創作漢文為職志。因此黃美娥將魏清德歸類為傳統文人。〔註9〕若綜觀魏清德的生命歷程，其文學創作主要是以漢文為主，那麼魏清德為何沒有走上實業的道路，卻反而留在漢文社群中為漢文的存續而努力？這部份，從魏清德的詩文便能看出端倪。

一、融合新舊知識的學識養成

魏清德雖然家學淵源而具有漢文根基，但卻也進入公學校就讀，甚至日後進入當時臺灣最高學府的其中之一「國語學校」就讀，此種國語學校乃為臺灣總督府所設立的新式學校，臺人子弟若能取得國語學校或醫學校的文憑，就宛如獲得「功名」，不僅能向上流動，而且也能獲得文化資本。〔註10〕魏清德日後進入國語學校就讀，可是就讀並不等於就獲得功名，而是必須修業三年後獲得卒業證書，方能得到總督府所認可的學歷。也就是說，魏清德就讀期間仍是處於付出時間、金錢來學習現代文明的階段，這也是青黃不接的時候。

魏清德就曾書寫〈感懷〉詩作，提及此時為苦悶的時期：

〔註8〕 柳書琴認為傳統文人應指出生於 1860 年至 1880 年代後期、在 1895 年割臺以前完成基本傳統儒學科舉教育者，此乃真正的傳統漢文人，柳書琴將此劃分為「祖代」；而後期均為其衍生世代。因為此一代文人（祖代）在成長階段均受完整的漢學教育且預備或已經參加科舉考試，當然其漢族意識與儒學根基極為穩固扎實；1880 年後期至 1910 年間出生者為傳統文人第一衍生世代（父代），此一代文人在孩童階段正要入書房教育便遭逢乙未割臺，而後在成長階段便接受傳統漢學與日本國語等雙軌教育，因此而後會出現兩套不同價值體系的矛盾與混雜。參見柳書琴：〈傳統文人及其衍生世代：臺灣漢文通俗文藝的發展與延異（1930～1941）〉，《臺灣史研究》14 卷 2 期（2007 年 6 月），頁 41～88。

〔註9〕 黃美娥觀察到《臺灣日日新報》聘任具有漢學素養以及擅長古典詩文創作的傳統文人為記者，諸如謝雪漁、魏清德、黃植亭……等等，可看出黃美娥將魏清德規劃歸為傳統文人群之中。參見黃美娥：〈另類現代性——《臺灣日日新報》記者魏清德的文明啟蒙論述〉，《重層現代性鏡像：日治時代臺灣傳統文人的文化視域與文學想像》，頁 193。

〔註10〕 謝崇耀指出，1905 年清廷廢除科舉之後，傳統教育就剩社交實用與文化保存的意義，若傳統仕紳能仰賴政府取得「異途」功名，諸如紳章、參事等頭銜，但也無不希望自己的子弟能獲得「正途」的功名，也就是政府所頒發的高等教育文憑。參見謝崇耀：《日治時期臺北州漢詩空間之發展與研究》（新北：稻鄉，2012 年 12 月），頁 456。

蕉葉翻風任卷舒，少年客氣未消除。

學分新舊磋磨苦，世與浮沈涉獵疏。

讀史情深常拍案，謀生計拙欲焚書。

天南地北知音少，一劍飄零二載餘。〔註11〕

此時的魏清德仍在國語學校就讀，不過也看出他在既有的漢學基礎上來學習西方現代文明知識，因而吸收消化與整合新舊的知識。因為在學期間並無其他生計收入，也或許是對自己所學沒有信心，而對未來感到悲觀。若相較於過去時代，文人發憤讀書是為了有個榮登黃甲的願景，希冀能一舉成名天下知。但是國語學校的學生畢業之後則是分發至偏鄉的公學校任職，使得魏清德的心中有種避世之感。

　　魏清德當時是個不到 20 歲的年輕人，卻有著避世的心態，反而沒有雄心壯志的理想和熱情。

生不能奮飛大世界，亦當山林情性適所快。

安能草木同其群，莽澤蹉跎稱一介。

十五學詩詩不工，一劍飄零西復東。

儒冠無恙布衣舊，意氣猶欲凌蒼穹。

丈夫發憤貴遇時，寧甘薄倖雞筋糜。

屈指廿載終如此，怪底瓶梅笑我癡。

熱腸冷眼牛馬走，雲烟一瞬失所期。

窮文不作歲又暮，欲送無法慚退之。

黃昏古屋夜雨過，青燈飛影冷吟座。

老蕉風急作戰爭，吹起客愁如海大。

興酣耳熱投筆起，茫然四顧眼光紫。

何當破浪乘長風，落得微名傳廿紀。〔註12〕

魏清德因受限於政府分發，僅能在外地教書，而無法打拚出一番大事業，既然如此就在山林之中閒雲野鶴。可是魏清德又有著熱情而欲奮力為之，現階段只能領著微薄薪水，期待有朝一日能得到出人頭地的機會。此時在中港公學校就職的魏清德過著百無聊賴的生活，於是寄情於文章，看能否夠透過投

〔註11〕魏清德：〈感懷〉，收錄於黃美娥編：《魏清德全集・壹・詩卷》（臺南：國立臺灣文學館，2013 年 12 月），頁 100。此詩原載於《臺灣教育會雜誌》44 期，明治 38 年（1905）11 月 25 日。

〔註12〕魏清德：〈歲暮書懷〉，《臺灣日日新報》，明治 39 年（1906）12 月 27 日，1 版。

稿的方式來獲得名聲，進而為自己開創出機會。此時的魏清德剛分發至中港公學校不久，還有著剛進入職場的熱情，在困頓的環境中，尚能期待發憤創作並且投稿，以能讓自己被看見。雖說如此，〈歲暮書懷〉卻也顯露出魏清德對於現狀的不滿意，因此黃植亭在該詩作之後評論「書懷層次井井有條不紊。行間時露感慨語。筆勢亦不平。」所以能看出魏清德感慨薪俸不多之外，又不甘於在偏遠學校當個教師，亟欲想要功成名就。

　　然而，到了隔年之後，魏清德熱情被磨光，而有不如歸去的念頭：

　　　淵明愛歸隱，想殺武陵源。

　　　一朝決然去，五斗何足論。

　　　大勢雖如此，布衣知所尊。

　　　所以達心人，不必貴榮顯。

　　　同是蓬萊水，何可問深淺。

　　　一深一淺幻滄桑，蓬萊無地巢鳳凰。

　　　男兒落拓不得志，滿腔熱血寓文章。

　　　君不見杜箋李本多碑磊，嘻笑怒罵豈尋常。〔註13〕

就魏清德而言，不僅身邊沒有知心夥伴，而且又看不到讀完國語學校之後能有什麼發展。這時在公學校擔任訓導職務，但魏清德對此仍不滿意，因而想遁入桃花源之中。這也看出魏清德具有國語學校的學歷，但發展境遇卻又不盡人意。雖說國語學校為當時臺灣的高等教育文憑，為正途的「功名」，但這功名顯然無法為魏清德帶來利祿，使得魏清德除了批評臺灣無法留住人才，更是感嘆自己落拓不得志，因而只能寄情於文章。當時臺灣最高學府有國語學校與醫學校，以魏清德的際遇來說，可以看出並不滿意現有的職業。吳文星的研究指出：「相較於醫學校畢業後的臺人醫師，國語學校出身的臺人教師雖是公務員，但薪資收入就遠低於醫師。」〔註14〕而且教師是被政府所聘僱，所以分發至公學校任教，在某種層面也是被綁定在該地。所以魏清德如此苦悶，薪資受限，未來也受限，於是寄信予好友陳槐澤以抒發心情。

─────────────

〔註13〕魏清德：〈感懷寄陳心南〉，《漢文臺灣日日新報》，明治40年（1907）7月30日，1版。

〔註14〕雖然公學校畢業的臺人能考上國語學校與醫學校，已經是臺灣人之中的翹楚，但在總督府的立場，則是注重醫學教育。師範生與醫學生同為公費，但醫學生的伙食補貼就比師範生多2錢。此外，畢業後的出路方面，醫師的收入遠高於公務員身分的教師，而且醫師為自由業，不像教師須被政府所聘僱。參見吳文星：《日治時期臺灣的社會領導階層》（臺北：五南，2008年5月），頁94。

　　日治初期日本總督府所設立的國語學校，為二大高等學府之一，且畢業後能分發至公學校服務，臺人就讀不僅具有「功名」和學歷，又有工作保障和收入保證。實際上而言卻不是如此，從魏清德的詩文中便能看出薪俸微薄且職場不順，而萌生遁入桃花源的念頭。在蔡志文的研究中提到，臺人教師不能享受加給，加上公學校之中訓導地位低，又缺乏升遷機會，因此部份人士義務年限屆滿便離職他就，離職之教師不外乎赴日留學、或為進入實業界、或為投入臺灣民族運動等。另外，蔡慧玉觀察到當時臺人參加文官普通試驗，多為公學校訓導、教諭及准訓導教職為主。〔註15〕誠哉斯言，臺人教師的在公學校僅為「訓導」，在職場上臺、日人同工不同酬。因此魏清德有著不得志的落拓感。

　　臺人教師服務期限一滿便離職以尋找更好的發展，若不是渡海前往日本就讀大學，就是在臺灣發展實業，期盼能有更佳的前途與錢途。這其中，蔡式穀便是對照組。蔡式穀離臺赴日之際，魏清德贈詩祝福蔡式穀鵬程萬里，但也顯露出羨慕之情：

> 明知斯別壯，忍與故人遠。
>
> 覿面還千里，傾情倒一巵。
>
> 絕裾辭故國，策馬寧無抵。
>
> 明日基隆道，相逢又幾時。
>
> 明月出簷隙，照人離別顏。
>
> 江湖春水遠，默想舊家山。
>
> 子以毅能斷，人因怠乃頑。
>
> 懸弧四方志，奚事老鄉關。
>
> 努力勤修養，學成刺棹還。〔註16〕

蔡式穀與魏清德的學經歷相似，均為國語學校畢業之後，分發至新竹公學校擔任訓導一職，而後以訓導身分考上普通文官試驗。只是差別在於蔡式穀後來前往日本攻讀大學，進而取得律師資格。可是魏清德也曾起心動念赴日留學，卻因故而未成行。因此，在此首贈詩之中提及「子以毅能斷」，有著羨慕蔡式穀之意味，感佩能毅然決然離開家鄉，離鄉背井渡海至日本讀大學。蔡式穀之所

〔註15〕蔡慧玉：〈日治時期臺灣行政官僚的形塑：日本帝國的文官考試制度、人才流動和殖民行政〉，《臺灣史研究》14卷4期（2007年12月），頁40。

〔註16〕魏清德：〈送蔡式穀君留學東京〉，《漢文臺灣日日新報》，明治45年（1912）3月28日，5版。

以辭去教職而赴日留學,主要也是因為出路受限,若要更上一層樓,勢必前往日本取得更高學歷,方能獲得更好的工作職務與待遇。

　　這方面,魏清德後來赴日拜訪蔡式穀時,就提及蔡式穀去日本攻讀大學學位之緣由:

> 出遊就館。搭電車歸上野井筒屋。時下午時鐘四勾鐘。友人蔡君式穀如約先期等候。詢問故鄉狀況。又為鄙人述都下事情。晚餐後搭電車訪君住所之下戶塚光政館。日已黃昏矣。一灯熒熒。宛如夢寐。不啻在故鄉時也。君師範部畢業後,公學校訓導有年。不安小成。勉強及第普通文官及乙種教諭。臺灣人之出身進路。似達於極點。而又自奮。慨然辭職。隻身留學東京。捨其所樂而就其所苦。捐文官金光燦爛之制服。而著樸質無文之學生衣。此其中之忍耐力奮鬥力。必有過人者。〔註17〕

魏清德提及蔡式穀的經歷,能看出當時臺人自國語學校師範部乙科畢業後,僅能在公學校擔任訓導職務,而後苦讀考上文官普通試驗與乙種教諭試驗檢定,臺人最多也只能在公學校擔任乙種教諭,這已是臺人教師發展的頂點。〔註18〕若要與日本人一較長短,就只能至日本就讀大學,方能取得同一水準的學歷與經歷。這也看出魏清德在學校教書有份穩定工作與收入時,為何仍有著不得志之感。實為是薪水微薄以及發展受限之故。於此,臺人教師在公學校僅為「訓導」職位,升遷管道受限,當服務期限屆滿時,便會離職尋求更好發展,無論是前往日本留學或者是轉換跑道。〔註19〕魏清德服務期間屢次在詩作中抒發

〔註17〕怡儂子(魏清德):〈東遊見聞錄(十五)〉,《臺灣日日新報》,大正2年(1913)5月15日,6版。

〔註18〕許佩賢的研究中指出,教諭分成甲種(任教小學校)、乙種(任教公學校)、丙種(任教蕃人公學校)、專科教諭等四種,其中「訓導」可轉換為丙種教諭資格。甲種、乙種原只限定日本人擔任,明治42年(1909)以後,開放臺灣人可以透過檢定制度,考取甲、乙種教諭資格,但臺人都只有考上乙種教諭資格。此外,就薪俸方面,教諭在文官體系中屬於判任官,其薪俸是由勒令規定,與公學校的臺灣人訓導所依據的法規(府令)不同。明治43年(1910),判任官俸給最低的11級俸為20圓,最高為95圓;而公學校訓導月俸則是15圓以上,40圓以下。詳見許佩賢:〈日治前期公學校教師的學經歷——以興直公學校教職員履歷書分析為中心(1898〜1920)〉,《師大臺灣史學報》10期(2017年12月),頁61〜63。

〔註19〕許佩賢的研究中指出,臺灣人出身國語學校的公學校教師,具有臺、日雙語的能力,而且在學校有著幾年工作經驗之後,加上與政府、地方社會兩邊關係良

不得志以及欲遁入桃花源之情緒，因此最後離職，於明治 43 年（1910）1 月 4
日進入臺灣日日新報社。

　　魏清德雖因故未能前往日本留學，可是也沒有進入民間企業任職，而是
進入臺灣日日新報社擔任編輯員及其日後的漢文記者一職。早期的漢文記者
多為傳統文人，一來是漢文記者是傳統文人在新時代中最能發揮所長的工作；
二來則是《臺灣日日新報》有其漢文版面，需要傳統文人的漢文書寫能力。
相較於謝雪漁在青年歲數逕行就讀國語傳習所與國語學校，魏清德則是少年
時期就進入公學校。易言之，魏清德進入學術養成階段時，就是接受日本總
督府的新式教育，此種學術養成的臺人，日後多為從事新式知識的職業，諸
如賴雨若、蔡式穀、張式穀、吳濁流等等，在辭去教職之後便走上與魏清德
不同的道路。此外，在研究者的歸類中，魏清德是被視為傳統文人〔註 20〕，
這是較為特殊的存在。畢竟與他同一世代的教師，則是以新式知識分子姿態
活躍於當世。魏清德並非是經歷科舉時代的前清文人，學術養成主要又是受
日本新式教育，但主要的文學產出卻是以傳統漢文為主。這種遺民色彩較淡，
且新式知識濃厚的魏清德，其漢文書寫相較於胡南溟、洪以南與謝雪漁等人，
是否對漢文知識系譜有不同的位移與新發展？這部份從魏清德進入臺灣日日
新報社後談起。

二、新式身分帶動傳統的回歸

　　魏清德雖於明治 42 年（1909）以新竹公學校訓導身分通過「文官普通試
驗」，但並未因此得到升職機會，依然是新竹公學校訓導。然而，魏清德於明
治 43 年（1910）1 月 4 日至臺灣日日新報社正式上班。從教師轉換跑道至報

　　　好，是當時社會上產業發展最需要的人才。所以在明治 43 年（1910）前後，
　　　許多公學校教師在義務年限期滿後，離職另謀出路的人很多，甚至造成公學
　　　校的教師荒。參見許佩賢：〈日治前期公學校教師的學經歷——以興直公學校
　　　教職員履歷書分析為中心（1898～1920）〉，《師大臺灣史學報》10 期（2017 年
　　　12 月），頁 54。

〔註20〕謝世英的研究中指出，比魏清德（1887～1964）晚幾年出生的張我軍（1902～
　　　1955）與吳濁流（1900～1976）這一代的知識份子來說，魏清德雖有新式教
　　　育，但他的傳統漢詩、古文基礎與素養，還是屬於「末代」的傳統文人，魏清
　　　德雖被列為「傳統文人」的世代，但就清末舊國文化懷念的「遺民意識」來說，
　　　對當時年少的魏清德，日後論述中並未發現有特別感懷。參見謝世英：〈從追
　　　逐現代化到反思文化現代性：日治文人魏清德的文化認同與對臺灣美術的期
　　　許〉，《藝術學研究》8 期（2011 年 5 月），頁 148。

社任職，顯而易見的便是薪資提昇不少，明治 43 年（1910）公學校訓導的月俸是 15 圓以上，40 圓以下，而魏清德在明治 42 年（1909）由總督府所調整核定的公學校訓導月俸薪資為 15 圓，可是當魏清德進入臺灣日日新報社擔任編輯員時，月俸為 22 圓。〔註21〕對於魏清德來說卻是如魚得水，不僅得到漢文主筆尾崎秀真〔註22〕的賞識，因而進入報社工作〔註23〕，而且又能發揮所長，能與一群漢文人交遊，不再有「天南地北知音少」之嘆。

魏清德雖於明治 43 年（1910）進入臺灣日日新報社，但對於《臺灣日日新報》卻不陌生，曾在明治 37 年（1904 年）在該報發表第一篇創作〈中秋夜對月放歌〉〔註24〕，而黃植亭評曰：「清機一片。句亦順適。」表示在前輩眼中，魏清德的漢文能力是合格。也由於魏清德的投詩，獲得黃植亭的回應，使魏清德在苦悶的訓導職務生涯中獲得些許的信心。日後黃植亭逝世時，魏清德賦詩哀悼，就看出此段關係：

> 八月秋蝴蝶皺翅，黃植亭先生西去。
>
> 先生評詩如滄浪，黑夜明眼燭電光。
>
> 上窮神聖下魑魅，冰壺所鑑無遁莊。
>
> 奈何一朝溘然逝，海天詩幟雨茫茫。
>
> 嗟今文事，日趨勢利。
>
> 雖有伯樂，莫憐寒士。
>
> 感君意氣，實寡斯情。

〔註21〕關於魏清德的公學校訓導月俸薪資和臺灣日日新報社編輯員薪資，參見黃美娥主編：《魏清德全集·柒·文獻卷》（臺南：國立臺灣文學館，2013 年 12 月），頁 19、21。

〔註22〕尾崎秀真於明治 34 年（1901）任《臺灣日日新報》編輯長，明治 37 年（1904）任《漢文臺灣日日新報》主筆。見〈履歷書〉，《尾崎秀真囑託ノ件》，典藏號：00112489024，臺灣總督府專賣局檔案：http://ds3.th.gov.tw/ds3/app001/list3.php?ID1=00112489024，2020 年 6 月 1 日。

〔註23〕謝金蓉的研究中指出，魏清德在公學校教書時，其才華被《臺灣日日新報》主筆尾崎秀真發掘，之後聘魏清德到臺北的《臺灣日日新報》擔任記者。參見謝金蓉：《青山有史——臺灣史人物新論》（臺北：秀威資訊，2006 年 11 月），頁 128。不過，施翠峰認為魏清德能進入《臺灣日日新報》是櫻井勉的介紹。見施翠峰：〈臺灣先賢書畫蒐藏與追憶（下）〉，《歷史文物》18 卷 6 期（2008 年 6 月）。轉引自謝世英：〈從追逐現代化到反思文化現代性：日治文人魏清德的文化認同與對臺灣美術的期許〉，《藝術學研究》8 期（2011 年 5 月），頁 142。

〔註24〕魏清德：〈中秋夜對月放歌〉，《臺灣日日新報》，明治 37 年（1904）10 月 21 日，1 版。

　　愴念予懷，潸焉淚盈。

　　用當生芻，載賦新詩。

　　心之所感，感無窮期。

　　夜臺寂寞黃泉路，誰與相知鬥奇句。

　　古今屯蹇多聰明，縱不窮愁鬼亦妬。

　　白楊欲暮風蕭々，古城雲色愁淡潮。

　　先生不見江如故，潮來潮去天迢々。〔註25〕

魏清德的投詩不僅獲得刊登，且得到黃植亭的回應，這對青年魏清德而言是種肯定，這也是在公學校任教的苦悶日子裡獲得慰藉。接著，魏清德投詩多少也有想要成名之意涵，亟待伯樂發掘他，希冀能在文壇出道。可是魏清德卻道出時下的文壇日趨勢利，這對於青年魏清德是難以打入文人群之中。在謝崇耀的研究中就指出，漢詩的文化空間是一群社會領導階層與相關知識階級所組成，分為「組織活動型詩人」和「學養深耕型詩人」，前者其詩學造詣有所不足，卻有雄厚資金籌辦或贊助詩學活動，後者則是具有文化與象徵資本，有著扎實的漢學素養，甚至有著秀才功名。〔註26〕因此，魏清德僅有新式教育體系的國語學校學歷，並非傳統地方仕紳，也非富賈一方的鉅子，若要在漢文圈中冒出頭，只能投詩於《臺灣日日新報》以求能見度。這也是為什麼魏清德會這麼懷念黃植亭之因。

　　魏清德投稿並非只是將平日所寫之詩作投遞至《臺灣日日新報》，而是有目的想要引起主筆和編輯的注意。其中〈敬和棲霞先生鳥松閣作〉便是抓住文壇大事件而投稿。

　　閣瞰河山形勝雄，淡流畫地匹長虹。

　　十年改革營新土，面目依稀入覽中。

　　綠樹陰濃別有天，公餘閣上樂行權。

〔註25〕魏潤菴（魏清德）：〈輓黃植亭先生七古〉，《漢文臺灣日日新報》，明治40年（1907）8月16日，1版。

〔註26〕謝崇耀舉基隆顏雲年、板橋林熊徵、汐止周在思等人為例，這些鉅子經商致富具有雄厚資本，雖詩文造詣不足，但卻盡心提供資本於組織與建構文學活動，而為「組織活動型詩人」；吳蔭培、李碩卿、張純甫、謝尊五、葉文樞、趙一山等人則是「學養深耕型詩人」，謝崇耀認為這些文人乃是漢詩文化空間書寫品質的重要維繫者，這些文人除了李碩卿年紀較輕之外，其他均有秀才功名，更可看出漢學素養的扎實，除了擔任詩學大會的詞宗外，也能開設書房教授子弟。參見謝崇耀：《日治時期臺北州漢詩空間之發展與研究》，頁190～191。

　　松風如夢沁詩境，筆到忘機悟自然。〔註27〕

明治 38 年（1905）民政長官官邸內的庭園有兩株鳥松，其書房因而命名為鳥松閣，後藤新平書寫〈鳥松閣偶題〉後，並寄至臺灣日日新報社交由尾琦秀真排版與刊登〔註28〕，同時也對外徵詩。此種大規模徵詩唱和活動，且又是臺灣第二把交椅民政長官所賦詩，因而引來眾多臺灣文人的投稿。如黃美娥的研究中便提到：「當時臺灣文人有 470 人提詩，包含 6 位舉人與內渡中國的進士。」〔註29〕當然，這些眾多臺灣文人與具有實權的政治人物隔空唱和，無論是日臺親善、或者虛與委蛇，抑或是向日人官吏展現高超的文學技巧等等動機，確實是帶起一波熱鬧的文學活動。魏清德也利用此一契機，發表唱和詩作並投稿，雖說頗有「行卷」〔註30〕之意味，但也是向《臺灣日日新報》及其主筆爭取曝光的機會並引起注意。

　　魏清德除了在此種文壇大事不缺席之外，日後甚至上臺北直接拜訪尾琦秀真：

　　　　六月初終候，稻花青末黃。

　　　　午風晴日裡，來訪鼓亭莊。

　　　　綠蔭繞幽邃，白雲深古堂。

　　　　先生何處見，漁唱起蒼涼。〔註31〕

〔註27〕魏清德：〈敬和棲霞先生鳥松閣作〉，收錄於黃美娥編：《魏清德全集‧壹‧詩卷》，頁 101。

〔註28〕白佳琳：〈尾崎秀真在臺文化活動及漢詩文研究（1901～1946）〉（臺中：國立中興大學臺灣文學與跨國文化研究所碩士論文，2014 年 7 月），頁 28。

〔註29〕黃美娥指出，鳥松閣落成之後，後藤新平賦詩二首以徵求島內外詩人唱和，除了 34 位日本人提詩之外，臺紳則有 470 人，包含 6 位舉人，櫟社 21 位社員，以及往後瀛社、南社等社員多人。參見黃美娥：〈日治時代臺灣詩社林立的社會考察〉，《古典臺灣：文學史‧詩社‧作家論》（臺北：國立編譯館，2007 年 7 月），頁 188。

〔註30〕「行卷」為唐代科舉盛行之現象。臺靜農曾言，當時科舉有一種風氣，即應進士科的舉人，得先將其所作詩文投獻主司以自薦，是謂「行卷」，這種行卷作用，是憑自家作品以求知音，其實則是營緣奔競的結習。參見臺靜農：《中國文學史》下冊（臺北：國立臺灣大學出版中心，2016 年 4 月），頁 369。魏清德唱和後藤新平詩作並投稿至《臺灣日日新報》，這也是向主筆自我推薦，也在文壇提高曝光度，並以此期待未來有更好的發展，因而筆者才認為有魏清德「行卷」之意涵。

〔註31〕潤菴（魏清德）：〈六月初九日訪白水真人於鼓亭村莊不遇歸後卻寄〉，《漢文臺灣日日新報》，明治 40 年（1907）9 月 21 日，1 版。

魏清德自新竹出遠赴臺北古亭拜訪尾崎秀真，登門拜訪卻撲空，可看出魏清德
積極主動，欲透過見面機會以增進尾琦秀真對自己的印象。

　　　野人原散懶，君子忽經過。

　　　杯酒殽盤少，笑談文字多。

　　　交遊重意氣，禮節總枝柯。

　　　執手還相送，涼風吹蔦蘿。〔註32〕

到了隔年，魏清德終於見到尾崎秀真，這次見面相談甚歡，而且在詩文上與尾
崎秀真契合，因此提及文字多與重意氣。這也表示魏清德的漢文造詣，不僅能
獲得尾崎秀真的青睞，進而得到賞識。在以文會友的過程中，讓尾崎秀真對年
輕魏清德有著深刻印象。所以在詩末以「涼風吹蔦蘿」，隱含著兩人更加緊密
的關係。甚至日後能至尾崎秀真住處作客與過夜，如魏清德書寫〈宿古村莊呈
主人〉紀念此一情形：

　　　暮投古亭庄，真人留我宿。

　　　煙雲下疎雨，點滴牕前竹。

　　　舉盞傾屠蘇，環箸飽粱肉。

　　　圓滿家庭春，自由羈旅福。

　　　顧余放縱甚，動習無機軸。

　　　劇談混古今，散誕類麋鹿。

　　　披胸吸空氣，寄意在幽谷。

　　　真人活動家，以天地為屋。

　　　閒暇歸林園，悠々養花木。

　　　真人古董癖，字畫幾千幅。

　　　金石案篋盈，古色蒼可掬。

　　　余亦愛斯道，清晨即摩讀。

　　　佳君意氣豪，共君興趣逐。

　　　盤桓兩日間，蕭然忘利祿。〔註33〕

這次赴古亭拜訪並留宿於尾崎秀真住家，應是拜會與致謝《臺灣日日新報》漢
文主筆尾崎秀真。因為此時魏清德剛任職臺灣日日新報社，加上魏清德乃是尾

〔註32〕魏潤菴（魏清德）：〈白水先生辱訪賦此奉贈〉，《漢文臺灣日日新報》，明治41
　　　　年（1908）7月1日，1版。

〔註33〕魏清德：〈宿古村莊呈主人〉，《漢文臺灣日日新報》，明治43年（1910）1月
　　　　16日，1版。

崎秀真所推薦，因而能順利轉換跑道進入報社工作，故而登門致意。這時也再次看出尾崎秀真與魏清德的交情，不僅暢所欲言，同時雙方又有共同興趣，兩人對於書畫與金石均有所涉獵與心得。〔註34〕所以無論是漢詩文，抑或是書畫、篆刻等藝術層面，魏清德與尾崎秀真有著共同的話題與興趣，加上又同為報社同事，使得往來互動密切，且交情更加地深厚。

爬梳魏清德的際遇與發展，其實並沒有總督府宣揚般的美好，雖說國語學校為總督府在臺所設立的最高學府，既為新式教育能學習到現代文明知識，又是公立學校，有著公費制度，畢業後有就業保障，擔任教師分發至公學校服務。此種能吸收到最新文明知識，而且具有穩定收入，最能吸引臺人子弟就讀。再者，國語學校的學歷也意味著精通日、臺語言，也與日本官吏互動良好，就算不當教師，也能轉往實業界發展，或者得到日人老師推薦前往日本留學深造。然而反觀魏清德在擔任公學校訓導期間，不僅感嘆薪資微薄，且帶有不得志的拓拓感。由此可見國語學校的學歷並無法為魏清德帶來發達的機會，也並非更上一層樓的墊腳石。

讓魏清德看到曙光的卻是傳統漢文，從魏清德投稿第一篇詩作起，又正是尾崎秀真任《臺灣日日新報》漢文主筆時期，魏清德不斷地投稿，終於引起尾崎秀真的注意，進而欲登門拜訪以建立人脈關係與交情，加上又有共同興趣與愛好，更是加深兩人之間的情誼與關係網絡。有趣的是，魏清德並沒有科舉的經驗，也沒有入泮的經歷，雖說家學淵源而打下扎實的漢學基礎，但成長階段所受的主要教育仍是公學校與國語學校，也就是日本總督府所設立的新式教育體系。但魏清德所找尋的機會，卻是以本身從小所習得的漢文來作為跳板，以此來進入《臺灣日日新報》，甚至打入傳統文人的文學圈，日後成為瀛社副社長。此外若對照謝雪漁，謝雪漁本身有著生員的功名，加上自國語學校畢業，不僅具有雙語能力，且漢文根基深厚，自然是《臺灣日日新報》所需之漢文記者人才。也就是說，謝雪漁之所以能進入臺灣日日新報社，乃是因為有秀才身分與國語學校學歷等雙重學經歷，本身就毋需驗證自己的文化資本和象徵資本。然而，魏清德只是初出茅廬的年輕人，若要尋求發展機會得先證明自己的能力或者尋找人脈關係網絡，投稿《臺灣日日新報》是他爭取更上一層樓的機

〔註34〕白佳琳的研究中指出，尾崎秀真與魏清德的交遊是相當密切的，除了在文學的唱和外，又同為書畫與篆刻的愛好者，因此兩人同黨結社，在文學與藝術的交流，使兩人的情誼更加深厚。參見白佳琳：〈尾崎秀真在臺文化活動及漢詩文研究（1901～1946）〉，頁 42～43。

會。〔註35〕於此得到尾崎秀真的賞識，因而放棄教職改任記者工作。只是說魏清德此種國語學校出身的新式知識分子，卻投身於《臺灣日日新報》，並且文學發展圍繞在傳統漢文，這樣的位置與角度觀看臺灣漢文系譜，其著眼點與胡南溟、洪以南與謝雪漁等人有所差異，進而改變對於漢文系譜的認知。不過在這之前，從魏清德觸及到記者的使命為何來談起。

三、傳統漢學作為文明之本質

　　魏清德進入《臺灣日日新報》後，起初擔任編輯員，之後成為漢文記者。對於報社而言，記者是報社之主體，所書寫之文章成為讀者的精神糧食，將思想和觀點傳遞予讀者，並且帶動一波思潮。因此對魏清德而言是相當重視記者的使命感，認為這是有益於人民與社會。從《臺灣日日新報》25週年紀念，可以管窺出魏清德任職記者多年之後的心得與感想，以及暢談工作內容為哪些：

> 新聞記者又更進而訪問當世王公大人，即大政治家、大宗教家、大經濟家、大實業家、大藝術家，鴻儒碩德之士，就一問題而叩其感想、觀其言色，於極談論風發之中而徐察其要領之所存，於極不得要領之中而強求端緒。新聞記者又更時時博徵輿論，乃至田父野老之言，亦莫不擷取焉。社會之所抑鬱而不舒者，吾則為之宣揚，彼此之所以間隔而不達者，吾則為之紓解。沈滯腐敗之分子，吾則為之促進而進化之，驕傲不遜之強權，吾則為之鋤抑而平等之。善足以揚，不惜為之華袞；惡足以懲，不憚為之斧鉞。藐爾布衣，無尺寸之權柄，或擁有巨大之財力與夫一夫一卒之兵力，而能如是者，蓋世界之進步也；而或不能如是者，則是社會之進步尚屬幼稚。〔註36〕

魏清德撰寫〈新聞記者之生活〉來闡述任職新聞記者的心得，但魏清德注意到記者的權力相當地大，以本身職務之使命而能訪問政治、經濟等各界重要人物，從發問問題到被訪問者的回答，從中推敲以核實消息，甚至從假象之

〔註35〕進入《臺灣日日新報》可說是讓魏清德魚躍龍門的契機，但卻也使他受到日本的框架，因此游勝冠評論魏清德在《臺灣日日新報》所發表的言論與文學是相當地「親日」，直至在《臺灣日日新報》的位置坐穩之後，魏清德寫歌頌日本美好這類的詩作就比較少。參見游勝冠：〈同文關係中的臺灣漢學及其文化政治意涵——論日治時期漢文人對其文化資本「漢學」的挪用與嫁接〉，《臺灣文學研究學報》8期（2009年4月），頁302。

〔註36〕佁儗子（魏清德）：〈新聞記者之生活〉，《臺灣日日新報》，大正12年（1923）5月2日，9版。

中找出頭緒，進而挖掘真相。接著，記者又需廣為採集消息，無論是上至王公大臣，下至黎民百姓，都是能掌握社會輿論的脈動。因此魏清德認知到記者是個採錄整個人物與社會的消息，人們所講的與人們所做的均一一紀錄，並追求真實的事情。之所以要如此掌握各個消息，乃是打破空間距離的限制與隔閡，讓臺人都能瞭解各地的消息。接著魏清德觸及到記者最重要的工作，就是發掘「真相」，此種真相攤在陽光下，讓腐敗分子能夠淨化，讓惡霸強權受到制裁。以此看來，魏清德認為記者是中道力量，也因為是中道力量，所以記者本身需有學識之外，更要具有人格操守，方能正確客觀地報導新聞，以及秉著自我良知批判強權與腐敗分子。這種又貼合孔子所說的「亂臣賊子懼」：

> 固無論要俟新聞記者當人之人格修養。及日新不絕之研究。公平精確之判斷。不如是則新聞為社會之先驅。反足以導一般讀者於誤謬。或是非混淆。造成莫大之筆孽。慎哉慎哉。為社會蒼生造莫大之覺路者。為新聞記者之論調。誤天下之蒼生者。亦往往不無以脫線之橫議。而使之然。賞罰者一人之公。是非者一人之私。今之報紙。其猶古之春秋歟。〔註37〕

新聞記者的人格修養之所以重要，是因為魏清德認為記者的報導是會批判人物與社會，若無秉持公正無私的態度與立場，寫出來的報導則會誤導讀者，甚至造成罪孽。然而也由於記者會出現「脫線之橫議」，因此更加強調記者的「筆」是公器，是正理以褒貶，而非道人是非。如同蘇洵所說的，「賞罰」為公領域的行為，而評論「是非」則僅是私人的行為。《春秋》之「褒貶」是行「賞罰」之公，而不是個人的私見。〔註38〕賞罰乃為國家、政府的權力，而一般百姓僅為是非。可是魏清德認定記者如同孔子一樣有德無位，所報導的是「賞罰」，站在道德制高點一字褒貶，匡正社會風氣。是故，報紙並非簡單地傳遞新知新聞而已，而是如《春秋》一般一字一語寓褒貶之義，這種褒貶更是強化記者本身在社會中的重要性。

　　魏清德擔任記者多年兢兢業業，雖曾遭受批評，但仍堅持自己的報導不受外界影響。

〔註37〕怡儗子（魏清德）:〈新聞記者之生活〉，《臺灣日日新報》，大正 12 年（1923）5 月 2 日，9 版。

〔註38〕蔣義斌:〈蘇洵論禮蠡測——兼論其經史觀〉，《臺灣師大歷史學報》47 期（2012年 6 月），頁 77。

窃謂本報嘗先時勢之要求。而被人誤解為急進也。譬如要求共學及
種種差別撤廢之問題。今且得賢明當局。俯察民隱。著々實現。又
嘗不肯迎合浮世輕薄危險言論。而被人目為守舊。顧此浮世輕薄危
險言論。鑑此過去數年來經驗。已害多而利少。現代思潮々遂暫趨
穩健。本報且共幸其言之獲中耳。本報既標榜正義。實行正義。則
新聞記者之生活。亦要標榜正義。實行正義。所願進步讀者諸君。
常不惜為之後援云爾。〔註39〕

記者除了一字寓褒貶以及公正評論社會各種事物之外，還身兼時代先驅者，也
表示記者帶有啟蒙者的身分，也因為是啟蒙，所以往往不被世人所了解與諒
解。但無論是被視為躁進或者守舊，魏清德認為記者所報導或者所傳達的事
物，是有益於社會，而不會被世俗言論所左右。換言之，記者是帶動輿論，讓
社會朝向更先進的方向發展，而不是被動地受到愚昧的危險言論所影響。魏清
德認為的記者工作就是「正義」，這就呼應上述所提的報紙有如《春秋》，而
記者就是有德無位，本著自己的良知撰寫報導，是為了社會的公義，這種公議
是「賞罰」，使亂臣賊子懼。再者，魏清德之所以看重記者的工作內容，乃是
因為記者撰寫報導、抨擊時事，是在「賞罰」而不是「是非」。既是賞罰，那
麼報紙與記者就具有公信力，有公信力就能加深在這時代的影響力，也能帶動
臺人閱讀報紙的習慣。

　　從魏清德對於記者職業身分與工作內容，可以看出他是融合西方與傳統
的看法，無論是挖掘出真相以策動輿論，或者是以一字一言賞罰強權，都是站
在制高點及中間的位置，撰寫出公正與公義的報導。同時也走在社會的最尖
端，將新知與新思維傳達予讀者。易言之，對於魏清德記者的認知接近於謝雪
漁的理解，如同史官監督政府以除弊興利，並且報導時事以廣為人知，讓讀者
而能知天下事，同時幫助臺人開拓視野，目的是讓臺人關心社會現實事務，藉
此參與現代文明的改造。〔註40〕但是這種的春秋筆法以諷喻時事，也是具有傳

〔註39〕伯儼子（魏清德）：〈新聞記者之生活〉，《臺灣日日新報》，大正 12 年（1923）
　　　　5 月 2 日，9 版。
〔註40〕關於此，魏清德希冀臺人能夠讀報，是因為從報紙之中能夠得到新知與社會
　　　　大事，而僅花費少額報費，就能得到各種知識，再者讀報也是一種關心國家大
　　　　事與社會脈動，成為現代的文明人。因此，黃美娥從魏清德小說中的臺灣男子
　　　　或女子形象，分析出他們存有一種行為與思想，樂意為國家政事奉獻心力，用
　　　　心介入社會現實事務，藉此參與現代文明的改造。而這種深刻體會人與社會、
　　　　國家的緊密關係，透顯出身為現代社會中人的理性知覺，更是應該凝聚陶冶

統漢文素養的文人方能勝任。因此，魏清德注意到漢文是個能承接新學，又能發揮針砭時事的力量。

　　至於為什麼魏清德會認為記者會有如此的力量，以及有著這些的使命感。並非只是因為身為記者就必須如此匡正世事，而是身為文人的社會責任感。

> 近世物質之文明大進。而精神猶多缺憾。即稱為上等社會士大夫君子之流。亦多沈酗酒色。毫無忌憚。間有規之者。則曰。爛熳之天真可愛也。偽善之善不可取。上有好者。下必有甚。吾人竊冀修德謹行。自上流社會諸君子始。〔註41〕

魏清德雖是受正規的新式教育成長，雖不再學習制藝試帖，也沒有經過科考試煉，但是因為家學淵源之故，加上從小受過漢書房教育，所以仍懷著士大夫意識與讀書人的自我認同。〔註42〕加上當時文人認為記者就如同史官，是個先知先覺者，因此更需要啟蒙大眾以及匡正社會風氣。因此，魏清德看到臺灣進入日治之後，深受文明所帶來的便利，可是內在精神卻空虛，出現違反禮教之行為。上流社會之君子〔註43〕，皆是受過傳統儒家教育的地方仕紳或有功名之文人，可是卻耽溺於文明的旖旎繁華，卻無學習現代文明的進步思想與學識，甚

　　的社會精神氣質。參見黃美娥：〈另類現代性——《臺灣日日新報》記者魏清德的文明啟蒙論述〉，《重層現代性鏡像：日治時代臺灣傳統文人的文化視域與文學想像》，頁 199。

〔註41〕魏清德：〈予對當今學界之冀望〉，《臺灣教育會雜誌》95 期，明治 43 年（1910）2 月 25 日，頁 1。

〔註42〕如張淵盛的研究中提到的，日治時期臺灣士紳雖西渡大半，但基本結構並未瓦解，加上總督府需要穩定統治與維持地方秩序，而必須籠絡原本的士紳階層。因此臺灣末代的傳統文人，正是出身於這些士大夫階層的後裔，他們的家庭具備一般老百姓所沒有的文化資本。接著，張淵盛指出，進入日治之後，臺灣已經沒有科舉，他們也不再研習父親和老師所熟悉的八股制藝，但也曾受過書房教育，因此他們雖然號稱近代知識分子，但內心仍懷抱「士大夫」的意識。詳見張淵盛：《飄零·詩歌·醉草園：跨政權臺灣末代傳統文人的應世之路》（高雄：麗文文化，2016 年 7 月），頁 86。

〔註43〕在吳文星的研究就指出「上流社會」所指為何，日本統治臺灣之後，總督府將臺人精英悉數納入基層行政和治安組織中，建構臺灣社會的新領導階層，亦即是日人所稱的「上流社會」。構成分子為縣、廳及辦務署參事、官衙任職者、區街庄長、保甲局長、保正、壯丁團長、甲長、牌長、教師、具秀才以上功名者、得有紳章者及讀書人等。吳文星接著指出，各地較具聲望和影響力的仕紳是總督府延攬之列，但上層仕紳競相內渡中國或退隱，所以呈現下層仕紳為主體；其次，則是各地富豪或望族代表。詳見吳文星：《日治時期臺灣的社會領導階層》，頁 66～67。

至忘記傳統倫理道德。

　　其實這有看出魏清德的學術養成雖是受總督府所設立的新式教育，有著西方文明的思想與學識，但卻不會一昧認可西學，而是仍抱持著傳統道德，具有「士大夫」的意識來批評時下風靡新學的亂象。

> 何謂仁。仁者人心賴以圓滿。相濟而無恐者也。何謂義。義者人人
> 以正路。事理之得宜也。當此廿紀爭競之秋。凡百格致。臻於絕頂。
> 弱肉強食。適者生存。此等語流行殆遍。幾於黃口小兒亦能道之。
> 是故物質日進。而競爭日烈。於此而唱仁義於期間。世必曰此迂生
> 談也。孔孟不可實行之學說。吾厭復自若口出。若能登高位。攫巨
> 金。博顯名。吾當為若低首崇拜。今若不能。乃以仁義說來相勸勉。
> 大言炎炎。無所匡救。若其自投溝壑。為弱肉之被強食乎。其不適
> 於生存乎。雖然余之確信如是。不得不披肝胆。詳為言之。〔註44〕

魏清德受西學成長，卻不會全盤西化以取代臺灣社會的運作與臺人的思維模式。認為仍必須以傳統的儒家道德來維繫這社會的運作，至於西方文明只是幫助臺人開啟視野以獲得更進步的生活。此種魏清德觀點類似「中學為體、西學為用」〔註45〕的思考路徑。可是當東方的傳統道德與西方的學說知識相衝突，魏清德在接受西方文明之時，卻仍秉著自己從小家學淵源的漢學學養來看待外來的西方文明。尤其是廿世紀盛行的天演論，強調弱肉強食、競爭至上，卻失之傳統的「仁義」。其實，物質日進，而競爭日烈，使得仁義此種孔孟學說成為迂儒之談，這反映出傳統儒家的學術與思想體系受到質疑。〔註46〕再者，

〔註44〕雲（魏清德）:〈仁義為文明國條件〉,《漢文臺灣日日新報》,明治43年（1910）
　　　　4月15日,2版。

〔註45〕路新生的研究中指出,「體」是指本體、本原,是形而上的;而「用」是應用、
　　　　技用,為形下踐履之用。但在中國近代歷程發展時,「體」為形而下的倫理道
　　　　德、綱常名教所取代,變成形上之「道」。「用」原為形而下的倫理道德和綱常
　　　　名教,當上升為「體」之後,「用」則是被西學取代,即西方的器物、制度與
　　　　思想意識。簡言之,中體即是傳統的倫理道德和綱常名教,西用則是西方傳來
　　　　的器物、制度與思想意識。參見路新生:〈論「體」「用」概念在中國近代的「錯
　　　　位」——「中體西用」觀的一種解析〉,《哲學與文化》28卷9期（2001年9
　　　　月）,頁800、802。

〔註46〕王文仁以中國為例,在甲午戰後,國際環境的劇烈變化以及自強運動的徹底
　　　　失敗,讓中國知識界對傳統文化作為政治社會人生最高指導的信心開始崩潰,
　　　　原有的學術與思想體系也受到全面性的質疑。參見王文仁:〈嚴復與《天演論》
　　　　的接受、翻譯與轉化〉,《成大中文學報》21期（2008年7月）,頁156。

也由於臺灣已不再舉行科舉，雖說在某種程度上解放讀書人的視野，而能自由追尋世界上各個知識，但另一方面卻導致文人無用。〔註47〕魏清德批評時下臺人追求登高位、攫巨金、博顯名，認為追逐名利才是適合生存於社會。也就是一切以名利來界定人格是否成功的標準，至於維持禮教則是弱肉之被強食，終究被時代所淘汰。

　　所以魏清德看到臺灣社會的危機，而有著禮樂崩壞的既視感：

顧吾臺目下狀況。仁義之念殊缺。徒貪戀物質。獵取富貴。詡詡然以文明識時自居。是真見戀羹而吹齏。聞人噎而廢食。管見甚矣。且世之喪人田園財產。非奢侈乎。非怠惰乎。千金買笑豪紳。不經營食力。一遇義捐。則攢眉愁目。終至家產蕩盡。又於公眾無所裨益。百姓足君孰與不足。此對主權者言也。吾亦曰公眾利益。個人孰不利益。夫圖公眾利益。非仁義之人。不可以與謀也。人人能以仁義自居。則訴訟□證盡可免。世界當益發達。彼英人所以能執世界商業牛耳。亦以仁義為人信用故。法律家有云。文明國民。生於法律。死於法律。動作於法律。寢處於法律。雖然彼亦決非以法律蔑視仁義也。法律之所禁。道義亦隨之而禁。道義制於中。而法律制於外。猶鳥有兩翼。車有兩輪。高飛疾馳。就向上文明道路。若徒偏重法律。蔑視仁義。終至遊弋法網。健訟成風。冀徼倖於萬一。司馬遷有云。法令日密。嚴吏日酷。吞舟之魚漏焉。此蓋為非仁義社會道也。方今公證登記。及種種法令。非不美且備。而世之健訟不休。耗神志。傾家產。甚至有因是懊惱自殺。蚌鷸之爭。漁人乃利。可為非仁義社會。作頂門金針。腦上棒喝。吾故曰。文明國民。生於仁義。長於仁義。死於仁義。寢食居處動作乎仁義。亦欲如法律家云也。〔註48〕

〔註47〕王汎森認為廢除科舉是「自然知識」與「規範知識」的斷裂點。「自然知識」是百工器物，是實用的，是農工商的；而「規範知識」是道德、政治的原理，是「士」的專屬。但清末之後，過去被輕視的「自然知識」，其地位漸漸壓倒「規範知識」。此外，廢除科舉對大部份的文人來說，將只有規範知識而沒有自然知識的文人推向邊緣，加上也因為仕、學合一的傳統中斷，逼使「士」成為一個漂浮的階層。當讀書人失業或汲汲營營找尋出路，更加突顯出士之無用及自我定位的困難。詳見王汎森：〈近代知識份子自我形象的轉變〉，《臺大文史哲學報》56期（2002年5月），頁7、11。

〔註48〕雲（魏清德）：〈仁義為文明國條件〉，《漢文臺灣日日新報》，明治43年4月15日，2版。

魏清德將公眾利益與仁義結合，若社會存有寬厚正直，則人與人之間就不會互相猜忌，就能降低爭訟之風，減少不必要的訴訟。雖有著法律作為保護人民的權益不受到侵犯，但若單單只有法律，而沒有仁義，則往往造成社會不安定，民心浮動。因此，魏清德將西方法律與東方仁義相提並論，共同維持社會的穩定。畢竟過度側重法律，若有心人欲挑戰法律，則會出現疏漏之處。當臺人有仁義之心，推己及人並且喻於義，那麼就不會出現治安問題以及健訟之風。以此觀之，魏清德並沒有因為學習西方文明之後，就將傳統倫理道德棄如敝屣。反而深知東、西方的思想必須調和，外在西方文明能讓臺人與時俱進，成為現代的文明人；內在精神則是倚賴儒家傳統道德，使臺人不會因為吸收西學而迷失自己，甚至忘記自己的根本。

這種儒家傳統道德的內在精神，便是「仁義」：

> 仁義之行。當自上流人士始。昔桓公好紫。而群下服紫。召伯謹身潔行。而化行南國。上有好者。下必有甚。彼下等社會之敢為不仁不義。顯然不顧者。亦上流社會有以致之耳。願上流社會。人士諸君。恒造堅確仁義模範。鼓勵羣下。相率而入文明幸福之途。〔註49〕

魏清德呼籲上流社會的君子能夠長持仁義之心，這些上流人士乃為臺灣的地方文人或仕紳，若這些上流人士有著仁義，那麼便能影響眾多臺灣人。如此一來，就能在西方文明與傳統道德取得平衡點。此外，魏清德的弦外之音就是點出當時臺灣文人與仕紳已不再具有儒者風範，這也如王汎森所說的熱中趨利而不能堅守原則。〔註50〕這也將導致漢學凋敝，漢文不再是呈現出文人的學術和學養，而是變成可掂斤兩的利益。所以魏清德反覆強調仁義，藉由仁義此種儒家的美德來喚醒文人身為儒者的本質，避免受西方外在先進器物所惑，而失之了以人為本的核心價值。

質言之，進入現代社會之後，物質文明興盛，可是卻也使人心腐化，尤其是士大夫文人更是耽溺於物質生活，失之了君子之風，魏清德因而感到憂心。若文人毫無仁義道德，要如何以德化民？因此，身為現代文明的國民應

〔註49〕雲（魏清德）：〈仁義為文明國條件〉，《漢文臺灣日日新報》，明治43年4月15日，2版。

〔註50〕王汎森的研究中指出，儒者所熟習的是一些在現實上沒有作用的四書五經，又沒有專門的維生技能，故必須依靠著買空賣空販售其所謂治國平天下的知識以維持住自己的身分，所以只能是熱中趨利，是奔競，是不能堅守原則。詳見王汎森：〈近代知識份子自我形象的轉變〉，《臺大文史哲學報》56期（2002年5月），頁14。

該具有傳統的仁義道德。魏清德本身是記者，所關注的是公共議題，但魏清德強調儒家的仁義道德，意謂著魏清德認為現代國民具有文明知識之餘，其本質仍為傳統的仁義道德。這也是魏清德運用記者之筆，以春秋筆法來匡正臺人風氣。

第二節　精神與國家共構的漢文系譜

　　從上一節魏清德暢談「仁義」的重要，以及能與法律共同成為社會穩定的左右翼，就可看出魏清德調和西方文明與東方傳統文化，具有西學知識的魏清德反而清楚知道一昧全盤西化會斲傷到傳統禮義道德，使臺灣秩序崩解。其實，臺灣傳統文人對於西方文明一向具有戒心，加上日本統治臺灣之後，無論是官方的教育體系還是推動的基礎建設等等，無一不見到西方器物帶來的便利，以西方思想透過教育或者平面媒體傳播予臺人。也就是說，臺灣傳統文人見識到西學帶來的種種影響，並且逐漸成為生活的一部分，而無法悉數拒之門外，傳統漢學將受到侵蝕的危機。

　　所以傳統文人特別注意如何「保存」漢學：

> 蓋西學之才智技能。日新不已。而漢學之文字經史。萬古不磨新故相資。方為萬全無弊。否則心醉歐風。頓忘東亞同文之國粹。窃恐不免有經籍道熄。綱淪法斁之憂。言念及此。不勝大懼。本島比來。風氣維新。江河日下。文明之教育。固見目染耳濡。舊學之精華。幾於膜置腦後。極其流弊。難免如以上所云。此臺灣日日新報。維持漢文獨立。無非即本此旨。截長補短。執兩用中。損益盈虛。權衡各當。庶幾參互考訂。其有資乎。〔註51〕

弔詭的是，漢學何須保存？為什麼要保存？自改隸之後也才 10 年，羅秀惠等傳統文人便感受到迫切的危機感，認為臺人「心醉歐風」而不讀經史典籍，也就忘了綱常倫理。加上總督府雖在公學校配置漢文課程，但教育體系的主軸仍是西學為主，而民間教育的漢書房數與書房生年數量則是年年下跌。〔註52〕因

〔註51〕 蕉麓（羅秀惠）：〈漢學保存會小集敘書後〉，《漢文臺灣日日新報》，明治 38 年（1905）7 月 4 日，4 版。

〔註52〕 依據「日據時期公學校學生／書房學生總數暨書房生百分比」可得知 1904 年公學校和書房生的學生數在此一年互為翻轉；而在 1920 年，書房生跌破萬人，與公學校生差距愈拉愈大。參見柳書琴：〈《風月報》到底是誰的所有？書房、漢文讀者階層與女性識字者〉，收錄於邱貴芬、柳書琴編：《臺灣文學與跨文化流

此，傳統文人擔憂西學成為知識強勢主體之後，漢學就無以為繼，無人傳承，因而依靠民間的書房與報紙的漢文版面來維繫斯文。

歷經科舉考試經驗的傳統文人對於新學衝擊傳統文化，有著擔憂之感。可是對於魏清德而言，其感受就不同於資深的傳統文人。因此本節以魏清德對於新學與傳統漢文如何調和切入，探究魏清德的漢文知識系譜是如何塑造。

一、新學作為輔翼的漢文系譜

若觀察臺灣文人振興傳統漢文之時，他們意識到漢文也必須與時俱進，畢竟現時的漢文與清廷時代的漢文不同，進入日治時期的漢文由於沒有科考，也就毋需學習八比文。可是若以制藝試帖的思維來理解今日之西學，則容易被時代所淘汰。

《臺灣日日新報》便有文章批評傳統漢文，因為漢文內容空洞，而無實學內容：

> 帝國之尚實學，多已悟積習之非，此念切矯偏者，所以有新學之會也，學之淵源皆昔聖賢之所傳授，曷為名之曰新，特因舊時所學大都泛鶩虛文，今欲求實理能窺故以更新，取義若徒改八比文法而為策論體裁，依然講習空言，弗崇實驗之務，則與舊學無異，安足謂新。〔註53〕

此文說明日本以西學作為主要的知識體系，乃是實用之學，相對於此的則是舊學。因為舊學為虛文，這也表示舊學是空泛的文學，較無法承載西方所傳來各種新興的文明知識。再者，就算將八比文法改為策論體裁，本質上依然是舊學。這也意謂著，新舊之分不是在於外在的敘述或論說寫法，而是內在的「新」思維所反應出來所撰寫的文章。

動：東亞現代中文文學國際學報》（臺北：文建會，2007 年 4 月），頁 156。此外，漢書房數與書房生年數量之所以年年下跌，乃是因為總督府刻意壓抑臺灣民間的漢書房，就陳培豐的研究指出，臺灣總督府在透過各種懷柔政策向臺人示好之時，也企圖取得他們的協力，特別利用他們在各鄉土的影響力，獎勵兒童放棄書房，改選擇進入公學校就讀。接著，後藤新平倡導公學校才能學到實學實用，也強調漢書房、私塾在負擔攝取近代文明時的低效率性，主張臺人子弟應該從傳統私塾轉往公學校。詳見陳培豐：《「同化」の同床異夢：日治時期臺灣的語言政策、近代化與認同》（臺北：麥田，2006 年 11 月），頁 116～118。

〔註53〕一空道人：〈論新學宜矯空言之弊〉，《臺灣日日新報》，明治 33 年（1900）9 月 8 日，3 版。

　　易言之，進入日治之後的臺灣傳統文人意識到漢文有著被取代的危機，既然歐風東漸是個不可逆的趨勢，吹進全臺各個角落，也逐步影響臺人的思維。這樣一來，漢文的立場便顯得尷尬，已經沒有科考就無法證明漢文的存在必要性，而且漢文也並非是新式學校的主要學科。若要維繫斯文於一線就只能搭上日本漢文的便車，同為東亞同文之國粹，利用著日本強盛則儒學昌明，以順風車的方式在新時代延續與擴展臺灣漢文。〔註54〕

　　就魏清德的角度來說，西方文明進入到臺灣，確實讓臺人感受到不一樣的生活，這種現代化的建設也確實讓魏清德感受到清領時期與日治時期的不同，尤其是總督府的建設讓魏清德有感，生活空間的改變就是最直接的感受。

> 居蓬戶甕牖中。室內之光線不顧。空氣之流通不顧。身體之汗脂不顧。衣裳之塵垢不顧。雞鳴而起。孳孳然唯金錢是積者。支那人之通弊也。吾儕亦支那人種之一部也。洎歸帝領以來。文明之風日及。室內之裝置改良。衣服之流行改良。衛生之清潔改良。北投溫泉。臺北苗圃。時見島人之絡繹矣。水道公園。基隆淡水。時見島人之覽勝或海浴矣。魚金鳥金之和洋料理。大溪口岸之嚙氷。鐵道旅館之午餐。松濤園之宿泊。北投汽車之納涼。無一不有本島人之足跡。間或倍蓰者有焉。抑觀風或視察初渡臺之母國人士。及外國人觀之。莫不驚且異曰。咄。不獨市街之改正。衛生之清潔。交通之利便。建築物之高宏。人民之開化進步。亦如是是也。而臺民亦欣欣然自得。以文明種子自居。開化自命。是誠然乎哉。不然乎哉。可喜乎哉。不可喜乎哉。曰是蓋開化之先聲。粗耕的之時代也。若謂之精神的向上之美。則猶未也。謂之可喜亦可。不可喜亦可。〔註55〕

從生活空間的對比，以塑造出顯而易見的改變，魏清德舉清領時期的空間與身體為例，陽光、空氣、身體的髒汙以及唯利是圖等此種前現代式的環境條件與生活方式，對比進入日治之後，因為進行現代化建設，加上注重公共衛生，因此上述這些弊病均已看不到。接著，魏清德又說臺灣人是中國人種，

〔註54〕許倍榕指出，漢文漢學的維繫，既關乎民族也關乎個人身家的確保，孰輕孰重或許因人而異，但維繫此文化資本得以存續的目標是一致的。於是不斷出現挾日本漢學或東亞漢學以自保的論述。參見許倍榕：〈日治初期臺灣言論界「文學」概念的變化〉，《臺灣文學研究》7期（2014年12月），頁215。
〔註55〕雲（魏清德）：〈時趨之瑣言〉，《漢文臺灣日日新報》，明治43年（1910）8月18日，4版。

這也表示公共衛生、環境改善與人種無關，而是在於有無接受西方文明。只是魏清德如此論述並非在讚揚總督府的建設，也並非稱讚臺人的現代化洗禮，而是這種外在的建設與生活方式就真的是現代化嗎？就能讓臺人達到啟蒙開化的水準嗎？

魏清德卻注意到現代化的另一面：

> 我督府為開化島人目的。盛設學校。廣施教育。父老縉紳安於被動
> 進化。而不能為原動進化。捨官立學校外。無一新教育之機關。捨
> 三新聞外。無一新智識之耳目。而乃放言高議訾青年之受新學者曰。
> 若輩名為新學。究竟精華何在。不過一知半解。舍蘇合而取蜣丸耳。
> 間或有□五帝之故事。三代之典型。為青年諄諄說教。或有□青年
> 以不德。而視己之所為則猶有甚者。要之老人家與青年家之不投合。
> 為今日社會之一現象。老人家思想之倔強。及少年家意志之薄弱。
> 亦為今日社會之一現象。薄弱云者。無奮鬥社會之意氣。守拙者每
> 顧影自慚。放肆者恒夜郎自大。惑虛榮。耽逸樂。紛紛皆是。比比
> 皆然。是蓋無父兄縉紳輩。示好模範耳。無為之後盾。以激成之也。
> 當今社會上下之所尊顯者。非學行也。金錢也。勢也。學行之尊顯
> 不過一時。而金錢勢之慕則無窮也。夫縉紳之士。既以虛榮誇諸社
> 會。社會將相率效之。〔註56〕

外在有著現代化的生活方式，並不意謂就具有內在的文明知識。總督府設立公學校與國語學校、醫學校等新式教育，魏清德批判父老縉紳捨棄這些學校，也不閱讀《臺灣日日新報》等三大報。上述所提到的現代化生活環境，乃是總督府所進行的基礎建設，讓臺人過著現代化的文明生活，可是這種的現代化是被動的進化，是官方改變臺人的周遭環境。臺人自己卻沒有主動的去接受現代文明，也就是主動地去吸收西學，去改變自己內在的思維，這樣的弊病導致思想倔強和意志薄弱。換言之，臺人享有現代化生活之時，內在的思維與精神卻沒有跟著現代化，這樣就會造成風氣的敗壞，諸如勢利、虛榮等等。

魏清德因而撰文批判風氣的敗壞：

> 此世所以不德也。下流人庶。既無金錢勢以為炫耀。而又不願自小。
> 乃結黨羽橫行市肆。或置公共衣服相更番出入。或甘高利為一時之快

〔註56〕雲（魏清德）：〈時趨之瑣言〉，《漢文臺灣日日新報》，明治43年（1910）8月
　　　　23日，4版。

舉。或各出金錢購流行品。以圖拈之。如射彩票然。故其揮霍之奢。

往往出人意外。然其經營之慘。以為虛榮供犧牲者蓋可哀已。〔註57〕

上流社會的仕紳盛行虛榮與勢利的生活方式,使得基層庶民也跟著效仿,庶民因為沒有鉅額財富,又不願被狗眼看人低,因而裝飾外在的衣著以顯現高貴身分,或者放高利貸,甚至買彩票以圖一夜致富。這些種種荒唐行徑,無論從上流之士紳或者底層的庶民,都已經失去傳統的禮義道德,過份地追逐名利,使得臺灣社會道德淪喪。

正所謂「君子喻於義,小人喻於利。」魏清德關注到如今的臺人僅講求利益,而不在乎仁義。既是如此,魏清德才會寫出誠然乎哉?不然乎哉?可喜哉?不可喜乎哉?反問生活周遭以及生活方式已是文明化、現代化,但臺人就因此達到文明開化了嗎?這部份從魏清德辯證精神與肉體便能看出端倪:

> 近世文明大開。銷夏之設備尤至。電扇扇八面之風。而鑛泉沁五內之熱。嚙冰眠綠陰。滌垢臨海場。北投之風景可遊也。新店之涼宵可樂焉。水道劍潭苗圃諸勝。人人皆知。予又烏能為子計。至於歐人之避暑瑞西湖畔。納涼義太利海灣。心雖嚮往。實不能行。香蓴子謂何。

> 香蓴子搖首連呼否否曰。是蓋世人之銷夏。而非子理想中之銷夏也。子之所云自淵明之高臥而外。大都為物質耗巨費。取快一時。吾未見其能樂而無害也。〔註58〕

魏清德與香蓴子的對話中,因為正值酷暑,但拜科技便利所賜,因而有消暑之設備,如電風扇、礦泉水與冰品等,而且也能出外避暑,能去北投、新店、劍潭等。這些消暑的種種方法均是因為現在文明所帶來的便利。然則,這些卻不是魏清德理想中的銷夏。原因在於這些消暑方法,均為外在的物質,且耗費甚多。至於魏清德理想中消暑,則是如陶淵明般北窗高臥,既天然又不會耗費物質。其實從這段對話中,就已經帶出外在的現代文明生活是以金錢所換來的,雖能一時之間得以納涼,但卻也讓臺人媚俗化。其原因在於臺灣人內、外的文明化不一致。

魏清德以肉體與精神,來比喻物質文明與精神文明:

〔註57〕雲(魏清德):〈時趨之瑣言〉,《漢文臺灣日日新報》,明治43年(1910)8月23日,4版。

〔註58〕魏潤菴(魏清德):〈綠陰閒話〉,《臺灣教育會雜誌》100期,明治43年(1910)7月25日。

> 潤菴乃從容正襟謂曰。抑肉體與精神相關係。精神有不能樂者。肉
> 體亦不能樂。肉體不完全。精神亦不完全。羅馬人稱精神宿於健體。
> 而熱帶地方人民嗜優遊。耽藝術。無北方堅忍不拔之氣象。非氣候
> 及於身軀。而身軀影響於精神乎。人立炎陽中片時。則眼彙欲倒。
> 擊庭球者終日無恙。精神及於肉體也。竊意完全之銷夏。須肉體精
> 神並行不悖。〔註59〕

魏清德認為肉體與精神是相對應的，前者為外，後者為內，兩者皆樂、皆完
全才是真正的樂與完全。以銷夏為例，肉體與精神均感受到消暑才是真正達
到消暑。魏清德以此暗喻著外在文明與內在精神必須一致，上述所批判的種
種亂象，便是被動地接受文明的進步，享受著西方文明所帶來各種現代化的
便利，可是內在精神卻沒有與之對應，則淪為追逐利益而喪失仁義道德。換
言之，西方文明表面上雖帶來便利與進步，但過度強調物質文明之時，卻也
造成臺灣社會人心不變，世道衰微。其原因在於精神文明的缺乏。新學能使
臺人眼界大開，開啟新思維，但仍須維持著傳統的禮義道德與綱常倫理，方
能使臺人不被外在物質所迷惑，也避免其勢利與市儈。所以新故相資，新學
作為傳統漢學的輔翼，既能跟得上時代，又不會使漢學乏人問津。

二、精神、文運與國運三位一體

　　無論是魏清德抑或是謝雪漁，都針對當時社會的亂象而發表言論，為此
提出警示。然而之所以有此亂象，均指向於歐風東漸之後，過著文明現代的
生活，可是卻讓心靈出現空洞，不僅忘了禮義道德，綱常倫理也逐漸崩解。這
也意謂著進入日治之後，新學成為知識主體，昔日之漢學不再是畢生追求的
目標，而文人也就頓失安身立命的憑藉，也正如王汎森所說「士」的無用。
〔註60〕當文人不再是四民之首，而傳統儒家文化與道德也就難以繼續推廣於
社會，所以魏清德和謝雪漁等文人才會感嘆與批判世風日下。

　　若說臺灣漢文、傳統文化與整體社會有著連動關係，從第二章便討論到
官府結合文人與地方仕紳而構成社會秩序，而這種除了穩定統治基礎並安定

〔註59〕魏潤菴（魏清德）：〈綠陰閒話〉，《臺灣教育會雜誌》100 期，明治 43 年（1910）
　　　　7 月 25 日。

〔註60〕王汎森所言，廢除科舉是空前事件，將「士」的無用映照得格外鮮明，這與士
　　　　之自貶自抑不可能沒有任何關係。參見王汎森：〈近代知識份子自我形象的轉
　　　　變〉，《臺大文史哲學報》56 期（2002 年 5 月），頁 14。

地方社會之外，就是以「文風鼎盛」來顯現出這是個安定的、有禮義道德的，以及讓統治者安心的地方社會，而這種文風和倫理綱常便是靠文人維繫與提倡，這也是為什麼清廷統治臺灣時，要設立各種學校以提振文風，無非是為了「化民成俗以學為先」。〔註61〕然而進入日治之後，雖說總督府以揚文會等大型文學盛會來籠絡與安撫臺灣文人與仕紳，並借助他們的名望來穩定地方統治基礎。另一方面也透過日本既有的官僚體系與在地培養臺人的方式來建構自有的科層組織，而這種並不是沿用過去的科考取士以及臺人所熟悉的漢學知識。

整體社會結構的變化會影響到文化構型：

> 文化為一個有機整體概念。它是與社會結構相應的，聚某個時代某一社會人們的行為、經驗、習俗、意志、價值等等集體「文化心裡」現象於一體的文化結構。由於文化大系統中諸因素都是變量，所以任何一種文化構型都有其不可逾越的生限度：當它失去對這些變化中的文化諸因子的統攝力時，它將為新的文化構型所取代。〔註62〕

文化與社會是相對應的概念，在日本統治臺灣的時代，傳統文人漸漸地難以單靠「規範知識」來獨占專業知識，並成為四民之首。因為新學已取代規範知識，而傳統儒家文化也不再是穩定社會秩序的基礎，也非時下人們所必須遵循的規範。不過話說回來，新的文化構型取代之後，臺灣的漢文發展就遇到瓶頸了嗎？魏清德對於漢文有著不同的見解。

臺人的風氣要改變，除了外在的生活環境有所革新之外，內在精神文明必須重新審視。魏清德先以「美」來切入，論述臺人性格不能柔弱。

> 夫美者，德性中宜薰陶之一也。西人稱美為神經，稱美術為安心立命之唯一目的，故最近美術之流行，其勢之駸駸，殆與宗教相埒。

〔註61〕吳進安的研究中指出，治臺的官員皆認為社學、義學教育與地方的風俗教化密切相關。認為只有立學校以達化民成俗才是唯一的方法。另外，化民成俗以學為先，是透過各級教育來傳遞儒門思想與規範而達治理百姓。因此清代教育單位的設立，上有中央太學，下有地方府、縣、州、廳學、鄉里的社學、義學，就形式上來說皆是基於「教化」與「育才」的雙重目的而作。參見吳進安：〈清領時期臺灣書院教育的儒學思想〉，《漢學研究集刊》1期（2005年12月），頁118。

〔註62〕林繼中：〈文化轉型中的文學——以南朝、晚唐歷史變局為例〉，收入於衣若芬、劉苑如主編：《世變與創化——漢唐、唐宋轉換期之文藝現象》（臺北：中央研究院中國文哲所籌備處，2000年2月），頁304。

　　而臺人竟能捨從來之陋習，而就內地文化之美，遂至娛樂機關及衣、
　　食、住三大用皆開化向上而臻於美，斯誠可喜矣。然而不可喜者，
　　美猶水也；水能浮舟，亦能覆舟，美能高尚人性情，亦能麻醉人心
　　情也。南方之人多柔弱優美，氣候及風景之美麻醉使然也。昔大舜
　　疾雕刻，惡漆器，非惡其美，惡其柔弱也。六朝君主以柔弱之美亡
　　國，藤原氏以柔弱之美亡身，平氏繼之。宋儒稱美之害，謂玩物喪
　　志，而不知其身相率麻醉於理性之美。〔註63〕

魏清德認為「美」可以薰陶德性，美術的流行使臺人能捨棄舊有之陋習，而達
到文明開化。這種美不能是柔弱，正如魏清德舉六朝君主和藤原氏為例，認為
柔弱之美是會亡國亡身。若以此來看，漢文就不能內含耽美的因子，不僅會消
磨意志，也會妨礙臺人持續開化向上。魏清德提及柔弱優美將會麻醉人之心
情，其原因在於當時盛行漢詩，若不夠慷慨激昂，則不利於漢學延續。

　　然而魏清德擔憂柔弱優美的詩學會麻醉臺人的意志。之所以如此乃是因
為當時漢詩成為文壇主要潮流，當時詩社也林立，但詩作卻是感時流離、孤
臣孽子的抒情風格，充滿孤獨、淒涼的寫法，這種並不利於漢文的延續與傳
承。

　　滄桑以還。我臺灣詩學勃興。然率多纏綣惻怛。祖述離騷。或酒酣
　　耳熱。長歌當哭。玩其淒涼感喟。跌蕩淋漓。殆有感發於中不自知
　　所以鳴而鳴之者矣。又或棲遲岩壑。擺落埃塵。藉諷詠以陶淑情性。
　　籠蓋物態。銓次自然。筆墨間之美化。無窮出清新者。亦斯道之至
　　足尚焉。詩社之設。相與抱殘守缺。以文會友。挽救漢學將墜。俾
　　不至數典忘祖。不勝於博奕猶賢歟。〔註64〕

魏清德關注到詩學雖然勃興，但是其風格內容卻是哀傷、淒涼，卻沒有在新
時代要有新希望的激昂感。該文也提到臺灣出現各種詩社，仍是抱著守舊心
態〔註65〕，而非創作符合新時代進取的漢詩。雖然設立詩社的目的是在於維

〔註63〕雲（魏清德）：〈時趨之瑣言〉，《漢文臺灣日日新報》，明治43年（1910）8月
　　　　18日，4版。
〔註64〕潤（魏清德）：〈金川詩草序〉，《漢文臺灣日日新報》，昭和5年（1930）1月
　　　　6日，8版。
〔註65〕黃美娥舉陳逢源〈對於臺灣舊詩壇投下一巨大的炸彈〉為例，分析出老一輩讀
　　　　書人，尤其以遺老型讀書人，改朝換代後已無仕宦出路，故無聊以吟哦自慰。
　　　　參見黃美娥：〈日治時代臺灣詩社林立的社會考察〉，《古典臺灣：文學史、詩
　　　　社、作家論》（臺北：國立編譯館，2007年7月），頁215。

繫斯文於一線〔註66〕，但競賽意義大過於挽救漢學，因而成為遊戲詩的創作場域。〔註67〕

接著，上述提及繾綣惻怛、長歌當哭、淒涼感喟等柔弱優美之文風易於使人麻醉，表示魏清德擔憂此種會消磨臺人之心智，而不思進取。若不思進取，就無法持續開化，使臺灣整體文明向上。詩人委靡柔弱，這也不符合身為強盛帝國之下的文人所應有的態度。所以魏清德論及詩歌應該鏗鏘激昂：

> 或謂文章詩歌。易於麻醉。是誠不然。要得其中庸耳。漢高帝之歌大風。諸葛武侯之吟梁父。魏徵之述懷。左太沖之詠史。塞薩爾那破倫之著書。何嘗為文章詩歌麻醉。故伊藤公兒玉督憲亦嘗吟詠自適。後藤遞相讀古今集恒愛翫其味。可見詩之發達。未可以非。第要求詩人正法門耳。論思想之高尚。今詩不如古詩。詞調之鏗鏘。古詩不若今詩。鳴呼此後詩學之趨潮賈吾不得而知。第論今日之時趨斯已。〔註68〕

魏清德曾舉六朝君主以柔弱之美亡國，藤原氏以柔弱之美亡身，表示文學若走向耽美文風，則會消磨心智，委靡不振，麻醉人之心情。再者，魏清德也不願被日人認為臺灣傳統詩文是個麻醉的文學，因而舉〈大風〉、〈梁父吟〉、〈述懷〉、〈詠史〉等為例，證明詩文是能豪情壯志、建功立業。魏清德之所以主張漢詩不應該耽美，而是要走向雄壯寬廣的風格，原因在於當時是個開創的新時代。

這部份，從黃植亭的視角便能得知有此說法：

> 後藤棲霞長官。以政局之領袖。佐節府以敷猷。統治臺灣。功成一切。世界殖民。推模範焉。人皆知其有大經濟才。而不知其於詩界。亦具有瀾大眼界也。嘗題將來之東北一絕云。化軍不阻白河關。誰

〔註66〕江寶釵指出，詩就是漢文化的代表，雖然日人藉獎倡漢詩懷柔傳統文人，但臺民假漢詩維繫母語文化，於是漢文化逐漸寄於古典詩的名義教習，此係大勢所趨。參見江寶釵：《臺灣古典詩面面觀》（臺北：巨流，1999年12月），頁64。

〔註67〕江寶釵接著指出，臺灣文人成立詩社，原先是具有崇高的理想，就是挽救漢學將墜，接續漢文傳統，但卻在不斷演變下產生變形與扭曲，傳統詩的遊戲意義蒸蒸日上，遊戲詩主導創作潮流，乃進一步俗化為人情酬庸、阿諛粗鄙。參見江寶釵：《臺灣古典詩面面觀》，頁75。

〔註68〕雲（魏清德）：〈時趨之瑣言〉，《漢文臺灣日日新報》，明治43年（1910）9月9日，4版。

使人工事々慳。天府山川奧州大。可無經濟恤民艱。流雲閣主為評
曰。世人但知後藤君有經濟眼。不知有文字眼。今讀此詩。健雋樸
茂。勝尋常詩人委靡柔弱。軟沒氣骨者々萬矣。洵非溢美。〔註69〕

就臺灣傳統文人的視角來看，日人官吏的漢詩文是浩蕩曠遠，心繫整個亞洲與
世界。若臺灣文人的詩文仍以抒情自我的內在世界，則流於委靡柔弱，且軟弱
氣骨。這部份就如同第三章所討論的漢文，文人共鳴國家之盛，所書寫的文學
應如漢魏風骨與盛唐般地具有雄渾博大的氣象。魏清德的文學觀也類似此種看
法，新時代的文人要開創出臺灣漢文的新格局，這才是強盛帝國國民應有的氣
度。

　　魏清德此種觀點是將文運連結國運，國民強則國家強，除了培育智力與鍛
鍊體能之外，文學所反應的精神更是不能委靡柔弱。

佁儗子曰。廿世紀文物昌明。而戰爭之機運愈迫。國民孜々於智育
而外。勉勵體力。故自呱々墜地以來。至於少壯。至於老耄。家庭
中之教育。學校裡之教育。社會上之教育。一以扶植國民體格元氣。
崇獎威武。必也臨砲火若遊原。視泉壤為樂土。然後可以稱霸環球。
禦外侮而修內治。得片時之平和。遂養生喪死而無憾也。〔註70〕

這反映出魏清德將臺人之未來與日本國運結合一體，因此才提到禦外侮而修
內治，得片時之平和。當人民共同為國效力時，文人自然不能置身其外。所以
才會導出文學柔弱將會亡國之論述。

　　此外，國家興盛與人民的精神有極大關聯，文學便是反映出一國一人的精
神。這從黃臥松的〈精神文學說〉便能折射出當時臺灣傳統文人是如何重視文
學的內在精神。

人之有精神。猶國之有文學也。一人有一人之精神。一國有一國之
文學。精神明則智。精神昏則愚。文學興則其國必強。文學衰則其
國必弱。夫支那人非無精神也。國非無文學也。有精神而不善用其
精神。利令智昏。有文學而不善用其文學。徒託空言耳。彼夫歐美
人士。非徒科學的之發達也。實精神上之發達。文學上之發達也。

〔註69〕黃植亭：〈拾碎錦囊（二百九十）〉，《漢文臺灣日日新報》，明治39年（1906）
　　　　9月29日，3版。
〔註70〕佁儗子（魏清德）：〈戰鬪國元首（一）〉，《臺灣日日新報》，大正3年（1914）
　　　　8月22日，6版。

> 我國維新。非徒效法泰西之發達也。亦精神上之發達。文學上之發
> 達也。〔註71〕

一國之強盛，在於人民有強悍的精神，因為精神明亮則智力靈敏，文學則是反
映該地人民的精神。所以文學興盛，那麼國家就會強盛。對比中國與歐美，中
國則是不善用精神與文學，因而衰敗；反之歐美強大，外在船堅砲利的物質文
明，其來自於內在的精神文明。歐美之所以強大，是因為精神與文學的發達，
歐風方能吹拂至各世界。值得注意的是，此文所提到的歐美精神與文學，是源
自於本身傳統的文學，以自有的文學傳統出發，讓歐美人士精神發達，進而打
造出堅強的利器與強盛的國家。

> 維新之初。青年界輸入文明之思想。我國因有之文明。良風美習。
> 幾乎破壞。幸諸元老極力保存。國粹不至喪失。漢文者我東洋之命
> 脈。文明之元祖也。二三偏見之士。雖曰可廢。然有倡而無和。足
> 見廢之之不可。亦且不能矣。何則。邦文之於漢文。固有相需甚殷
> 者。而且與鄰國往來。亦不能不重賴乎此故也。版圖改隸以來。舊
> 學似乎微微不振。然而騷壇林立。言論自由。海上文風。尚延一線。
> 文社諸公。更藉文藝叢誌以鼓吹。將來文學之發達。或將駕舊時而
> 上之。所願島內諸君子。同起而作砥柱於中流。庶幾不負倡設文社
> 之苦心。而永扶本島文運於勿替焉。〔註72〕

若對比歐美與中國，臺灣的精神與文學源自於歷史悠久的傳統漢文，為東洋
文明的始祖。但曾因引進西方文明之時，青年惑於西方文明的發達與便利，
而認為應全盤西化，臺灣傳統漢文可廢之。傳統漢文是代表著臺灣人的內在
精神，漢文興盛則臺人強大，這就如同江寶釵所指出的「將文藝視為國民性
的表徵，它是一種足以改變國民精神的工具」。〔註73〕因此，傳統漢文並不是
過時的古老文學，且維繫斯文並非僅僅為了保存漢文傳統而已，而是漢文乃
為每一位臺人精神的泉源，漢文與臺人精神互為表裡，漢文文運興盛也讓臺

〔註71〕黃臥松：〈精神文學說〉，《臺灣文藝叢誌》，大正8年（1919）6月1日，6版。
〔註72〕黃臥松：〈精神文學說〉，《臺灣文藝叢誌》，大正8年（1919）6月1日，6版。
〔註73〕江寶釵研究中指出，惟有求諸多讀古書的菁英分子，以及源遠流長的道統文
　　　章。強健國族身體、修養國族精神，並以創作的自我建樹、翻譯的向外學習，
　　　達到國族改造的目的。這樣的思維脈絡，也正是瀛社、櫟社、臺灣文社、文化
　　　協會等臺灣文人的共同看法。江寶釵：〈日治時期臺灣文人的國民性論述暨其
　　　意義〉，《淡江中文學報》30期（2014年6月），頁220、224。

人體格能夠充滿元氣。

　　魏清德以中國為對照組，認為如今的中國積弱不振，在於人民貪生怕死，而人民貪生怕死的根源在於漢文的消極。

> 抑支那之退化。坐於數千年來專制。彼武健嚴酷之吏。及儒家消極之學。皆不得辭其咎也。支那非無鼓吹國民的元氣之武士道。若信陵君燕太子丹田橫諸賓客其人。秦漢以還。斬絕極矣。宋儒墨繩道學。玩物喪志。以之長槍大戟。跨駿馬。挽強弓。出萬死。求一生。衛國衛族。實行鐵血政策軍國主義則不足。〔註74〕

中國並非一開始就是貪生怕死的民族性，秦漢以前的古代中國，諸如信陵君、燕太子丹、田橫諸賓客等等都是有著滿滿元氣的勇武果敢之輩。只是現在的中國為何會衰弱成國際強權刀俎下的魚肉。魏清德直指宋儒之學問「玩物喪志」〔註75〕，使得在追求文學辭藻華麗時，卻會妨礙文人的心志，而文風華美，使得一代之國運也就會衰弱。這也是為何魏清德親訪中國之後，而導出自晚清以降直至中國一直難以重振，其根源在於「消極之學」和「玩物喪志」。因此柔弱優美之文學會消磨人民之精神。正所謂文學發達就等於精神發達，而文學興則其國必強。簡言之，精神、文運與國運三位一體。

〔註74〕潤菴生（魏清德）：〈旅閩雜感（其九）〉，《臺灣日日新報》，大正5年（1916）2月10日，6版。

〔註75〕程頤提出「作文以害道」之說。程頤曾言，問：「作文害道否？」曰：害也。凡為文，不專意則不工，若專意則志局於此，又安能與天地同其大也？書曰：「玩物喪志」，為文亦玩物也。……古之學者，惟務養情性，其佗則不學。今為文者，專務章句，悅人耳目。既務悅人，非俳優而何？曰：「古者學為文否？」曰：「人見六經，便以謂聖人亦作文，不知聖人亦。攄發胸中所蘊，自成文耳。即所謂『有德者必有言』也。」曰：「游、夏稱文學，何也？」曰：「游、夏亦何嘗秉筆學為詞章也？且如『觀乎天文以察時變，觀乎人文以化成天下』，此豈詞章之文也？」〔宋〕程頤、程顥撰：〈河南程氏遺書卷第十八〉，《二程集（一）》（臺北縣：漢京文化事業有限公司，1983年9月），頁239。接著，程頤又曾說：「孔子則生而知也，孟子則學而知也，後人不達，以謂聖本生知，非學可至，而為學之道遂失。不求諸己而求諸外，以博聞強記巧文麗辭為工，榮華其害，鮮有至於道者。」〔宋〕程頤、程顥撰：〈顏子所好何學論〉，《二程集（一）》，頁578。此外，劉振興的研究中指出，程頤重視的「文以載道」，程頤對於文的合理存在性是以「文是否有助於政教」為根據，過於強調載道功能而忽略了詩歌在形式上的要求，更遑論觸及個體的情性表現。參見劉振興：〈從程顥文道觀與詩作特徵檢視後代文人批評〉，《中國文學研究》43期（2017年2月），頁17～18。

三、新時代之下傳統漢文的隱憂

時間若拉回至魏清德剛進入臺灣日日新報社時期，他已經觀察到臺灣文人因為不需要歷經科考，認為八股文無用，且毋需耗費精神學習六經，紛紛轉向漢詩發展。除了出現臺灣三大詩社之外，其他中小型詩社如雨後春筍般成立。魏清德除了觀察詩社林立的現象之外，也思考對於漢學的意義為何。

> 本島人既安於臺灣政治矣。又熟知八比之無用。六經深遠。不適於時。乃群起而趨詩學。瀛社起於北。南社起於南。櫟社起於中。前後顧盼。隱然若常山蛇之勢。羅山吟社。竹城詩社。瀛東小社。且群起若雨後筍。此僅言其結社耳。若夫山林巖阿之士。哦吟自娛。亦復不少。夫宗教者安心立命之地也。靜觀一切。退而自求。以鞏固其信仰。信仰一到。剛凡疾苦無常。若不關懷。烈風雷雨不迷。飲水曲肱可樂。文學亦然。詩人猶然。但知高歌泣鬼神。安知餓死填溝壑。杜老脫困苦之境也。吟詩作賦東窗裡。萬言不值一杯水。太白遺毀譽之情也。靖節既怡怡以自娛。孟郊又縷縷其若訴。萬物靜觀皆自得。四時佳興與人同。詩人之了解至此。殆欲融合宇宙。自然一切。其天機之浩蕩。雖宗教家或且不及。此所以有宗教文學之謂也。能以結社之勇。遂謂臺陽詩人觀止此。可乎哉。其優遊自適。不欲□名昭如靖節者。夫豈能知。要之近時臺灣詩學之盛。時趨一現象也。〔註76〕

魏清德觀察到詩人結社與其說是為了維繫斯文，倒不如說是傳統文人吟哦抒發自己的心境，因為在新時代難以有仕宦出路的機會，或者更好的實業發展，所以只能窮則獨善其身。也因為漢學不再是知識主導，使得傳統文人無法以漢文獲得宦途的機會，或者窮困坎坷，又或者所作之詩文不值分文，最後就看開榮辱，回歸到創作詩文的本身。以此觀之，魏清德看到傳統文人從以前追求功名利祿，費心學習八比文與六經，但在沒有科考的日治時期，卻宛如宗教家一般，不求聞達，過著投閒置散的生活。

此時的漢詩文已經不具有知識主導性質，於是無法以漢詩文覓得功成名就的機會。可是這些乙未割臺之前出生成長的傳統文人，本身就具有扎實的漢文根基，雖然無法進而兼善天下，但至少能固守己身。再者，結社的目的除了

〔註76〕雲（魏清德）：〈時趨之瑣言〉，《漢文臺灣日日新報》，明治43年（1910）9月9日，4版。

保存漢文之外，還有著互通聲氣、相濡以沫之效。〔註77〕這也如江寶釵所說的
集團傳播能獲得心裡滿足。〔註78〕因此魏清德肯定詩社存在的意義，同時也肯
定詩社具有教育功能。〔註79〕

> 臺灣中年以上文士。既捨八比以從事於詩。而青年輩亦爭起而從之。
> 當夫校中研究之時。則專心從事新學。奚遑他顧。洎畢業而後。競
> 爭生活於活社會之間之。方知前此之極力排斥者。似未全可。由是
> 而折節讀詩。以與世賡酬。漸浸潤向上。成作家者不乏人。商。豪
> 富之徒亦然。論者始或嘲笑之。然而未可嘲笑也。世之半面的宗教
> 家及法律者以戕賊當世者固不乏人。而獨於詩人求之深何也。作家
> 之詩。聞有向上。而宗教家及法律者則不聞有向上。無正式學校以
> 教之故也。〔註80〕

臺灣中年以上之文士，捨棄八股文而從事創作漢詩，這是時代趨勢使然。因為
這些中年以上的文人，清領時期是青壯年的年紀，正值步入院試、鄉試或者正
在準備科考的階段，所以本身就具備漢學學養。〔註81〕只是因科舉之路斷絕，

〔註77〕林翠鳳指出，日治時期在殖民高壓的統治下，反而激發了多元訴求的詩社成
　　　　立，諸如溝通聲氣的鹿苑吟社、延續斯文的霧峰櫟社、砥礪志節的屏東礪社、
　　　　懷柔勝場的玉山吟社、書房授學的埔里櫻社等。參見林翠鳳：〈當代臺灣古典
　　　　詩社的發展──從百年詩社談起〉，《嶺東通識教育研究學刊》5 卷 4 期（2014
　　　　年 8 月），頁 4。

〔註78〕江寶釵的研究中指出，詩社形成特定的群體，展現集團意義。在集團之中，面
　　　　對面直接進行人際傳播，傳播雙方不斷互換角色，相互作用有效性高，易於產
　　　　生積極主動的傳播心理與行為，從而獲得心靈的滿足。這種集團傳播正是詩
　　　　社的存在意義。參見江寶釵：《臺灣古典詩面面觀》，頁 69。

〔註79〕林翠鳳的研究中指出，臺灣的詩社在清領時期為科舉社群的一環，所以本身
　　　　就有聯誼與教育之性質，所以文人藉以交誼酬唱，也藉以課士育才。參見林翠
　　　　鳳：〈當代臺灣古典詩社的發展──從百年詩社談起〉，《嶺東通識教育研究學
　　　　刊》5 卷 4 期（2014 年 8 月），頁 4。

〔註80〕雲（魏清德）：〈時趨之瑣言〉，《漢文臺灣日日新報》，明治 43 年（1910）9 月
　　　　9 日，4 版。

〔註81〕柳書琴認為傳統文人應指出生於 1860 年至 1880 年代後期、在 1895 年割臺以
　　　　前完成基本傳統儒學科舉教育者。此乃真正的傳統漢文人，柳書琴將此劃分
　　　　為「祖代」，而後期均為其衍生世代。因為此一代文人（祖代）在成長階段均
　　　　受完整的漢學教育且預備或已經參加科舉考試，當然其漢族意識與儒學根基
　　　　極為穩固扎實；1880 年後期至 1910 年間出生者為傳統文人第一衍生世代（父
　　　　代），此一代文人在孩童階段正要入書房教育便遭逢乙未割臺，而後在成長階
　　　　段便接受傳統漢學與日本國語等雙軌教育，因此而後會出現兩套不同價值體
　　　　系的矛盾與混雜；1910 年代之後出生者為傳統文人第二衍生世代（孫代），由

而朝向創作漢詩發展。〔註82〕對於青年來說，在成長階段是進入總督府設立的新式學校，而無法專心專門學習漢文書寫與漢詩寫法技巧，直至出社會之後，方才讀詩寫詩並與人酬唱，在交流切磋之中，逐步鍛鍊出詩學技藝。最後，反諷沒有聽過宗教家與法律者向上，卻是作家之詩向上，是因為沒有正式學校教導之緣故，藉此肯定年輕人在詩社學詩的功效反而比正規教育來得好。

日本統治臺灣初期，臺人仕紳及其文人對於日本總督府仍有疑慮與恐懼，不願與不敢送子弟至官方設立的學校就讀，因而在民間的私塾或書房學習傳統漢文，藉以排斥西學。但是隨著時間推進，臺人漸漸感受到西方文明的好處，願意讓子弟前往公學校，甚至醫學校、國語學校讀書，魏清德便是如此。

> 本島割讓當時。本島人抱舊思想者依舊不乏其人。間有以八比課其
> 子弟者有之。排斥學校。嗤其異學者亦有之。而今不然。其入學校
> 之青年輩固無論。即白髮老儒。亦莫不藉報紙鼓吹之力。以擴張思
> 想。革新眼界。今而後無復以八比課子弟者。無復排斥學校異學者。
> 但曰學校之教授稍失放任。漢文亦不可不多攻之云云而已。此特言

於成長階段的年代，日本教育體系已經穩固健全，因此是全受日本新式教育。然而，漢學學識的來源不外乎就家庭教育或詩社教學與漢文雜誌，此漢學學識並非以往透過正規體系養成，導致其漢學程度並不如祖、父代，但相對的，對於新思想接受度最高且沒有祖、父代那種家國淪亡及漢文傳承的包袱。詳見柳書琴：〈傳統文人及其衍生世代：臺灣漢文通俗文藝的發展與延異（1930～1941）〉，《臺灣史研究》14 卷 2 期（2007 年 6 月），頁 41～88。

〔註82〕 以謝雪漁的生命歷程便能得知乙未前後為文人生命經驗的分水嶺，清代則是專攻制藝試帖，一心一意投身科考，以期待金榜題名；但進入日治之後，因為無法參與科舉考試，一邊工作之時，一邊吟詩唱和。謝雪漁曾敘述自我的文學創作歷程：「余年十二。經書終業。始學作八比及試帖。年十五。從蔡玉屏夫子學。初學作律絕。年二十二入泮。為欲試秋闈。仍攻八比試帖不懈。蓋科場重此也。甲午歲。版圖易色。為應時急策。力習帝國語言文字。嚮所讀經書。悉束高閣。供飽蠹魚。……國黌在學中，閱臺日報章，讀藤園督憲及樓霞藩憲，與內臺官紳，賡唱迭和佳什，見獵心喜，時一為之。國黌畢業，官署濫竽，雖技癢有作，然隨得隨棄。比入臺日報漢文部執筆，廣與社會接洽，頻與同事唱籌，後倡設瀛社，洪逸雅君為社長，余為之副，或出課題，或開例會，花晨月夕，吟朋燕集，興高采烈。洪君沒，余繼任，前後約三十年間，所詠之數不少。」職是之故，可以看出傳統文人不再投身科舉之後，畢身精力便轉往創作詩文發展，甚至結社而帶動詩學一波高峰，而且謝雪漁的創作歷程來看，他是進入臺灣日日新報社以及加入瀛社之後，使得他所書寫的詩作，其質與量有顯著的提升。謝汝銓：〈自敘〉，《雪漁詩集·奎府樓詩草》（臺北：龍文，1992年 6 月），頁 3。

其大概耳瑣言子非絕對的敢謂時趨進步也。若夫十金向支那購縣
丞。二十金購知府證據。昂然爭題主。命童僕家人而諛趨蹌輦呼以
大人。不如是則不肯應。或身起賣菜沽傭。印紅箋名刺。字大如翰
林。亦往往有之。是皆受支那舊時弊習。間有更進一層而甚之。或
有為利益打算者。其故何也。科舉不復設。則島民少進身之路。進
士舉人凋零殆盡。貢增廩秀。亦寥寥如晨星。由是真功名沒而贗功
名出。題主一次。獲禮十金。三次則母子立焉。至於豪富縉紳。捐
納更自不必。非打算其利益者。〔註83〕

魏清德敘述到日本統治初期，當時臺灣盛行舊思想，拒絕新式學校也排斥新
學，科舉雖然斷絕，但仍教導子弟學習八比文。可是15年後的今日，臺灣對
於西方文明接受度大增，不僅看不到有人排斥新學，也沒人在教導與學習八
股文，紛紛進入新式學校學習現代知識，或者透過報紙來吸收新知。魏清德
雖讚揚臺人的文明開化，但卻也透露出漢文的隱憂。就是學校正規教育的漢
文課程無法勝任傳統漢文教育，因而無法培育出優秀的漢文人才，連帶使得
傳統社會的美德也消失殆盡。魏清德舉納捐、富豪注重排場，販夫走卒印製
紅箋名紙等等為例，此種名不符實、君不君臣不臣等荒唐事蹟，讓魏清德批
判倫理綱常崩壞。又及，利慾薰心更是影響到文壇，注重虛名而忽略真才實
學，像是題主一次就獲禮十金，以及豪富縉紳的捐納以獲得名次。此種文壇
亂象，魏清德歸納為傳統文人漸漸凋零。清代的臺灣，文人必經科考之途，
因而淬煉出具有禮義道德與扎實漢文根基的學養，學養與文才既名實相符又
內外一致。當進入日治之後，臺人子弟已沒有科考經驗，歷經科舉的傳統文
人又隨著時間而漸漸消逝，這樣所反應出來的是漢文世俗化以及傳統道德逐
漸被人遺忘。

　　日本帶來現代化，使臺人的物質生活獲得改善，生活空間有著公共衛生基
礎以及各種便利性，思想方面也因為正規學校與報紙而視野大開，吸收了新
知。就另一角度來說，當臺灣浸淫在現代文明之中，其實就某種程度上臺灣也
逐漸失去傳統，無論是文化層面的道德價值或者文學上的技藝和傳承。

　　去公會館數百武。為全閩報館。館主江君蘊和。亦備茶果饗應。江
君蘊鎏又以德律風懇施進士雲舫先生至。雲舫先生。年五十餘矣殊

〔註83〕雲（魏清德）：〈時趨之瑣言〉，《漢文臺灣日日新報》，明治43年（1910）9月
18日，5版。

驚鑠。老成在望。為後生小子法。殊慰甚竊計臺灣文風。甲第雖不
乏人。然以天才煥發。學問淹博。孰若我雲舫先生及邱君逢甲其人
乎。屈指大陸。心焉數之。先是臺灣自改隸以來。八比廢而詩道興。
然而猝慕之士無紀律以繩。讀書未多。持論不一。雖有立論不偏不
黨。而得大中至正者。亦大都為大勢所左右。於是瀛社各有志之徒。
屢乞先生玉稿。〔註84〕

因此，不難想像魏清德赴廈門參訪時，看見昔日臺灣進士施士洁的驚喜與興
奮，而欲一睹其玉稿。乙未之前，科考關係到文人登科及第與否，考試領導
教學，所以制藝試帖為必學之項目〔註85〕；再者，若有志於科考，則會從私
塾、書院、府學／縣學等一路就讀，以及院試、鄉試、會試、殿試等一連串
科考，歷經層層的考試與選拔，篩選出具有堅實的漢學與詩文學養與能力的
儒者。但是乙未之後，科舉之路斷絕，所以也就沒有教授八股文的必要，反

〔註84〕潤菴（魏清德）：〈南清遊覽紀錄（十九）〉，《漢文臺灣日日新報》，明治44年
　　　（1911）2月15日，1版。

〔註85〕若觀看清代的教育內容，可以觀察到士子在學期間除了學習八股文之外，還
　　　得學「賦」與「詩」，從彰化縣知縣楊桂森所撰的〈白沙書院學規〉，便能得知
　　　士子在學期間必須學習哪些科目：「一、讀書以力行為先；一、讀書以成物為
　　　急；一、讀八比文：成化之渾穆，正、嘉之深厚闊大，隆、萬之架取機法，啟、
　　　禎之精奧透闢，國初之魂偉雄壯，要辦得體段出來。凡讀一家，要辦明一家眉
　　　目。畢竟規模氣象，各有互異。不可粗心囫圇讀去；一、讀賦：三都、兩京、
　　　子虛、上林，雄厚麗則之正規也。律賦始於唐，亦莫精於唐。宋人賦則單薄矣。
　　　讀者於古賦、律賦，俱要尋求正路，不可扯雜；一、讀詩：五古要讀漢、魏、
　　　六朝，七古要讀杜甫、溫庭筠，五、七律要讀初唐，五、七排律莫盛大於本朝
　　　制作明備之時，亦多士之幸也。其勉之；一、作全篇以上者之學規：如上燈時，
　　　讀名家新文半篇，舊文一篇，漢文十行，律賦二韻，五排詩一首。讀熟畢，再
　　　將次早所應佩背之四書經書，本本讀熟，登於書程簿內，方可睡去。次早，將
　　　昨晚所讀之文章詩賦，四書經書，誦朗熟詠，務須讀得極熟始去。先生講案，
　　　逐本背誦。既背後，學晉唐法帖百字。寫字後，看四書二章、約二十行；經書
　　　約二十行。有疑義，問先生。疑既晰矣，須掩卷，在先生講案，將所看四書經
　　　書，添虛字活字於白文，順義講去。既講後，抄大家文、古文、賦、詩、各一
　　　篇。抄畢，請先生講解，然後散學。晚間念書如前功。次早仍照前功背誦。既
　　　背後，請先生命題，須將題義細求其所以然，尋其層次，尋其虛實，然後布一
　　　篇之局，分前後、淺深、開合而成篇，務須即日交卷。交卷後散學，仍夜讀如
　　　前功。凡單日講書，凡雙日作文。此方有效。其所讀之經書，須本數分得多，
　　　篇數撥得少，行數讀得少。如詩經，分作五本讀。每本每日讀三、四行即可
　　　也。」詳見〔清〕周璽總纂，臺灣銀行經濟研究室編：《彰化縣志‧卷四‧學
　　　校志》（臺北：臺灣銀行，1958年10月），頁85～92。

倒是臺灣盛行漢詩，詩社林立，加上公學校的漢文時數不足，使得詩社成為教育之場所。清代的詩社成員為具有功名之文人，漢文素養有一定的保證，但日治時期的臺灣詩社，成員來自各行各業，漢文水準也非一致。〔註86〕所以魏清德評論時下的詩社成員沒有規範，且漢學素養參差不齊，也就難有驚豔的文學產出。

　　整體而言，魏清德自小受漢文私塾教育，而後就讀總督府的官立新式學校，所以很清楚知道漢文的衰微與興起，加上他曾為公學校訓導，之後又加入瀛社，因此也清楚時下臺人學習漢文的情形。魏清德樂見臺人能接受新學，願意進入新式學校就讀，同時也看到臺灣四處設立詩社，詩學勃興，乃為美事一椿，表示傳統漢文並沒有因此斷絕，反而成為潮流趨勢。表示臺人能兼善西方知識與傳統漢文。然則，看似斯文仍然興盛，魏清德卻看出隱憂。漢文興盛是量的提昇，而質卻開高走低。主要是沒有科舉就沒有文人的品質保證，畢竟秀才等功名是個顯而易見的文化資本與象徵資本。雖然年輕人能進入詩社學習到詩學技藝，但學習到文學創作手法之時，是否也內化漢文背後的禮義道德與倫理綱常？年輕一輩的文人，有自己的本業工作，漢文並非職業與志業，這樣的漢文能力自然是無法與乙未之前的文人相比。這些皆為漢文在新時代轉型過程中出現的現象，魏清德一方面肯定新學與漢學是能共存，但另一方面也指出漢文的不足之處，藉此期盼傳統漢文能成功轉型成適應西方文明為知識主導的時代。

第三節　東亞文脈共有的漢文系譜

　　魏清德本身具有西方知識與漢學學養，成長階段時接受傳統漢學私塾教育以及日本新式教育等雙軌教育，其漢學根基或許無法與科舉時代的傳統文人與之相比，但能接受及學習西學，並擁有現代文明知識。另外，相較於1895年之後出生的世代，魏氏又能捍衛與傳承漢文，在父祖輩的文人相繼凋零後，

〔註86〕廖振富對比櫟社與瀛社的成員的入會資格。櫟社堅持文學品質，所以入社資格限制極嚴，但也有如林耀亭、吳上花等詩學成就不夠突出，有出於社交考量或人際因素而加入。瀛社則是為廣納北部各詩社為目的的鬆散組織，因而入社資格不設限。參見廖振富：〈百年風騷，誰主浮沉？——二十世紀臺灣兩大傳統詩社：櫟社、瀛社之對照觀察〉，《臺灣文學研究學報》9期（2009年10月），頁216～217。

能成為漢文壇的中流砥柱。是故,從上一節的討論便能看出,魏清德心目中的知識系譜,是一方面肯定西方文明所帶來的便利,大幅改善臺人的生活環境空間,可是這卻是外在的物質文明。臺人的內在精神文明因為西學的傳入而受到侵蝕,臺人在享受著現代文明的便利之時,卻忘記傳統的美德,出現各種功利、勢利、虛榮等小人喻於利的行為,其原因來自於傳統漢文已不具有知識主導性,連帶漢文背後的仁義道德也就被人遺忘。因此魏清德希冀重振漢文,並非僅僅只是避免漢文成為明日黃花的文體,而是讓背後的這一整套傳統價值體系能夠一直流傳,成為臺人內在的精神文明。簡言之,外在的西方文明與內在的傳統文化,為臺灣人處身於世的雙輪與雙翼。

若要讓臺人繼續接受傳統漢文及其背後的文化傳統,就得不間斷地推廣漢文,讓漢文成為西學之外的另一個主流知識體系。雖然曾有論者批判臺灣文人瞭解到臺灣漢文受到西學擠壓,使得知識體系中的主導性均以西方文明為主,可是卻沒意識到引入西學並成為知識主導的是日本總督府。〔註87〕但是就魏清德等臺灣傳統文人而言,如何在西學潮流的大環境趨勢之中,另闢途徑與日本漢文合作,共同延續漢文的新的盛世。有前行研究認為這是「同文」,是失之臺灣漢文主體性,為一種親日的舉動。不過話說回來,日本的漢文不也是另一種的「同文」,畢竟是源自於古代中國的文學和文體。只是差別於如今的話語權是掌握在日本手裡。乃是因為日本已是強大的帝國,也是東洋文明中心,強盛帝國便有興盛的文學,有興盛的文學就能向外輸出文化影響力。因此,本節討論魏清德是如何看待「同文」,以及如何藉由國家力量來推動漢文的發展與延續。

一、國家主義之下的漢文文運

魏清德所認為的漢文是適應於新時代的漢文,這種漢文是公義,而非私益。即是公義,那麼文學風格就不能柔弱優美,必須波瀾壯闊,成為強盛帝國的興盛文學。一言以蔽之,漢文接合國家。這部份也是臺灣與中國不同之處,

---

〔註87〕游勝冠指出,臺灣傳統文人維護漢文化傳統的對抗點不是日本殖民主義,而是西方殖民主義,集中在「西歐」與認同西化的「維新之士」。至於推動殖民現代化改造,並在殖民地臺灣直接擠壓漢文化生存空間的日本殖民者,則被放在可以同時涵括中國與日本的「東亞古聖賢薪傳之道統」之中,卸除了帝國主義壓迫的道德責任。參見游勝冠:《殖民主義與文化抗爭:日據時期臺灣解殖文學》(臺北:群學,2012年4月),頁101。

中國積弱不振也是此種原因。

　　魏清德赴福建考察時，就注意到中國文人有著附膻逐腥、追逐利益的心態，如此捨本逐末，失去了身為文人的氣節和風骨：

　　　　閩省之人。試問他讀書目的。他便答升官發財。封妻蔭子為惟一目
　　　　的。其弊恰似法蘭西官吏教育制度。靜言思之。此升官發財封妻蔭
　　　　子八字。升官者官尊民卑之惡習。其根蒂甚固。未之能去也。封妻
　　　　蔭子。此等小丈夫器量。未足與談國家蒼生民族經濟抱負。夫天下
　　　　富則已孰與不足。同胞民族強盛。則已孰與式微。古之人為學之道
　　　　有三。首云尚志。孔子曰吾十有五。志于學。孟子曰亦尚其志而已
　　　　矣。至不尚則所學不能有益於世。適增其過。是故奸險而才智者。
　　　　一朝得志。豺狼當途。食人率獸。可不懼哉。志之不尚。差以毫釐。
　　　　謬以千里。歐美先覺主張教育。為學之尚志維何。愛國愛種。愛自
　　　　由平等。獨立自營。自助自發。物競天擇。應時勢之要求也。支那
　　　　民族家族之發達。趨於極端。而其制度與君主之專制國。相為表裏。
　　　　是則國家民族之大害也。請進而論之。〔註88〕

魏清德至中國福建參訪並與當地人交流，得知中國人讀書目的在於升官發財、封妻蔭子，因而魏清德認為升官發財蘊涵著中國文人仍有官尊民卑之惡習，也就是讀書是為了讓自己地位提昇，身分顯貴，同時發大財，以突顯出自己與一般庶民的階級差距；至於封妻蔭子，是讓自己的妻子得到封贈，子孫世襲官爵，魏清德評為小丈夫器量。換言之，升官發財和封妻蔭子都是利己主義，並沒有民胞物與的胸懷。魏清德舉孔子與孟子為例，孔子認為十五歲就志於學；孟子認為「士」要尚志，尚志即是作為就是「仁義」。文人學習的目的在於日後能兼善天下，因此志於學的同時也就是「志於道，據於德，依於仁，游於藝。」可是魏清德看到中國文人的抱負僅僅只是為了自己，他日若有一天位於要津，將有小人得勢導致瓦釜雷鳴之危機。這部份也是中國迄今仍然衰弱的原因，過份強調自己與家族的私利，而且中國為專制政權國家，也是以「家天下」來看待人民，均無公義的思維，導致國運一直無法提昇。

　　魏清德認為中國文人是小丈夫器量，是因為讀書的目的是為了自己的私利，但魏清德本身是安分守己又有大抱負之人：

〔註88〕潤菴生（魏清德）：〈旅閩雜感（其十）〉，《臺灣日日新報》，大正5年（1916）
　　　　2月11日，6版。

> 無非矯視乎富貴，將以吾道待之。昔孔子嘗為委吏，求會計當，為
> 乘田，牛羊茁壯長。古聖人尚不敢以職小怠吾事，是知尸位素餐之
> 不可行於世也，怠吾事而怨尤者非經也。人慾如漏巵，填不可盡，
> 求之不己，傾墜至此，吾所以隨分而有得色也。吾寧檢以養廉，終
> 不以懷金紆紫之樂易吾內，吾烏乎惑？《詩》曰：「衡門之下，可以
> 棲遲。泌之洋洋，可以樂饑。」又曰：「豈其食魚，必河之魴。豈其
> 取妻，必齊之姜。」升斗云乎哉！〔註89〕

身為文人不可將富貴視為第一要務，也不因為職務卑微而怠惰其本份，相較於
上述中國文人讀書要當大官發大財，魏清德顯然知道先專注於當下的職務，這
也能成為日後發達的墊腳石。其中，「豈其食魚，必河之魴。豈其取妻，必齊
之姜。」更是隱喻要做出有益於國家與人民的作為，並非要成為有權有勢的大
官才行。

　　除了文人的作為以及筆觸的文風會影響國運的興衰之外，國家的政策也
會影響文學的盛衰，也就是文運與國運互為表裡、相互影響。

> 側聞國家民族之隆替。關於文運之盛衰。支那信為文章詞賦美妙之
> 國矣。左穀馬班而後。有唐初盛。蓬勃勃勃。若駕生龍馭活虎。其
> 後綺麗去珍。國家民族之氣運。一似乎駢體八比之文。奄然欲絕。
> 亡國之音。哀思慷慨。其病非針砭藥餌所不得奏效者。若為鄭衛之
> 聲。逸神蕩志。舉國若裸蟲之蠢蠢然。不知來日之大難。斯膏肓矣。
> 哀思慷慨。譬如人之臥病。尚知呻吟苦痛。鄭衛則心臟麻痺。脈搏
> 停止。雖有鹽水注射。莫能為力。〔註90〕

魏清德認為中國是文章詞賦美妙之國，畢竟臺灣與日本的漢文均源自於古代
中國的文學，所以魏清德才會認為古代時候的文學是美好的、興盛的。從春秋
戰國時代以降的左丘明、穀梁子、司馬遷、班固等文人的散文史傳書寫，到唐
朝盛行的詩學，都是在中國歷史上大放異彩的文學，而且這些文人所處朝代也
是朝氣蓬勃的時代，國運與文運達到最高點。然則，當盛行駢文與八股取士的
朝代，使文學氣運逐漸衰微，魏清德批評為鄭衛靡靡之音，消磨人的心志，也
讓國運也開始衰落。以此觀之，魏清德辯證國運和文運，一個朝代盛行何種文

〔註89〕雲嵐生（魏清德）：〈解惑〉，《臺灣教育會雜誌》83 期，明治 42 年（1909）2
　　　　月 25 日，頁 16。
〔註90〕潤菴生（魏清德）：〈旅聞雜感（十三）〉，《臺灣日日新報》，大正 5 年（1916）
　　　　2 月 16 日，6 版。

學不僅反映出那個時代文人與人民的文學喜好和民族性格，同時也帶出一個
興衰的關鍵。所以魏清德才會感嘆中、日、臺都來自於同一個漢文源頭，可是
如今中國卻積重難返，乃是在於中國走向駢體八比的文學發展。

　　魏清德以國家的隆替來反推文運盛衰，也就是上位者的政策與決定不僅
影響一國之運勢，也影響文風的走向，文風的走向就決定文運的興衰，文運的
興衰最終導致朝代的興盛與滅亡。所以文運影響著國運，國運也影響文運。魏
清德論述影響文運的樞紐乃是在於政權的干涉，由於帝王的好惡而讓中國的
文學走向與日本、臺灣不同的方向。

> 政治專制。下承上意。上壓民權。是故戰國競爭之世。處士橫議。
> 術家之著書標榜意見。各立門戶。秦政坑儒焚書。漢興若項羽季布
> 田橫賓客之以尚武自期。及陳平張良。挾數用策。制一時利害。隨
> 陸蒯徹。縱橫論辯。乃至於朱家劇孟郭解負俠之徒。綜一切社會狀
> 態。羣眾心理。皆承有戰國遺風焉。馬遷窺龍門涉大川。博覽三代
> 立言大旨。左穀一褒一貶。然後發憤著書。聲大而宏。若百川灌注
> 於海。談經說變。灼計龜卜。被專制畸形之後儒。至識為謗史。可
> 不大哀乎哉。被專制後儒。有若班固。又且於馬氏用筆。陰用顯棄。
> 況其他哉。是知政治專制之影響罪惡。遂使詩歌文學。啞然無聲。
> 國民偷生苟容。若雄雞之去其勢。不能健鬪。〔註91〕

魏清德再次批評中國的政治專制，下面揣摩上意，而上位者壓制民權，使得
文學失去發展的空間。戰國時代百家爭鳴，讓各家之言有個發展的空間，接
著楚漢相爭時期，也是各武將用兵衝鋒陷陣，謀士用策運籌帷幄決勝千里，
外交家從中穿梭雙方陣營以縱橫捭闔，如此具有生命力，魏清德評為皆承自
於戰國遺風。司馬遷雖成一家之言，但太史公曰的對人事物的褒貶如同左傳、
穀梁傳寄寓善惡褒貶之意。〔註92〕可是東漢時代的班固著作《漢書》卻是陰
用其言而顯棄其身，表面與當權者保持距離，可是著作卻又採納與親近帝王

〔註91〕潤菴生（魏清德）：〈旅閒雜感（十四）〉，《臺灣日日新報》，大正5年（1916）
　　　　2月18日，6版。

〔註92〕太史公曰的文字是補軼事、記經歷、言去取或述褒貶。此外，類似太史公曰的
　　　　題裁，在史記之前，像是左傳、國語、晏子、韓非子等，都有「君子曰」者，
　　　　為史家或時人對史事或人物所作的論斷，其性質與「太史公曰」相近。參見阮
　　　　芝生：〈論史記五體及「太史公曰」的述與作〉，《臺大歷史學報》6期（1976
　　　　年12月），頁42。

的說法和觀點，而沒有自己獨立客觀的史觀。〔註93〕這種就是政治直接干涉文學最顯著的案例。因此魏清德批評政治專制導致文學發展走向畸形，也讓文學相形失色、啞然無聲。

不過耐人尋味的是，魏清德所提及中國文學輝煌的年代在於漢唐以前，而日本漢文源自於古代中國漢唐之前，並非來自於明清。這也隱含著魏清德認為臺灣與日本的漢文是傳承自中原正統的漢文，折射出「同文」是正統的漢文。

> 自古文學之興隆。關於國運。有唐一代。以詩學取士。號稱極盛。我
> 國年有敕題之募。臣庶爭論思献替和歌。漢詩。摛藻揚芬。抒尊上愛
> 國之赤誠。彬彬乎其有文矣。瀛社吟友莊君櫻癡。夙以文學之游。夏
> 而穩於子貢之貨殖者。近以所徵之壬申敕題集。徵序於余。〔註94〕

唐朝為中國強盛之朝代，也是文學興盛的朝代，唐代不僅詩學大興，也是詩人能學而優則仕的榮光年代，因此可看出強盛的朝代必有興盛的文學。魏清德之所以提及唐朝與唐詩，乃是對應時下的臺灣盛行漢詩，而臺灣也正處於強盛的日本帝國之下，藉以帶出此時的臺灣文壇正是春秋鼎盛之時。再者，身為文人也必須回應國家，並報以愛國之赤誠。因此文人、文學與國家是有連動關係，國家強盛則文學興盛，反之亦然。

二、孔孟道德為主的東洋漢文系譜

從本章第一、二節所討論魏清德出身背景是受日本總督府設立的新式正規教育體系，而在思想上也鼓勵臺人上學校修習新學，閱讀三大報吸收新知；可是另一方面，卻又堅持傳統漢文，認為漢詩文方能延續儒家價值體系，能讓臺灣社會呈現出一幅天下為公的和諧圖像。魏清德雖然鼓勵臺人吸收和接受西方文明，但是這種文明是幫助自己開拓視野，也幫助自己改良環境，過著便利的生活，而不是一昧地聽信西方思想的學說。因為魏清德深信東方的思想才

〔註93〕班固曾言：「盛哉！皇家盛世，德臣列辟，功君百王，榮鏡宇宙，尊無與抗。」因此，簡松興指出班固此言是在說漢家盛德，足以為百王之君，理當有所述作以垂漢德，這也看出班固對自己的使命有相當的自覺。徐復觀也曾說：「班氏著書，意在尊漢。」錢穆也說這是「官書」。是故，漢書所呈現的價值觀是符合皇帝的要求。參見簡松興：〈班固撰《漢書》時可能的限制——以〈敘傳〉為中心〉，《輔大中研所學刊》3 期（1994 年 6 月），頁 91。

〔註94〕魏清德：〈壬申敕題集序〉，收入黃美娥主編：《魏清德全集‧肆‧文卷》（臺南：國立臺灣文學館，2013 年 12 月），頁 222。

是適合東方人的生活。畢竟這種東方思想是根源於中國，且經過幾千年來發展，早就已合適東方人的土地和社會。

> 潤菴學人曰。思想界之惡化。由來漸矣。近來學術界之傾向。類多
> 以崇拜歐美為能事。故凡歐美古今人之一言一句。皆奉之若圭臬。
> 得々然以能懸之於口。筆之於書。記憶宣傳自以為新人也。而人亦
> 以是多之。至舉孔孟之學說。為舊時思想。於是仁義道德之基礎。
> 由是而欲動搖。可不大哀哉。不知東洋有東洋之倫理。我國有我國
> 之教化。何以之知其然也。北地窮陰之人御皮革。而南方炎熱之人。
> 則服絺綌。地實使然也。亦各由其氣候之所適而已。今欲使南方之
> 人服皮革。北地之人服絺綌。則必有熱極而欲斃。寒極而欲死者。
> 又何必強其相同歟。〔註95〕

魏清德點出歐風東漸，而讓臺人一切以西方為尚，不僅使用著西方的器物，也深信著西方的思想學說，將歐美古今名人的一言一句，皆奉為若圭臬。同時又認為儒家學說是過時的、不合時宜的，因而棄若敝屣，於是傳統仁義道德也就動搖，所以才會出現上一節魏清德所批判的功利、勢利、虛榮等小人喻於利的行為。西方學說的出現與發展有其歷史脈絡，是在歐陸土地上所發展出來，自然是適合歐洲人的社會；而孔孟學說則是從中原土地上發展出來，且歷經千年演進，本就適合東方人的社會。可是西方學說短時間之中移植至東方來，勢必出現水土不服之現象，而套用在東方社會上又出現削足適履的異像。因此，魏清德以北方人穿皮革，南方人穿絺綌，是因為氣候之故，藉以帶出橘逾淮為枳。藉此主張孔孟學說才是東方人適合的價值觀。

　　魏清德接著論述西方思想不適合東方人，是因為太過霸道，不像東方思想是溫和的，且為雨露均霑，照顧萬民。

> 原夫歐洲現時思想界之所以紊亂。其咎歸於達爾文斯賓塞之進化論
> 也。其罪歸物質之萬能也。彼其說以為凡人必由競爭而始進步。天
> 演公例。弱肉強食。適者生存。由此見地。而發生軍國主義。資本
> 主義。種種壓迫於弱者而不遑他顧。自以為我強我智。我富我適。
> 如是者足矣。此點與我國之上下一心。協力同德大異。此點與我東
> 洋孔孟仁義道德之說大異。願今次大戰經驗之慘。亦未始非出於進

〔註95〕潤（魏清德）：〈思想界要穩健（上）〉，《臺灣日日新報》，大正 10 年（1921）
　　　　11 月 28 日，3 版。

化學者放言高論之所以孕成者也。若夫我國及東洋之學說則不然。
書曰皇天無親。惟德是輔。是故陰陽之和。不長一類。甘露時雨。
不私一物。萬民之主。不阿一人。伯禽將行。請所以治魯。周公曰。
利而勿利也。天地大矣。生而弗子。成而弗有。萬物皆被其澤。得
其利而莫知其由始。則至公矣。此古聖賢治天下之至德也。鴻範有
云。無偏無黨。王道蕩蕩。無偏無頗。遵王之義。若然則德者眾庶
之所歸。大公者天下之所慕服。謂之適者生存。指大公而有德者。
原非弱肉強食之謂。故危險思想。無由發生。〔註96〕

魏清德批判傳入臺灣的西方學說中，以達爾文和斯賓塞的進化論最不適合於
臺灣，因為進化論講求的是競爭、爭殺〔註97〕，不適合即被淘汰。如此殘酷的
學說將造成人與人之間對立，使社會更加地疏離，也因為疏離而產生誤解，進
而在歐陸引發大戰，死傷多人。所以魏清德舉東方的孔孟仁義道德學說為例，
講求的是仁義，即上天公正無私，會幫助有德之人，而且上天也不會獨厚某一
人某一物。魏清德理想中的社會是古早時代所盛行的孔孟學說仁義道德社會，
沒有人是該被放棄的。再者，人類社會本就強弱之分，但儒家學說的社會是不
會出現恃強凌弱的情形，而是「人不獨親其親、不獨子其子」以及「老吾老以
及人之老，幼吾幼以及人之幼」的大同社會。這種也是魏清德嚮往的世界，因
而批判西方學說是危險思想。

除了魏清德提出對於西方思想應審慎觀察之外，也反對西方文明所帶來
的物質浪費之舉，即為物質文明已有侵蝕臺人內在精神文明之疑慮。

至其說物質。則力崇勤儉。戒慎夫窮奢極欲。故呂覽之論物也。曰
物也者所以養性也。非所以性養也。今世之人惑者。多以性養物。
則不知輕重也。是故聖人之於聲色滋味。利於性則取之。害於性則
舍之。〔註98〕

〔註96〕潤（魏清德）:〈思想界要穩健（上）〉,《臺灣日日新報》,大正10年（1921）
11月28日,3版。
〔註97〕王文仁指出,在那樣的時代語境下,《天演論》的出版恰好扮演了關鍵的啟蒙
效應。一方面,以「天演」的思想出發以觀進化之世界,反映出一種爭殺的景
象,弱肉強食的氣氛,這讓當時的中國人易於體認到國際情勢的殘酷,進而引
發「保種」、「保教」、「保國」的民族意識。參見王文仁:〈嚴復與《天演論》
的接受、翻譯與轉化〉,《成大中文學報》21期（2008年7月）,頁156。
〔註98〕潤（魏清德）:〈思想界要穩健（上）〉,《臺灣日日新報》,大正10年（1921）
11月28日,3版。

儒家傳統講求節儉，即為「奢則不孫，儉則固；與其不孫也，寧固。」因為太過奢侈就會不守禮法與僭越過度，這就是物質文明侵害到內在禮義道德。魏清德稱讚總督府在臺的施政與建設，但是魏清德認為這是幫助臺人的生活更加便利，而不是過度沈溺於西方文明的器物之中。因此魏清德舉「物也者，所以養性也，非所以性養也。」來警示臺灣人不可過份依賴西方物質，而忘記自己應有的傳統道德。

> 雖然今世之所謂過激思想。得非因噎而廢食。因焚而忌火之流乎。
> 夫因噎而教人廢食。人且必餓。因焚而教人忌火。則人且無舉火者。
> 亦必飢餓以死。若然者非徒無益。而又適足以貽害荼毒於天下也。
> 此事孔聖大道會主張之郭春秧氏。曾著社會主義一書。痛論近時思
> 想界之險惡不情。欲率社會萬般。歸於禽獸。其空想到底不能實現。
> 無益有害。故吾人不必代為贅述。吾人深虞今日思想界之或歸於混
> 沌危險。汩沒忠孝仁義道德之說。一面欲思有以矯正之。善導之。
> 而共循於穩健也。此種危險學說。在東洋固已濫觴於老莊之書矣。
> 而終不能實行者。必也其思想有許多缺憾。與東洋之人類及社會組
> 織。不能協調。譬如糞土之牆不可以圬。腐朽之木不可以為彫也。
> 今人不察。輒以為西人之發明。並不計其利害而崇拜之。自以為新
> 奇。不亦愚歟。故吾人極力論其無益而有害也。彼之思想所以能極
> 一時之猖獗者。因其國社會組織制度有種種缺憾。及強而智者。中
> 毒於進化學說。故易為所乘耳。〔註99〕

魏清德特別強調他並非拒絕西方學說，也不能因為西方思想不適合東方，因而全部拒絕往來，此種因噎廢食，無益於臺人的文明開化。認為站在本身的立場去思索西方學說是否適合於臺灣，以及要如何去調和東方傳統的儒家傳統與西方的思想學說，而不是全盤西化，完全取代既有的儒家文化。顯然地，魏清德批評進化論與社會主義等這些盛行於東方的學說，是無法與東方的社會相契合，也無法融入臺灣的價值體系之中。既然無法與東方的社會相契合，就應審慎評估是否引入至臺灣。

　　魏清德闡述西方思想對於臺灣的利害，其訴說對象是閱讀《臺灣日日新報》的文人，畢竟能閱讀並推廣西方學說之文人均有西方的學識也是社會上的

〔註99〕潤（魏清德）：〈思想界要穩健（下）〉，《臺灣日日新報》，大正10年（1921）
　　　11月29日，5版。

知識分子。所以魏清德為了避免這些西方學說會荼毒臺人，因而撰寫此篇論說
文章。

> 吾人更希望上流社會。將益高尚其人格。崇儉戒奢。本夫四海同胞
> 之念。富者常卹夫弱者。智者當憫夫不肖者。事業家無增長其投機
> 壟斷之心。成金者勿驕盈揮霍。紊亂夫社會善良風俗。為官者宜清
> 廉潔白。勿發生如阿片事件及其他瀆職種種。俾國民全體有所觀感。
> 不然則是源塞而欲流通。根本搖而企枝葉繁茂。蓋亦不思之甚。是
> 知思想界之問題。一般社會咸宜慎重審慮。歸於穩健者。固不待論。
> 亦責上流社會之風紀改良。有以促進而善導之也。〔註100〕

臺灣思想要穩健端賴於傳統仁義道德，也就是流傳迄今且行之有年的儒家文
化，這也是東方漢字文化圈共有的儒家文化。也因為是以前流傳下來的儒家
文化，既是東方文化的主軸也是根源於中原的土地。若移植西方學說至臺灣，
則會造成臺灣淳風永喪、禮義崩壞以及綱常淪胥。魏清德所認為的漢文系譜
是以孔孟儒家道德為主，這也是東洋漢文共同的系譜，維繫斯文便是維持傳
統文化與道德，這才是穩健的方法。於此，魏清德談論儒家傳統的漢學與漢
文是站在東方文明的高度來論及，也就是將漢文視為東方國家共有的資產與
共同的傳統，也就是「同文」。

三、東方文化共有的「同文」體系

漢文為漢字文化圈諸如中國、日本、韓國、越南與臺灣共有的文化資產，
此種文化體系使用漢文之時，將儒家文化成為文化背景。漢文及其儒家文化均
源自於古代中國，無論是先秦乃至於漢唐。只是說為什麼此種漢文傳統最後卻
接合至日本，發展成日本的漢學，並以此成為東洋文明中心。這部份許時嘉曾
言，原因是因為甲午戰爭之故，使得將漢學日本化。〔註101〕

甲午戰爭之後，清廷戰敗，對於大國的定位由此翻轉，日本是東亞第一大

〔註100〕潤（魏清德）：〈思想界要穩健（下）〉，《臺灣日日新報》，大正 10 年（1921）
11 月 29 日，5 版。

〔註101〕許時嘉指出，東洋共通的漢學雖是來自中國的產物，但甲午戰爭中國敗戰的
事實與「日本不可沒有漢學」的交錯認識下，漢學界出現將「源自中國的漢
學」重新定位成「由日本再興的漢學」之傾向。明治的漢學者們透過甲午戰
爭，進一步將漢學日本化，從中發現日本的主體性。參見許時嘉：〈明治日本
的漢詩文意識與殖民地統治———一個社會思想面的考察〉，《漢學研究》31 卷
3 期（2013 年 9 月），頁 288。

國，就漢文化的層面來說，日本就不再是從屬於中國。陳培豐指出：「漢文本身就有濃厚隸屬意味的文化政治意涵，所以日本知識分子就針對漢文提出批判與反省，藉以逃脫中國的意圖。」〔註102〕因此，當從封建時代走入現代時期，也就是封建王朝轉型為民族國家之時，中國漢文的影響成為中國周邊國家無法迴避的問題。所以若關照到韓國與越南則是全廢除漢字，來切斷文化根源的臍帶連結，至於日本則是因為戰勝清廷，所以將一脈相承的漢文傳統爭奪過來成為漢文承繼者。若在這樣脈絡，臺灣傳統文人又將如何面對自己的傳統漢文與日本漢文？游勝冠認為臺灣漢學不僅與日本漢學暗通款曲，甚至臣服於日本漢學。〔註103〕黃美娥則是以魏清德為分析對象，認為以儒道為基礎的東洋文明是日本。〔註104〕綜上所述，日本有意在文明與文化成為東亞的領頭羊，前者則是以現代文明，也就是船堅砲利此種硬實力成為東方唯一的列強；後者則是漢文與儒家文化成為東洋文明中心，藉以翻轉華夷秩序。

　　因此，對於臺灣漢文的認知，從魏清德的論述中可以看出所指涉的本質為何以及何看待同文。

　　　今東亞文化，大體由漢文統一，言則歧分派別，錯雜爻亂，範圍甚
　　　狹，不得與焉。漢文廢則東亞思想忘卻，佛謂埋沒本來自家面目，

〔註102〕陳培豐指出，由於日本的漢詩文是中國以外之異民族所創造的文學種類，因此既屬於日本又和中國脫不了關係。特別是日本的漢字漢詩文與中國的關聯，並不單單只是不同民族之間的文字，也就是符碼借用的層次問題，牽涉相當複雜，甚至具有濃厚隸屬意味的文化政治意涵。也因此隨著時代的變遷或自民族文化自覺的興起，日本知識分子開始針對漢詩文提出一些批判和反省的聲音，而這些批判和反省代表著逃脫支那束縛的意圖。詳見陳培豐：〈日治時期的漢詩文、國民性與皇民文學——在流動與切斷中走向純正歸一〉，收錄於國立成功大學臺灣文學系主編：《跨領域的臺灣文學研究學術研討會論文》（臺南：國家文學館，2006年3月），頁461～462。

〔註103〕游勝冠就認為臺灣漢學保存論與日本漢學暗通款曲，這在日治初期就由李逸濤所提出；在大正時期，就演化出臺灣儒學定位為日本儒教支流的論調，而魏清德的漢學觀，也是移植自日本漢學，以及對日本儒教表達臣服。參見游勝冠：〈同文關係中的臺灣漢學及其文化政治意涵——論日治時期漢文人對其文化資本「漢學」的挪用與嫁接〉，《臺灣文學研究學報》8期（2009年4月），頁302。

〔註104〕黃美娥研究中指出，魏清德不只一次建構臺灣是日本一部分的新國族論述，強調日本才是臺灣人的國家，所以看重日本的東洋文明，其實是在發揚「國粹」。而漢學的保存就是國粹的提倡。參見黃美娥：〈另類現代性——《臺灣日日新報》記者魏清德的文明啟蒙論述〉，《重層現代性鏡像：日治時代臺灣傳統文人的文化視域與文學想像》，頁223～224。

> 不能解脫。野蠻民族非無語言，無完全文字故不能發揮固有文化，
> 所以終長夜漫漫而不旦也。〔註105〕

魏清德認為漢文蘊藏東亞文化，漢字文化圈周邊都是使用共通的漢文，因而有著共同的東亞文化，只是差別在於使用語言的不同。漢文廢則東亞思想忘卻，這也意謂著漢文本身就是代表著儒家文化的體系，因此漢文不能廢，一旦廢除，倫理綱常將會崩解。

> 抑改隸以還，臺灣詩界之漸盛，別非出於在上者之獎勵，良由漢詩
> 為物，有至味存，天下之口嗜好同似，絕不因洋菜館之盛行，遂廢
> 中國料理山海珍錯。同時得以保存我黃種人自昔發達之燦爛文化精
> 華，然後進而廣採世界大同智識，或描寫科學及今日複雜社會之實
> 際，庶幾於舊文學中展然新開蹊徑，又不至一味盲從，甘寄身於西
> 人離下，為其奴僕，反自命為豪傑之士而不自知。昔英國人嘗論：
> 「寧失五印度，不願失一沙翁。」抑何崇尚國中詩人如此！院吾臺
> 詩人勿詆毀自國文學，不薄今人愛古人，詩人忠厚溫柔之旨，其在
> 思歟？〔註106〕

進入日本統治之後，臺灣詩學興盛，不僅臺灣文人愛好漢詩，就連日本文人與官吏也喜好漢詩，因此魏清德才說出「天下之口嗜好同似」，也因為天下之口嗜好同似，因此日本治理臺灣之後才沒有斷絕漢詩文。日本仍延續漢文傳統，所以才能保存東方的漢文化精華，同時在這基礎上去汲取西方現代文明，讓舊文學在新時代開闢出一條新的道路，而不會被時代所淘汰。此種也正是魏清德心目中的漢學知識系譜，就是堅守傳統漢文的同時，又能吸收西方新知，讓傳統漢文與時俱進，成為當代的漢文。

> 因此，魏清德認為日本有能力在西學來勢洶洶之時，又能維持漢文
> 的主體性。日本能捍衛住漢文傳統，是因為日本迄今仍保存著古代
> 中國的文化。
> 唐貞觀末。太宗本於仁義禮智信而作者。舞者四人。著蠻繪裝束一
> 為地久。作者與傳來不詳。舞者四人著赤色隆準假面。面帶微笑。
> 戴別甲。及常裝束。由破及急二章而成。舞樂所用樂器。筆篥。笛

〔註105〕 魏清德：〈祝臺灣文社發刊之詞〉，《臺灣文藝叢誌》1 號，大正 8 年（1919）1 月 1 日。

〔註106〕 魏清德：〈詩報發刊詞〉，收入黃美娥主編：《魏清德全集·肆·文卷》，頁 161～162。

> 各五。羯鼓。太鼓。鉦鼓。各一、二。舞樂皆傳自中國。然中國今已
> 無存。所存者。厥惟日本。〔註107〕

日本東京參加湯島聖堂重新後第一次釋奠，斯文會邀請魏清德與會。在初次釋
奠之時，魏清德特別注意到湯島聖堂所準備的三獻禮、舞佾、爵祭器、樂器、
舞器以及孔子祭神位與陳設等等，其中關注到舞樂來自於唐代，可是中國已經
失傳，魏清德發現竟然在東京湯島聖堂能見到。這隱含著日本與中國都有個共
同的儒家文化，可是中國卻失傳傳統的禮樂，日本卻依然保存著。

> 以外在日本橋白木屋。自四月二十九日至五月五日。有東京日々。
> 東亞調查會々主催。得文部省。斯文會後援之儒教文化展覽會。出
> 品目錄。為禮記。易經。詩經。孝經。論語。孔子像及日本中國諸
> 大儒著作。法帖。書畫。注疏。出品方面。主為帝大史料編纂所。
> 澀澤家事務所。及阪谷男。松平子。大橋新太郎。山田準。山本悌
> 二郎。林曄。柳澤家。中山久四郎。安井小太郎。暨朝野諸名士諸
> 藏書家。大體內地人之藏書。皆本於物格知至。較勘極精。殆無錯
> 字。良本則珍之藏之。不受蟲害。異代古書流日本之詩句。為不謬
> 也。〔註108〕

不僅動態保存古代中國之雅樂，就書籍方面也能看出日本文人極為重視儒家
典籍。魏清德觀察到日本藏書家，校勘精細且珍藏良本，更加印證日本是有著
儒家文化的國家，在某種方面也讓魏清德認為此時的儒家傳統文化是在日本。

　　無論是湯島聖堂釋奠禮的整套流程，抑或是日本文人的藏書與愛書，都讓
魏清德直接感受到日本是個有文化自信的大國，這些衝擊是在臺灣與日人交
流唱和所無法強烈感受得到。東方的日本與中國一樣都曾面臨到歐美國家憑
著船堅砲利而強勢叩關，除了西方器物進入到東方之時，連帶地西方學識、思
潮等各種學說也進入到東方來，甚至已侵蝕到東方的傳統文化。至於是因為傳
統漢學文化是落後守舊，所以才敵不過西學？還是是因為國力衰弱，而無法捍
衛傳統，任憑西學影響東方的人民？這部份魏清德辯證漢學的重要性：

> 黑船西來。科學上之偉大發明。各種利用厚生及殺人機械嶄新。足
> 使三百年來鎖國之日本。全國驚駭。於是尊王攘夷者有人。出洋求

〔註107〕潤（魏清德）：〈東遊紀略・其二・復興初次釋奠〉，《臺灣日日新報》，昭和10
　　　　年（1935）6月1日，夕刊4版。
〔註108〕潤（魏清德）：〈東遊紀略・其四・儒道大會行事〉，《臺灣日日新報》，昭和10
　　　　年（1935）6月4日，夕刊4版。

> 學者有人。主張變法自強者有人。矯角殺牛。排斥漢學。為無用長
> 勿者亦有人。漢學從而寢廢。重以漢學之本土。睡獅不醒。國土日
> 削。富者佩珷玞。人必以為真玉。貧者雖懷瑾握瑜。亦視同瓦礫。
> 士則美惡判於愛憎。而貴賤生於炎涼者也。〔註109〕

魏清德舉日本的黑船來航為例，西方白人強硬叩關，使日本人大為驚駭，因此出現各種反應，無論是尊王攘夷排斥西方，或者是出國留學吸收西方知識，或者變法自強，但因為西方洋人所帶來的衝擊太過巨大，使得日人卻矯枉過正，崇尚西學而排斥漢學，認為漢學無用，無益於新時代。〔註110〕此外，漢學為主要知識的清廷，則是睡獅不醒，屢受列強欺凌，而不斷割地賠款。因此，魏清德以珷玞比喻西學，瑾、瑜比喻漢學，不重視自己的文化傳統——漢學，卻過份注重西學，藉此批判清廷對外戰爭連年失利，卻反過來崇洋，而認為自己的漢學傳統視為過時之產物。

> 間嘗論漢學為學。非能使國土日削。民族委頓不振。中國負漢學。
> 非漢學負中國也。所以者何。中國之人。咎在於不惜漢學。及誤用
> 漢學。舉環而國於地球上之國民。其不就學率之多。孰如中國。漢
> 學重在格物。孔子為聖之時。孔子之教。明德新民。何嘗教人守舊。
> 何嘗教為政者。以八比時文愚民取士。使優於八比。不通世情之士。

〔註109〕 潤（魏清德）：〈東遊紀略・其六・漢學決非迂闊〉，《臺灣日日新報》，昭和10年（1935）6月6日，夕刊4版。

〔註110〕 關於日本明治維新之時，對於東洋道德與西洋文明的比重如何拿捏取捨，陳瑋芬有精闢的論述，他指出，明治4年日本政府派出「岩倉使節團」赴歐美訪察，由正使右大臣岩倉具率領木戶孝允、大久保利通、伊藤博文等等46位使節、18位隨從及43位留學生組成，並由史學家久米邦武在擔任隨行記錄。回國後久米邦武撰寫《特命全權大使米歐回覽實記》考察報告書。其中提及西洋文明進步的一面，但西方文明仍有許多問題與內部矛盾，所以建議日本仍保有儒家思維，憑藉著儒教價值觀，對「文明」進行選擇與取捨。接著，相較於全盤西化以脫亞，久米邦武則是持審慎態度，認為「優先道德教化之舉，刑名之事居末，君主節儉、勤奮仁恩，人民寡欲、勤勉報效，上下相親，常保太平。故利慾之論，最為人所不恥也。」視點從文明轉往道德之傾向。另外，福澤諭吉《文明論之概略》則是說「若不模仿西洋之風氣，不斷然下定決心——讓亞洲之東出現煥然一新之西洋國家——我國將無法晉於文明。」認為中華封建社會的停滯性以及蘊含儒家保守思想的日本封建體制，都是日本邁向近代化時必須克服的問題，因而主張急速脫亞，以讓日本與西洋文明國家為伍。詳見陳瑋芬：〈近代化願景與概念的形成——試論近代日本新「文明」概念的意義建構與內涵〉，《東亞觀念史集刊》11期（2016年12月），頁260～261。

　　出為民牧。或立於廟堂之上。尚論治平。於曾文正公所謂實事求是
　　之四字何關。莫怪政治上之永久不上軌道。地方土豪劣紳。及逞而
　　走險之徒。視在官者。有如書駿。殺人越貨。或嘯聚為盜。戕官屠
　　邑。而莫之能禁。良由所學非所用也。日本國反是。歷代為政者。
　　依儒教之精神。以鼓舞士氣。又無八比取士。所學非所用之弊。明
　　德新民以採取科學長處。所志在於止於至善。治國平天下。不僅以
　　風雲月露。吟風嘲月為能事也。〔註111〕

魏清德辯證中國與漢學之關係，認為中國自晚清以來屢戰屢敗，朝廷割地賠
款，民族又委靡不振，這並非是傳統漢學拖累中國的進步與發展。魏清德認
為是中國自己誤用與誤解漢學，導致國運走向衰落。漢學重在格物，也就是
推究事物的道理，乃為實事求是，所以漢學是實學；再者，儒家講求明德新
民，學習新事物之時又自我革新求進，追求嶄新的知識。魏清德以儒家傳統
來論述漢學是進步的文學，不斷促進文人追求進步與卓越。至於清朝積弱不
振，並非漢學是守舊，而是為政者的政策以八比時文愚民取士。就如同上節
所提及，魏清德一再地認為文運會影響國運，但主事者的政策會影響整個朝
代的文風走向。魏清德批判八股文束縛文人的思想，也限縮文人的視野，妨
礙文人追求進步，違背了儒家傳統的「實事求是」，而且八股取士容易造成所
學非用之情形，八股文過份追求四書五經內的文章，導致上榜之人容易是迂
闊且不通世情的讀書人，如此一來政治上將永久不上軌道。反觀日本有著儒
學之風，卻沒有八比取士，所以士子能依長才而各安其位，因而才能止於至
善。是故，魏清德論證出漢文乃是實學，並不只是綺麗浮靡、吟風弄月的詩
文，更非沒有真情實感以及缺乏實際內容的詩文。

　　夫漢學本非迂闊。誤用之則成迂闊。譬如六藝。禮樂射御書數。書
　　數日用必不可缺。射御當時之軍事教育。孔子不云乎。有文事者。
　　必有武功。禮樂。人或視為迂闊。實則何國無禮。何國無樂。春秋
　　之世。諸侯友國賓客往來之燕饗。鼓鐘歌詩。晉國士大夫。猶極一
　　時能事。而晉國之國運。天下莫強。顧曰漢學絕非迂闊。在善用與
　　不善用之判而已。漢學而外不知有學。迂闊也。不善用也。漢學之
　　精神。即君々臣々父々子々。仁義忠信廉節有勇。若徒尚清詞麗句。

〔註111〕潤（魏清德）：〈東遊紀略・其六・漢學決非迂闊〉，《臺灣日日新報》，昭和10
　　　　年（1935）6月6日，夕刊4版。

> 罔肯實事求是。是亦迂闊不善用也。仲尼之徒。雖五尺童子。羞稱
> 五霸。至在致澤。一物不知。儒者之恥。迂闊者絕非漢色本色。迂
> 闊者。沒卻儒教精神。〔註112〕

漢學並非迂腐且不合實際，漢學是實用之學。諸如春秋時期的六藝「禮樂射御書數」，魏清德認為都是實用之學問，六藝為士子必學之學問，將士子打造全方位的文武人才，因此內能匡服國政，外能折衝樽俎。於是春秋時期的晉國士大夫因六藝嫻熟，輔佐晉國國運推向高峰。此外，儒學不單單只是外在的六藝此種技藝而已，而是蘊涵著內的精神文明，諸如倫理綱常、仁義禮智信等德行，維繫著社會安定的基礎。職是之故，魏清德闡述漢學一直是實用且富有內涵的學問，盛行儒學的朝代與國家是興盛且強大，認為漢學不切合實際是不瞭解漢學，也誤用漢學，這也是為什麼清朝衰落而積弱不振的原因。

日本振興漢學，而召開國際儒道大會，當然有其政治意涵，但魏清德注意的是國家能注重漢學，以發揮皇國精神。這就如同上述所提及的晉國壯大，就是士子透徹學習與了解漢學。所以對魏清德來說，漢學本來就應該成為國家的學問，這才是國家強盛的動力源頭。

> 時下東部漢學。有重興氣運。國際儒道大會之開。非僅止於友邦親
> 善。蓋當非常時局。欲藉漢學。以益發揮皇國精神。匡正異端思想。
> 擡高國民道德。是故有論儒教。根據天地公道。人倫常經。寄予於
> 我國民道德不少。有論我國有固有道德。固有文化。自儒教傳入。
> 醇化一體。益見光彩陸離。垂世道人心指導教理。明治維新之鴻模。
> 賴以益贊。降而致今日昌隆國運。有論今之學校。類多養成國外式
> 人才。莫怪漢學益受其擯斥不顧。迨夫馬克斯。黎仁輩之學說勃興。
> 思想動搖。憂國之士。始翻然有悟。及今國粹保存之提唱。尚屬非
> 晚。我日本既基於正義之自信。勇敢脫退聯盟。則我國之文化學說。
> 寧容再追隨耶。勿論漢學復興。歐美科學。及制度長處。益不可不
> 採。但不可如從來醉歐論者。一味盲從。不暇採擇。〔註113〕

湯島聖堂重新後第一次釋奠，以及召開國際儒道大會，邀請中、日、韓、臺、滿洲國等儒者與文人與會出席，這並非單純地以文會友，也並非純為友邦親

〔註112〕潤（魏清德）:〈東遊紀略·其六·漢學決非迂闊〉,《臺灣日日新報》,昭和10年（1935）6月6日,夕刊4版。
〔註113〕潤（魏清德）:〈東遊紀略·其七·漢學重興氣運〉,《臺灣日日新報》,昭和10年（1935）6月7日,夕刊4版。

善，而是藉由漢學帶動東亞國家的團結，以抵禦西方文明的入侵。以魏清德的角度來觀看，西方思想與學說本就不適合東方國家，引入只會造成東方人的不適應與社會動盪，而儒家思想源遠流長，漢學才是東方的中心思想，應本著漢學去學習西方文明。漢學為東方固有道德及固有文化，不可因為19世紀西方白人強力叩關，而讓東方人失去文化自信心。反而要提振漢學，並且藉由漢學振興亞洲，來與西方分庭抗禮。因此，魏清德藉此提醒醉歐論者，須回頭觀看自己既有之文化。

> 以上漢學重興氣運。雖則萌芽。然當依何法表現。采精華。去糟粕。浩瀚之漢籍。豈能盡讀。有關於明德親民。止於至善。修身齊家。治國平天下之學斯可也。昔趙普以《論語》半部佐宋太祖定天下。半部佐宋太宗守天下。書在精而不在多。在善讀而不在多讀也。〔註114〕

最後魏清德提及漢學如何閱讀，此篇最終發表於《臺灣日日新報》，提醒讀者從「明德，親民，止於至善」的典籍切入，學習修身治國之道。讀書並非是為了吟風弄月、無病呻吟，而是為了厚實自己的學養，以報效國家，國家強盛則文學興盛，文學興盛也就國家強盛，所以魏清德才會提到「半部論語治天下」。這也反映出魏清德從以往關注漢文發展與延續，如今卻擴大成振興漢學。因為漢學才是臺灣文人安身立命的基礎，也是維繫社會秩序與安定的錨點，若只是關注漢文的發展，則容易流於追求文藝技巧與手法等此種表面層次。若提昇視野高度，關注漢學，不僅能維繫斯文，也維繫著儒家傳統，這種才不會讓臺人在面對西學浪潮時，而失去自己的根本。

小 結

本章自魏清德年輕之時就讀國語學校論及，從出身背景來探討對於漢文的認知。其實可以發現到魏清德雖是就讀國語學校，但日後進入臺灣日日新報社，影響著他日後發展的走向以及文學成就。倘若當時魏清德國語學校畢業後毅然決然遠赴日本留學，或許其發展走向就如同賴雨若、蔡式穀一樣成為律師或者其他技術人才，漢文就不會完全是重心。不過魏清德任職《臺灣日日新報》，可謂是他理想的工作，不僅能與眾多臺、日漢文人酬唱交遊，又

〔註114〕潤（魏清德）：〈東遊紀略·其七·漢學重興氣運〉，《臺灣日日新報》，昭和10年（1935）6月7日，夕刊4版。

能赴各地考察。也因為是《臺灣日日新報》的漢文記者以及漢文部主任，所以對於臺灣漢文的發展有深刻的瞭解。

魏清德雖是國語學校畢業，而後至公學校擔任教師職務，本身童蒙卻是受漢學教育，學識橫跨西學與漢學。同時掌握西學與漢學，而深知兩者不可偏廢，西學能開啟臺人視野，了解國際脈動，而漢學則是臺灣文化的根本，禮義道德是臺人各安其位的秩序。在魏清德的論述文章中可以看到西學不可不學，不可因為捍衛傳統而拒斥西方文明。可是反過來說，隨著時間推進，魏清德見到時人完全崇尚西學而屏棄漢學，加上社會風氣敗壞，既勢利又虛榮，於是疾呼漢學不可廢，要振興漢文。簡言之，魏清德並不是西化論者，也並非封建守舊之老學究，而是站在既有的傳統去汲取西方文明之中對我有益的部份，也就是藉由西方文明來映照出傳統漢學的獨特性與重要性。魏清德不僅只是在文學上捍衛傳統漢文與堅持漢學，在藝術上亦如是。〔註 115〕更可看出魏清德不斷地認為漢文與漢學要進化，以能在新時代成為有用的文體，而與西學並駕齊驅。

接著，魏清德不認為漢文是文人個人的文學。在乙未之後科舉廢除，中斷臺灣文人的仕途之路，雖說廢除科舉是解放文人的束縛，不必畢身追求制藝試帖，可是臺灣文人卻轉往詩學發展，因此詩社林立。日治時期的臺灣，詩社林立，詩學興盛，卻也帶出隱憂，因為量的擴大並不代表質的提昇，而且詩人之詩作卻是書寫個人內心層面，太過側重於文人的己身，其文風容易流於柔弱優美。魏清德認為文人的書寫風格，會成為一代之文風，若如六朝文風將會以柔弱之美而亡國。文運即為國運，臺灣文人的視野應該放眼全世界，書寫出慷慨激昂的文學作品，文風如此雄壯，則國運昌盛、神州祥和。是故，對於漢文的發展，若要維繫斯文，則不能風雲月露和吟風嘲月，而是心繫國家與人民。

〔註 115〕 謝世英的研究中指出，魏氏強調在臺灣發展出屬於自己特色的鄉土藝術（南畫風格），不要一味洋化，重視文化獨特性的重要，最終目的則是要達到「還我亞細亞」以與西方並列、超越西方。再者，東洋畫本來就是根據東方人的生活而來的，因此要在東洋畫中表現出東方的獨特性，忽視了東洋畫，就沒有自我的發展，無法發展出獨特的亞洲（東方）文化。此外，謝世英接著指出，魏清德了解在文化上，洋化／西化只能作為引介現代性的工具，魏氏理解到文化上只有發展東方特有的感情，臺灣美術具有獨特性，才是建構亞細亞獨特面貌，才能達成與歐洲並列的「還我亞細亞」的最終目的。詳見謝世英：〈從追逐現代化到反思文化現代性：日治文人魏清德的文化認同與對臺灣美術的期許〉，《藝術學研究》8 期（2011 年 5 月），頁 175、181。

　　若說漢文須要慷慨激昂，以呈現出泱泱大國該有之文風。那麼對於漢文背後的價值體系——漢學，則是抵禦西方學說的價值體系。魏清德注意到臺人享受著西方文明所帶來的便利時，心裡層面卻受到侵蝕，無論是耽溺於物質文明，以及信奉西方各種學說主義。魏清德認為東方的社會有其發展脈絡，儒家傳統已在東方流傳上百上千年，在儒家文化的基礎上發展出屬於東方的文明。可是西方各種學說主義進入到東方時，卻使人心浮動，斲傷到傳統禮義道德，導致東方秩序的崩解。魏清德才會提倡漢學，藉由儒家傳統的倫理道德穩定東方的社會與人心。這種非一己之力所能達成，而是透過國家的力量來推動漢學的發揚。整體而言，漢文、漢學與國家是個正向關聯，漢文及其漢學興盛，則國家也就壯大。此外，國家的壯大，也就能帶動漢文及其漢學的發展。

第六章　結　論

　　本論文以胡殿鵬、洪以南、謝汝銓、魏清德等四位文人為觀察對象，以探討日治時期臺灣漢文系譜的質變與衍變。此四人的文學活動場域在《臺灣日日新報》，主要文學產出是傳統漢詩文，其中前三人具有生員功名，由於在乙未之前便已是青年階段〔註1〕，因歷經科舉考試，而受到完整的漢學教育；魏清德在乙未之際乃是幼童，雖說童蒙時期接受漢學私塾養成，但成長階段所受正規教育則是總督府設立的新式學校。不過，胡殿鵬、洪以南、謝汝銓等三位秀才在進入日本時代時，其遺民意識並沒有其他傳統文人來得濃烈與激烈；魏清德的漢文教育雖不若前三位來得扎實，但對於傳統漢文卻是持保存與延續的立場，甚至以漢文作為主要文學活動。

　　本文探究乙未割臺之後，臺灣傳統漢文受到衝擊，而有何變化與因應，藉此探討臺灣傳統漢文系譜的演變。首先，政權轉換的確讓臺人受到震撼，但科舉之路的斷絕，對文人的衝擊不亞於日本進佔臺灣，雖說臺灣文人可以內渡至福建或廣東〔註2〕，但受限於財力或者顧慮到臺灣的祖業，大多文人仍留守臺灣。1895年之後的臺灣無法科考，不僅讓臺灣文人頓失前途與仕途，之後清廷於1905年廢除科舉，連中國本地的文人也無所適從。由此可見，科舉對於文人可說是畢生生命追求的目標。然而，若沒有科舉，那麼漢文怎麼辦？漢文是否無用武之地？漢學及其背後的儒家文化價值觀是否就成為歷史餘燼？

　　本文討論胡殿鵬、洪以南、謝汝銓、魏清德等四位文人，可以發現到進入

〔註1〕　胡南溟（1869～1933）、洪以南（1871～1927年）、謝雪漁（1871～1953）、魏
　　　　　清德（1887～1964年）。
〔註2〕　例如臺灣進士施士洁定居於福建泉州，而丘逢甲則是回廣東鎮平。

新時代與新政權後，對於漢文的延續而有其彈性的作法。值得注意的是，日本帝國統治臺灣，並不能與過去中國改朝換代相提並論。過去中國改朝換代之時，雖說文人有改仕新朝或辭粟首陽，甚至是忘身殉國等個人選擇，但漢學依然延續，漢文成為新王朝帝王所提倡的重點，同時開科取士以安撫士人，達到穩定統治基礎之目的。可是日本在明治維新之後，逐漸成為現代民族國家（Nation State）〔註3〕，同時邁向文明開化之路〔註4〕，其中這「文明」是指向西方現代文明知識。〔註5〕也因為如此，使傳統文人有著深刻的危機感，面臨到漢學的知識主導將被西學所取代〔註6〕，這也是為何臺灣傳統文人要高喊維繫斯文於一線之因。接著，總督府在臺灣進行現代化之時，設立新式學校以傳播西方現代文明知識，這也意謂著漢文即將不是必學的知識，過去漢文為壟斷性的知識也被打破，更重要的是，已無法透過漢文取得功名，並獲得朝廷所分享的權力，進而得到利益與聲望。此時的臺灣也正是從「仕紳社會」過渡的「知識人社會」，由知識人取代過去的文人與仕紳。〔註7〕當文人所學的漢文

〔註3〕 林呈蓉指出，西元 1889 年作為國家存立宣示之『大日本帝國憲法』的頒布，西元 1890 年作為國民教育基本法之『教育勅語』的宣告、以及西元 1895 年甲午戰爭的獲勝等。這三者也是促使近代日本社會能統合成「民族國家」之三項不可或缺的要件。參見林呈蓉：〈從歷史風土探討日本「國家意識」的建構〉，《臺灣國際研究季刊》2 卷 3 期（2006 年秋季刊），頁 13。

〔註4〕 明治初期便帶起移植西洋思想的風潮，從西方各國輸入思想與文化，主要以英美系的自由主義、功利主義與合理主義思想。除了引進西方思想之外，也對外派出留學生，吸收歐美的政治知識與學問，學成歸國後，均位居要津。林明德：《日本史》（臺北：三民，1993 年 9 月），頁 258～259。

〔註5〕 陳瑋芬指出，福澤諭吉所定義的「文明」，意味開化國家所應具備社會制度和生活文化之整體，它是一個表示以西方先進國為終極目標的到達點、或者到達過程的詞語。參見陳瑋芬：〈近代化願景與概念的形成——試論近代日本新「文明」概念的意義建構與內涵〉，《東亞觀念史集刊》11 期（2016 年 12 月），頁 245。

〔註6〕 不僅臺灣如此，就連清末民初的中國也是面臨到漢學將被西學所取代，認為漢學已無法適應於新時代。李澤厚指出，譚嗣同對封建綱常的沉痛攻擊，嚴復於中西文化的尖銳對比，梁啟超所大力提倡的「新民」，就都是用「西學」（西方近代文化）反「中學」（中國傳統文化）的啟蒙運動。參見李澤厚：〈啟蒙與救亡的雙重變奏〉，《中國思想史論（下）》（安徽：安徽文藝出版社，1999 年 1 月），頁 824。

〔註7〕 「仕紳社會」是指傳統教育出身，且具有功名的文人仕紳。之所以是文人，乃是因為具有科舉考試而被朝廷正式賦予的功名，但這功名卻讓文人在地方上獲得儒家文化所形成的威權，因而成為仕紳，並且填補朝廷與地方之間的權力真空，形成具有自治性質的仕紳社會。這種仕紳社會，鑲嵌在鄉村的家族宗法關係和城市的地域、鄰里關係之中，成為朝廷官員與地方民眾之間的中介性精英。「知識

已不再具有主導性之時，顯而易見的衝擊便是生計問題。所以胡殿鵬、謝汝銓依賴臺灣日日新報社的薪資，洪以南因家產豐厚本就毋需擔心收入問題，加上又是地方頭人，而成為總督府重點籠絡的對象。魏清德則是因為報社所給予的薪資高於公學校訓導的月俸，加上記者符合自己的心志，因而跳槽至臺灣日日新報社。不過，此四位文人均與臺灣日日新報社關係密切，並且以此為平臺與日本官吏文人交遊酬唱，在與日人交流漢文之時，逐漸形構東亞漢文的想像。

一、本研究初步成果

（一）臺、日交會的泛漢文共同體

乙未割臺之後，日本統治臺灣，臺人之所以反抗日本，乃是不願淪為異族的奴隸。可是治理臺灣的日本官員卻展現出深厚的漢學素養，以及舉辦「揚文會」此種具有濃厚政治與儀式意涵的大型文學活動，使臺灣傳統文人感受到日本對於漢文的用心。日人官吏使用漢文與臺灣文人交流酬唱，表面雖是籠絡與安撫臺灣文人，可是深層的原因卻是向臺人展現日本為華夏之國。日本人雖不是漢族，但「由夷入夏」之後，就是具有華夏文明之國。因為就儒家觀點來說，是持文化主義，而非種族主義。因此只要外來統治者願意接受與提振漢文，那麼就是個華夏之國。

只是為何胡殿鵬、洪以南、謝汝銓與魏清德等傳統文人並不反對日本漢文進入到臺灣，以及與日本官吏、文人毫無隔閡的交流。這部份從君臣大義和文學氣運的角度切入便能看出端倪。

作為參照的對象便是外來征服王朝——「元」、「清」。元朝為蒙古人、清朝為女真人，但是入主中原之後，均開科取士以安撫文人，也皆以推崇漢學。〔註8〕雖然這二個朝代均有種族歧視之況，無論是蒙古人、色目人崇高，而貶

人社會」則是新式教育出身，以學校文憑取代科舉功名，雖說也是介於國家（上層的國家權力）與社會（下層的市民社會）之間，但由於職業身分是多元，不再也統一的意識形態，也不再有以往朝廷科舉制度所認同的正式身分。參見許紀霖：〈重建社會信心——現代中國的「知識人社會」〉，收錄於王汎森等著：《中國近現代思想史的轉型時代》（臺北：聯經，2007年12月），頁142～144。

〔註8〕宋濂就稱讚忽必烈「以夏變夷」，尊崇漢學：「世祖度量弘廣，知人善任使，信用儒術，用能以夏變夷，立經陳紀，所以為一代之制者，規模宏遠矣。」〔明〕宋濂等撰，楊家駱主編：〈本紀第十七・世祖十四〉，《新校本元史》（臺北：鼎文書局，1977年），頁377。

抑南人，或者旗人歧視漢人。然而在鼎革之際，元朝與清朝被推翻之時，仍有漢文人選擇持續效忠這兩個王朝，而不願出仕新的漢人政權。〔註9〕這也看出文人在面臨改換代時的政治抉擇，是出自於君臣大義，而非夷夏之辨。

若回頭來觀看日治初期的臺灣漢文人，當總督府舉辦大型文學活動，邀請眾多臺、日文人與會，其中督憲與藩憲帶頭吟詠漢詩，如此更是讓臺灣文人加深政府有心提振漢文之印象。事實上，在揚文會之後並非只有兒玉源太郎與後藤新平邀請臺灣文人出席文學盛會，其後的總督與民政長官也重視與臺灣文人的文學交流，由總督賦詩，臺灣文人謹次瑤韵、即席賦呈。〔註10〕如此官民的酬唱而讓臺灣文人更加堅信日人是支持漢學發展。

當然，筆者從「君臣大義」與「夷夏之辨」的角度切入來討論臺灣漢文系譜，並非就認為臺人完全效忠日本帝國以及認同其統治，而是藉由此種角度來探討出為何臺灣傳統文人不會拒斥與日本人進行文學交流，同時在交流過程中而有著親近感。前者乃是督憲、藩憲與臺灣文人面對面互動寒暄，督憲、藩憲賦詩後，則由臺灣文人次韵吟詩。接著，也透過報紙的版面刊登督憲和藩憲的詩作，同時也刊登臺灣文人與之唱和的詩作。無論是親身互動還是在平面媒體隔空唱和，都是讓臺人有著總督府高層振興漢文的印象。再者，日本翻轉華夷秩序，並且重新定義中原中心，當華夏中心的日本領有臺灣之後，從總督以降之各個官吏具有深厚漢學根基，與臺灣文人交遊唱和，這些都影響著臺灣傳統文人的觀感，甚至能結交友誼或贏得好感。〔註11〕

〔註9〕蕭啟慶的研究中指出，易代之際，多數進士作出「忠元」的抉擇，主要是由於道學「君臣大義」觀念的影響。由於元代各族進士皆深受道學薰陶，「君臣大義」的名節觀念深入其心。各族進士為國犧牲往往都以「為臣死忠，為子死孝」來表白其決心。而遺民大多數以對故國舊君保持「不二」的忠節來自勵。忠君觀念在當時可說是一超越族群藩籬的普世價值，而「夷夏之辨」的觀念則在漢人、南人中顯然未起作用。詳見蕭啟慶：〈元明之際士人的多元政治抉擇——以各族進士為中心〉，《臺大歷史學報》32期（2003年12月），頁133~134。

〔註10〕總督邀請臺灣文人出席文學活動，並共同唱和，對臺人而言是莫大的榮譽，在報導中便能看出驚喜感：「斐亭鐘歌。揚文會停。得政務餘閒。文章卓茂之文官讓山總督。今茲一番鼓舞。其溫情之懇摯。循々善誘。於漢文日就頹廢之今日。大有禆益。各詩人十分感激。僉謂昌黎之治潮。文翁之化蜀。亦不是適也。」不著撰人：〈東門官邸文字宴　讓山督憲招待全島詩人〉，《臺灣日日新報》，大正10年（1921）10月26日，5版。

〔註11〕總督府高層與臺灣文人吟詠，除了這些官員本身就雅好詩賦之外，同時也傳達出忠君愛國與宣揚治臺功績等政治意涵，但對臺灣文人來說卻是恩寵，能讓自己獲得肯定。如李世偉的研究中指出，日本當局藉吟唱以誇示治臺功績

　　職是之故，從揚文會之降的各種官方文學活動，不斷地讓臺灣傳統文人加深其重視漢文的印象，胡殿鵬、洪以南、謝汝銓與魏清德等文人也認可官方維繫漢文的舉動。於此也讓臺灣傳統文人開始認為漢文應該要貼近國家，才能繼續蓬勃發展。有意無意間將漢文抬高至國家文學的位階，認為國家強盛，文學便能興盛。若漢文是國家的文學，也是主要的知識體系，那麼臺灣文人就必須回應與呼應國家。因此胡殿鵬率先提出「明治體」主張，將文運接合國運，並以此為臺灣漢文開創另一個文學盛世。

　　承上，胡殿鵬提出「明治體」主張其來有自，之後無論是洪以南、謝汝銓與魏清德能看出與胡殿鵬類似的看法，也就是漢文的興盛與國家的強盛互為表裏。明治 33 年（1900）「揚文會」之後，使臺灣文人的心中奠定日本是能保存與延續漢文的印象，日本的漢文傳統源自於古代中國，甚至有些古老的傳統已在中國失傳，可是日本卻保存迄今，意謂著日本是個漢文國家，並沒有因為文明開化後而全面揚棄漢文。接著，日本乃是個強盛的帝國，國家強盛也表示能帶動文學興盛，甚至能將漢文推廣至全臺灣，乃至於東亞及其外。

　　就臺灣漢文發展的角度來說，清領時期的臺灣漢文即為清廷的漢文，在科考取士的架構之下，漢文乃為主要的知識體系，文人依此架構而能邁向仕途，晉身官員。當清廷與科舉依然存在，則漢文便能維持不墜，成為所有士子所必須修習的智識。可是當日本統治臺灣之後，西學的衝擊讓漢文出現沒落的危機。再者，日本無論是教育體系或是任用官吏的文憑均為西學，如此一來漢文就難以在新時代成為有用與應用的學問。易言之，在前清時代，漢文為朝廷主要的知識體系，也是唯一認可的知識，漢文與朝廷結合，並構成文化與社會秩序；可是進入日治之後，漢文與國家已經脫勾，國家所需要之人才或者國家所要發展的知識便不再透過漢文汲取，這樣的漢文便成為地方和民間的知識與文體，失去國家羽翼庇護的漢文就將隨著時間而漸漸走向邊緣，甚至是消逝，這正也是臺灣傳統文人所擔憂之處。

　　若要延續乃至於振興漢文，那麼重新搭上國家的文學主體，乃為最佳解。當成為國家的文學，漢文自然就成為國民所必須學習的文體，漢文就重回到知

的用心。相對而言，臺灣詩人能獲得日本總督的恩寵，吟唱於總督官邸，無疑使得詩人的地位獲得肯定與提昇。對於過往不復返的科舉功名殊榮，日本官方此舉實對詩人文士具有高度的替代性功能。詳見李世偉：《日據時代臺灣儒教結社與活動》，頁 30。

識主導的地位，雖說無法驅逐西學的地位，但至少東洋漢文能與西洋西學並駕齊驅，使漢文保持不墜地位。就臺灣文人而言，日本統治臺灣之後，漢文雖有沒落危機，但在日人獎掖漢文的種種措施，使漢文蓬勃發展。〔註12〕這樣的脈絡，胡殿鵬提出「明治體」主張，便是認為日本為漢學之國，並有心於傳揚漢文，若臺灣漢文搭配著國家，就能再造漢唐盛世之文學風潮，讓漢文持續發揚。除了胡殿鵬，洪以南、謝汝銓與魏清德的論述，均能看到臺灣漢文的傳揚需依賴官方的力量來推動。

若漢文命脈與國家興亡相結合，那麼強盛的日本帝國便是個治世的年代，而漢文乃為治世之文學。於此，文人自然不能置身其外，必須為國效力，因為臺灣文人以文學報國就能興國，興國便能漢文興盛。表面上是臺灣文人呼應國策，為國協力，實質上則是透過國家來保存與延續漢文的命脈。不過這並不能簡單化約為這些臺灣文人效忠日本帝國，也並非認為臺灣漢文就「溶入」日本漢學之中，成為日本漢學的支流，而是胡殿鵬、洪以南、謝汝銓與魏清德等人的觀點是認為臺灣和日本的漢文都是「同文」，也就是同一個漢文根源，共享漢文的知識體系，為一種泛漢文的共同體。〔註13〕

整體而言，胡殿鵬、洪以南、謝汝銓與魏清德等人的論述，肯定臺灣漢文應有積極之面向，雖然在乙未割臺之際，臺灣漢文曾有困頓期，文人也因廢除科舉而有迷惘，但日本總督府官員對於漢文的用心，讓臺灣文人看到漢文的新面向與新希望，甚至看到漢文能成為國家文學的契機。因此，臺灣漢文應積極入世，國家壯大之時，漢文及其漢學就能興盛，建構日治之後新時代的漢文風貌，重回知識領導的地位。

（二）漢文無法成為國家文學之因

從胡殿鵬、洪以南、謝汝銓與魏清德等人的論述，探討出日治時期臺灣漢

〔註12〕 黃美娥指出，日本人種種的表現，化解了乙未割臺之際，傳統文人對於漢文學存滅的憂慮，也因日人的舉措而愈加肯定漢詩不敗的地位，提供舊文學一個持續穩定成長的空間結構。參見黃美娥：〈尋找歷史的軌跡：臺灣新、舊文學的承接與過渡（1895～1924）〉，《臺灣史研究》11 卷 2 期（2004 年 12 月），頁 178。

〔註13〕 江寶釵指出，在東亞同文的基礎上，漢文人服膺殖民話語的文藝論述，卻也形成一個「擬」民族文藝的想像共同體：透過日本的擴張論述，將漢文化圈的各國包容在內，想像一個「漢民族」的文藝，進而可與日本的大亞洲主義接縫。不過江寶釵卻認為這止於議論，相應的作品相當稀少。參見江寶釵：〈日治時期臺灣文人的國民性論述暨其意義〉，《淡江中文學報》30 期（2014 年 6 月），頁 230。

文有著積極之一面，認為新時代的臺灣漢文應有其朝氣蓬勃的風貌，文人不應意志消沈，任由漢文衰微。若漢文衰微，則整個漢文體系便會分崩。是故，文人應積極重振漢文。日本總督府在臺設立之後，其官員屢與臺灣文人交遊酬唱〔註14〕，使部份臺灣文人認為日本官員有心於漢文傳承，因而認為日本為漢文的傳承者與保護者。

相較於櫟社文人從初期的遺民性格到加入臺灣文化協會，走向文化啟蒙的非武裝抗日，開闢出自有的道路。胡殿鵬、洪以南、謝汝銓與魏清德等人則是走入日本總督府的官紳結構之中，雖然官紳結構有利於自身的事業經營與人脈關係網絡〔註15〕，但也因為走進官紳結構，其視角就無法完全擺脫日本官方之影響，就如江寶釵所說的「東方化的東方人」〔註16〕，或者王幼華曾言的「帝國文化霸業」。〔註17〕但是為什麼此四位臺灣文人會願意親近官方，以及回應日本官員所作之漢文？筆者以為「遠人不服，則修文德以來之」為臺、日雙方共同的交會點。就日本官方來說，透過漢詩文的方式展現文化力量，讓臺灣文人心悅誠服，並有意納入官方的漢文體系之中。但是對於臺灣文人來說，也是透過漢詩文的方式展現深厚的文化底蘊，使統治者不能忽視臺灣文人、仕紳等知識階層，促使總督府官員與之合作。〔註18〕就從另一角度來說，在漢詩

〔註14〕黃美娥指出，德川幕府的江戶時期為第二個漢文黃金時代，因此日本本身就有其漢文熱潮，到了明治維新之後如此。因此，日本統治臺灣之後，官員與文人在臺展開的多項漢詩文集體吟唱、徵集作品，以及成立文學社群，乃為日本自身漢文學寫作風潮在海外殖民地的拓展與延續。黃美娥：〈久保天隨與臺灣漢詩壇〉，《臺灣學研究》7期（2009年6月），頁21。

〔註15〕這其中以謝雪漁與魏清德最為顯著，此二位文人本為陷入困頓且不滿於現狀，而最終進入臺灣日日新報社，之後便步步高陞，獲得名望。

〔註16〕江寶釵認為漢文主體性受到同文主義的蠶食鯨吞，可能已無法簡單視為「交混」參見。江寶釵：〈日治時期臺灣文人的國民性論述暨其意義〉，《淡江中文學報》30期（2014年6月），頁230。

〔註17〕王幼華認為日本在文化政策上進行研究、論述，進而納編。以其學術界傾力進行「漢學」研究，要將「中國學術及文化日本化」，將其轉化、詮釋為日本文化的系統。因此，臺灣日據時代的傳統詩社活動，基本上也是在這樣的「帝國文化霸業」意志下的一環，於是以漢詩創作的方式來作為日本國民，瀛社社員扮演了相當成功的角色。可是，王幼華也指出此種文人是缺乏主體性，使得日治到戰後，不得不被迫隨政權轉移而轉向。王幼華：〈日本帝國與殖民地臺灣的文化構接——以瀛社為例〉，《臺灣學研究》7期（2009年6月），頁48。

〔註18〕許時嘉指出，渡臺的日本文人要讓臺灣文人「推崇心服」，就是以完美的文章展現統治者的權威，但同時，他們也必須不時地思索著「正確的」、「最符合中文的」語意表現與字詞運用，必要時還要作出最適切的修正。參見許時嘉：〈明

文的平臺上，雙方都是對等，因為創作都必須合乎格律要求，於此雙方在漢詩文的平臺上展現各自的文化實力，同時爭取對方。所以日本統治者要爭取臺灣漢文納入自己的帝國文化體系中，而臺灣文人則是要將漢文成為國家文化體系的主體位置。於此，漢文似有榮景與振興的光明未來。

　　不過這個前提是上位者熟悉漢文且願意關注漢文，這種所衍生的困境便是「時間」。隨著時間的推移，臺灣傳統文人日漸凋零，而日本漢文人也是如此。當漢文不再是主要知識體系，也意謂著學校教育並不會以傳授漢文為主體，尤其是當現代學科體系建立之後，文學只是眾多學科之一，而漢詩文只是文學的其中一個面向。這也表示乙未之後所出生的年輕人不見得對漢文熟悉，就算傳統文人之子弟也不全然擅長漢文。〔註19〕

　　其次，統治者不再以漢文作為官方的漢文體系。現代學科體系建立之後，文學雖只是一個學科，但是文學本身有著知識性的外殼時，也帶有權力的內裏，也就是文學作為增強民族意識、國家意識，以提昇民族凝聚力的載體。〔註20〕若說文學代表著國家的文化實力，當日本人熟悉漢文的文人愈來愈少，就會以日本自有的傳統文學取代之。臺灣進入大正時期之後，日本文人開始宣揚和歌與俳句便是一例。〔註21〕

　　質言之，自「明治體」開始，臺灣文人欲透過日本以借力使力的方式來振興漢文，甚至企圖使漢文成為日本國家的主要文化體系。當熟悉漢文的人愈來愈少時，就難以為繼，更遑論能成為臺灣與日本的共有文化資產。雖說臺灣漢文隨著科舉世代的老一輩文人逐漸凋零，而出現質的下降，但日治時期的臺灣卻是詩社林立的時代，有著量的提昇。這也意謂著臺灣漢文在民間蓬勃發展，

治日本的漢詩文意識與殖民地統治──一個社會思想面的考察〉，《漢學研究》31 卷 3 期（2013 年 9 月），頁 287。

〔註19〕廖振富就以櫟社為例，戰爭時期集體入社的第二批社員，以及戰後的第三批社員，為第一代社員的子弟或門生故舊，但文學素養就不見得能繼承第一代的高成就。廖振富舉林攀龍、洪炎秋為例，就未必以古典詩見長。參見廖振富：〈百年風騷，誰主浮沉？──二十世紀臺灣兩大傳統詩社：櫟社、瀛社之對照觀察〉，《臺灣文學研究學報》9 期（2009 年 10 月），頁 243。

〔註20〕馬睿：《文學理論的興起：晚清民初的一份知識檔案》，頁 55。

〔註21〕陳培豐的研究中指出，進入大正時期不久，臺灣陸續出現付和芳賀、久松、折口、幸田等內地文化人宣揚俳句、和歌的主張論說，而漢文被排除於教育場域之外，甚至俳句與和歌進入國語教科書的教材。參見陳培豐：〈日治時期的漢詩文、國民性與皇民文學：在流通與切斷過程中走向純正歸一〉，收入國立成功大學臺灣文學系編：《跨領域的臺灣文學研究學術研討會論文集》，頁 487。

漢文不再是陽春白雪，而是卻走入群眾，成為黔首百姓之間熱絡的藝文活動。

二、本研究未竟之處

本研究自「明治體」切入，進而論及胡殿鵬、洪以南、謝汝銓與魏清德等人的論述，以探討日治時期臺灣漢文系譜的質變與衍變。但日治時期的臺灣漢文各有不同面向，受限於篇幅而無法一一梳理與討論。

首先，綜觀日治時期臺灣漢文的發展走勢，有 1895 年乙未割臺、1900 年揚文會、1924 年新舊文學論戰、1937 年中日戰爭以及 1941 年太平洋戰爭（大東亞戰爭）等重要時間節點，透過這些節點能觀察漢文人有何文學產出與文學主張，進而探究出現何種的變化。但是受限於上述四位文人的生命歷程，而無法完整討論整個日治時期（1895～1945）的臺灣漢文。諸如胡殿鵬 1933 年逝世，洪以南 1927 逝世，因而無法完整討論至 1945 年。因此，本論文的焦點主要關注在乙未割臺之後，至新舊文學論戰之前，主軸在於進入新政權與新時代之後，臺灣文人如何面對與肆應，進而觀察臺灣漢文的發展。

其次，臺灣漢文人之中，本論文僅關照胡殿鵬、洪以南、謝汝銓與魏清德等四位文人，這之中的重要性、關聯性與共通點，筆者就不再贅述。不過，跨越清領與日治兩時期之文人並非少數，甚至與《臺灣日日新報》與瀛社相關的臺灣文人並不只有這四位文人而已。另外，日治時期的臺灣也有為數不少的在臺日本漢文人，這些日本漢文人與臺灣漢文人多有來往，且有深厚交情，從臺、日文人的人際關係網絡到文人社群與聚會的酬唱，以及日本漢文人是否影響臺灣漢文發展，這都是值得深究的議題，也能勾勒出臺灣漢文發展的圖像。不過由於篇幅所限，筆者尚無法全面關照這些文人如何面對時代變化，因而以上述四位文人為本文的討論對象。

第三，本論文主要研究對象為上述四位文人，而研究取材以《臺灣日日新報》與《漢文臺灣日日新報》為主。原因在於此四位文人的共通點是《臺灣日日新報》，其中有三人更是任職於臺灣日日新報社，加上《臺灣日日新報》又是整個日治時期發行量第一的大報，以及該報與總督府官方多有互動且關係良好。因此從這兩份報紙取材，不僅能觀察他們如何透過平面媒體來影響讀者之外，也能管窺出藉由臺灣日日新報社建構出何種人際關係網絡。當然，此四位文人並非只發表於這兩大報紙，而且其他漢文人的文學作品也散見於各個報紙與雜誌。因此日後筆者繼續進行日治時期臺灣漢文的相關研究，取材則會擴及至《臺灣日日新報》以外的報章雜誌。

　　是故，待日後在本論文的研究基礎上，能延續性地更深入探究傳統文人對於漢文傳承的努力與想法，及其衍生的問題與困境，運用共時性與歷時性的研究方式，期待未來能全面地呈現日治時期臺灣漢文的各個面向。

參考文獻

一、日治時期平面媒體

1. 《臺灣日日新報》電子資料庫（臺北：漢珍數位圖書）。
2. 《漢文臺灣日日新報》電子資料庫（臺北：漢珍數位圖書）。
3. 《臺灣教育會雜誌》，國立臺灣圖書館，「日治時期期刊影像系統」。

二、胡殿鵬、洪以南、謝汝銓、魏清德等相關專書

1. 謝汝銓：《雪漁詩集・蓬萊角樓詩存》（臺北：龍文，1992 年 6 月）。
2. 全臺詩編輯小組編撰、施懿琳主編：《全臺詩》19 冊（臺南：國立臺灣文學館，2011 年 10 月）。
3. 全臺詩編輯小組編撰、施懿琳主編：《全臺詩》20 冊（臺南：國立臺灣文學館，2011 年 10 月）。
4. 全臺詩編輯小組編撰、施懿琳主編：《全臺詩》25 冊（臺南：國立臺灣文學館，2012 年 12 月）。
5. 黃美娥主編：《魏清德全集・壹・文獻卷》（臺南：國立臺灣文學館，2013 年 12 月）。
6. 黃美娥主編：《魏清德全集・貳・詩卷》（臺南：國立臺灣文學館，2013 年 12 月）。
7. 黃美娥主編：《魏清德全集・參・文卷》（臺南：國立臺灣文學館，2013 年 12 月）。

8. 黃美娥主編:《魏清德全集‧肆‧文獻卷》(臺南:國立臺灣文學館,2013年12月)。

9. 黃美娥主編:《魏清德全集‧伍‧小說卷》(臺南:國立臺灣文學館,2013年12月)。

10. 黃美娥主編:《魏清德全集‧陸‧小說卷》(臺南:國立臺灣文學館,2013年12月)。

11. 黃美娥主編:《魏清德全集‧柒‧文獻卷》(臺南:國立臺灣文學館,2013年12月)。

12. 黃美娥主編:《魏清德全集‧捌‧目錄卷》(臺南:國立臺灣文學館,2013年12月)。

三、日治時期相關研究專書

1. 孔昭明主編:《魂南記、割臺三記、臺海思慟錄、瀛海偕亡記、臺戰演義、馬關議和中之伊李問答》合訂本(臺北:大通書局,1987年)。

2. 王松:《滄海遺民賸稿》(南投:臺灣省文獻委員會,1994年5月)。

3. 王松:《臺陽詩話》(南投:臺灣省文獻委員會,1994年5月)。

4. 丘逢甲:《嶺雲海日樓詩鈔》第三冊(臺北:臺灣銀行經濟研究室,1960年8月)。

5. 民眾公論社‧林進發編著:《昭和七年臺灣官紳年鑑(二)》(臺北:成文出版社,2010年6月)。

6. 江寶釵:《臺灣古典詩面面觀》(臺北:巨流,1999年12月),頁63~67。

7. 李知灝選注:《吳德功集》(臺南:國立臺灣文學館,2013年11月)。

8. 施士洁:《後蘇龕合集》(南投:臺灣省文獻委員會,1993年9月)。

9. 洪繻:《八州遊記》卷十二(南投:臺灣省文獻委員會,1993年5月)。

10. 洪繻:《寄鶴齋古文集》(南投:臺灣省文獻委員會,1993年5月)。

11. 洪繻:《寄鶴齋詩集》(南投:臺灣省文獻委員會,1993年5月)。

12. 洪繻:《瀛海偕亡記》卷上(南投:臺灣省文獻委員會,1993年5月)。

13. 許南英:《窺園留草》(臺北:龍文,1992年3月)。

14. 陳光瑩:《臺灣古典詩家洪棄生》(臺中:晨星,2009年3月)。

15. 陳曉怡編:《洪鐵濤文集》(臺南:臺南市政府文化局,2017年2月)。

16. 黃美娥:《古典臺灣:文學史、詩社、作家論》(臺北:國立編譯館,2007年7月)。

17. 黃美娥：《重層現代性鏡像：日治時代臺灣傳統文人的文化視域與文學想像》（臺北：麥田，2004 年 12 月）。

18. 詹雅能、黃美娥選注：《魏清德集》（臺南：國立臺灣文學館，2013 年 11 月）。

19. 黃哲永、吳福助主編：《全臺文》31 冊（臺中：文听閣圖書，2007 年 7 月）。

20. 廖振富：《臺灣古典文學的時代刻痕：從晚清到二二八》（臺北：國立編譯館，2007 年 7 月）。

21. 廖振富選注：《林癡仙集》（臺南：國立臺灣文學館，2011 年 12 月）。

22. 謝崇耀：《百年風華新視野：日治時期臺灣漢文學及文化論集》（臺南：臺南市立圖書館，2009 年 12 月）。

23. 鷹取田一郎：《臺灣列紳傳》（臺北：臺灣總督府，1916 年）。

四、古籍

1. 〔漢〕司馬遷撰，會合三家注：《新校史記三家注》第三冊（臺北：世界書局，2009 年 4 月）。

2. 〔漢〕司馬遷撰，會合三家注：《新校史記三家注》第四冊（臺北：世界書局，2009 年 4 月）。

3. 〔漢〕許慎著，〔清〕段玉裁注：《說文解字》二篇下（臺北：萬卷樓，2002 年 8 月），頁 72。

4. 〔漢〕董仲舒著，朱永嘉、王知常注譯：《新譯春秋繁露》（下）（臺北：三民書局，2007 年 2 月）。

5. 〔唐〕韓愈：《韓昌黎集》第一卷（臺北：河洛圖書出版社，1975 年 3 月）。

6. 〔唐〕李鼎祚著，陳德述整理：《周易集解》（四川：巴蜀書局，1991 年 5 月）。

7. 〔宋〕程頤、程顥撰：《二程集（一）》（臺北縣：漢京文化事業有限公司，1983 年 9 月），頁 239。

8. 〔南朝宋〕范曄撰，〔唐〕李賢注，王雲五主編：《後漢書·卷七六》（下）（臺北：臺灣商務印書館，2010 年 10 月）。

9. 〔明〕宋濂等撰，楊家駱主編：〈本紀第十七·世祖十四〉，《新校本元史》（臺北：鼎文書局，1977 年）。

10. 〔清〕周璽總纂，臺灣銀行經濟研究室編：《彰化縣志‧卷四‧學校志》（臺北：臺灣銀行，1958 年 10 月）。

11. 〔清〕焦循撰，沈文倬點校：《孟子正義卷十一‧滕文公上》（北京：中華書局，1987 年 10 月）。

12. 劉尚慈譯注：《春秋公羊傳譯注》上冊（北京：中華書局，2010 年 5 月）。

五、專書

1. Anthony Giddens（安東尼‧紀登斯）著，胡宗澤、趙力濤譯：《民族——國家與暴力》（臺北縣：左岸文化，2002 年 3 月）。

2. Arnold van Gennep（范傑納）：《過渡禮儀》（北京：商務印書館，2012 年 12 月）。

3. Benedict Anderson（班納迪克‧安德森）著，吳叡人譯：《想像的共同體：民族主義的起源與散布》（臺北：時報文化，2005 年 9 月）。

4. Emile Durkheim（涂爾幹）著，芮傳明、趙學元譯：《宗教生活的基本形式》（臺北：桂冠，2007 年 4 月）。

5. Leo T. S. Ching（荊子馨）著，鄭力軒譯：《成為「日本人」：殖民地臺灣與認同政治》（臺北：麥田，2007 年 6 月）。

6. Michel Foucault（米歇爾‧傅柯）著，王德威譯：《知識的考掘》（臺北：麥田，2001 年 1 月）。

7. Michel Foucault（米歇爾‧傅柯）著，劉北城、楊遠嬰譯，《規訓與懲罰》（北京：生活‧讀書‧新知三聯書店，2007 年 4 月）。

8. Peter Burke（彼得‧柏克）著，賈士蘅譯：《知識社會史：從古騰堡到狄德羅》（臺北：麥田，2003 年 1 月）。

9. 文可璽：《臺灣摩登咖啡屋：日治臺灣飲食消費文化考》（臺北：前衛，2014 年 7 月）。

10. 王汎森等著：《中國近現代思想史的轉型時代》（臺北：聯經，2007 年 12 月）。

11. 王國維：《王國維先生全集‧初編》第五冊（臺北：大通書局，1976 年）。

12. 王國維：《王國維遺書》第四冊（上海：上海書店，1996 年）。

13. 王夢鷗：《中國文學理論與實踐》（臺北：里仁，2009 年 9 月）。

14. 朱惠足：《現代的移植與翻譯：日治時期臺灣小說的後殖民思考》（臺北：麥田，2009 年 8 月）。

15. 江宜樺:《自由主義、民族主義與國家認同》(臺北:揚智,1998 年 5 月)。

16. 衣若芬、劉苑如主編:《世變與創化——漢唐、唐宋轉換期之文藝現象》(臺北:中央研究院中國文哲所籌備處,2000 年 2 月)。

17. 余育婷:《想像的系譜:清代臺灣古典詩歌知識論的建構》(臺北:稻鄉出版社,2012 年 11 月)。

18. 吳文星:《日治時期臺灣的社會領導階層》(臺北:五南,2008 年 5 月)。

19. 吳珮葭:《從中國反譯日本?:竹內好抗拒西方的策略》(臺北:國立臺灣大學政治學系中國大陸暨兩岸關係教學與研究中心,2007 年 6 月)。

20. 李仁淵:《晚清的新式傳播媒體與知識份子:以報刊出版為中心的討論》(新北:稻鄉,2013 年 11 月)。

21. 李圭之:《近代日本的東洋概念——以中國與歐美為經緯》(臺北:國立臺灣大學政治學系中國大陸暨兩岸關係教學與研究中心,2008 年 3 月)。

22. 李兵:《書院教育與科舉關係研究》(臺北:臺灣大學出版中心,2005 年 4 月)。

23. 李澤厚:《中國思想史論(下)》(安徽:安徽文藝出版社,1999 年 1 月)。

24. 周英雄、劉紀蕙編:《書寫臺灣:文學史、後殖民、後現代》(臺北:麥田,2000 年 4 月)。

25. 周聖來:《美意識的種子:和製漢詞對中國現代文學的影響》(香港:練習文化實驗室有限公司,2017 年 6 月)。

26. 屈萬里:《詩經釋義》(臺北:中國文化學院出版部,1980 年 9 月),頁 276。

27. 林以衡:《日治時期臺灣漢文俠敘事的階段性發展及其文化意涵——以報刊作品為考察對象》(臺北:國立編譯館,2009 年 5 月)。

28. 林志宏:《民國乃敵國也:政治文化轉型下的清遺民》(臺北:聯經,2010 年 10 月)。

29. 林明德:《日本史》(臺北:三民,1993 年 9 月)。

30. 林學忠:《從萬國公法到公法外交:晚清國際法的傳入、詮釋與應用》(上海:上海古籍出版社,2009 年 12 月)。

31. 邱貴芬、柳書琴編:《臺灣文學與跨文化流動:東亞現代中文文學國際學報》(臺北:文建會,2007 年 4 月)。

32. 施懿琳、楊翠、魏貽君撰稿:《新修彰化縣志·卷七·文化志·文學篇》(彰化:彰化縣政府,2018 年 10 月)。

33. 施懿琳：《從沈光文到賴和：臺灣古典文學的發展與特色》（高雄：春暉，2001 年 4 月）。

34. 翁聖峯：《日據時期臺灣新舊文學論爭新探》（臺北：五南，2007 年 1 月）。

35. 馬睿：《文學理論的興起：晚清民初的一份知識檔案》（濟南：山東文藝出版社，2015 年 6 月）。

36. 國立成功大學臺灣文學系主編：《跨領域的臺灣文學研究學術研討會論文集》（臺南：國家臺灣文學館籌備處，2006 年 3 月）。

37. 張淵聖：《飄零·詩歌·醉草園：跨政權臺灣末代傳統文人的應世之路》（高雄：麗文文化，2016 年 7 月）。

38. 梁啟超：《戊戌政變記》（臺北：五南，2014 年 1 月）。

39. 梅家玲編：《臺灣研究新視界：青年學者觀點》（臺北：麥田，2012 年 1 月）。

40. 連橫：《臺灣通史·卷五》上冊（臺北：大通書局，1995 年）。

41. 陳建忠等合著：《臺灣小說史論》（臺北：麥田，2007 年 3 月）。

42. 陳培豐：《「同化」の同床異夢：日治時期臺灣的語言政策、近代化與認同》（臺北：麥田，2006 年 11 月）。

43. 陳培豐：《想像和界限：臺灣語言文體的混生》（新北：群學，2013 年 7 月）。

44. 游勝冠：《殖民主義與文化抗爭：日據時期臺灣解殖文學》（臺北：群學，2012 年 4 月）。

45. 費正清（John King Fairbank）：《美國與中國》（The United States and China）（臺北縣：左岸文化，2003 年 11 月）。

46. 費孝通等著：《皇權與紳權》（上海：觀察社，1948 年 12 月）。

47. 黃仁宇：《中國大歷史》（臺北：聯經，1993 年 10 月）。

48. 黃佳宥、石之瑜：《不是東方：日本中國認識中的自我與歐洲性》（臺北：國立臺灣大學政治學系中國大陸暨兩岸關係教學與研究中心，2009 年 11 月）。

49. 黃俊傑：《東亞儒學：經典與詮釋的辯證》（臺北：國立臺灣大學出版中心，2007 年 10 月）。

50. 楊瑞松：《病夫、黃禍與睡獅：「西方」視野的中國形象與近代中國國族論述想像》（臺北：政大出版社，2010 年 9 月）。

51. 葉榮鐘：《臺灣人物群像》（臺中：晨星，2000 年 8 月）。

52. 廖炳惠：《關鍵詞 200：文學與批評研究的通用辭彙編》（臺北：麥田，2003 年 11 月）。

53. 臺靜農：《中國文學史》上冊（臺北：國立臺灣大學出版中心，2016 年 4 月）。

54. 臺靜農：《中國文學史》下冊（臺北：國立臺灣大學出版中心，2016 年 4 月）。

55. 臺灣教育會編：《臺灣教育沿革誌》（臺北：財團法人臺灣教育會，1939 年 12 月）。

56. 臺灣總督府警務局編，蔡伯壎譯：《臺灣總督府警察沿革誌·第二編　領臺以後的治安狀況（上卷）III》（臺南：國立臺灣歷史博物館，2008 年 11 月）。

57. 駒込武著，吳密察、許佩賢、林詩庭譯：《殖民地帝國日本的文化統合》（臺北：國立臺灣大學出版中心，2017 年 1 月）。

58. 錢穆：《論語新解》（臺北：素書樓文教基金會、蘭臺網路出版商務股份有限公司，2000 年）。

59. 薛建蓉：《重寫的「詭」跡：日治時期臺灣報章雜誌的漢文歷史小說》（臺北：秀威資訊，2015 年 2 月）。

60. 謝金蓉：《青山有史——臺灣史人物新論》（臺北：秀威資訊，2006 年 11 月）。

61. 謝崇耀：《日治時期臺北州漢詩空間之發展與研究》（新北：稻鄉，2012 年 12 月）。

62. 鶴見俊輔著，邱振瑞譯：《戰爭時期日本精神史 1931～1945》（臺北：行人文化實驗室，2011 年 1 月）。

六、期刊論文

1. 卞鳳奎：〈洪以南對新思潮受容之探討〉，《臺北文獻（直字）》168 期（2009 年 6 月），頁 239～258。

2. 王力堅：〈清初漢文人心態的轉變及其對詩詞風氣的影響——以康熙十八年（1679）博學鴻儒科為考察中心〉，《中國文哲研究集刊》49 期（2016 年 9 月），頁 41～81。

3. 王文仁:〈嚴復與《天演論》的接受、翻譯與轉化〉,《成大中文學報》21 期(2008 年 7 月),頁 145～165。

4. 王幼華:〈日本帝國與殖民地臺灣的文化構接——以瀛社為例〉,《臺灣學研究》7 期(2009 年 6 月),頁 29～50。

5. 王汎森:〈近代知識份子自我形象的轉變〉,《臺大文史哲學報》56 期(2002 年 5 月),頁 1～27。

6. 王韶君:〈謝汝銓漢文小說中的文化演繹與身分編寫:以〈三世英雄傳〉、〈櫻花夢〉、〈日華英雌傳〉為中心的討論〉,《臺灣文學學報》30 期(2017 年 6 月),頁 111～139。

7. 江寶釵、謝崇耀:〈從日治時期「全島詩人大會」論臺灣詩社的轉型及其時代意義〉,《中正漢學研究》21 期(2013 年 6 月),頁 327～359。

8. 江寶釵:〈日治時期臺灣文人的國民性論述暨其意義〉,《淡江中文學報》30 期(2014 年 6 月),頁 205～236。

9. 江寶釵:〈日治時期臺灣傳統文人對世務之肆應——以連橫的漢學傳播事業為觀察核心〉,《成大中文學報》新 26 期(2009 年 10 月),頁 81～117。

10. 吳盈盈:〈日治時期社會導領階層:洪以南——對現代文明之接受態度——以其「外顯」行為為觀察重心〉,《東海大學圖書館館訊》新 118 期(2011 年 7 月),頁 28～38。

11. 吳進安:〈清領時期臺灣書院教育的儒學思想〉,《漢學研究集刊》1 期(2005 年 12 月),頁 111～131。

12. 李威熊:〈《周易》與社會、人生成長發展進路〉,《國立彰化師範大學文學院學報》20 期(2019 年 9 月)頁 1～16。

13. 李黛顰:〈《史記・伯夷列傳》典型形象探討〉,《輔大中研所學刊》7 期(1997 年 6 月),頁 101～113。

14. 阮芝生:〈論史記五體及「太史公曰」的述與作〉,《臺大歷史學報》6 期(1976 年 12 月),頁 17～43。

15. 周小華:〈晚清政府職能與鄉村仕紳權力之關係初探〉,《荊楚理工學院學報》25 卷 12 期(2010 年 12 月),頁 47～49。

16. 林明德:〈梁啟超與晚清小說運動〉,《中外文學》14 卷 1 期(1985 年 6 月),頁 82～99。

17. 林以衡：〈「蕩寇」新解：〈新蕩寇志〉對日本「國體」、「神風」思想的闡發及作者謝汝銓的政治理想〉，《嘉大中文學報》2 期（2009 年 9 月），頁 169～203。

18. 林以衡：〈維新造英雄：日治臺灣文人謝汝銓小說〈三世英雄傳〉中的文明想像與國族書寫〉，《師大學報》63 卷 2 期（2018 年 9 月），頁 23～50。

19. 林呈蓉：〈從歷史風土探討日本「國家意識」的建構〉，《臺灣國際研究季刊》2 卷 3 期（2006 年秋季刊），頁 1～26。

20. 林芳玫：〈謝汝銓通俗書寫的跨文化身分編輯：探討〈日華英雌傳〉的性別與國族寓言〉，《臺灣文學學報》23 期（2013 年 12 月），111～139。

21. 林淑慧：〈女體與國體：論謝汝銓之〈日華英雌傳〉〉，《中國文學研究》24 期（2007 年 6 月），頁 119～152。

22. 林淑慧：〈世變下的書寫——吳德功散文之文化論述〉，《臺灣文學研究學報》4 期（2007 年 4 月），頁 9～40。

23. 林翠鳳：〈當代臺灣古典詩社的發展——從百年詩社談起〉，《嶺東通識教育研究學刊》5 卷 4 期（2014 年 8 月），頁 1～16。

24. 林鎮國：〈華夷之辨〉，《鵝湖月刊》9 期（1976 年 3 月），頁 35～37。

25. 柳書琴：〈傳統文人及其衍生世代：臺灣漢文通俗文藝的發展與延異（1930～1941）〉，《臺灣史研究》14 卷 2 期（2007 年 6 月），頁 41～88。

26. 洪啟宗：〈從家傳文獻看洪以南的交友關係〉，《臺北文獻》直字 166 期（2008 年 12 月），頁 183～204。

27. 洪靜芳：〈明鄭時期臺灣遺民詩中的陶淵明隱逸文化——以沈光文、徐孚遠、鄭經為例〉，《弘光人文社會學報》18 期（2015 年 7 月），頁 73～86。

28. 胡志德著，趙家琦譯：〈清末民初「純」和「通俗」文學的大分歧〉，《清華中文學報》10 期（2013 年 12 月），頁 219～251。

29. 徐泓：〈何炳棣著《明清社會史論》譯註：〈第二章　社會身分系統的流動性〉〉（ Chapter II, "The Fluidity of the State System." ），《東吳歷史學報》23 期（2010 年 6 月），頁 203～260。

30. 婁子匡：〈詩壇狂人胡殿鵬〉，《臺北文獻》直字第 6、7、8 期合刊（1969 年 12 月），頁 112～114。

31. 張其賢：〈「中國」與「天下」概念探源〉，《東吳政治學報》27 期（2009 年 9 月），頁 169～256。

32. 張淑香：〈抒情傳統的本體意識——從理論的「演出」解讀〈蘭亭集序〉〉，《中外文學》20 卷 8 期（1992 年 1 月），頁 85～99。

33. 梁鈞筌：〈日暮鄉關何處？論許南英的遺民意識〉，《臺灣文學研究》7 期（2014 年 12 月），頁 235～262。

34. 許佩賢：〈日治前期公學校教師的學經歷——以興直公學校教職員履歷書分析為中心（1898～1920）〉，《師大臺灣史學報》10 期（2017 年 12 月），頁 37～75。

35. 許倍榕：〈日治初期臺灣言論界「文學」概念變化〉，《臺灣文學研究》7 期（2014 年 12 月），頁 185～232。

36. 許時嘉：〈明治日本的漢詩文意識與殖民地統治——一個社會思想面的考察〉，《漢學研究》31 卷 3 期（2013 年 9 月），頁 261～292。

37. 許總：〈文化轉型時代的思想革新與文風變遷——論元和詩變與元和體〉，《齊魯學刊》198 期（2007 年），頁 61～65。

38. 陳仕軒：〈殘夜不須眠——論鄭孝胥晚期的政治詩作〉，《中國文學研究》42 期（2016 年 7 月），頁 79～118。

39. 陳永明：〈降清明臣與清初輿論〉，《漢學研究》27 卷 4 期（2009 年 12 月），頁 197～228。

40. 陳俊啟：〈重估梁啟超小說觀及其在小說史上的意義〉，《漢學研究》20 卷 1 期（2002 年 6 月），頁 309～338。

41. 陳瑋芬：〈近代化願景與概念的形成——試論近代日本新「文明」概念的意義建構與內涵〉，《東亞觀念史集刊》11 期（2016 年 12 月），頁 225～270。

42. 彭煥勝、吳正龍：〈清代彰化縣儒學的生員教育〉，《教育研究集刊》51 輯 3 期（2005 年 9 月），頁 53～81。

43. 游勝冠：〈同文關係中的臺灣漢學及其文化政治意涵——論日治時期漢文人對其文化資本「漢學」的挪用與嫁接〉，《臺灣文學研究學報》8 期（2009 年 4 月），頁 257～294。

44. 黃俊傑：〈論中國經典中「中國」概念的涵義及其在近世日本與現代臺灣的轉化〉，《臺灣東亞文明研究學刊》3 卷 2 期（2006 年 12 月），頁 91～100。

45. 黃美娥、陳盈達：〈百年吟聲，風雅抵柱：瀛社百年活動簡史〉，《臺北文獻》直字 166 期（2008 年 12 月），頁 25～92。

46. 黃美娥：〈「文體」與「國體」——日本文學在日治時期臺灣漢語文言小說中的跨界行旅、文化翻譯與書寫錯置〉，《漢學研究》28 卷 2 期（2010年 6 月），頁 363～396。

47. 黃美娥：〈久保天隨與臺灣漢詩壇〉，《臺灣學研究》7 期（2009 年 6 月），頁 1～28。

48. 黃美娥：〈差異／交混、對話／對譯——日治時期臺灣傳統文人的身體經驗與新國民想像（1895～1937）〉，《中國文哲研究集刊》28 期（2006 年 3 月），頁 81～119。

49. 黃美娥：〈尋找歷史的軌跡：臺灣新、舊文學的承接與過渡（1895～1924）〉，《臺灣史研究》11 卷 2 期（2004 年 12 月），頁 145～183。

50. 溫楨文：〈近代中國的「記者」：以其職業稱謂之演變為中心〉，《東亞觀念史集刊》4 期（2013 年 6 月），頁 305～344。

51. 路新生：〈論「體」「用」概念在中國近代的「錯位」——「中體西用」觀的一種解析〉，《哲學與文化》28 卷 9 期（2001 年 9 月），頁 800～816。

52. 廖振富：〈百年風騷，誰主浮沉？——二十世紀臺灣兩大傳統詩社：櫟社、瀛社之對照觀察〉，《臺灣文學研究學報》9 期（2009 年 10 月），頁 205～248。

53. 劉振興：〈從程顥文道觀與詩作特徵檢視後代文人批評〉，《中國文學研究》43 期（2017 年 2 月），頁 1～47。

54. 蔡侑樺：〈臺灣總督府營繕人員〉，《臺灣學通訊》110 期（2019 年 3 月），頁 8～9。

55. 蔡慧玉：〈日治時期臺灣行政官僚的形塑：日本帝國的文官考試制度、人才流動和殖民行政〉，《臺灣史研究》14 卷 4 期（2007 年 12 月），頁 1～65。

56. 蔣義斌：〈蘇洵論禮蠡測——兼論其經史觀〉，《臺灣師大歷史學報》47 期（2012 年 6 月），頁 63～104。

57. 鄭文惠、邱偉雲：〈從「概念」到「概念群」：《新民叢報》「國家」與「教育」觀念的互動與形塑〉，《東亞觀念史集刊》10 期（2016 年 6 月），頁 37～102。

58. 鄭柏彥：〈古代曲學文獻資料中「樂府」一詞的概念義涵及其隱含在辨體論與文學史論中之意義〉，《應華學報》16 期（2015 年 12 月），頁 107～142。

59. 蕭啟慶：〈元明之際士人的多元政治抉擇──以各族進士為中心〉，《臺大歷史學報》32 期（2003 年 12 月），頁 77～138。

60. 賴俊雄：〈從洪以南蘭石帖題詠集一窺日治初期臺灣的書法風貌〉，《中華書道》90 期（2015 年 12 月），頁 18～25。

61. 薛建蓉：〈烽火下的理想家國造象──從謝汝銓戰爭小說看東亞論下理想家國形塑及其認同問題探討〉，《臺灣文學研究學報》14 期（2012 年 4 月），頁 39～78。

62. 謝世英：〈從追逐現代化到反思文化現代性：日治文人魏清德的文化認同與對臺灣美術的期許〉，《藝術學研究》8 期（2011 年 5 月），頁 127～204。

63. 謝崇耀：〈論日治時期新學會之發展與時代意義〉，《臺灣風物》57 卷 2 期（2007 年 6 月），頁 57～88。

64. 簡松興：〈班固撰《漢書》時可能的限制──以〈敘傳〉為中心〉，《輔大中研所學刊》3 期（1994 年 6 月），頁 87～99。

65. 簡曉花：〈初論被馴化的明治國家意識型態之展現：以松村介石之「道」為例〉，《臺灣東亞文明研究學刊》15 卷 1 期（2018 年 6 月），頁 159～185。

七、學位論文

1. 曾蕙雯：〈清代臺灣啟蒙教育研究（1684～1895）〉（臺北：國立臺灣師範大學教育學系碩士論文，2000 年 6 月）。

2. 蘇秀鈴：〈日治時期崇文社研究〉（彰化：國立彰化師範大學國文學系碩士論文，2001 年 1 月）。

3. 川路祥代：〈殖民地臺灣文化統合與臺灣傳統儒學社會（1895～1919）〉（臺南：國立成功大學中國文學系博士論文，2002 年 6 月）。

4. 吳東晟：〈洪棄生《寄鶴齋詩話》研究〉（臺南：國立成功大學臺灣文學系碩士論文，2004 年 6 月）。

5. 林翠鳳：〈施梅樵及其漢詩研究〉（高雄：國立中山大學中國文學系博士論文，2009 年 7 月）。

6. 蔡佩玲：〈「同文」的想像與實踐：日治時期臺灣傳統文人謝汝銓的漢文書寫〉（臺北：國立政治大學中國文學系碩士論文，2009 年 7 月）。

7. 潘豐慶：〈清代臺灣書院的儒學教育及其影響之研究〉（高雄：國立高雄師範大學國文學系碩士論文，2010 年）。

8. 余怡儒：〈吳德功的歷史書寫與時代關懷〉（南投：國立暨南國際大學歷史系碩士論文，2010 年 1 月）。

9. 卓佳賢：〈「邁向大眾／通俗之路（1930～1937）──論臺灣文藝評論中讀者與文本理論的流動〉（嘉義：國立中正大學臺灣文學研究所，2010 年 7 月）。

10. 王俐茹：〈臺灣文人的記者初體驗及其創作實踐──以李逸濤為例的探討〉（臺北：國立臺灣師範大學臺灣文化及語言文學研究所碩士論文，2010 年 8 月）。

11. 陳惠茵：〈東亞視域下的漢文學表現──以館森鴻寓臺期間（1895～1917）為討論中心〉（臺北：國立臺灣師範大學碩士論文，2011 年 6 月）。

12. 藍士博：〈日治時期臺灣印刷媒體「世代」的誕生：暨陳逢源個案研究〉（臺北：國立政治大學臺灣文學研究所碩士論文，2011 年 9 月）。

13. 白佳琳：〈尾崎秀真在臺文化活動及漢詩文研究（1901～1946）〉（臺中：國立中興大學臺灣文學與跨國文化研究所碩士論文，2014 年 7 月）。

14. 吳東晟：〈《漢文臺灣日日新報》所載詩話研究〉（臺南：國立成功大學中國文學系博士論文，2015 年 7 月）。

15. 許倍榕：〈日治初期臺灣言論界「文學」概念變化〉（臺南：國立成功大學臺灣文學系博士論文，2015 年 7 月）。

16. 簡明玉：〈日本殖民統治的探索與反思：以魏清德散文作品為觀察中心〉（新竹：國立清華大學臺灣研究教師在職進修碩士學位班碩士論文，2018 年 1 月）。

17. 洪靜芳：〈臺灣古典詩的陶淵明現象〉（彰化：國立彰化師範大學國文學系博士論文，2018 年 6 月）。

八、電子資源

1. 《籾山衣洲日記》，中央研究院臺灣史研究所臺灣日記資料庫：
http://taco.ith.sinica.edu.tw/tdk/%E7%B1%BE%E5%B1%B1%E8%A1%A3%E6%B4%B2%E6%97%A5%E8%A8%98/1898-12-26，2018 年 10 月 4 日。

2. 中央研究院近代史研究所，「近現代人物資訊整合系統」：
http://mhdb.mh.sinica.edu.tw/mhpeople/bookimage.php?book=TL&page=44。

3. 中央研究院臺灣史研究所，「臺灣總督府職員錄系統」：
   http://who.ith.sinica.edu.tw/s2g.action?viewer.q_authStr=1&viewer.q_fieldStr
   =allIndex&viewer.q_opStr=&viewer.q_valueStr=%E8%AC%9D%E6%B1%
   9D%E9%8A%93。

4. 洪啟宗：〈洪騰雲的生平——一堆玻璃珠裡的珍珠〉，《唐山過臺灣——富
   六代，一個臺灣家族的故事》，網址：
   https://chitzonghong.blogspot.com/2013/11/blog-post.html?fbclid=IwAR2xu
   jj1-JeWsXsCsbBt8Kxk4igGToq3v7HqhP34zwbYIS7BP-HNod0kaN0。

5. 國史館臺灣文獻館，「臺灣總督府府（官）報資料庫」：
   http://ds3.th.gov.tw/ds3/app007/list3.php?ID1=0071012678a021。

6. 國立臺灣圖書館，「日治時期期刊影像系統」：
   http://stfj.ntl.edu.tw/cgi-bin/gs32/gsweb.cgi/login?o=dwebmge&cache=1593
   452799583。

7. 臺灣總督府專賣局檔案：
   http://ds3.th.gov.tw/ds3/app001/list3.php?ID1=00112489024。